CHEROKEE ROOTS

BY
BOB
BLANKENSHIP

SECOND EDITION VOLUME 1

VOLUME 1: MEMBERS OF THE CHEROKEE TRIBE RESIDING EAST OF
THE MISSISSIPPI RIVER DURING THE PERIOD 1817-1924.

VOLUME 2: A COMPANION BOOK LISTING MEMBERS OF THE
CHEROKEE TRIBE RESIDING WEST OF THE MISSISSIPPI
RIVER. THE OLD SETTLER ROLLS AND COMBINATION
INDEX OF THE GUION MILLER AND DAWES ROLLS ARE
INCLUDED. DRENNEN FAMILY NAMES ARE ALSO
INDEXED.

COPYRIGHT 1992
BOB BLANKENSHIP
PO BOX 525
CHEROKEE, NORTH CAROLINA 28719

7TH PRINTING
MAIL ORDERS ACCEPTED
704/497-9709

ISBN #0-9633774-1-8
ISBN #0-9633774-0-X

CHEROKEE ROOTS
SECOND EDITION VOLUME 1
EASTERN CHEROKEE ROLLS

BY: BOB BLANKENSHIP

-INDEX-

FOREWORD 3
BRIEF HISTORY 5
A WORD ABOUT THE ROLLS 9
1817 RESERVATION ROLLS 13
1817-1835 EMIGRATION ROLL 17
1835 HENDERSON ROLL 26
1848 MULLAY ROLL 39
1851 SILER ROLL 47
1852 CHAPMAN ROLL 63
1869 SWETLAND ROLL 73
1883 HESTER ROLL 83
1908 CHURCHILL ROLL 105
1909 GUION MILLER EAST 121
1924 BAKER ROLL 138
ENROLLMENT PROCEDURES OF EASTERN BAND 161

FOREWARD

The Cherokee Nation once occupied parts of eight eastern states. Emigrants coming to the United States, for the most part, lived in harmony with the Cherokee. Intermarriages were frequent and as a consequence, Cherokee Blood flows in the veins of millions of Americans living today.

In 1978, Bob Blankenship, a member of the Eastern Band of Cherokee Indians, published a book "Cherokee Roots" to assist the public in tracing their Cherokee ancestry.

"Cherokee Roots" was a great help to many people. However, its scope was limited to indexes of Cherokee rolls before the removal in 1838 and the Eastern Cherokee Rolls since the removal.

In this east and west version of "Cherokee Roots", Mr. Blankenship wishes to improve and expand upon the ability of one to research their Cherokee ancestry. In addition to including the Western Cherokee Rolls in Volume II, and expanding upon the Eastern Cherokee Rolls in Volume I, a cross reference is included where available. Included in Volume I of these publications is the Baker Roll of the Eastern Band of Cherokee Indians, upon which its membership is based today and in Volume II, the Dawes Roll, upon which the eligibility for membership in the Cherokee Nation of Oklahoma is based.

CHEROKEE SYLLABARY
Ꮳ Ꮃ Ᏹ Ꮴ Ꮝ Ꮳ Ꮖ ꭥ Ꮴ

Ꭰ a	Ꭱ e	Ꭲ i	Ꭳ o	Ꭴ u	Ꭵ v
Ꭶ ga Ꭷ ka	Ꭸ ge	Ꭹ gi	Ꭺ go	Ꭻ gu	Ꭼ gv
Ꭽ ha	Ꭾ he	Ꭿ hi	Ꮀ ho	Ꮁ hu	Ꮂ hv
Ꮃ la	Ꮄ le	Ꮅ li	Ꮆ lo	Ꮇ lu	Ꮈ lv
Ꮉ ma	Ꮊ me	Ꮋ mi	Ꮌ mo	Ꮍ mu	
Ꮎ na	Ꮄ ne	Ꮒ ni	Ꮓ no	Ꮔ nu	Ꮕ nv
Ꮏ hna	Ꮐ nah				
Ꮖ kwa	Ꮗ kwe	Ꮘ kwi	Ꮙ kwo	Ꮚ kwu	Ꮛ kwv
Ꮜ sa Ꮝ s	Ꮞ se	Ꮟ si	Ꮠ so	Ꮡ su	Ꮢ sv
Ꮣ da	Ꮥ de	Ꮧ di	Ꮦ do	Ꮪ du	Ꮫ dv
Ꮤ ta	Ꮦ te	Ꮨ ti			
Ꮩ dla Ꮬ tla	Ꮭ tle	Ꮮ tli	Ꮯ tlo	Ꮰ tlu	Ꮱ tlv
Ꮳ tsa	Ꮴ tse	Ꮵ tsi	Ꮶ tso	Ꮷ tsu	Ꮸ tsv
Ꮹ wa	Ꮺ we	Ꮻ wi	Ꮼ wo	Ꮽ wu	Ꮾ wv
Ꮿ ya	Ᏸ ye	Ᏹ yi	Ᏺ yo	Ᏻ yu	Ᏼ yv

THE EASTERN BAND OF CHEROKEE INDIANS

The Cherokees were once a mighty and powerful nation. At the time when the Cherokees came into first contact with the white man (DeSoto in 1540), they claimed 135,000 square milesof territory covering parts of eight states; North Carolina, South Carolina, Georgia, Alabama, Tennessee, Kentucky, Virginia and West Virginia. By the end of the Revolution, the Cherokees had lost about half of their land. Between 1785 and 1835 the Cherokee lands had shrunk to a few million acres. By the treaty of New Echota in 1835, all lands east of the Mississippi were ceded to the Federal government. (Of the 40 treaties executed with the Cherokees, the Federal government chose to break each and every one.) Article 12 of this Treaty, as amended, provided that such Cherokees as were adverse to removal could become citizens and remain in the State of North Carolina (about 1,200). The status of those who remained in the state was anomalous. Their connection with the main of the Cherokee Tribe which had removed to lands west of the Mississippi were severed. They became subject to the laws of the State of North Carolina, while not admitted to the rights of citizenship. Any interest in the lands formerly held by the Tribe in North Carolina had become divested by the Treaty and even their rights to self-government had ended. North Carolina later granted a charter to the Cherokees authorizing them to exercise limited powers of self-government. Pressure to force removal of this remnant of Cherokees continued. Funds due them were withheld by the United States Government, unless they would remove to the Indian Territory or secure an act of the Legislature of North Carolina permitting them to remain permanently within the State. A statute was passed in 1866 granting this permission. By the purchases of an agent, the Eastern Band of Cherokee Indians had acquired the right to possession of a tract of land in North Carolina, and by the North Carolina Statute of 1866, they had acquired, with the approval of the United States Government, permission to remain in the State. Many lawsuits followed and continued until the conveyance of title to lands of the Eastern Band as a corporation to the United States in 1925.

LAND:
The lands now held in trust by the United States Government for the Eastern Band of Cherokee Indians comprises 56,572.80 acres which is scattered over five counties and consists of 52 tracts or boundaries which are contained in 30 completely separated bodies of land. All of the land is held in common by the Tribe and possessory holdings are issued to individuals. The Council of the Eastern Band of Cherokee Indians determines the management and control of all property, real and personal, belonging to the Band as a corporation.

SOVEREIGNTY:

To be considered a reservation, a land area would have to have been owned by the Government and set aside as a reserve for a specific use or purpose. Lands of the Eastern Band of Cherokee Indians were never owned by the Federal Government, but, were purchased by the Indians and are held in trust as a corporation with the United States Government. Not belonging to the State of North Carolina nor to the United States Government, the Eastern Band of Cherokee Indians exists in the unusual status of a sovereignty within the United States.

GEOGRAPHY:

For the most part, the lands are mountainous with small valleys along the rivers and streams suitable for farming, business and recreational sites. The elevation varies from 1,718 feet to over 5,000 feet.

CLIMATE:

Average last frost dated April 11; average first frost dated October 23; average rainfall 47.28 (1950-58); average temperature 54 degrees.

POPULATION:

Presently there are approximately 10,000 members which make up the Eastern Band of Cherokee Indians. Some 8,000 of these members live on the Cherokee Indian Reservation.

GOVERNMENT:

This government consists of the Tribal Council and the Executive Department. The Tribal Council has 12 members which are elected for two-year terms, two coming from each of the following townships— Big Cove, Birdtown, Painttown, Wolftown and Yellow Hill and one each from the Cherokee County and Graham County tracts. The Tribal Council elects its own officers, including a chairman, a vice-chairman, both Indian and English clerks, an interpreter, a marshall, a messenger, a janitor and an administrative manager. The Executive Department consists of a Principal Chief, a Vice Chief, and an Executive Advisor. The Principal Chief and Vice Chief are elected for four-year terms by those Tribal members 18 years of age and over. The Executive Advisor is appointed by the Principal Chief and his appointment is confirmed by the Tribal Council. In exercising its numerous and complex responsibilities, the Tribal Council relies extensively on the work of committies appointed to work in specified areas. The Tribal Council is basically a legislative body; however, their authority to manage and control the property of the Band, also places them in the position of carrying out judicial functions, in relation to land matters. The Executive Department also functions as an Executive Committee under the direction of the Principal Chief. It is charged with carrying out the rules, regulations, and other actions of the Tribal Council and keeps the Tribal Government functioning on a day-to-day basis.

HEALTH:

The major health programs at Cherokee are funded through the Indian Health Service, U. S. Public Health Service. The IHS, USPHS provides regular out-patient clinical services, operates a 26 bed general hospital, contract services for those Cherokees needing surgery and other specialized care and an Environmental Health Office. Many of the Indians still practice the old ways of health care using herbs and formulas either self administered or with the aid of a "Medicine Man."

EDUCATION

Education has long been the top priority for the Cherokees. After petitioning Congress for seventeen long years, the Cherokees now have a fine new high school which is funded and operated by the Bureau of Indian Affairs. Contributions to our Student Scholarship Fund have made it possible for a few of our Tribal Members to attend college.

BIA:

As trustee, the Bureau of Indian Affairs, U. S. Department of the Interior, maintains an Indian Agency at Cherokee. Its purpose is to help improve the economic and social conditions and to provide guidance in helping the Indians to help themselves. The BIA operates the schools, improves and maintains the roads as funds are available, operates the social welfare and extension programs, manages the timber resources, and generally oversees all matters relating to realty including the records, surveys, leases, business and possessory titles.

INCOME:

Direct Tribal income comes from the Cherokee lands through timber stumpage receipts and the lease of Tribal lands and buildings. A six percent Tribal sales levy is another main source of income.

ECONOMY:

The present economy of the Cherokee people is based on the tourist industry which is seasonal, beginning in May and lasting until the end of October. There are over 212 small businesses which are primarily tourist oriented and are 63 percent Indian operated. Two light industries "The Cherokees" and "Barclay Home Products", and the service industry "Cherokee Boys Club" provide year-round employment for about 300 Cherokees. The Cherokees are a very industrious people. Nearly all occupy much of their time in the works of arts and crafts which are some of the very finest of the American Indian. They make baskets, pottery, beadwork, finger weaving, stone carvings, and wood carvings.

CULTURE:

Much of the old culture remains, consisting principally of non-material elements. Most, if not all, of the Cherokees speak or understand English, but the Cherokee language is taught in the homes and schools. Sequoyah's syllabary which uses symbols for sounds instead for letters or words has made it possible for this language to be written and taught from text.

Bean Dumplings, bean bread, chestnut bread and ramps are a few of the native foods which are still commonly eaten in Cherokee homes. Many still cling to the ancient lore and customs. They sing the old hymns in their own musical language. Some of the older women wear long full dresses and a bright kerchief tied upon their heads. Occasionally, one can see a baby tied on the back of a Cherokee woman.

The Annual Fall Festival is the climax of the tourist season. This occurs the first week in October. Visitors are surprised to see the remarkable exhibits of arts, crafts and garden products. At this time the Cherokees present the old life with bow and arrow contests, blow gun contests, the old dances and what is the most popular sport-Indian Ball which is similar to Lacrosse, but really a mixture of all athletic games.

Favorite attractions consist of the festivals, the "Old Indian Village," the outdoor drama "Unto These Hills", trout fishing, The Museum of the Cherokee Indian, and the Sequoyah Birthplace Museum in Vonore, Tennessee.

THE ROLLS

Though it is not commonly known, western migration of the Cherokee Nation commenced well before the removal in 1838. (Known as "The Trail of Tears".

By the time the Eastern Cherokee arrived in northeastern Oklahoma in 1839, approximately 1/3 of the Cherokee Nation was already residing there.

Records of how many people, and when, moved west are limited. It is known for a fact, that as early as the 1790's some Cherokee moved into southeastern Missouri. It is probable that there were already Cherokee settled in the Missouri area. Due to earthquakes and flooding in Missouri, around 1812, most of the Cherokee moved into northwestern Arkansas.

Because of mounting political pressure, the United States entered treaties with the Cherokee in 1817 and 1819, for the purpose of acquiring Cherokee land in the east. Out of these treaties, the Cherokee had a choice of two alternatives. They could either enroll to move to the traded for land in northwestern Arkansas or they could file for a reservation of 640 acres in the east which would revert to the state upon their death or abandonment of the property.

By treaty in 1828, the Cherokee ceded their lands in Arkansas for lands in Oklahoma. There was also some incentive for those east of the Mississippi to join the Cherokee in Oklahoma.

This brings us to our first two rolls in "Cherokee Roots" Volume 1.

Reservation Rolls 1817:   A listing of those desiring a 640 tract in the east and permited to reside there.

Emigration Rolls 1817-35:   Those who filed to emigrate to Arkansas country and after 1828, to Oklahoma.

Then came the rest as follows:

Henderson Roll 1835:   A census of over 16,000 Cherokee residing in Alabama, Georgia, Tennessee, and North Carolina to be removed to Oklahoma under the treaty of New Echota (1835).

Mullay Roll 1848:   This was a census of 1,517 Cherokee people remaining in North Carolina after the removal of 1838. John C. Mullay took the census pursuant to an act of congress in 1848.

Siler Roll 1851:   A listing of some 1700 Eastern Cherokee entitled to a per capita payment pursuant an act of Congress in 1850.

Chapman Roll 1852:   Prepared by Albert Chapman as a listing of those Cherokee actually receiving payment based on the Siler census.

Swetland Roll 1869:   Prepared by S.H. Swetland as a listing of those Cherokee, and their decendents, who were listed as remaining in North Carolina by Mullay in 1848. Made pursuant to an act of Congress (1868) for a removal payment authorization.

Hester Roll 1883:   Compiled by Joseph G. Hester as a roll of Eastern Band of Cherokee Indians in 1883. (This roll is an excellent source of information, including ancestors, Chapman Roll number, age, English name and Indian name.

Churchill Roll 1908:   By Inspector Frank C. Churchill to certify members of the Eastern Band of Cherokee Indians. Like the Hester Roll, includes a lot of information including degree of blood. Rejectees also are included.

Guion Miller Roll 1909:   Compiled by Mr. Miller of all Eastern Cherokee, not Old Settlers, residing either east or west of the Mississippi. Ordered by Court of Claims as a result of suit won by the Eastern Cherokee. See Guion Miller Roll West for more details.

Baker Roll 1924:   This was supposed to be the final roll of the Eastern Cherokee. The land was to be alloted and all were to become regular citizens. Fortuantely the Eastern Cherokee avoided the termination procedures, unlike their brothers of the Nation to the west. The Baker Roll Revised is the current membership roll of the Eastern Band of Cherokee Indians in North Carolina.

CHEROKEE ROOTS VOLUME 2

THE ROLLS WEST OF THE MISSISSIPPI

Since the removal in 1838, there have been numberous census taken of those Cherokee now finding themselves west of the Mississippi instead of their homeland in the east.

The most information and cross reference can be obtained by utilizing four major census as follow:

Old Settler Roll 1851: A listing of Cherokee still living in 1851 who were already residing in Oklahoma when the main body of the Cherokee arrived in the winter of 1839 - as a result of the Treaty of New Echota(1835). Approximately one third of the Cherokee people at that time were Old Settlers and two thirds were new arrivals.

Drennen Roll 1852: The first census of the new arrivals of 1839. The New Echota Treaty group -"Trail of Tears"

The Dawes Roll 1898-1914: The final roll for allotting the land and terminating the Cherokee Nation of Oklahoma. Senator Henry L. Dawes was the commission's chairman, and consequently,the name Dawes is associated with the final roll. The roll turned out to not be as final as it was expected to be. Upon the reorganization of the Cherokee Nation of Oklahoma in the 1970's, the Dawes Roll became the only means of certifying membership. To be enrolled by the Cherokee Nation, one must prove ancestry to a person enrolled by Dawes. Information on enrollment with the Cherokee Nation may be obtained by writing to:

Cherokee Nation
Tribal Registrar
PO Box 948
Tahlequah, OK 74465

Guion Miller Roll 1909: A Court of Claims suit resulted in members of the Eastern Cherokee living either east or west of the Mississippi, not including the Old Settlers, to be entitled to participate in a monetary award by the Court, as result of various treaty violations.

In order to participate, one had to be alive on May 28, 1906 and establish themselves as a member of the Eastern Cherokee, or a decendant of, at the time of the violated treaties. 48,847 seperate applications were filed, representing some 90,000 individuals. Out of this number, 3,436 Cherokee east of the Mississippi and 27,284 Cherokee west of the Mississippi were certified by Mr. Miller as being elgible to participate in the award.

One lucky enough to find an ancestor on this roll can find out a tremendous amount of information. Not only is the roll detailed, but copies of the actually applications are available, which in most cases, go back to the mid and early 1800's.

RESERVATION ROLLS
1817

A listing of those desiring a 640 acre tract of land in the east, in lieu of removing to Arkansas. Upon the death of the reservee, or the abandonment of the property, title was to revert to the state.

LAST NAME	FIRST NAME	RESERV	LAST NAME	FIRST NAME	RESERV	LAST NAME	FIRST NAME	RESERV
A KIH		RES	CA TA GEES KA		RES	DUNCAN	EDMOND	RES
ADAIR	EDWARD	RES	CA TA GEES KA			DUNCAN	JOHN	RES
ADAIR	SAMUEL	RES		WILL	RES	E COO IH		RES
ADAIR	W.S.	RES	CA TA HEE		RES	EIGHT KILLER		RES
ADAIR	WALTER	RES	CA TE GEES KER		RES	EILBREATH	POLLY	RES
ADAIR	WALTER S.	RES	CA TE HEE		RES	ELDER	MOSES	RES
AEQUIE		RES	CAMPBELL	D.G.	RES	ELDERS	MOSES	RES
AH CHA TO YEE		RES	CAMPBELL	POLLY	RES	ELDRIDGE	AILCEY	RES
AH LE TUT		RES	CANDY	SAMUEL	RES	ELDRIDGE	TAYLOR	RES
AH LEA CHEE		RES	CARTER	ALEXANDER	RES	ELLIOT	JOSEPH	RES
AH LEACH		RES	CAT		RES	ENGLAND	DAVID	RES
AH LI KIH		RES	CAT	THE	RES	ENGLAND	WILLIAM	RES
AH SE NA		RES	CEALEY		RES	EU CHU LAH		RES
AH SEE NEE		RES	CHAIR		RES	EU NOCH		RES
AHAMAH		RES	CHALANGE		RES	FAULING	EDMOND	RES
AHAMER		RES	CHEEK	CATHARINE	RES	FAWLIN	EDMOND	RES
AKA		RES	CHEEKS	CATHARINE	RES	FENCE	THE	RES
ALBERTY	MOSES	RES	CHESQUAH		RES	FERMAMENT		RES
AMACHER		RES	CHI ULE		RES	FIELDS	DAVID	RES
AMMACHER		RES	CHIL ON SI		RES	FIELDS	GEORGE	RES
AN TEE HALE	JOHN	RES	CHIULA		RES	FIELDS	GEORGE SR.	RES
ANNA		RES	CHO CA CAN NIH		RES	FOREMAN	ARCHIBALD	RES
AR KA LOO KIRES			CHOCTAW		RES	FOREMAN	BARK	RES
AR SE NA		RES	CHOTE	ISABELLA	RES	FOREMAN	PRESBY	RES
ARCH		RES	CHU AH LU GAH		RES	FOREMAN	THOMAS	RES
ARK A LOOKE		RES	CHU NA LUSKY			FORMAN	ARCHY	RES
ARONEACH		RES		OLD	RES	FORMAN	BARK	RES
AU QUIE		RES	CHU NES TEE TEE		RES	FORMAN	THOMAS	RES
AU TO WEH		RES	CHU NO LA GAH		RES	GARDENHIRE		
AXE		RES	CHULA		RES		JAMES T.	RES
AYA TE ME LA		RES	CHUSNUSTUTEE		RES	GARDENHIRE		
BACKWATER		RES	CIN THA		RES		SARAH	RES
BAG		RES	CLUB	THE	RES	GEORGE		RES
BALDRIDGE	JOHN	RES	CO LEE CHA		RES	GILBREATH	POLLY	RES
BARNES	WILLIAM	RES	CO LEE CHEE		RES	GOARD	NANCY	RES
BEAN	JOHN	RES	CO ULT LA		RES	GOURD	NANCY	RES
BEAR	GOING IN THE		COCHRAN	JOHN	RES	GRASS GROW		RES
	HOLEBEARD	RES	COLLIN	PARKER	RES	GRASSGROWER		RES
BEAVER	TOTER	RES	COLLINS	PARKER	RES	GRAVES	NANCY	RES
BELL	RATTLE	RES	COLO NESS KEE		RES	GRUBB	ALLEN B.	RES
BELLEGUS	ANTONIO	RES	COLONUSKEE		RES	GRUBB	ALLEN BURD	RES
BEN	JOHN	RES	COLSON	JOHN	RES	GUERINEAU	SUSANNAH	RES
BENGE	JOHN	RES	COLSTON	NANCY	RES	GUEZENEAU	MRS.	RES
BETSEY		RES	CON NES KEESKA		RES	GUNTER	EDWARD	RES
BETTY	LITTLE	RES	CON NES KEESKA			GUNTER	JOHN SR.	RES
BIDDY	SHEDRICK	RES		JAKE	RES	HA NE LAH		RES
BIG BEAR		RES	CONNAUGHTY		RES	HAMMER		RES
BIG BEAR	NANCY	RES	COO LEE CHEE		RES	HARLIN	CATY	RES
BIG GEORGE		RES	COODY	CHARLES	RES	HARLIN	GEORGE	RES
BIG JACK		RES	COODY	JAMES	RES	HARLIN	HANNAH	RES
BIG TOM		RES	COODY	MRS.	RES	HARLIN	HANNAH L.	RES
BIGBY	JAMES	RES	COOPER	BENJAMIN	RES	HARLIN	JOHN	RES
BILLEGERS	ANTHONEY	RES	CORDERY	DAVID	RES	HARRISON	THOMAS	RES
BILLEGUS	ANTONIO	RES	CORDERY	THOMAS	RES	HELDERBRAND		
BIRD	THE	RES	COULSTON	JOHN	RES		JOHN	RES
BLALOCK	JEFF	RES	CUL SOW WEE		RES	HENSON	TERRELL	RES
BLYTHE	WILLIAM	RES	DANIEL	REUBEN	RES	HENSON	WILLIAM RICHARD	RES
BOLD HUNTER		RES	DAVIDSON	JOHN	RES	HENSON	WM.	RES
BRADY	OWEN	RES	DAVIS	ABRAHAM	RES	HILDERBRAND		
BRIANT	LUCY	RES	DAVIS	DANIEL	RES		JOHN	RES
BRISON	SALLY	RES	DAVIS	THOMAS	RES	HOLT	ELI	RES
BROWN	ALEXANDER	RES	DEADWORKS		RES	HOLT	ELIPHUS	RES
BROWN	JAMES	RES	DEER IN THE WATER		RES	HOLT	LIFUS	RES
BROWN	JOHN	RES	DICK		RES	HOLT	POLLY	RES
BROWN	JOHN JR	RES	DOHORTY	JAMES SR.	RES	HUBBARD	URIAH	RES
BROWN	JOHN SR.	RES	DOHORTY	JAS. JR.	RES	HUNTER	BOLD	RES
BROWN	POLLY	RES	DOUBLE HEAD		RES	HUNTER	BOLD JR.	RES
BROWN	WILLIAM	RES	DOUGHERTY	JAME AR.	RES	HUSS	JOHN	RES
BRYSON	ANDREW	RES	DOUGHERTY	JAMES	RES	I OS TAH		RES
BRYSON	SALLY	RES	DOWNING	CCELIA	RES	I YEN TU GEE		RES
BUFFALOW		RES	DOWNING	RICHARD	RES	IYAS TAH		RES
BUFFALOW		RES	DREW	JOHN	RES	IYOSTAH		RES
BUFFINGTON		RES	DROMGOOLE		RES	JACK		RES
BUFFINGTON	CHARLES	RES		ALEXANDER	RES	JACOB		RES
BURGESS	WILLIAM	RES	DRUMGOLD	ALEXANDER	RES	JANES	DRUDY	RES
BURNS	ARTHURN	RES	DUNCAN	CHARLES G.	RES	JENNY		RES
BYERS	NICHOLAS	RES	DUNCAN	DARCOB	RES	JOHN		RES
CA HU CAN		RES	DUNCAN	DORCAS	RES	JOHN BEN		RES

Reservation Roll - 1817

LAST NAME	FIRST NAME	RESERV	LAST NAME	FIRST NAME	RESERV	LAST NAME	FIRST NAME	RESERV
JOHNSON		RES	MOUSE PAIN		RES	ROSS	DANIEL	RES
JOHNSON	PETER	RES	MUSKRAT		RES	ROSS	ELIZA	RES
JOHNSON	SALLY	RES	MUSKRAT	THE	RES	ROSS	JOHN	RES
JONES	JAMES	RES	NANCY		RES	ROSS	LEWIS	RES
JONES	THOMAS	RES	NANNY		RES	ROSS	TEMPLIN W.	RES
JONES	WILLIAM	RES	NAVE MRS.		RES	RUTHERFORD		
JUNELUSKEY		RES	NE NE TU AKE		RES		JOHN	RES
KAH KULLAH		RES	NELLEE		RES	SALEE	WAH YAH	RES
KAH NAH WE SKIERES			NELLEY		RES	SAPSUCKER		RES
KAL LA LA TEE		RES	NELLY		RES	SAWNATEE		RES
KAN A NOO LEES KEE		RES	NELMS	LEWIS	RES	SCOTT	JESSE	RES
KEE LOO NA HAH		RES	NELMS	LOOKA	RES	SCOTT	JESSEE	RES
KELL	ALEXANDER	RES	NEW E TOW EH		RES	SEL LA LEES SA		RES
KENNEDY	JOHN	RES	NICHOLSON	EVAN	RES	SHARP FELLOW		RES
KERBY	JOEL	RES	O SE KI LUH		RES	SHAVE HEAD		RES
KEYES	SAMUEL	RES	O SE KIL LUH		RES	SHEI KIH		RES
KEYS	ISAAC	RES	ODIER	EDWARD	RES	SHELL		RES
KEYS	WILLIAM	RES	OLD BARK OF CHOTA			SHITEMAN KILLER		RES
KILO E STIH		RES		THE	RES	SHOAT	SILAS	RES
KIRBY	JOEL	RES	OLD CHU NALUSKY		RES	SHOEMAKE	JOHN	RES
KUS KEE LEES KEE		RES	OLD MOUSE		RES	SHOI KIH		RES
LACY	ANDREW	RES	OLD NANNY		RES	SHOREY	PEGGY	RES
LACY	CATHARINE	RES	ONEWASTAH		RES	SHORT	DANIEL	RES
LANDRUM	JAMES	RES	OO LAH NO TEE		RES	SHORY	PEGGY	RES
LANGLEY	JOHN	RES	OO LOO CHA		RES	SHUMAKER	JOHN	RES
LAPLY	JAMES	RES	OO NE LOSA		RES	SIC A TOW IH		RES
LASLEY	JAMES	RES	OO NE WAS TAH		RES	SIT U A KEE		RES
LASSLEY	JAMES	RES	OO SANTER TAKE		RES	SITUWAKEE		RES
LIDDELL	JAMES	RES	OO SAU TER TAKE		RES	SIX KILLER		RES
LINCH	PETER	RES	OO WA HOOS KEE		RES	SKEI KIN		RES
LITTLE BETTY		RES	OO WAH AH		RES	SKEKEN		RES
LITTLE DEER		RES	OOL LAH NOTTEE		RES	SKELESKEE		RES
LONG BLANKET		RES	OOS TE KA HO TEE		RES	SMITH	CABBIN	RES
LOONEY	JOHN	RES	ORE	JAMES	RES	SMITH	HENRY	RES
LOWREY	SALLY	RES	OTTER		RES	SMITH	POLLY	RES
LOWRY	ELIZABETH	RES	OUSTEKAHETEE		RES	SMITH	WALTER	RES
LOWRY	GEORGE	RES	PACE	JOHN	RES	SMOKE		RES
LOWRY	JAMES	RES	PACK	ELIZABETH	RES	SNAIL		RES
LOWRY	SALLY	RES	PANTHER		RES	SNALE	THE	RES
LOWRY	SUSANNAH	RES	PARCH CORN FLOUR		RES	SON E COO IH		
LYNCH	PETER	RES	PARIS	GEORGE	RES	RES		
MANEY	JOHN	RES	PARKS	SAMUEL	RES	SOUR JOHN		RES
MANEY	MARTIN	RES	PARRIS	GEORGE	RES	SPEARS		RES
MANEY	WILLIAM	RES	PATHKILLER		RES	SPEERS	JOHN	RES
MANY	JOHN	RES	PEAK	NANTHANIEL	RES	SPOILER		RES
MANY	JOHN	RES	PEAK	NATHANIEL	RES	SQUIRE		RES
MANY	MARTIN	RES	PERRY	HANNAH	RES	SQUIRE	HUNTER	RES
MANY	WILLIAM	RES	PHILLIPS	JOSEPH	RES	SQUIRE	NANCY	RES
MAW	WILLIO	RES	PIDGEON	THE	RES	SQUIRE	OTILL	RES
MCANULTY	GILES	RES	PIGEON	THE	RES	SQUIRE	YAUQUASAH	RES
MCDANIEL	ALEXANDER	RES	PIKE FISH		RES	STANDING TURKEY		RES
MCDANIEL	JAMES	RES	PURCH CORN FLOUR		RES	STARR	CALEB	RES
MCDANIEL	MOSES	RES	QUATY		RES	STARR	JAMES	RES
MCDANIEL	WM.	RES	QUCHEY		RES	STARR	THOMAS	RES
MCDONALD	MOSES	RES	QUCHEY	JOHN	RES	STE KO IH		RES
MCDONALD	MR.	RES	RACKLEY	WM.	RES	STEPHENS	CATHARINE	RES
MCGLOHERLIN		DAVID	RAIN FROG		RES	STEPHENS	SUTTON	RES
RES			RAPER	JESSE	RES	STEPHENS	WILLIS	RES
MCINTOSH	BETSEY	RES	RAPER	JESSEE	RES	STEW ES TAH		RES
MCINTOSH	CHARLES	RES	RAPER	THOMAS	RES	STILE	JOHN	RES
MCINTOSH	JAMES	RES	RATLEY	WILLIAM	RES	STILL	JOHN	RES
MCINTOSH	JENNIE	RES	RATTLE	BELL	RES	SU A GA		RES
MCINTOSH	JOHNE	RES	REED	NANCY	RES	SUTTON	ELIJAH	RES
MCLAUGLIN	DAVID	RES	REED	WILLIAM	RES	SWIMMER		RES
MCLEMORE	ROBERT	RES	RICHEY	WM.	RES	TA KIH		RES
MCNAIR	DAVID	RES	RIDER	AUSTIN	RES	TAH LON TEE KEE		RES
MCNARY	JOHN	RES	RILEY	JAMES	RES	TAH NOO AH		RES
MEIGS	RETURN	RES	RILEY	LOONEY	RES	TAHCUSTEESKAH		RES
	JONATHAN	RES	RILEY	LOONY	RES	TAHNOAH		RES
MEREWETHER			RILEY	LUNEY	RES	TAK ESK TEESK		RES
	J.F.	RES	RILEY	RICHARD	RES	TALL OTEESKEE		RES
MERRELL	NANCY	RES	RILEY	SAMUEL	RES	TALOTUSKA		RES
MILLER	ANDREW	RES	ROBINSON	AMOS	RES	TARAPIN	THE	RES
MILLER	JOHN	RES	ROGERS	B. ROBERT	RES	TAYLOR	ANDREW	RES
MINK	THE	RES	ROGERS	JOHN	RES	TAYLOR	DAVID	RES
MORGAN	GIDEON	RES	ROGERS	JOHN JR.	RES	TAYLOR	FOX	RES
MORGAN	MARGARET	RES	ROMAN NOSE		RES	TAYLOR	JANE	RES
MORRISS	GIDEON	RES	ROSS	ANDREW	RES	TAYLOR	RICHARD	RES

Reservation Roll - 1817

LAST NAME	FIRST NAME	RESERV	LAST NAME	FIRST NAME	RESERV	LAST NAME	FIRST NAME	RESERV
TE GEH TASEY		RES	WEST	BLUFORD	RES			
TE GIN TO SEY		RES	WEST	JOHN	RES			
TE TON EESKA		RES	WEST	SARAH	RES			
TEE LAS KA ASK		RES	WEY CHUTTA		RES			
TEE TAH LE A		RES	WHIPPERWILL		RES			
TEE TAH LEE A		RES	WHITAKER	STEPHEN	RES			
TEES TO ESKEE		RES	WHITEMANKILLER		RES			
TEMPSON	BENJ.	RES	WILKERSON	URIAH	RES			
TERRAPIN		RES	WILL		RES			
TERRELL	JOHN	RES	WILSON	GEORGE	RES			
THIGH	THE	RES	WILSON	JOHN	RES			
THOMAS		RES	WILSON	RACHAEL	RES			
THOMPSON	ALEXANDER	RES	WILSON	THOMAS	RES			
THOMPSON	CHARLES	RES	WILSON	THOMAS W.	RES			
THOMPSON	JOHN	RES	WILSON	WILLIAM	RES			
THORN	DANIEL	RES	WOLF		RES			
THORNTON	NANCY	RES	WOLF	THE	RES			
TICK ON EES KA		RES	WOLLEY		RES			
TIMBERLAKE	RICHARD	RES	WOODARD	BETSEY	RES			
TIMSON	BENJAMIN	RES	WOODS	CAPT. JOHN	RES			
TIMSON	SARAH	RES	YELLOW BEAR		RES			
TIN NI EH		RES	YONAH		RES			
TINER	REUBIN	RES	YOON NE GIS KAH		RES			
TO QUO WILL		RES						
TOKA WILL		RES						
TOM		RES						
TONGISKA		RES						
TOO CHOOS TOS TAH		RES						
TOO CHOS TOS TAH		RES						
TOO LAH NOOS TAH		RES						
TOO LE NOOS TAH		RES						
TOO LE NOOS TAH		RES						
TOO NAUGH HE ALE		RES						
TOONIAH		RES						
TROUT		RES						
TROUT	THE	RES						
TU NI EH		RES						
TUCKER	CHARLES	RES						
TUTON	WILEY	RES						
TY AHA		RES						
U TE E TUH		RES						
US QUE LUSQUIEEE		RES						
VANN	ISAAC	RES						
VANN	JOSEPH	RES						
VANN	ROBERT B.	RES						
VICKERY	HENRY	RES						
WA KAH		RES						
WADE	ISAAC N.	RES						
WAG GUL LA		RES						
WAH YAH KAH		RES						
WALKER	ELIZABETH	RES						
WALKER	JOHN	RES						
WALKER	JOHN JR.	RES						
WALKER	JOHN SR.	RES						
WALKER	RICHARD	RES						
WALLEE		RES						
WALLIS		RES						
WALLY		RES						
WARD	BRYANT	RES						
WARD	CATHARINE	RES						
WARD	CATY	RES						
WARD	CHARLES	RES						
WARD	GEORGE	RES						
WARD	JAMES	RES						
WARD	MARTIN	RES						
WARD	NANCY	RES						
WARD	SAMUEL	RES						
WASH MY FACE		RES						
WASHING FACE		RES						
WAYAKAH		RES						
WE HA SKUL LAH		RES						
WEAH SKELLAH		RES						
WELCH		RES						
WELCH	EDWARD	RES						
WELCH	JACKSON	RES						
WELSH	DELILAH	RES						
WELSH	EDWARD	RES						
WELSH	JOHN	RES						

EMIGRATION ROLLS
1817-1835

Those who filed to emigrate to Arkansas country, and after treaties in 1828, on to Oklahoma. These Cherokee became known as the Old Settlers after the Eastern Cherokee joined them in 1839.

Emigration Roll - 1817

LAST NAME	FIRST NAME	EMIGRAT
ACORN	BEN	EMRG
ACORN	BIG	EMRG
ADAIR	EDWARD	EMRG
ADAIR	SAMUEL	EMRG
ADAM		EMRG
AHCILLA		EMRG
AHCOOWAH		EMRG
AHHAMAH		EMRG
AHHENAH		EMRG
AHHEWHTAKEE		EMRG
AHHOOTETEH		EMRG
AHLEHTOOHEH		EMRG
AHMERTOOQUAK		EMRG
AHSAMKEECOOHAH		EMRG
AHSEENE	SAMUEL	EMRG
AHSTOLATTE		EMRG
AHSTOLATTEE		EMRG
AHTOWEE		EMRG
AHTOWEE		EMRG
AHTOWHEE	LITTLE	EMRG
AILEH		EMRG
AKKILLOOHEE		EMRG
ALACULSA		EMRG
ALBERTY	JOHN	EMRG
ALBERTY	MOSES	EMRG
ALL STRING		EMRG
ALLEH		EMRG
ALLETEECK		EMRG
ALLETEESKEE		EMRG
ALLUTEAKEE		EMRG
ALTEESKEE		EMRG
AMANOKEESKEE		EMRG
ANACONNOHEE		EMRG
ANDERSON	ROBERT G	EMRG
ANGRY WORN		EMRG
ANNANEKETAH		EMRG
ANNEWAKEY		EMRG
ANNEY		EMRG
ANNEYELEE		EMRG
ANNY		EMRG
ARCHCHEE		EMRG
ARCHE		EMRG
ARCHEY		EMRG
ARCHEY		EMRG
ARCHILLAH		EMRG
ARCHY		EMRG
ARNEH		EMRG
ARTHUR	FELIX	EMRG
ATAKE	JACK S	EMRG
ATSEETAKEE		EMRG
ATSEETEEHEE		EMRG
ATTALAHAQUAH		EMRG
ATTASAWALAH		EMRG
AUCONA		EMRG
AULEH		EMRG
AULEKEE		EMRG
AUNEH		EMRG
AUTOE		EMRG
AUTOHEE		EMRG
AUWESAW		EMRG
AYKEE		EMRG
BACK	LONG	EMRG
BADGER		EMRG
BAG		EMRG
BALDRIDGE	DICK	EMRG
BALDRIDGE	GEORGE	EMRG
BALDRIDGE	JACK	EMRG
BALDRIDGE	KATY	EMRG
BALLARD	SAMUEL	EMRG
BARE	CRYING	EMRG
BARE	POOR	EMRG
BARE TRACK		EMRG
BARK		EMRG
BARNES	JOHN	EMRG
BARNES	WILLIAM	EMRG
BEAN		EMRG
BEAN	CALEB S.	EMRG
BEAN	EDWARD	EMRG
BEAN	ELIZABETH	EMRG
BEAN	JOHN	EMRG
BEAN	MARGARET	EMRG
BEAN	MARY	EMRG
BEAR		EMRG
BEAR	DROWNING	EMRG
BEAR FOOT		EMRG
BEAR MEAT		EMRG
BEAR PAW		EMRG
BEARD		EMRG
BEATY	ROBERT R	EMRG
BEAVER		EMRG
BEAVER	YOUNG	EMRG
BEAVERS	WILLIAM	EMRG
BECK	JOHN	EMRG
BELLEWE	THOMAS	EMRG
BELLOWS	ALLY	EMRG
BENCH		EMRG
BERRY	ROBERT	EMRG
BETSEY		EMRG
BETTERS		EMRG
BIBLE	ADAM	EMRG
BIBLE	ELEANOR	EMRG
BIG ACORN		EMRG
BIG FEATHER		EMRG
BIG KETTLE		EMRG
BIG KNEE		EMRG
BIG MOLE		EMRG
BIG MUSH		EMRG
BIG PETER		EMRG
BIG THIGHS		EMRG
BIGGS	DENNIS	EMRG
BIGHEAD	JIM	EMRG
BILLY		EMRG
BIRD		EMRG
BIRD	LONG	EMRG
BIRD'S NEST		EMRG
BITER		EMRG
BITTER		EMRG
BLACK BEARD		EMRG
BLACK FOX		EMRG
BLACKWELL	JANE	EMRG
BLAIR	SALLY	EMRG
BLALOCK	WASHINGTON	EMRG
BLEVIN	RICHARD	EMRG
BLEVIN	SQUIRE	EMRG
BOBTAIL		EMRG
BOILING	EZEKIEL	EMRG
BOILING	JOE	EMRG
BOLING	ARCHIBALD	EMRG
BOLING	CHARLES	EMRG
BOLING	DARCUS	EMRG
BOLING	EDWIN	EMRG
BOLING	HERMAN	EMRG
BOLING	RUTH	EMRG
BOLING	SALLY	EMRG
BOLING	WILLIAM M.	EMRG
BOLINGER	HENRY	EMRG
BOLINGER	OWISTEE	EMRG
BOOGS	WIDOW	EMRG
BOOT		EMRG
BOOT	TOM	EMRG
BOWMAN	BEN L.	EMRG
BOWMAN	SUSAN	EMRG
BRACKETT	BENJAMIN	EMRG
BRADY	OWEN	EMRG
BRADY	SAMUEL	EMRG
BRAINS		EMRG
BRAINS	NED	EMRG
BREAD		EMRG
BREATH		EMRG
BREWER		EMRG
BREWER	WILLIAM	EMRG
BRIDGEMAKER		EMRG
BRIDGEMAKER		EMRG
BRIDGEMAKER	GEORGE	EMRG
BRIGHT	HIRAM	EMRG
BRITCHES		EMRG
BROOM		EMRG
BROWN	ALEXANDER	EMRG
BROWN	ANN	EMRG
BROWN	ANNE	EMRG
BROWN	EDWARD	EMRG
BROWN	JOHN	JR.
BROWN	JOHN	EMRG
BROWN	JOHN SR.	EMRG
BRUSH		EMRG
BRYAN	JOEL M.	EMRG
BUCWALTER		EMRG
BUESS	GEORGE	EMRG
BUFFALOE		EMRG
BUFFALOE	NANCY	EMRG
BUFFALOE BELLOWING		EMRG
BUFFALOE HEAD		EMRG
BUFFALOE STAND		EMRG
BUFFALOE WITH CALF		EMRG
BUFFINGTON	ELLIS	EMRG
BUFFINGTON	EZEKIEL	EMRG
BUFFINGTON	JAMES	EMRG
BUFFINGTON	JESSEE	EMRG
BUFFINGTON	LYDIA	EMRG
BUISE	WILLIAM	EMRG
BULLET EYE		EMRG
BURGESS	EDWARD	EMRG
BURGESS	JOHN	EMRG
BURGESS	RICHARD	EMRG
BURGESS	WILLIAM	EMRG
BUSHYHEAD		EMRG
BUSHYHEAD	GEORGE	EMRG
BUSHYHEAD	ISAAC	EMRG
BUSHYHEAD	NANCY	EMRG
BUTCHER	JOSHUA	EMRG
BUTLER	EZEKIEL	EMRG
BUTLER	THOMAS	EMRG
BUTTER	JOHN	EMRG
BYRD		EMRG
CABBIN		EMRG
CADE	JACK	EMRG
CAESKEESY		EMRG
CAHCHUTOUUH		EMRG
CAHLETSEH		EMRG
CAHTATIE		EMRG
CAHTECLOHEE		EMRG
CALAQUESKEE		EMRG
CALCALLAHSKEE		EMRG
CALCULOSKEE		EMRG
CAMPBELL	CHARLES	EMRG
CAMPBELL	ELIZA	EMRG
CAMPBELL	J.M.	EMRG
CAMPBELL	JAMES	EMRG
CAMPBELL	MRS.	EMRG
CAMPBELL	WILLIAM	EMRG
CAMPBELL	WILLIAM R.	EMRG
CANDY	GEORGE	EMRG
CANDY	JOHN	EMRG
CANDY	SAMUEL	JR.
CANDY	SAMUEL	EMRG
CANOE BREAKER		EMRG
CAN'T DO IT		EMRG
CAREY	JAMES	EMRG
CAREY	JIM	EMRG
CARROLL	STEPHEN	EMRG
CARTER	ALEXANDER	EMRG
CARTER	DAVID	EMRG
CARTER	NANCY	EMRG
CARTER	WILSON	EMRG
CARY	LONG ARM	EMRG
CARYIER		EMRG
CASEY	RACHEL	EMRG
CAT		EMRG
CATEY		EMRG
CAUKELOSTAU		EMRG
CAUNATEE		EMRG
CHAHWAUKEH		EMRG
CHAIR		EMRG

Emigration Roll - 1817

LAST NAME	FIRST NAME	EMIGRAT
CHALAGATEE		EMRG
CHALAKEETEHEE		EMRG
CHAMBERS	GINNY	EMRG
CHAMBERS	JOHN	EMRG
CHAMBERS	SAMUEL	EMRG
CHAOMAH		EMRG
CHARCHAR		EMRG
CHARLES		EMRG
CHATAHTEESTER		EMRG
CHATSTOYAH		EMRG
CHATTAHKEE		EMRG
CHAUNAQUALUSKEE		EMRG
CHAWAHUKA		EMRG
CHAWEE		EMRG
CHAWWEYOUKAY		EMRG
CHEA	NED	EMRG
CHEANEEKA		EMRG
CHECHENA1QUAH		EMRG
CHECONATT		EMRG
CHEEAH		EMRG
CHEEALEELAH		EMRG
CHEEHALEELKAH		EMRG
CHEEK	DAWSON	EMRG
CHEEK	MRS.	EMRG
CHEEK	RICHARD	EMRG
CHEENNANEE		EMRG
CHEEQUAKEE		EMRG
CHEESQUALLANTAH		EMRG
CHEESTOO		EMRG
CHEETACHEEKEE		EMRG
CHEETAKEE		EMRG
CHEETAUNEECHCOLLOHTER		EMRG
CHEHALLEEKEE		EMRG
CHEHOWEE		EMRG
CHELAWNACHA		EMRG
CHEONONAH		EMRG
CHEQUAGA		EMRG
CHESEETAKEE		EMRG
CHESQUA		EMRG
CHESQUAOOLA		EMRG
CHESTNUTS	ALL	EMRG
CHETAUMESASATAH		EMRG
CHETOACHER		EMRG
CHEUH		EMRG
CHEUNECHA		EMRG
CHEWAHNEE		EMRG
CHEYAMANAH		EMRG
CHEYANEKAH		EMRG
CHEYOH		EMRG
CHEYOSY		EMRG
CHICCUHLUH		EMRG
CHICKALUSE	JESSEE	EMRG
CHICKASAW		EMRG
CHICKASAWTEEHEE		EMRG
CHICKEN		EMRG
CHICKEN	DANIEL	EMRG
CHICKEN	OLD	EMRG
CHISHOLM	THOMAS	EMRG
CHITTOWEE		EMRG
CHOKOHEAH		EMRG
CHOKOHEE		EMRG
CHOMAUKAH		EMRG
CHOTE	SILAS	EMRG
CHOWA	NEW	EMRG
CHOWASKEE		EMRG
CHOWAYOUHAT		EMRG
CHOWAYOUHAT		EMRG
CHOWAYUCAH		EMRG
CHOWAYUCAH		EMRG
CHOWUKAH		EMRG
CHRISTY	JESSEE	EMRG
CHUCAORNAH		EMRG
CHUCKKEEHEE		EMRG
CHUCLOE		EMRG
CHUHAHLEEKEE		EMRG
CHUHALLOOKAH		EMRG
CHUHULEKA		EMRG
CHULANSATATAH		EMRG

LAST NAME	FIRST NAME	EMIGRAT
CHULANSATEE		EMRG
CHULARSETTAR		EMRG
CHULOTASKEE		EMRG
CHULUQUAH		EMRG
CHULUSATAH		EMRG
CHUNEQUATEESKEE		EMRG
CHUNOKLA		EMRG
CHUNOLASKA		EMRG
CHUQUAGA	JACK	EMRG
CHUQUALATAH		EMRG
CHUQUATOKEE		EMRG
CHUSQUANNACHOLA		EMRG
CHUTAKAHTOKA		EMRG
CHUTANAH		EMRG
CHUWEE		EMRG
CHUWEH		EMRG
CILLICOKEE		EMRG
CLANANAH		EMRG
CLANATAH		EMRG
CLANTEESTAH		EMRG
CLARK	JOHN	EMRG
CLASS	CHIEF	EMRG
CLASS	YOUNG	EMRG
CLAUNAUNOO		EMRG
CLUBFOOT	JOHN	EMRG
CLYEYAHKAH		EMRG
CLYNE	THOMAS	EMRG
CLYNE	THOMAS A.	EMRG
COCHRAN	MOSES	EMRG
COFFY		EMRG
COHCHACKA		EMRG
COHEMEAH		EMRG
COHNAHOOYOSEE		EMRG
COKE	CELIA	EMRG
COKE	DOCTOR	EMRG
COLANAHEE		EMRG
COLD WEATHER		EMRG
COLEMAN	H.	EMRG
COLLOSTOWALAH		EMRG
COLMAN	ELIZABETH	EMRG
COLSTON	JOHN	EMRG
CONALAQUE		EMRG
CONESUNA		EMRG
CONNATIAH		EMRG
CONTAKA		EMRG
COODY	ARTHUR	EMRG
COODY	CHARLES	EMRG
COODY	D.R.	EMRG
COODY	JAMES	EMRG
COODY	JOSEPH	EMRG
COODY	W.S.	EMRG
COOEISTER		EMRG
COOKAH		EMRG
COOPER	BENJAMIN	EMRG
COOPER	NANCY	EMRG
COOPER	SALLY	EMRG
COPELAND	AUSTIN	EMRG
CORDY	EARLY	EMRG
CORN SILK		EMRG
CORN STALK		EMRG
CORN TASSEL		EMRG
CORNICE		EMRG
CORNTASSELL EATER		
	GROWING	EMRG
COSROONEH		EMRG
COSSHEELAH		EMRG
COTAKYOWAY		EMRG
COTANNAH		EMRG
COUAYOWKAH		EMRG
COUEESTER		EMRG
COUESTAH		EMRG
COUESTAH		EMRG
COWEN	ELIJAH	EMRG
COWWEUKAH		EMRG
CRAMP		EMRG
CRANE	SAND HILL	EMRG
CRANE EATER		EMRG
CRAWFORD	JANE	EMRG

LAST NAME	FIRST NAME	EMIGRAT
CRAWLER		EMRG
CREEK	JIM	EMRG
CRENSHAW	ISAAC	EMRG
CRIER		EMRG
CRITTENDEN	J.	EMRG
CRITTENDEN	JAMES	EMRG
CRITTENDEN	JENNY	EMRG
CRITTENDEN	JOSEPH	EMRG
CRITTENDEN	KATY	EMRG
CRITTENDEN	LEWIS	EMRG
CRITTENDEN	NED	EMRG
CRITTENDEN	SYDNEY	EMRG
CRITTENDEN	WILLIAM	EMRG
CROSS		EMRG
CROSS WOMAN		EMRG
CROSSLAND	JOHN	EMRG
CROW		EMRG
CROW	RAIN	EMRG
CROW MOCKER		EMRG
CRUM		EMRG
CRYING BEAR		EMRG
CUHCOLOSKEE		EMRG
CULLAUNAUHEE		EMRG
CULLEESKAWE		EMRG
CULQUOTAKA		EMRG
CULSATEE		EMRG
CULSUTTEE		EMRG
CUMBERLAND		EMRG
CUMBERLAND	H. DUNCAN	EMRG
CUMBERLAND	MR.	EMRG
CUMING		EMRG
CUNNAUSAUSKEE		EMRG
CUNNESEHEH		EMRG
CUNNIGAN		EMRG
CUNYOULEESEH		EMRG
CURREY	B.F.	EMRG
DANNAH		EMRG
DAUGHERTY		EMRG
DAVID		EMRG
DAVIDSON	THOMAS	EMRG
DAVIS	ABRAM	EMRG
DAVIS	JAMES	EMRG
DAVIS	JOSEPH	EMRG
DAVY		EMRG
DAY BREAK		EMRG
DAYLIGHT		EMRG
DEERHEAD	JIM	EMRG
DEERINTHEWATER		
	QUATY	EMRG
DEERSKIN		EMRG
DEERWALKER		EMRG
DENNIS	ELIZABETH	EMRG
DENNIS	JOHN	EMRG
DENNIS	NANCY	EMRG
DENNIS	PETER	EMRG
DENNIS	WILLIAM	EMRG
DENTON	ALFRED	EMRG
DEW		EMRG
DICK		EMRG
DICK	BLIND	EMRG
DISAAC S.		EMRG
DOBSON	JOSEPH	EMRG
DOG SHOOTER		EMRG
DOUGHERTY	CHARLES	EMRG
DOUGHERTY	JAMFS	EMRG
DOUGHERTY	MARY	EMRG
DOUGHERTY	ROBERT	EMRG
DOUGHERTY	WILLIAM	EMRG
DOVE	LAME	EMRG
DOWNING	BENJAMIN	EMRG
DOWNING	CHARLES	EMRG
DOWNING	JOHN	EMRG
DOWNING	LEATHY	EMRG
DOWNING	MARTIN	EMRG
DOWNING	SAMUEL	EMRG
DOWNING	THOMPSON	EMRG
DOWNING	WAT	EMRG
DREADFUL WATER		EMRG

Emigration Roll - 1817

LAST NAME	FIRST NAME	EMIGRAT
DRIVER		EMRG
DROWNING BEAR		EMRG
DRUMTHROWER		EMRG
DRUNKEN FELLOW		EMRG
DRY FOREHEAD		EMRG
DRY HEAD		EMRG
DRY LEGS		EMRG
DUM BOY		EMRG
DUNCAN	CHARLES G.	EMRG
DUNCAN	JOHN	EMRG
DUVAL & CARNS		EMRG
EAGLE		EMRG
EATER	GROWING	
CORNTASSEL		EMRG
ECHAU RUN		EMRG
ECULLAH		EMRG
EDWARDS	EDWARD	EMRG
EDWARDS	WILLIAM	EMRG
EESUKOSKAH		EMRG
EGGS		EMRG
EIGHT KILLER		EMRG
ELDERS	WILLIAM	EMRG
ELIZABETH		EMRG
ELLEN		EMRG
ELLIOT	GEORGE	EMRG
ELLIOT	JAMES	EMRG
ELLIOT	JOHN	EMRG
ELLIOT	JOSEPH JR.	EMRG
ELSTAQUAH		EMRG
ELUWEH		EMRG
ENANLY		EMRG
ENGLAND	WILLIAM	EMRG
ENGLISH PEA		EMRG
ESAHCHEEHALLEE		EMRG
ETTSCEU		EMRG
ETUWEE		EMRG
EYAHCHAKAH		EMRG
EYEHSTEE		EMRG
FALLING	EDWARD	EMRG
FALLING	RAIN	EMRG
FALLING	RIM	EMRG
FALLING	ROBERT	EMRG
FAN		EMRG
FIELDS	ANN	EMRG
FIELDS	CHARLES	EMRG
FIELDS	JAMES	EMRG
FIELDS	JOHN	EMRG
FIELDS	POLLY	EMRG
FIELDS	ROBERT	EMRG
FIELDS	THOMAS	EMRG
FIELDS	TURTLE	EMRG
FIGHTER		EMRG
FILEHA		EMRG
FISH TAIL		EMRG
FIVEKILLER		EMRG
FIVEKILLER	EDWARD	EMRG
FIVEKILLER	MRS.	EMRG
FODDER		EMRG
FOGG		EMRG
FOOL	DAVID	EMRG
FOOL	JENNY	EMRG
FOOL	MESSENGER	EMRG
FOOL	WIDOW	EMRG
FOOL	WILLIAM	EMRG
FOREHEAD	ARCHIBALD	EMRG
FOREHEAD	DRY	EMRG
FOREHEAD	E.	EMRG
FOREHEAD	EDWARD	EMRG
FOREHEAD	FOREMAN ALEXANDER	EMRG
FOURKILLER		EMRG
FOX	COOTIER	EMRG
FOX	JOHN	EMRG
FOX	YOUNG	EMRG
FOX BITER		EMRG
FOX BITER		EMRG
FREEMAN	GEORGE	EMRG
FROSSWAYS		EMRG
FROST		EMRG
GAFFORD	ALLEN	EMRG
GENTRY	DAVID	EMRG
GEORGE		EMRG
GEROGE	CHARLESTON	EMRG
GEROGE	TOQUA	EMRG
GESS	GEORGE	EMRG
GILSOWEE	JACK	EMRG
GLASS	TUMBLER	EMRG
GLENN	HENRY	EMRG
GODDARD	ELI S.	EMRG
GODDARD	SALLY	EMRG
GOING IN		EMRG
GOOD MONEY		EMRG
GOONAHOOWOHAU		EMRG
GOOSE		EMRG
GORDON	ELIZA	EMRG
GORDON	JOHN	EMRG
GORDON	THOMAS	EMRG
GORE	BETSY	EMRG
GOURD		EMRG
GOURD		EMRG
GOURD STRING		EMRG
GOWAN	JACOB P.	EMRG
GRAPE		EMRG
GRAPE	HIGHTOWER	EMRG
GRAPES	WINTER	EMRG
GRASS		EMRG
GRASSYFIELD		EMRG
GRAVES	JAMES	EMRG
GRAVES	LAUGHTER	EMRG
GRAVES	MOSES	EMRG
GRAVES	MRS.	EMRG
GRAVES	NANCY	EMRG
GRAVES	SALLY	EMRG
GRAVES	SALLY	EMRG
GRAVES	WALTER	EMRG
GRIFFIN	DANIEL	EMRG
GRIFFIN	JACK	EMRG
GRIFFIN	JAS.W.	EMRG
GRIFFIN	THOMAS	EMRG
GRIFFIN	THOMAS	EMRG
GRIFFIN	THOMAS	EMRG
GRIFFIN	WILLIAM	EMRG
GRIFFIN	WILLIAM C.	EMRG
GRITTS	MISTAKEN	EMRG
GRITTS	MOSES	EMRG
GRITTS	OOLOCONAH-STUSHA	EMRG
GRITTS	TAUYOLANAH	EMRG
GROG		EMRG
GROUND HOG		EMRG
GROUND SQUIRREL		EMRG
GROUNDHOG	ELIJAH	EMRG
GRUBWORM		EMRG
GUNROD		EMRG
GUNSTOCKER		EMRG
HAILIOOKKAH		EMRG
HALFACRE	ELIZABETH	EMRG
HALL	JOHN C.	EMRG
HAMMON	JANE	EMRG
HARLIN	ELI	EMRG
HARLIN	GEORGE	EMRG
HARNAGE	AMBROSE	EMRG
HARNAGE	GEORGE	EMRG
HARNAGE	JACOB	EMRG
HARNAGE	JOHN	EMRG
HARNAGE	WILLIAM	EMRG
HARRIS		EMRG
HARRIS	BENJAMIN	EMRG
HARRIS	JOHN	EMRG
HARRIS	MOSES	EMRG
HATCHET		EMRG
HAWK		EMRG
HAWKINS	JOHN	EMRG
HAYNES	STEPHEN	EMRG
HEAD BOILER		EMRG
HEAD CARRIER		EMRG
HEAD THROUGH		EMRG
HENDERSON		EMRG
HENDRICKS	JAMES	EMRG
HENDRICKS	WILLIAM	EMRG
HENRY		EMRG
HENSLEY	ISAAC	EMRG
HENSON	JAMES B.	EMRG
HENSON	RICHARD	EMRG
HENSON	TERREL	EMRG
HESAUTASKEE		EMRG
HICKORY		EMRG
HICKS	AKEY	EMRG
HICKS	EDWARD	EMRG
HICKS	ELLY R.	EMRG
HICKS	GEORGE	EMRG
HICKS	WILLIAM DR.	EMRG
HICKS	WILLIAM JR.	EMRG
HILDERBRAND	JOHN	EMRG
HILL	THOMAS	EMRG
HILTON	DANIEL	EMRG
HIRAM		EMRG
HOG STONES		EMRG
HOGG	JOHN	EMRG
HOGSHOOTER		EMRG
HOLCOM	WILLIAM	EMRG
HOLT	JAMES	EMRG
HOLT	WILLIAM S.	EMRG
HOOD	JOHN	EMRG
HOOPEN BOY		EMRG
HORN	JEREMIAH	EMRG
HORSE FLY		EMRG
HORSEFLY	TSOCOKEE	EMRG
HORTON	JOHN	EMRG
HOUAHUTUH		EMRG
HOWKEHKAH		EMRG
HOYT	LYDIA	EMRG
HOYT	MILO	EMRG
HUCKLEBERRY		EMRG
HUGHS	ANNA	EMRG
HUGHS	GEORGE	EMRG
HUGHS	JAMES	EMRG
HUGHS	SUSANNA	EMRG
HUMAN STRIKER		EMRG
HUMMINGBIRD		EMRG
HUMPHRIES	JAMES	EMRG
HUMPHRIES	NANCY	EMRG
HUNTER	JOHN	EMRG
HURRYING MAN		EMRG
HYATT	N.B.	EMRG
IWANN	KISKEN	EMRG
IYOHKAH		EMRG
IYOSTAH WOMAN		EMRG
JACK		EMRG
JACK	TEESKEEGA	EMRG
JACK	TOOQUO	EMRG
JACKET		EMRG
JACKSON	DAVID	EMRG
JACOB		EMRG
JESSEE		EMRG
JIM		EMRG
JOHN		EMRG
JOHN	KAYLOTOOH POOR	EMRG
JOHN	LITTLE	EMRG
JOHN	POOR	EMRG
JOHN	SPANISH	EMRG
JOHNSON		EMRG
JOHNSON	BENJAMIN	EMRG
JOHNSON	GEORGE	EMRG
JOLLEY	JOHN	EMRG
JONES	ANNA	EMRG
JONES	CHARLES	EMRG
JONES	DAVID	EMRG
JONES	DRURY	EMRG
JONES	ELIZABETH	EMRG
JONES	JAMES	EMRG

LAST NAME	FIRST NAME	EMIGRAT	LAST NAME	FIRST NAME	EMIGRAT	LAST NAME	FIRST NAME	EMIGRAT
JONES	JOHN	EMRG	KOTOQUSKA		EMRG	MCGRAY	REBECCA	EMRG
JORDAN	ALEXANDER	EMRG	KULLUSKAWAY		EMRG	MCGRAY	RUTH	EMRG
JORDAN	JOHN	EMRG	KUNTEE		EMRG	MCGRAY	SR.	EMRG
JULY		EMRG	KYEEKAHTEEHEE		EMRG	MCGRAY	THOMAS	EMRG
JUMPER		EMRG	KYYOUKEE		EMRG	MCINTOSH	ELIZABETH	EMRG
JUMPING IN THE RIVER		EMRG	LACY	ANDREW	EMRG	MCINTOSH	J.W.	EMRG
JUNELUSKEE		EMRG	LACY	CATHARINE	EMRG	MCINTOSH	JOHN SR.	EMRG
JUSTICE		EMRG	LACY	JUSLEY	EMRG	MCINTOSH	JOHN JR.	EMRG
JUSTICE	DICK SR.	EMRG	LACY	MRS.	EMRG	MCINTOSH	JOHN	EMRG
JUSTICE	DICK	EMRG	LACY	WILLIAM EASLEY	EMRG	MCINTOSH	MRS.	EMRG
JUSTICE	GEORGE JR.	EMRG	LAHWANNA		EMRG	MCINTOSH	SAMUEL	EMRG
JUSTICE	GEORGE	EMRG	LAME DOVE		EMRG	MCINTOSH	WILLIAM	EMRG
JUSTICE	JACK	EMRG	LANGLEY	BETSEY	EMRG	MCKINSEY	JACK SR.	EMRG
JUSTICE	JOHN	EMRG	LANGLEY	GOOSE	EMRG	MCKINSEY	JACK JR.	EMRG
JUSTICE	SOTTIA	EMRG	LANGLEY	HUNTER	EMRG	MCLAUGHLIN	EZEKIEL	EMRG
KAHKULLAH		EMRG	LANGLEY	JACK	EMRG	MCLEMORE	JOHN SR.	EMRG
KAHSILLEE		EMRG	LANGLEY	PENNY	EMRG	MCLEMORE	JOHN JR.	EMRG
KAHSOHTAH		EMRG	LATTIMORE	SAMUEL	EMRG	MCMINN	GOVERNOR	EMRG
KAHTAKAN		EMRG	LEA	CHARLES	EMRG	MCNULTY	GILES	EMRG
KAHTEAHTAHEE		EMRG	LEAF	ARCH	EMRG	MCPHEARSON		
KAHTELANAH		EMRG	LEANING		EMRG		JAMES	EMRG
KALSAHTEKEE		EMRG	LEDBETTER	DANIEL	EMRG	MELTON	DANIEL P.	EMRG
KALSAWEE		EMRG	LEE		EMRG	MELTON	MRS.	EMRG
KALSOE	JOE	EMRG	LEMONS	SAMUEL	EMRG	MERIDIAN		EMRG
KAMNANCHETOCKA		EMRG	LIGHT		EMRG	MICHEL	ROBERT	EMRG
KANANTOWA		EMRG	LINCH	ELIJAH	EMRG	MILLER	JAMES	EMRG
KANNAHCHEE		EMRG	LIVER	WATT	EMRG	MILLER	JOHN	EMRG
KASAWALANAH		EMRG	LIZZARD		EMRG	MILLER	MARTIN	EMRG
KASHANE		EMRG	LIZZARD	WATER	EMRG	MILLER	NANCY	EMRG
KATATAH		EMRG	LONG	BACK	EMRG	MINK		EMRG
KATTOTOO		EMRG	LONG	KNIFE	EMRG	MITER	JAMES	EMRG
KATY		EMRG	LOVE	DANIEL	EMRG	MOCKER	CROW	EMRG
KAUNEQUACHE		EMRG	LOVE	JAMES	EMRG	MOLE	BIG	EMRG
KAYETEHEE		EMRG	LOVE	WALTER	EMRG	MONTGOMER		
KAYOUCHA		EMRG	LOVETT	JOHN	EMRG		HUGH	EMRG
KECHOUTEEHEE		EMRG	LOVETT	PEGGY	EMRG	MOORE	ELIJAH	EMRG
KEENAH		EMRG	LOVIAT	BOB	EMRG	MORGAN	GRIFFIN	EMRG
KEENE	KULAH	EMRG	LOWEN		EMRG	MORGAN	HOSEA SR.	
KEETON	JOSEPH	EMRG	LOWERY	JOSEPH	EMRG	MORGAN	JOSEA JR.	
KEEUNECA		EMRG	LUCINDA		EMRG	MORGAN	LUCINDA	
KELL	ANDREW	EMRG	LYING ROCK		EMRG	MORRIS	GEORGE	EMRG
KELL	SALLY	EMRG	LYINGFIELD	NANCY	EMRG	MORRIS	JACK	EMRG
KENAHTEHEE		EMRG	LYNCH		EMRG	MOSELEY	JOHN	EMRG
KENTAKEE		EMRG	MACKEY	SAMUEL	EMRG	MOSES		
KETTLE	BIG	EMRG	MANKILLER	SCOT	EMRG	MOSEY		EMRG
KEY		EMRG	MANKILLER	WHITE	EMRG	MOSS		
KEYAHKEYAH		EMRG	MARTIN		EMRG	MOUNTAIN		EMRG
KEYHEA		EMRG	MARY		EMRG	MOUSE		EMRG
KEYS	ISAAC	EMRG	MASTERS	JOHN D.	EMRG	MULKEY	JONATHAN	EMRG
KEYS	WILLIAM	EMRG	MAW	FIELDING	EMRG	MURPHY	ARCHIBALD	EMRG
KICHE	TAHWAHSTER	EMRG	MAW	LUCY	EMRG	MURPHY	GEORGE	EMRG
KILLER	CHARLES	EMRG	MAW	THOMAS	EMRG	MURPHY	JESSE	EMRG
KILLER	CHOCTOAW	EMRG	MCCAMMON	SAMUEL	EMRG	MURPHY	JOHNSON	EMRG
KILLER	NO	EMRG	MCCOLLACK	JOHN	EMRG	MURPHY	WOLF	EMRG
KILLER	WATER	EMRG	MCCOY	DANIEL	EMRG	MURPHY	YOUNG WOLF	EMRG
KILLION	GEORGE	EMRG	MCCOY	RICHARD	EMRG	MUSKETOE		EMRG
KILLOUGH	YONAH	EMRG	MCDANIEL	A.J.	EMRG	MUSKRAT		EMRG
KINNESAH		EMRG	MCDANIEL	ALEXANDER	EMRG	NAECHER	CALLACE	EMRG
KINNESAHE		EMRG	MCDANIEL	ARCHE	EMRG	NAKED FELLOW		EMRG
KINNEY	ALL	EMRG	MCDANIEL	AVY	EMRG	NAN		EMRG
KIRBY	JOEL	EMRG	MCDANIEL	CHARLES	EMRG	NAN	TENNESSEE	EMRG
KIRBY	POLLY	EMRG	MCDANIEL	DANIEL	EMRG	NANA		EMRG
KIRKPATRICK			MCDANIEL	JAMES	EMRG	NANCY		EMRG
	SYDNEY	EMRG	MCDANIEL	JOHN	EMRG	NANN		EMRG
KISSYKANNACHEE		EMRG	MCDANIEL	MARTHA	EMRG	NANNY		EMRG
KITTLETIER		EMRG	MCDANIEL	MOSES	EMRG	NATHCHEYAH		EMRG
KIULUSKA		EMRG	MCDANIEL	RACHEL	EMRG	NAVE	DANIELR.	EMRG
KLINE		EMRG	MCDANIEL	SAMUEL	EMRG	NAVE	H.	EMRG
KNIFE		EMRG	MCDANIEL	SEELY	EMRG	NAVE	JOHN	EMRG
KNOB		EMRG	MCDANIEL	WILLIAM	EMRG	NAVE	WILLIAM M.	EMRG
KOKAHYALEESKEE		EMRG	MCDONALD	ALEXANDER	EMRG	NEAKED		EMRG
KOKALUSKAH		EMRG	MCDONALD	DANIEL	EMRG	NED		EMRG
KOLEECHA		EMRG	MCDONALD	THOMAS	EMRG	NEKKAHHAUNEH		EMRG
KONNOSKEESKEE		EMRG	MCGRAY	ALEXANDER	EMRG	NELL	CHICKA	EMRG
KOOKOOTLOUR		EMRG	MCGRAY	JAMES	EMRG	NELL	NANCY	EMRG
KOOLAQUAH		EMRG	MCGRAY	LEWIS	EMRG	NELL	PHINEAS	EMRG
KOTAKAWAY		EMRG	MCGRAY	LISY	EMRG	NELLAY		EMRG
KOTOCLANAH		EMRG	MCGRAY	MILLY	EMRG	NELLUMS	SAMUEL	EMRG

Emigration Roll - 1817

LAST NAME	FIRST NAME	EMIGRAT
NELLY		EMRG
NELMS	ARCHIBALD	EMRG
NELMS	CHAUNCA	EMRG
NETTLE CARRIER		EMRG
NEW YORK	PETER	EMRG
NICATOY		EMRG
NICOJAKE		EMRG
NICOTAI		EMRG
NICOTIAH		EMRG
NICOWEE		EMRG
NOFIRE		EMRG
NOHOOLEE		EMRG
NOHTOWEYAH		EMRG
NOISY WATER		EMRG
NOOCHOWEE		EMRG
NOON DAY		EMRG
NOOTAHIT		EMRG
NOOYAH	PETER	EMRG
OHLICKAH		EMRG
OLD CHICKEN		EMRG
OLD TURKEY		EMRG
OLIVER	THOMAS H.	EMRG
OOCANSTOTEE		EMRG
OOCASAH		EMRG
OOCHECHATAH		EMRG
OOCLANTELTOH		EMRG
OOCOSITAH		EMRG
OODARYCOALE		EMRG
OOEKOYOUKITTAH		EMRG
OOHALLEESKEGU		EMRG
OOJOE		EMRG
OOKALAKA		EMRG
OOKILLA		EMRG
OOKOLLOKA		EMRG
OOKOOLAH		EMRG
OOKSOOTEE		EMRG
OOLATATOH		EMRG
OOLAYAU		EMRG
OOLONASTAKEE		EMRG
OOLOOCHA		EMRG
OOLOOCHEE		EMRG
OOLSAWAH		EMRG
OOLSTOOCH		EMRG
OOLSTOOWAH		EMRG
OONAHNALEE		EMRG
OONAHSTACHEE		EMRG
OONARCHETAH		EMRG
OONENAHTEE		EMRG
OONEQUAH		EMRG
OONOTATAH		EMRG
OOSAHWAHKEE		EMRG
OOSANNALLEE		EMRG
OOSCOONEH		EMRG
OOSKALKEE		EMRG
OOSOWEEKAH		EMRG
OOSQUOLEEYOE		EMRG
OOSTENACAH		EMRG
	JAMES	EMRG
OOSTENAKEE		
	AULEY	EMRG
OOTAHLOOKEE		EMRG
OOTAHTESKEE		EMRG
OOTAHTESKEE		EMRG
OOTAHWEETAH		EMRG
OOTALEKEE		EMRG
OOTALOOKAH		EMRG
OOTALOOKEE		EMRG
OOTANEEYOUTAH		EMRG
OOTEESEETEATAH		EMRG
OOTETAHEE		EMRG
OOTOLONAH		EMRG
OOWAHEEISKEE		EMRG
OOWAHEEISKEE		EMRG
OOWAHHUSKEE		EMRG
OOWAHSOTOH		EMRG
OOWANNAH		EMRG
OOWATEE		EMRG
OOWOLATAH		EMRG
OOWOLATAH		EMRG
OOWOLOTAH		EMRG
OOWOOTEE		EMRG
OOWOOTEE		EMRG
OOYEHKEE		EMRG
OOYOUSATAH		EMRG
OPOSSUM		EMRG
OTTER		EMRG
OTTER LIFTER		EMRG
OTTERLIFTER	ALEXANDER	EMRG
OTTERLIFTER	DEW	EMRG
OUESKILKA		EMRG
OWL		EMRG
OWOTEE		EMRG
OWOTEE		EMRG
O'BRYANT	DUNCAN	EMRG
PACE		EMRG
PACK	T.J.	EMRG
PADEN	BENJAMIN	EMRG
PAICE	JAMES	EMRG
PAINT		EMRG
PANTHER		EMRG
PARCH CORN FLOWER		EMRG
PARCH CORN HOUSE		EMRG
PARRIS	AARON	EMRG
PARRIS	G.W.	EMRG
PARRIS	GEORGE SR.	EMRG
PARRIS	GEORGE W.	EMRG
PARRIS	JESSEE	EMRG
PARRIS	MALACHI	EMRG
PARRIS	MOSES	EMRG
PARRIS	NANCY	EMRG
PARRIS	ROBERT	EMRG
PATH KILLER		EMRG
PATHKILLER	DICK	EMRG
PATRIDGE		EMRG
PERDUE	DANIEL A.	EMRG
PERDUE	GREENBERRY	EMRG
PERDUE	JOSEPH	EMRG
PERDUE	RACHEL	EMRG
PERRY	ROBERT	EMRG
PERSONSTRIKER		EMRG
PETER		EMRG
PETER	BIG	EMRG
PETTIT	BENJAMIN	EMRG
PETTIT	JAMES	EMRG
PETTIT	KATY	EMRG
PETTIT	MOSES	EMRG
PETTIT	PEGGY	EMRG
PETTIT	THOMAS JR.	EMRG
PETTIT	WASHINGTON	EMRG
PETTIT	WILLIAM	EMRG
PHEASANT		EMRG
PHILLIPS	ELIJAH	EMRG
PHILLIPS	ELLIS F.	EMRG
PHILLIPS	JOHN	EMRG
PHILLIPS	LUCINDA	EMRG
PHILLIPS	RUTH	EMRG
PIGEON		EMRG
PIGG	YOUNG	EMRG
PINDER	JOHN	EMRG
PIPE		EMRG
PISTOL		EMRG
POLLEY		EMRG
POOR BARE		EMRG
POOR JOHN		EMRG
POOR JOHN	KAYLOTOOH	EMRG
POST	ELIZABETH	EMRG
POST	WILLIAM S.	EMRG
POT KILLER		EMRG
PRATTS		EMRG
PRATZ	JOSEPH	EMRG
PRICE	AARON	EMRG
PRICE	FRANK	EMRG
PRICE	MOSES	EMRG
PRINCE		EMRG
PUMPKIN BOY		EMRG
QUALAYOOKA		EMRG
QUATY		EMRG
QUINTON	HENRY	EMRG
QUINTON	SAMUEL	EMRG
QUOSA		EMRG
RABBIT		EMRG
RABBIT	BUCK	EMRG
RACCOON		EMRG
RAGSDALE	BENJAMIN	EMRG
RAGSDALE	ISAAC	EMRG
RAIN CROW		
RAIN FALLING		
RAINCROW	HAWK	EMRG
RAINCROW	ROBERT	EMRG
RAINCROW	SARAH	EMRG
RAINCROW	YOUNG MAN	EMRG
RAPER	ALSEY	EMRG
RAPER	JESSEE	EMRG
RAPER	JOHN	EMRG
RATLEY	ANY	EMRG
RATLEY	JESSEY	EMRG
RATLIFF	RICHARD	EMRG
RATLIFF	WILLIAM	EMRG
RATTLE SNAKE		
	LARGE	EMRG
RATTLING GOURD		
RATTLING GOURD		
	BIG	EMRG
RAVEN		EMRG
REED	DAVID	EMRG
REED	NANCY	EMRG
REED	WILLIAM	EMRG
REESE	RILEY	EMRG
REYNOLDS	DANIEL	EMRG
RICE	AGGY	EMRG
RICE	JOSEPH	EMRG
RICE	NATHAN	EMRG
RICE	RHODA	EMRG
RICHARDSON		
	AMOS	EMRG
RICHMOND	GEORGE	EMRG
RICHMOND	JAMES	EMRG
RICHMOND	KATY	EMRG
RIDER	AUSTIN	EMRG
RIDGE		EMRG
RIDGE	LITTLE	EMRG
RILEY	FELIX W.	EMRG
RILEY	LUNEY	EMRG
RILEY	MADISON	EMRG
RILEY	WIDOW	EMRG
RILEY	WILSON	EMRG
ROACH	JOSHUA	EMRG
ROAD	BIG	EMRG
ROBBIN		EMRG
ROBBINS	JOSHUA	EMRG
ROBBINS	ROBERT	EMRG
ROBERT		
ROBISON	LISSY	EMRG
ROBISON	WILLIAM H.	EMRG
ROCK		EMRG
ROGERS	CAPT. CHARLES	EMRG
ROGERS	GREEN	EMRG
ROGERS	IRY	EMRG
ROGERS	JAMES	EMRG
ROGERS	JOHN	EMRG
ROGERS	LEWIS	EMRG
ROGERS	LUCY	EMRG
ROGERS	NANCY	EMRG
ROGERS	RICHARD	EMRG
ROGERS	ROBERT	EMRG
ROLLING WATER		EMRG
ROPE		EMRG
ROSE BERRY		EMRG
ROSS	ANDREW	EMRG
ROSS	DAVID	EMRG
ROSS	ELIZA	EMRG
ROSS	JOHN	EMRG

Emigration Roll - 1817

LAST NAME	FIRST NAME	EMIGRAT	LAST NAME	FIRST NAME	EMIGRAT	LAST NAME	FIRST NAME	EMIGRAT
ROSS	TEMPLIN W.	EMRG	SITLAWAKEE		EMRG		WILLIAM	EMRG
ROW	NED	EMRG	SITUAKEE		EMRG	SUTTEN	JOSEPH T.	EMRG
ROW	RICHARD	EMRG	SIX KILLER		EMRG	SWAY BACK		EMRG
RUNNELS	DANIEL	EMRG	SKILAH		EMRG	SWEET WATER		EMRG
RUNNER		EMRG	SKIOOSITTAH		EMRG	SWIMMER		EMRG
RUNNING	WOLF	EMRG	SKIT	ARCH	EMRG	SWIMMER	THOMAS	EMRG
RUSSELL	WILLIAM WOODY	EMRG	SKITTS	WIDOW	EMRG	SWIMMER	WALTER	EMRG
RUT		EMRG	SKOHIHAS		EMRG	TACONOWHELAW		EMRG
SADDLE		EMRG	SKONTEEAH		EMRG	TAESKA	TESA	EMRG
SAHSAH		EMRG	SKYAHKATOKAH		EMRG	TAHCHEAS		EMRG
SALAWOYAH		EMRG	SMITH	JACKSON	EMRG	TAHCHECHEE		EMRG
SALLEE		EMRG	SMITH	JESSEE	EMRG	TAHLANTASTAH		EMRG
SALLY		EMRG	SMOKE		EMRG	TAHLASSEE		EMRG
SAM		EMRG	SMOKE	GEORGE	EMRG	TAHLOSSEE		EMRG
SAM	WOLF	EMRG	SNAKE TRACK		EMRG	TAHNAHTEE		EMRG
SAMUEL		EMRG	SNIP		EMRG	TAHNEE		EMRG
SANDERS	ALEXANDER	EMRG	SNOW	ISHAM	EMRG	TAHSANTEENE		EMRG
SANDERS	AULEY	EMRG	SOHKINNEY		EMRG	TAHSKEKEETEHEE		EMRG
SANDERS	JACOB	EMRG	SOHYOCANANTEEKEE		EMRG	TAHWAHSTER KICHE		EMRG
SANDERS	JOHN	EMRG	SOKINNEY		EMRG	TAHWAHTEHEE		EMRG
SANDERS	MITCHELL	EMRG	SOLDIER		EMRG	TAIL		EMRG
SANDERS	SUSAN	EMRG	SONEKOOWEYAH		EMRG	TAIL	JACK	EMRG
SANDERS	THOMAS	EMRG	SOOAYKER		EMRG	TAIL	LONG	EMRG
SANDRIDGE	JOHN D.	EMRG	SOURJOHN	ANNY	EMRG	TAKAKLUKA		EMRG
SAPSUCKER		EMRG	SOURJOHN	ELIJAH	EMRG	TAKATAH		EMRG
SATTIEE		EMRG	SOURKRAUT		EMRG	TAKE AWAY		EMRG
SAUNDERS		EMRG	SPANIARD	EDWARD	EMRG	TAKEE		EMRG
SAUSANNAH		EMRG	SPANIARD	JACK	EMRG	TAKKEKAHE		EMRG
SAWKINNEA	WIDOW	EMRG	SPANIARD	MARIAH	EMRG	TALLALAH		EMRG
SAWNEY		EMRG	SPANIARD	POLLY	EMRG	TALLOKA	JAMES	EMRG
SAWSANNAH		EMRG	SPANIARD	STEPHEN	EMRG	TALLY	NANCY	EMRG
SCALES	MARY	EMRG	SPANISH JOHN		EMRG	TALONTESKEE		EMRG
SCALES	N.D.	EMRG	SPEAKER		EMRG	TAQUALALOO		EMRG
SCALPEATER		EMRG	SPEARS	BETSEY	EMRG	TARCARNOHELY		EMRG
SCATTERED	SNOW	EMRG	SPEARS	JACK	EMRG	TARRAPIN		EMRG
SCHRIMSHER			SPEARS	JINNY	EMRG	TARRAPIN	LITTLE	EMRG
	JOHN	EMRG	SPEARS	JOHN	EMRG	TARRAPIN HEAD		EMRG
SCHRIMSHER			SPEARS	JOHN	EMRG	TASSEL		EMRG
	WILLIAM	EMRG	SPEARS	JOSEPH	EMRG	TAT	ALEXANDER	EMRG
SCONAHTAKKE		EMRG	SPEARS	LEVI	EMRG	TATTOKEE		EMRG
SCONITOY	OLD	EMRG	SPEER	CUNNESYHAM	EMRG	TAUSAU		EMRG
SCONNAUTOYHEE		EMRG	SPENCER	JAMES	EMRG	TAUWAUSAU		EMRG
SCONNITIA		EMRG	SPOTS		EMRG	TAUWAUTEE		EMRG
SCOOTAKEE		EMRG	SPRING FROG		EMRG	TAYLOR	DICK	EMRG
SCOSOTAH	ANNE	EMRG	SPRINGSTONEDLEY		EMRG	TAYLOR	FOX	EMRG
SCOTT	JESSEE	EMRG	SPRINGSTONELIABETH		EMRG	TAYLOR	ISHAM	EMRG
SEABOLT	JACOB	EMRG	SQUALTAKEE		EMRG	TECAHCULLUHSAYQUAH		EMRG
SEAWELL	LT. W.	EMRG	SQUIRREL		EMRG	TECALQUATOKEE		EMRG
SEEKEEKAH		EMRG	SQUIRREL	YOUNG	EMRG	TEEHAHLEETO		EMRG
SEEKEEKEE		EMRG	STAFF		EMRG	TEEHEE	CHICKASAW	EMRG
SEQUECHEE		EMRG	STAND	WOOL	EMRG	TEEHEE	KAHYOUKAH	EMRG
SEQUOYAH		EMRG	STANDING TURKEY		EMRG	TEEKATOOESKEE		EMRG
SEQUOYAH		EMRG	STANLEY	SARAH	EMRG	TEEKAUCAUSKA		EMRG
SHANNON	JOHN	EMRG	STARR	EZEKIEL	EMRG	TEEKONOOWHASKEE		EMRG
SHARP	CAPT.	EMRG	STARR	JAMES	EMRG	TEESATASKEE		EMRG
SHEFFIELD	OWEN	EMRG	STARR	JOSEPH M.	EMRG	TEESATTASKAH		EMRG
SHELTON	ROBERT	EMRG	STARR	THOMAS	EMRG	TEESAUNEEKEH		EMRG
SHELTON	SPENCER	EMRG	STEER	BIG	EMRG	TEESAUTESKA		EMRG
SHELTON	SUSANNA	EMRG	STEWARD	SALLY	EMRG	TEESKEE	SALLE	EMRG
SHEPHERD	ELIZABETH	EMRG	STIFF	RACHEL	EMRG	TEEWALLEE		EMRG
SHEPHERD	JOHN	EMRG	STIFF	W.H.	EMRG	TEEYOHLEE		EMRG
SHIRLEY	ELIZABETH	EMRG	STIFF	WILLIAM	EMRG	TEKAHKISKEE		EMRG
SHITEPOKE		EMRG	STILL	JACK	EMRG	TENAHLAWASTAH		EMRG
SHOAT	POOR	EMRG	STINGER		EMRG	TENALAWHESTA		EMRG
SHOE		EMRG	STINKING FISH		EMRG	TENANLESKEE		EMRG
SHOOK	A.	EMRG	STONE	JOHN	EMRG	TERRAPIN		EMRG
SHOOK	ALEXANDER	EMRG	STOOL		EMRG	TERRILL	JOHN	EMRG
SHOOT	DANIEL	EMRG	STOOPING TREE		EMRG	TERRILL	MOSES	EMRG
SIDNEY	JOHN	EMRG	STOVER	JOHN H.	EMRG	TERRILL	THOMAS	EMRG
SIDNEY	NELLY	EMRG	STOWND	MARY	EMRG	TESASKEE		EMRG
SIDNEY	SALLY	EMRG	STUART	SALLY	EMRG	TESAWFSKEE		EMRG
SILK	CORN	EMRG	STUMP		EMRG	TESQUAHCLASKEE		EMRG
SILK	PULLER	EMRG	SUAWA		EMRG	TETAHKEYASKEE		EMRG
SILLECOOKEE		EMRG	SUCKER		EMRG	TETAKKEYESKEE		EMRG
SIMONS	SAMUEL	EMRG	SUGEETA	ALSY	EMRG	TETALETOKEE		EMRG
SINECOWEE		EMRG	SUKAH		EMRG	TETANNESKEE		EMRG
SINIARD	THOMAS	EMRG	SUSANNAH		EMRG	TEWEE		EMRG
SINYARD	THOMPSON	EMRG	SUTHERLAND			THIGH		EMRG

Emigration Roll - 1817

LAST NAME	FIRST NAME	EMIGRAT
THIGHS	BIG	EMRG
THOMAS		EMRG
THOMAS	THOMAS	EMRG
THOMPSON	ALEXANDER	EMRG
THOMPSON	DAVID	EMRG
THOMPSON	JAMES	EMRG
THOMPSON	JOHN SR.	EMRG
THOMPSON	JOHN JR.	EMRG
THOMPSON	JOHN	EMRG
THORN	DANIEL	EMRG
THORN	JACOB	EMRG
THORN	JAMES W.	EMRG
THORN	JOHN	EMRG
THORNTON	AMOS	EMRG
THORNTON	CHARLES	EMRG
THORNTON	NANCY	EMRG
THORNTON	RILEY	EMRG
THORNTON	SMITH	EMRG
THORNTON	WILLIAM	EMRG
THORP	REASON	EMRG
THREAD		EMRG
THROWER		EMRG
THUNDER		EMRG
THUNDER LEGS		EMRG
TICKATOOSEE		EMRG
TICKUNOSTISKEY		EMRG
TIMSON	EDWARD	EMRG
TINER	REUBIN	EMRG
TIUNOHHELEE		EMRG
TOBACCO		EMRG
TOBACCO JOHN JR.		EMRG
TOBACCO PLANT		EMRG
TOBACCO PLANT	CAPT.	EMRG
TOKAHAKAH		EMRG
TOKCHEE		EMRG
TOKINSTEESKEE		EMRG
TOKISTUSK		EMRG
TOM		EMRG
TOM	PROUD	EMRG
TOMMY		EMRG
TONAHEE		EMRG
TONEY		EMRG
TOOCALOOCHE		EMRG
TOOCHALAR CHIEF		EMRG
TOOETLEESTTAH		EMRG
TOOK		EMRG
TOOK	ACCA	EMRG
TOOK	GEROGE	EMRG
TOOK	LITTLE GEORGE	EMRG
TOOK	ROBERT	EMRG
TOOKA		EMRG
TOOKAH		EMRG
TOOKER		EMRG
TOOLASUH	KITUWAKEE	EMRG
TOONA		EMRG
TOONIEE		EMRG
TOONIH		EMRG
TOOSAWALTAH		EMRG
TOOSOOWALLATTAH		EMRG
TOOSOOWOOTTAH		EMRG
TOOSOWATATAH		EMRG
TOOSOWELATAH		EMRG
TOOSTOO		EMRG
TOQUITTAH		EMRG
TORALSKA		EMRG
TOSAHASKEE		EMRG
TOTER		EMRG
TOTONEY		EMRG
TOUNAULAUWHISTA		EMRG
TOWATEE		EMRG
TOWEEH		EMRG
TOWHEAD	SISH	EMRG
TOWHEAD	SISH	EMRG
TOWNSEND	ALSY	EMRG
TOWNSEND	JESSEE	EMRG
TRACK	SNAKE	EMRG
TRAVELER		EMRG
TROTT		EMRG
TSEYAHNECAH		EMRG
TUAWAYLUCHCAH		EMRG
TUCKER	EDWARD	EMRG
TUCKER	RUBY	EMRG
TUCKER	THOMAS	EMRG
TUCKER	WILL	EMRG
TUKER		EMRG
TUNETOESEH		EMRG
TUNNAIHEE		EMRG
TURKEY	OLD	EMRG
TURKEY	STANDING	EMRG
TURKEY	WIDOW	EMRG
TURKEY	YOUNG	EMRG
TURNER	JOHN E.	EMRG
TURNOVER		EMRG
TURTLE		EMRG
TURTLE	LITTLE	EMRG
TUSKATUSHU		EMRG
TUSKEE	LOONEY	EMRG
TUSKY	TOM	EMRG
TUYAH		EMRG
TWOKILLER	BETSEY	EMRG
TYANKECHESKEE		EMRG
TYNER	REUBIN	EMRG
TYUKECHANEE		EMRG
UCHEETEEHEE		EMRG
UKSALANAH		EMRG
UNAHSKILLTAH		EMRG
UNAHTOOKEETAH		EMRG
UNANOOTEE		EMRG
UNASKEATEEHEE		EMRG
URSERY	PHILIP	EMRG
UTATOKEE		EMRG
VANN	ANDREW M.	EMRG
VANN	AVE	EMRG
VANN	CHARLES	EMRG
VANN	CLEMENT	EMRG
VANN	EDWARD	EMRG
VANN	GEORGE	EMRG
VANN	ISAAC	EMRG
VANN	J.	EMRG
VANN	JOHN SR.	EMRG
VANN	JOHN	EMRG
VANN	MARY	EMRG
VANN	ROBERT B.	EMRG
VANN	WILLIAM	EMRG
VASHON	CAPT.	EMRG
WACOOLEE		EMRG
WAGGON		EMRG
WAHACHY		EMRG
WAHATEKE		EMRG
WAHEYOUKAHEYESKEE		EMRG
WAHWHOOHOO		EMRG
WALKER		EMRG
WALKER	DEER	EMRG
WALKER	JACK	EMRG
WALKER	MAJ. JOHN	EMRG
WALKER	THIGH	EMRG
WALKING DEER		EMRG
WALKINGSTICK		EMRG
WALKINGSTICK	JAMES	EMRG
WALLEYAH		EMRG
WALLIE		EMRG
WALLIYOUKA		EMRG
WALLY		EMRG
WANAH	JOHN	EMRG
WAR CLUB		EMRG
WARD	BRYANT	EMRG
WARD	CHARLES	EMRG
WARD	ELIZABETH	EMRG
WARD	GEORGE	EMRG
WARD	GEORGE H.	EMRG
WARD	J.W.	EMRG
WARD	JAMES JR.	EMRG
WARD	JAMES	EMRG
WARD	JOHN	EMRG
WARD	JOHN M.	EMRG
WARD	JOSEPH	EMRG
WARD	MARTIN	EMRG
WARD	MOSES	EMRG
WARD	POLLY E.	EMRG
WARD	RUTH	EMRG
WARD	SAMUEL	EMRG
WARD	THOMAS	EMRG
WARE	ELIZABETH	EMRG
WARE	JOHN	EMRG
WASHEE		EMRG
WASSAUSEE		EMRG
WATER KILLER		EMRG
WATER LIZZARD		EMRG
WATER RUNNING		EMRG
WATERS	GEORGE	EMRG
WATERS	LYDIA	EMRG
WATERS	MICHAEL JR.	EMRG
WATERS	MICHAEL	EMRG
WATERS	RILEY	EMRG
WATERS	ROBERT	EMRG
WATKINS	JESSEE	EMRG
WATTEE		EMRG
WATTEY		EMRG
WATTS	JOHN	EMRG
WATTS	MINK	EMRG
WATTY		EMRG
WAYNE	JOHN	EMRG
WEAKEE	SUE	EMRG
WEATY	WESTLEY	EMRG
WEKEH	ANNA	EMRG
WELCH	DAVID	EMRG
WELCH	NED	EMRG
WEST	BLUFORD	EMRG
WEST	JOHN	EMRG
WETECOHKEE		EMRG
WETEWHKEE		EMRG
WHEELER	ALLEN	EMRG
WHEELER	JOHN F.	EMRG
WHIPPERWILL		EMRG
WHIRLWIND		EMRG
WHIRLWIND	MARTIN	EMRG
WHITE	CAPT.	EMRG
WHITE	TOM MAW	EMRG
WHITE MAN KILLER		EMRG
WHITING	ISAAC	EMRG
WHITNEY	BETSY	EMRG
WHOOPING BOY		EMRG
WHYANETAH		EMRG
WICKED	CHARLES	EMRG
WICKED	JOHN	EMRG
WICKED	MARIAH	EMRG
WICKED	PEGGY	EMRG
WICKED	URIAH	EMRG
WICKED	WILLIAM	EMRG
WILLIAMS	HANNAH	EMRG
WILLIAMS	JONATHAN	EMRG
WILLIAMS	TOM	EMRG
WILSON	A.	EMRG
WILSON	ALEXANDER	EMRG
WILSON	ARCHIBALD	EMRG
WILSON	CYNTHIA	EMRG
WILSON	GEORGE	EMRG
WILSON	JACKSON	EMRG
WILSON	JAMES	EMRG
WILSON	JANE	EMRG
WILSON	JOHN	EMRG
WILSON	SAMUEL	EMRG
WILSON	THOMAS	EMRG
WILSON	WILLIAM	EMRG
WIND BLOWING		EMRG
WINTERS	JOHN	EMRG
WOFFORD	CHARLES	EMRG
WOFFORD	JOSEPH	EMRG
WOFFORD	NATH	EMRG
WOLF		EMRG
WOLF	ALEXANDER	EMRG
WOLF	ALEXANDER	EMRG

LAST NAME	FIRST NAME	EMIGRAT
WOLF	CRYING	EMRG
WOLF	CRYING	EMRG
WOLF	HOWLING	EMRG
WOLF	JACK	EMRG
WOLF	JESSEE	EMRG
WOLF	POLLY	EMRG
WOLF	SAM	EMRG
WOLF	THOMAS	EMRG
WOLF	TOM	EMRG
WOLF	TRAVELING	EMRG
WOLF	WIDOW	EMRG
WOLF EATER		EMRG
WOLF RUNNING		EMRG
WOMAN		EMRG
WOMANHOLDER	CHARLES	EMRG
WOMANHOLDER	WIDOW	EMRG
WOOD	CHARLES	EMRG
WOOD	DOUBLE	EMRG
WOOD	JOHN	EMRG
WOOD	MR.	EMRG
WOOD	WILLIAM	EMRG
WOOD LYING		EMRG
WOODALL	GEORGE C.	EMRG
WOODALL	IBBY	EMRG
WOODARD	I.	EMRG
WOODARD	JACK	EMRG
WOODARD	JANE	EMRG
WOODARD	JOHN	EMRG
WOODARD	LIDDY	EMRG
WOODARD	SUSANNAH	EMRG
WOODARD	THOMAS	EMRG
WOODCOCK	WASHINGTON	EMRG
WOODCOCK	WOOL	EMRG
WOOL		EMRG
WOOL STAND		EMRG
WOTTY		EMRG
WOYEIKKISKAH		EMRG
WOYKKEESKEE		EMRG
WREN		EMRG
WRIGHT	ELI	EMRG
WRIGHT	JOHN	EMRG
WUTTY		EMRG
WYOOLIAH		EMRG
YEWECANAHKA		EMRG
YOHOOLEE		EMRG
YOUNG BEAVER		EMRG
YOUNG CHICKEN		EMRG
YOUNG FOX		EMRG
YOUNG GLASS		EMRG
YOUNG PIG		EMRG
YOUNG PUPPY		EMRG
YOUNG SQUIRREL		EMRG
YOUNG TURKEY		EMRG
YOUNG WOLF		EMRG
YOUTAILATAU		EMRG
YOUTOWMAWHA		EMRG
YOUWAHSKENAH		EMRG

HENDERSON ROLL
1835

A census of over 16,000 Cherokee residing in Alabama, Georgia, Tennessee, and North Carolina to be removed to Oklahoma under the terms of the treaty of New Echota in 1835.

Henderson Roll - 1835

LAST NAME	FIRST NAME	HENDERSON
A HU AH LA		NC
A KEE HI		GA
A LA KAH		NC
A LA KAH		NC
A LI KAH		NC
A LI KEE		NC
A LU NA HA KA		GA
A NA WA KA		GA
A NEY		AL
A QUE TA KEE		GA
A STU CA TO GA		NC
A SU GEE SKEE		GA
A TA WA HA		GA
A TO LA HEE		NC
A TO LAH		NC
A TOH HEE SKEY		NC
A WA NE	JOHN	GA
A WA TE SKEE		GA
AARON		TN
ABOUT	BEND	TN
ACORN	ARCHY	TN
ACORN	BIG	NC
ACORN	JOHN	TN
ADAIR	ANDREW	GA
ADAIR	BENJAMIN F.	GA
ADAIR	CALVIN S.	GA
ADAIR	EDWARD	GA
ADAIR	FRANKLIN	TN
ADAIR	GEORGE W.	GA
ADAIR	RACHEL	GA
ADAIR	SAMUEL	GA
ADAIR	WALTER T.	GA
ADAM		GA
AG GA		GA
AG GA		GA
AG GA		GA
AGGA		GA
AGGY		GA
AH CHO NAH		AL
AH CON IS KAH		TN
AH NEW SHEE		GA
AH NO KEE		AL
AH SEE NA		NC
AH SUT TER		GA
AH TA LO NE		AL
AH TO WEE		NC
AH YAH TE HEE		
	AH NECK	AL
AIL SEY		NC
AILEY		AL
AILSAY		GA
AILSEY		GA
AISEY		GA
AKEMY		TN
ALBERTY	JOHNSON	GA
ALL BONES		NC
ALL BONES		NC
ALL GONE	JOHN	GA
ALL HOLLOWS THROUGH		GA
ALLENSAW		GA
ALLSTRING	DICK	AL
AN NA WA KE		GA
AN NE LAH		GA
AN NE LE KAY YAH		AL
AN NE UN LY		TN
AN NY		GA
AN NY		GA
AN TI SEE		GA
AN TO HEE		AL
AN TO WIE		NC
AN TO WIE	SAMUEL	NC
AN TOO YES SKIE		AL
ANNEY		GA
AR CHA		NC
AR CHE TE HE		GA
AR CHEE		GA
AR CHEE		GA
AR KIL LO		GA
AR KU LU KER		GA
AR SE KEE SKEE		GA
AR TI CE STY		NC
ARCH		GA
ARCH		NC
ARCH		NC
ARCHELLER		GA
ARCHER		GA
ARCHESTER		GA
ARK A LU KA		TN
ARM		GA
ARNOLD	GEORGE	GA
ARNOLD	WILL	GA
ARROW	SHORT	GA
ARSEY		GA
ASHES		GA
ASHTOLA	NANCY	NC
AT TA WO NO LE SKE		AL
AU CHO GEE SKEE		GA
AU CU AH		NC
AU NE CHAH		NC
AU NE CHAW		NC
AU NE LO HA		NC
AU NI GEE SKEY		NC
AU QUA TA GE		NC
AU QUE TA KEY		NC
AU QUI TA KEY		NC
AU QUI TA KEY		NC
AU QUI TA KEY		NC
AU SE NA		NC
AU SE NAH		NC
AU SEE NAH		NC
AUGUSTA		GA
BACKBONE		GA
BACKWATER		NC
BACKWATER		TN
BADDER		GA
BADGER		GA
BAG	CHARLES	GA
BAG	JOHN	GA
BAGS	WIDOW	NC
BALDRIDGE		GA
BALDRIDGE	ANNA	GA
BALDRIDGE	CAPTAIN	AL
BALDRIDGE	FOX	GA
BALDRIDGE	GEORGE	AL
BALDRIDGE	GWEN	GA
BALDRIDGE	HAWK	AL
BALEY	LEVI	TN
BALLARD	SAMUEL	TN
BANK	BRANCH	GA
BARK		GA
BARLEY	PETER	AL
BARNES	THOMAS	TN
BARROW		GA
BARROW		GA
BARROW	JESSE	GA
BAT		GA
BAT	JOSEPH	GA
BEAMER		GA
BEAN		TN
BEAN STICK		GA
BEAR		AL
BEAR		GA
BEAR		GA
BEAR	CRYING	NC
BEAR	DROWNDING	GA
BEAR	DROWNDING	GA
BEAR	DROWNING	TN
BEAR	DROWNING	TN
BEAR	POOR	TN
BEAR	ROASTING	AL
BEAR AT HOME		GA
BEAR AT HOME		NC
BEAR MEAT		NC
BEAR MEAT	GEORGE	GA
BEAR MEAT	JOHNSON	NC
BEAR PAW		GA
BEAR PAW		NC
BEARHEAD		GA
BEARPAW		GA
BEAUTY		GA
BEAVER	WASHINGTON	GA
BEAVER	YOUNG	GA
BECK	ELLIS	GA
BECK	JEFRY	GA
BECK	JOSEPH	GA
BECK	RUTHA	GA
BEEHUNTER	SALLY	GA
BEET	TRIM	GA
BELL	JACK	GA
BELL	JOHN	AL
BELLOWS		TN
BEN		GA
BENGE	JOHN	GA
BENGE	MARTIN	AL
BENGE	ROBERT	GA
BENNETT	SAMUEL	GA
BERRY	ROBERT	GA
BETSEY		NC
BETSEY		NC
BETSEY		NC
BETSY		GA
BETSY		GA
BIG ACORN		GA
BIG BEAR		GA
BIG BEAR		NC
BIG BEAR	NANCY	TN
BIG BELLY	WATTA	AL
BIG CHIC KI STA HE		GA
BIG COAT		GA
BIG DAN		GA
BIG DAVE		GA
BIG DRUM		GA
BIG HOE		TN
BIG JACK		NC
BIG JOHN		GA
BIG MEAT	THOS.	NC
BIGBY	JAMES	SR.
BIGBY	JAMES	TN
BIGBY	THOMAS	TN
BIGBY	WILLEY	TN
BILL		GA
BIRD		GA
BIRD		GA
BIRD		GA
BIRD		NC
BIRD	BLUE	GA
BIRD	FLAX	TN
BIRD	JAY	GA
BIRD	JAY	GA
BIRD	JINNY	GA
BIRD	RED	GA
BIRD	RED	GA
BIRD	RED	GA
BIRD	RED	GA
BIRD	RED	TN
BIRD	RED	TN
BIRD	YOUNG	GA
BIRD	YOUNG	GA
BIRD	YOUNG	TN
BIRD	YOUNG	TN
BITE		NC
BITER		GA
BITER		TN
BITER	DEER	GA
BITSEY		NC
BITSY		GA
BLACK FOX		GA
BLACK FOX		TN
BLACK HAIR		GA
BLACK LEG		GA
BLACKBIRD		AL
BLACKBIRD		GA
BLACKBIRD		GA

LAST NAME	FIRST NAME	HENDERSON	LAST NAME	FIRST NAME	HENDERSON	LAST NAME	FIRST NAME	HENDERSON
BLACKBIRD		TN	BURNER	WILLIAM		CAUS CA LA YA		TN
BLACKBIRD	JAMES	AL		(PAINT ROCK)	AL	CAW LU CHE		TN
BLACKBURN	LEWIS	GA	BURNS	ROBIN	GA	CE HI CA NAH		GA
BLACKBURN	RICHARD	AL	BUSH IN THE WATER		GA	CE TEE AH		GA
BLAIR	GEORGE	NC	BUSHEAD	GEORGE	NC	CHA TAW TLA NAH		TN
BLANKET		GA	BUSHYHEAD		GA	CHA U LU GA		GA
BLANKET	LONG	NC	BUSHYHEAD		GA	CHA WESKAHA		NC
BLAYLOCK	WELLINGTON	NC	BUSHYHEAD		TN	CHA WOOH SEE (TEN RIVER)		AL
BLINEY		GA	BUSHYHEAD	JESSEE	TN	CHAMBERS	GEORGE	AL
BLOSSOM		GA	BUSHYHEAD	NANCY	TN	CHAR LA TA HE		GA
BLOSSOM	FALLING	TN	BUSTER	CANOE	GA	CHARLES		GA
BLUE		GA	BUTLER	JOHN	TN	CHARLES		GA
BLUE		NC	BUTLER	WILEY	TN	CHARLES		GA
BLUE		TN	BUZZARD		GA	CHARLES	JIM	NC
BLUE BIRD		GA	BUZZARD		GA	CHARLEY		NC
BLYTHE	JOHN	TN	BUZZARD		NC	CHARLEY	LONG	GA
BLYTHE	NANCY	NC	BY	GONE	GA	CHARLTON	T.J.	GA
BLYTHE	WILLIAM	TN	BYERS	EZEKIEL	TN	CHAT TAR GA		NC
BLYTHE	WILLIAM	JR.	CA LAR CHEE		GA	CHAU CHE CKA		NC
BOARD	CLAB	TN	CA LON CHI SKE		GA	CHAU TA WEE		NC
BOBTAIL		GA	CA NO KEE		GA	CHAU TO WIE		NC
BOGGAS		GA	CA NUN GA U SKA		GA	CHAW CHAW		NC
BOGGS	JOHN	TN	CA SA LA		GA	CHAW CO HER		GA
BOGGS	ROBERT	AL	CA TA GEE SKA		NC	CHE A NEY		GA
BONE	BACK	GA	CA TE HEE		GA	CHE AH CO NE SKEY		NC
BONES	ALL	GA	CA TE KE SKEE		GA	CHE AH NAN NAH		NC
BOOTE	JOHN	AL	CA TEY		NC	CHE AH TSI YA		NC
BOOTS		NC	CA TEY		NC	CHE CHA		GA
BOOTS	TOM	TN	CA TI GEE SKEY		NC	CHE CHEE		AL
BOSTON		TN	CA TI GEE SKEY		NC	CHE CU NA TE		GA
BOUDINOT	ELIAS	GA	CA TI HE		GA	CHE GOO LE		GA
BRANNON	MASTER	GA	CA TY		NC	CHE LO NA CHA		GA
BREAD		GA	CA TY		NC	CHE NO WEE		GA
BREAD		TN	CA UNA LU KAN		NC	CHE NO WEE		GA
BREVERT	LARKIN	AL	CA WI STY		NC	CHE O SEE		GA
BREWER	JESS	GA	CABBAGE		GA	CHE QUA GEE		GA
BREWER	JESS	GA	CAH CO WEE		GA	CHE SCOL LA		NC
BREWER	JOHN	GA	CAH COL LEE NA TEE		GA	CHE SKI TEE		NC
BREWER	TOM	GA	CAH HA SE LAH		AL	CHE SQUI AH		NC
BROADSIDE		GA	CAH LEW GE TE CHEE		GA	CHE WA KA		GA
BROOM		GA	CAH NUL LY		TN	CHE WA YU LE SKEE		GA
BROOM		GA	CAH WAH CHEE SAH		GA	CHE WAY LUF SKEY		NC
BROOM	BETSEY	AL	CAHOOST	BETSEY	NC	CHE WEE		GA
BROWN		GA	CAIRY	THOMAS	TN	CHE WEE		GA
BROWN	ALEXANDER	GA	CALARKSAW		GA	CHE WEY		GA
BROWN	JAMES	TN	CALF	BUFFALO	AL	CHE WEY		NC
BROWN	JOHN	TN	CALVERT	ANDREW	NC	CHE WEY		NC
BROWN	RACHEL	AL	CAMON	JOHN	TN	CHE WO CHUC KAH		NC
BROWN	RICHARD	TN	CAMPBELL	ARCH	AL	CHE WO CHUC KAH		
BROWN	ROBERT	AL	CAMPBELL	GEORGE	AL		SR.	NC
BROWN	ROBISON	TN	CAN NU CHA		GA	CHE WO NAH		NC
BUCK		GA	CANDLE		NC	CHE YA STA		GA
BUCK		NC	CANDY	GEORGE	TN	CHEATER		TN
BUCK	SPIKE	NC	CANDY	SAMUEL	SR.	CHEE	DOOCH	TN
BUCK	TOM SPIKE	NC	CANOE	BIG	GA	CHEECK	JOE	NC
BUCKEYE		GA	CANOE	BIG	NC	CHEEK		GA
BUCKHANNON		NC	CANOE	DRAGING	GA	CHENU YAH LEH		TN
BUCKHORN		NC	CANT DO IT		GA	CHEROKEE		GA
BUCKINGHAM		H.	CARRIER	BEAVER	NC	CHESTNUT		TN
		AL	CARRIER	BEAVER	NC	CHEV TA A KA		TN
BUEL	JOHN	GA	CARRIER	BEAVER	NC	CHEW CHE CTY		NC
BUFFALO		AL	CARROLL	JAMES	AL	CHEW CON NOH		GA
BUFFALO		GA	CARTER	DAVID	AL	CHEW KEE SKEY		NC
BUFFALO	STANDING	GA	CARY	DICK	GA	CHEW LICK SEE		NC
BUFFALOE	ARCH	TN	CARY	SAMUEL	TN	CHEW NA NO SKEY		NC
BUFFALOE	NED	TN	CAT		GA	CHEW NO WHA KA		NC
BUFFINGTON	BETSEY	NC	CAT CHEE		GA	CHEW NO YAH		GA
BUFFINGTON	CHARLES	NC	CATAWBA	JOHN	TN	CHEW NO YO YNCKI		NC
BUFFINGTON	DAVE	GA	CATCHER		TN	CHEW SO WO LAH		NC
BUFFINGTON	JOSHUA	GA	CATCHUM		GA	CHEWEE	BIG	GA
BULL FROG		GA	CATFISH		GA	CHEWEY		GA
BULL FROG		TN	CATFISH		GA	CHEY OY LOH SKEE		AL
BULLARD	JOHN	TN	CATFISH		GA	CHI NA QUA		NC
BULLETT	NANCY	NC	CATRON	JOHN	TN	CHI NA QUA SR.		NC
BULLFROG		GA	CATY		TN	CHI NA QUAH		NC
BUMEATT	JOHN	AL	CAU SE HE LAH		NC	CHI NAU CHEE		NC
BURN		GA	CAU SI NI GA		GA	CHI NO BEE		GA
			CAU SU LA TAH		NC	CHI U LAH		NC

LAST NAME	FIRST NAME	HENDERSON
CHIC IS KA		TN
CHIC KA LE LA		GA
CHIC KA SUT TEE		NC
CHIC KI DAN		AL
CHICK A LE LE		TN
CHICK SUT TE HE		NC
CHICKEN		GA
CHICKEN		GA
CHICKEN	CROWING	GA
CHICKEN	YOUNG	GA
CHICKEN	YOUNG	NC
CHILDERS	LEMUEL	TN
CHILDRES	FLEMUEL	TN
CHILDRES	ISAAC	TN
CHIN NO WEE		GA
CHIN NUC KAY		GA
CHIN TA KEE		NC
CHIN UBBY		TN
CHISHOLM	JAMES	TN
CHO A CHUC KER		NC
CHO CHUCK		GA
CHO CO		NC
CHO LAH		NC
CHO STO SA		NC
CHO WA HE KER		GA
CHO WA YO KAH		NC
CHO WE SKEE		AL
CHOPPER		GA
CHOPPER		GA
CHOUTEAU	JOHN	GA
CHOWY	BIG	GA
CHRISTIAN		GA
CHRISTIE	JOHN	NC
CHRISTY	AARON	NC
CHRISTY	DICK	NC
CHRISTY	MULBERRY	NC
CHRISTY	NED	NC
CHRISTY	NIGHT	NC
CHRISTY	SAM	NC
CHU A		GA
CHU A CHU SKEE		GA
CHU A LU KA		GA
CHU A LU KA		TN
CHU AH NO SKA		GA
CHU CHE CHA		GA
CHU CHE ECH		GA
CHU CHEE CHEE		GA
CHU CO NOH		GA
CHU EL STI LAH		NC
CHU GOO SKEE		GA
CHU I KA		GA
CHU LOH QUAH		AL
CHU LU LO GA		NC
CHU LU LO GA		TN
CHU N AW LA GA		TN
CHU NA HA KA		TN
CHU NO GEE		TN
CHU QUA LOO KEE		AL
CHU QUA TA TA KEE		GA
CHU QUA TOF KEY		NC
CHU TA NI NA		NC
CHU TA TA		GA
CHU TI NI		NC
CHU TO CO NA KAH		NC
CHU TO LEN TA		NC
CHU TON SI SKEE		GA
CHU WA STE TA		AL
CHU WE STUC KER		GA
CHU WEE		AL
CHUC KA LU KA		NC
CHUCK	JOE	GA
CHUN AN HA		TN
CHUR VY O STEE		GA
CIN KEE		NC
CIN SKA HA		GA
CLANACRE		TN
CLAY		GA
CLAY	HERNY	TN

LAST NAME	FIRST NAME	HENDERSON
CLEVELAND	JAMES	GA
CLINGEN	ALEXANDER	TN
CLOUD		GA
CLOUD		GA
CLOUD		GA
CLOUD		NC
CLUB	WAR	GA
CLUB	WAR	GA
CLUB	WAR	NC
CO A HAH		NC
CO CO LA SKEE		GA
CO CO NAH	CLOW	GA
CO HE NA		TN
CO HO WEH LA		GA
CO LE CHAH		NC
CO LE NAH WAH		AL
CO LEE CHAH		NC
CO LO CA YA		GA
CO LO NI SKA		NC
CO NA CE NE		GA
CO NA CE NELILA		GA
CO NA CET TA		NC
CO NA SEE NAH		NC
CO NE GA LA HA		TN
CO NE WEE		GA
CO NO TO		GA
CO TA QUE SKY		TN
CO TA TA NA		GA
CO TEE TE		NC
CO TI CF		GA
CO TO LO CHEE		GA
CO TU SKEY		NC
CO WEE	NEW	NC
CO WEE	SENE	GA
CO WO HE LA SKEE		GA
CO YEA KEE		TN
COCHRAN	JESSE	GA
COCHRUM	JIM	GA
COCK	CHICKEN	GA
COCO	BETSEY	TN
COFFEE		AL
COFFEE		TN
COGWOOD		AL
COHAUST		AL
COL STEE		NC
COLD BOY		GA
COLD WEATHER		GA
COLD WEATHER		GA
COLSON	DANIEL	TN
COMING	DEER	TN
CON NU LEE SE		NC
CONNER	WILLIAM	TN
COO EE S COO IE		GA
COO LA SA STA		GA
COO WI YAH		GA
COOK		GA
COOKSON	JOSEPH	TN
COON		GA
COON	BIG	GA
COONROD	JACKSON	GA
COOSAWALTER		GA
CORDRAY	DAVE	GA
CORN FLOWER		
	PARCHED	AL
CORNSILD		GA
CORNSILK		AL
CORNSILK		GA
CORNSILK	BILL	GA
CORNTASSEL		GA
COULSON	HENRY	NC
COW	JIM	TN
COWARD	HAIR	TN
COWART	JOHN	AL
COWIE	CUCH	TN
CRAIG	SAMUEL	TN
CRAMP		GA
CRAW		GA
CRAWFEEDER		

LAST NAME	FIRST NAME	HENDERSON
	SAMUEL	NC
CRAWFISH		GA
CRAWFISH		GA
CRAWFISH		GA
CRAWLER		AL
CRAWLER		GA
CRAWLER		NC
CRAWLER		TN
CRITTENDEN	ALSEY	TN
CRITTENDEN	AULEY	TN
CRITTENDEN	DICK	GA
CRITTENDEN	JAMES	GA
CRITTENDEN	JOE	GA
CRITTENDEN	NED	GA
CRITTENDEN	WILLIAM	GA
CROW		GA
CROW		GA
CROW	MOCKING	NC
CROW	MOCKING	NC
CROW	MOCKING	TN
CROW	RAIN	GA
CRUTCHFIELD		
	JAMES	AL
CRUTCHFIELD		
	POLLY	GA
CRYER		GA
CRYER	MONEY	AL
CU LA SUT TEE		NC
CU LA SUT TEE		NC
CU LO WA		GA
CU NA HA LA		GA
CU NO TI SKEY		NC
CUBERLAND		AL
CUL CO LO SKEY		NC
CUL LA KE	WILLIAM	NC
CUL SHYEH		AL
CUL SO WEE		NC
CUL SO WEE		NC
CUL SO WEE		NC
CUL SO WEE		NC
CUL STE AH		TN
CUL STEH SKEE		GA
CUL STI		GA
CUL STI		GA
CUL STI		GA
CUL STI EE		NC
CUL STO KEE		NC
CUL STO KEE		NC
CUL SUT TE HEE		NC
CUL SUT TEE		NC
CUL SUT TEE		
	(DOCTOR)	NC
CUN NUN TI SKA		GA
CUT TIN HEE		NC
CUTOFF		GA
CUTTER	BREAD	GA
DAMGOSSA		TN
DAN		GA
DAN OO WY		TN
DANHA		GA
DANIEL	JAMES	GA
DANIEL	JOHN	GA
DANIEL	MOSES	GA
DANIEL	NANCY	GA
DARCUS		GA
DAUGHERTY	BACKBONE	GA
DAUGHERTY	CATE	GA
DAUGHERTY	JACK	GA
DAUGHERTY	JANE	GA
DAUGHERTY	JOHN	GA
DAUGHERTY	STAN	GA
DAV E SAH		TN
DAVE		GA
DAVE		GA
DAVE		GA
DAVID		NC
DAVIDSON	JOHN	NC
DAVIS		GA

LAST NAME	FIRST NAME	HENDERSON
DAVIS	DANIEL	GA
DAVIS	ISAAC	NC
DAVIS	JOHN	NC
DAVIS	MARTIN	GA
DAVIS	WILLIAM DOCTOR	
	DAY NOON	GA
DAY LIGHT		GA
DE KA NA TUTA		TN
DEER	STANDING	GA
DEER	STANDING	NC
DEER A COMING		NC
DEER HEAD		TN
DEER IN THE WATER		TN
DEER IN THE WATER		TN
DEER IN WATER		GA
DEER IN WATER		GA
DEER IN WATER		GA
DEER IN WATER		TN
DEER OUT OF THE WATER		NC
DEERHEAD	I.	DEC'D
DEERHEAD	JAMES	AL
DENNIS	WILLIAM	TN
DEW		TN
DHA LAW HE		TN
DICK		GA
DICK		GA
DICK		GA
DICK		GA
DICK		NC
DICK	ISAAC	NC
DICK	MRS.	NC
DINAH		TN
DINER		GA
DIRT	BIG	NC
DOBBINS	JIM	GA
DOG		GA
DOG HEAD		GA
DOG LIGHT		GA
DOGHEAD		GA
DOGISTEN		GA
DOING		GA
DOLLAR	BIG	TN
DOUBLEHEAD		GA
DOUBLEHEAD		GA
DOUBLEHEAD		GA
DOWNING	AARON	GA
DOWNING	ARCH	GA
DOWNING	BILLIE	GA
DOWNING	CHARLES	AL
DOWNING	CHARLES	GA
DOWNING	CHARLES & SON	GA
DOWNING	DAVE	GA
DOWNING	DAVE	GA
DOWNING	DAVID	TN
DOWNING	DICK	NC
DOWNING	ELECK	GA
DOWNING	HENRY &	
	SON'S WIFE	GA
DOWNING	JACK	GA
DOWNING	JACK	JR.
DOWNING	JACK	SR.
DOWNING	JAKE	NC
DOWNING	JAMES	GA
DOWNING	JIM	NC
DOWNING	MARTIN	GA
DOWNING	MOSES	GA
DOWNING	MOSES & SISTER	GA
DOWNING	NELLY	GA
DOWNING	SAM	GA
DOWNING	WATT	GA
DOWNING	WILL	GA
DRAGGING		GA
DRAGGING		GA
DRAGING		GA
DREADFULWATER		NC
DREADFULWATER		TN
DROUNDING		GA
DROUNDING		GA
DROWNDING		GA
DROWNDING BEAR		GA
DROWNING BEAR		
	JACK	GA
DROWNING BEAR		
	LITTLE	GA
DRUMGOLD	ALEX	TN
DRY		NC
DRY		TN
DRYER		GA
DUCK	YOUNG	AL
DUCK	YOUNG	GA
DUCK	YOUNG	GA
DUCK	YOUNG	NC
DUCK	YOUNG	TN
DUKE	WILLIAM A.	GA
DUNBEANS	CHARLES	GA
DUNCAN	CHARLES	GA
DUNCAN	EDWARD	GA
DYER		GA
E CHAR CHA		GA
E CHI CAU NAH		GA
E CHU LE HAW		GA
E CO WEE		GA
E COO AH		GA
E KAH CUL LAH		NC
E LO WA		GA
E LO WEE		NC
E O SEE STE		NC
E QUA LA GA		NC
E SKA WO TA		GA
E SKEE KA		NC
E SUT TEE		NC
E WA NAH	JOHN	AL
E WAY NAH	JOHN	AL
EAGLE		GA
EAGLE		NC
EAGLE ON THE ROOST		GA
EATER	COAL	TN
EATER	CRANE	GA
EATER	HEAD	GA
EATER	PEACH	GA
EATON	SURRY	GA
EI CHAU CAH		NC
ELDRIDGE	AILSEY	TN
ELK		GA
ELK		GA
ELLIOTT	JOHN	GA
ELLY		GA
EMERSON	JOHN	GA
ENGLAND	DAVID	NC
ENGLAND	JONATHAN	NC
ESSICK		GA
ETE CO NA KE		NC
EU CHIN TAH		NC
EU SQUA		GA
EU STEE		AL
EU STI NAES		NC
EU SUT TER		GA
EU TAW LA WAH		GA
EUKER	J.	GA
EUKER	POLLY	GA
EUKER	POLLY	GA
EUKER	POLLY	GA
EUKER	POLLY	GA
EW CHO WEE		GA
EZEKIEL		GA
FALLING	EDWARD	NC
FALLING	GEORGE	GA
FALLING	JOHN	GA
FANONIE		NC
FATHOM	TWO	AL
FAWN	RISING	AL
FAWN	RISING	GA
FAWN	RISING	GA
FAWN	RISING	NC
FAWN	RISING	NC
FEATHER		TN
FEATHER	BIG	AL
FEATHER IN THE WATER		GA
FEEDER		GA
FEELING		GA
FELLER		GA
FENCE	STANDING	GA
FIELD	BIG	TN
FIELDS	ARCH	TN
FIELDS	EZEKIEL	TN
FIELDS	G.	TN
FIELDS	GEORGE	AL
FIELDS	GEORGE	TN
FIELDS	JACK	TN
FIELDS	JOHN	GA
FIELDS	JOHN	SR.
FIELDS	JOHNSON	GA
FIELDS	MOSES	TN
FIELDS	RICHARD	AL
FIELDS	RIDER	AL
FIELDS	TURTLE	AL
FIELDS	WILLIS	TN
FILL	GUN	AL
FINE		GA
FIRE		NC
FISESKY		TN
FISH		GA
FISH	BUFFALO	GA
FISH	CROW (CRAWFISH?)	GA
FISH	GARR	AL
FISH	JACK	GA
FISH	JOHN	AL
FISH	LYING	NC
FISH	STINKING	AL
FISH TAIL		TN
FISHER	KING	TN
FISHINGHAWK		NC
FIVEKILLER		GA
FIVEKILLER		GA
FIVEKILLER		GA
FLOATING DOG		TN
FLOPPER		GA
FLOPPER	BUZZARD	GA
FLUTE	BARK	AL
FLY		GA
FLY		GA
FLY	HOUSE	TN
FODDER		GA
FODDER		GA
FODDER		NC
FODDER		NC
FODDER		TN
FOGG		GA
FOGG		GA
FOGGS		GA
FOLLOWING		GA
FOOL		GA
FOOT	NARROW	NC
FOOT ON THE GROUND		GA
FOREHEAD	DRY	AL
FOREMAN	BARK	TN
FOREMAN	CHARLES	TN
FOREMAN	DICK	GA
FOREMAN	JACK	TN
FOREMAN	JAMES	TN
FOREMAN	JOHNSON	TN
FOREMAN	JOSEPH	TN
FOREMAN	SAMUEL	TN
FOREMAN	THOMAS	TN
FOSTER		GA
FOSTER		GA
FOSTER	JIM	GA
FOSTER	THOMAS	GA
FOUGHT	CHARLEY	GA
FOURKILLER		TN
FOX		GA
FOX		NC
FOX	BLACK	AL

Henderson Roll - 1835

LAST NAME	FIRST NAME	HENDERSON
FOX	BLACK	GA
FOX	BLACK	GA
FOX	BLACK	TN
FOX	ROASTING	GA
FROG	BULL	GA
FROG	CAPTAIN	AL
FROG	SPRING	GA
FROG	SPRING	GA
FROG	SPRING	TN
FROG	TREE	GA
FROG	TREE	GA
FRY	EDWARD	AL
GA A DE H EE		TN
GA CO SKU SA		GA
GA NI DE HEE		TN
GAGE	DAVID	AL
GALCATCHER		GA
GANN	CATHERINE	GA
GARDENHIRE		
	JAMES T.	TN
GARNELL	JOHN L.	TN
GAW A DESA		TN
GAW OOT LA		TN
GE NE COV EE		GA
GE SU SA WA		GA
GEE SKA	JOHNSON	NC
GEE SKA	WILL	NC
GENDRICKS	JAMES	GA
GEORGE		AL
GEORGE		GA
GEORGE		GA
GEORGE		GA
GEORGE		GA
GEORGE		GA
GEORGE		GA
GEORGE		GA
GEORGE		NC
GEORGE		NC
GEORGE		TN
GEORGE		TN
GEORGE	BALL TOWN	GA
GEORGE	BEK	TN
GEORGE	CHEROKEE	NC
GEORGE	(CHIEF)	NC
GEORGE	E.	GA
GEORGE	ED	GA
GEORGE	ENGLISH	GA
GETUP		GA
GI SHU GON		GA
GI WA OO LU SKEE		AL
GILBREATH	ALEXANDER	AL
GILLISPIE	THOMAS	GA
GLORY		GA
GO A BOUT		TN
GO ABOUT		NC
GO ABOUT		NC
GO AHEAD		NC
GOBACK		GA
GOING		GA
GOING INTO THE WATER		NC
GOING UP STREAM		TN
GOINS	BETSY	TN
GONE TO MILL		GA
GOOD MONEY		GA
GOOD MONEY		GA
GOOD MONEY		
	JOHN	GA
GOOD WOMAN		GA
GOOD WOMAN		GA
GOOD WOMAN		GA
GOODWIN	JIM	GA
GOOSE		GA
GOOSE		GA
GOOSE		TN
GOOSE		TN
GOTHARD	JOHN	TN
GOURD		GA
GOURD	RATTLING	GA

LAST NAME	FIRST NAME	HENDERSON
GRAGG		GA
GRAPES	WINTER	GA
GRASS	CRAP	GA
GRASS	CROP	TN
GRASS	NANNY	NC
GRASSHOPPER		GA
GRASSHOPPER		GA
GRASSHOPPER		NC
GRASSHOPPER		NC
GRASSHOPPER		TN
GRASSHOPPER		
	NICK	GA
GRAVES	EDWARD	AL
GRAVES	TUTTEN	GA
GREASE		NC
GREEN	GARDNER	GA
GREENWOOD		GA
GRIFFIN	DANIEL	TN
GRIMMET	JACKSON	GA
GRIMMETT	WILLIAM	AL
GRITTS		AL
GRITTS	POLLY	TN
GROATH		NC
GROUND HOG		GA
GROUND MOLD		GA
GRUBWORM		GA
GU NA SE NE		NC
GUESS	DICK	GA
GUL CHA LA SKE		GA
GUL GA LA SKA		TN
GUNTER	EDWARD	AL
GUNTER	GEORGE	AL
GUNTER	JOHN	AL
GUNTER	SAMUEL	AL
GUTS		GA
GUTS		GA
GUTS		GA
GUTSICKER		GA
GUTTER		GA
HAIR	LITTLE	GA
HALFBREED	JESSE	GA
HALFBREED	PIGEON	GA
HAMMER		GA
HAMMER		GA
HAMMONDS	CHARLES	GA
HARD		GA
HARE	JAMES	TN
HARE	QUATIE	TN
HARLIN	ELLIS S.	GA
HARLIN	NELSON	R.
HARNAGE	JENNY	GA
HARRIS	BIRD	GA
HARRIS	CHARLES	GA
HARRIS	DAVID	GA
HARRIS	JOHN	GA
HARRIS	NANCY	GA
HARRIS	RACHEL	TN
HARRIS	WILLIAM	GA
HARRISON		TN
HARRY		GA
HARRY		GA
HASS	JOHN	REV.
HATSON	ALFORD	GA
HAWK		GA
HAWK		GA
HAWK	FISH	GA
HAWK	FISH	GA
HAWK	SPARROW	GA
HAWKINS	JAMES	NC
HAWKINS	JOHN	GA
HAWKINS	JOHN	NC
HAWKINS	ROSE	NC
HAWKINS	SALLY	NC
HAWKINS	WALTER	NC
HAWKS	ROBERT T.	NC
HE CAN DO IT		GA
HEAD	G. DRY	TN

LAST NAME	FIRST NAME	HENDERSON
HEAD IN WATER		GA
HEAVEN		GA
HELDERBRAND		
	GEORGE	TN
HELDERBRAND		
	J.V.	TN
HELDERBRAND		
	JOHN	TN
HELDERBRAND		
	JOHN	TN
HELDERBRAND		
	LEWIS	TN
HELDERBRAND		
	MOSES	TN
HELTER		NC
HEMP		GA
HEMP	ALEXANDER	GA
HENDRICKS	ANNIS	GA
HENDRICKS	WILLIS	GA
HENRY	HUGH	AL
HENSON	WILLIAM	NC
HI AW TU GAH		NC
HICKORYNUT		NC
HICKS	ELIJAH	GA
HICKS	GEORGE	TN
HICKS	ISABELLA	GA
HICKS	JAY	TN
HICKS	NANCY	GA
HICKS	WILLIAM	GA
HIDER		GA
HIDER		GA
HIGH	TROTTER	GA
HILDERBRAND		
	MICHEAL	TN
HOE	DULL	NC
HOG		GA
HOG	JOHN	GA
HOGGIN	ELLIS	GA
HOGSHOOTER		GA
HOGSHOOTER		NC
HOGSHOOTER		NC
HOGSHOOTER		
	JOHN	NC
HOLDER	WOMAN	AL
HOLE	ANN AUGER	AL
HOLE	AUGER	AL
HOLMES	WILLIAM	GA
HOMINY	SMALL	NC
HOPKINS	D.B.	TN
HOPPER	ASH	GA
HORN		GA
HORN		GA
HORNET		GA
HORNET		GA
HORNET	ARLEY	GA
HORSEFLY		NC
HOUSEBUG		GA
HOWRANY		GA
HUCKLEBERRY		GA
HUCKLEBERRY		GA
HUGHES	GEORGE	GA
HUGHES	SALLY	GA
HUGHS	BARRY	AL
HUGHS	JAMES	AL
HUMMINGBIRD		GA
HUMMINGBIRD		GA
HUNGRY		GA
HUNGRY		GA
HUNTER		GA
HUNTER	WATER	GA
HUNTER	WATER	GA
HUNTER	WATER	TN
I YE KE		NC
I YOU QUA		NC
ICICLE		GA
IN DE KA HO		TN
IN GUA		TN
IN IT		GA

LAST NAME	FIRST NAME	HENDERSON
IN KA	(INKA)	GA
IN LOW	PHIL	TN
IN THE WATER		GA
IN TO GEE SKEY		NC
IS CO LU YAH	KENT	NC
ISAAC		NC
ISREAL		GA
ISSAC		GA
JACK		GA
JACK		GA
JACK		NC
JACK		NC
JACK		TN
JACK	BIG	GA
JACK	BIG	NC
JACK	LITTLE	NC
JACK	NEGRO	GA
JACK	NEGRO	GA
JACK	SAUCY	GA
JACKSON	.	GA
JACKSON		GA
JACKSON		NC
JAKE		GA
JAKEE	SLIM	NC
JANE		NC
JANE		NC
JANEY		NC
JEFFREY	STEPHEN	AL
JENNEY		NC
JEREMIAH		GA
JESSE		GA
JESSEE		NC
JEW LO WIE		NC
JIM	BIG	TN
JIMMEY		NC
JINNEY		NC
JINNEY		NC
JINNY		GA
JO NA WA NE		NC
JOH NA WAY NE		
	JR.	NC
JOH NE WA YEN		
	SR.	NC
JOHN		GA
JOHN		GA
JOHN		GA
JOHN		GA
JOHN		GA
JOHN		GA
JOHN		NC
JOHN	CREEK	GA
JOHN	SHAWNEE	NC
JOHN	TOBACCO	TN
JOHNAWANER		GA
JOHNAWAYE		NC
JOHNEWAY		NC
JOHNSON		AL
JOHNSON		GA
JOHNSON		GA
JOHNSON		NC
JOHNSON		NC
JOHNSON		NC
JOHNSON		NC
JOHNSON		NC
JOHNSON		TN
JOHNSON	JOSEPH	AL
JOHNSON	ROMAN NOSE	TN
JOHNSONEY		TN
JONAS		GA
JONAS		GA
JONES	CHARLES	NC
JONES	JESSEE	AL
JONES	LEVI	TN
JOSIAH		GA
JOY	ROBIN LOWER	GA
JUG		GA
JUG		NC
JULY		GA
JULY		NC
JULY		TN
JUMPER		AL
JUMPER		NC
JUMPER	NANCY	GA
JUSTICE	CHARLEY	GA
JUSTICE	JACK	AL
JUSTICE	SUETZ LEE	TN
JUSTICE	WILLIAM	AL
KA NA NE TAH		NC
KA SKA LOE		NC
KA YA TEE		NC
KA YA U CHEE		NC
KAH CA WEE		NC
KAH KA TAH		AL
KAH THA NAH CHA		AL
KAHLONESKEE		AL
KAL SO WU LEE		AL
KAR NECH TY		AL
KAS KA LUS KE		TN
KE CUT TEA		TN
KE NAH		AL
KE NAH		NC
KE SI E KAN		GA
KE SI HAH		NC
KE SI HSH		NC
KE SU KAH		GA
KEE SU GA NE		NC
KEENER		NC
KEENER	EDWARD	NC
KEENER	JIM	NC
KEITH	JOHN	GA
KELL	ANDREW	NC
KELL	JAMES	GA
KENNY	AL	AL
KEY	TA	GA
KEYS	SAMUEL	AL
KI AN NA		NC
KI KE NE HEE		GA
KI NAH TEE		GA
KI SKI SKA		GA
KI STA HE	CHIC	GA
KILL		GA
KILLER	CA HU	NC
KILLER	CHOCTAW	AL
KILLER	EIGHT	GA
KILLER	FIVE	AL
KILLER	FOUR	GA
KILLER	FOUR	GA
KILLER	FOX	GA
KILLER	FUR	
	(OR FOUR KILLER)	GA
KILLER	KNIGHT	AL
KILLER	OVER	TN
KILLER	PATH	GA
KILLER	SIX	GA
KILLER	SNAKE	GA
KILLER	THREE	GA
KILLER	WHITEMAN	GA
KILLER	WHITEMAN	GA
KILLER	WHITEMAN	GA
KILLER	WOMAN	GA
KILLER	WOMAN	GA
KILLER	WOMAN	TN
KILLER	YONAH	GA
KILLING IN THE WATER		GA
KINGFISHER		GA
KINNESAW		NC
KIRKPATRICK	JOSHUA	TN
KNAVE	ALEXANDER	TN
KNEELING		NC
KNIGHT		NC
KOOAH	KOOIS	AL
KU NO KE SKEE		AL
KU SKEE	CUNNAH	GA
LADLE	MELTING	GA
LAMAR	JAMES	AL
LANDRUM	CHARLES	GA
LANDRUM	JAMES	GA
LARGE	JOHN	NC
LARK	WOOD	GA
LASLEY	ALLEY	AL
LASLEY	WILLIAM	AL
LASSLEY	JAMES	AL
LAUGH AT MUSH		AL
LAUGHING AT THE POUCH		GA
LAUGHING GIRL		GA
LAW LAH		NC
LAWN	JOHN	NC
LAWYER		GA
LE KI KE SKEE		GA
LEAF		GA
LEAF		GA
LEAF		GA
LEAF		GA
LEAF		GA
LEE	MOSES	GA
LEE	NED	GA
LEE	WALTER	GA
LEECH		NC
LEGS	LITTLE	GA
LET ME HIT HIM		GA
LET US STOP		GA
LET US STOP		NC
LIFTER	OTTER	GA
LIFTER	OTTER	NC
LIFTER	OTTER	NC
LIFTER	PAUNCH	GA
LIFTER	PAUNCH	GA
LIFTER	PIGEON	TN
LINDER	HIRAM	TN
LITTLE BEAR		GA
LITTLE BIRD		GA
LITTLE DEER		GA
LITTLE JOHN		NC
LITTLE JOHN		NC
LITTLE MEAT		GA
LITTLE MEAT		GA
LITTLE MONEY		GA
LITTLE POT		GA
LITTLE TERRAPIN		GA
LITTLEDEER	SALLIE	NC
LIVER		GA
LIZZARD	BLUE	TN
LIZZARD	WATER	TN
LOCUST		NC
LOCUST		NC
LONG FOOT		GA
LOVE	JOHN	NC
LOVETT	JESSEE	AL
LOVETT	ROBERT	AL
LOWEN		NC
LOWEN	SR.	NC
LOWIN		NC
LOWRY	ANDERSON	AL
LOWRY	ARCH	TN
LOWRY	GEORGE JR.	AL
LOWRY	GEORGE SR.	AL
LOWRY	JAMES	AL
LOWRY	SALLY	TN
LUCK	JACK	TN
LYING		GA
LYING FISH		GA
LYING IN THE FIELD		GA
LYING ROCK		GA
LYINGFISH	NANCY	GA
LYNCH	JOSEPH	GA
MA YA HUT LEE		NC
MADISON	JAMES	GA
MAKER	BRIDGE	TN
MAKER	FENCE	GA
MAKER	FENCE	NC
MAN	STANDING	AL
MANKILLER	CHARLEY	GA
MANKILLER	JACKSON	AL

LAST NAME	FIRST NAME	HENDERSON	LAST NAME	FIRST NAME	HENDERSON	LAST NAME	FIRST NAME	HENDERSON
MANNING	CHARLES	GA	MURPHEY	JOHNSON	TN	NICHOLSON	JOHN	AL
MANNING	THOMAS	GA	MURPHEY	WOLF	TN	NICKAJACK		GA
MARSH	JOHN S.	TN	MURPHY	NANCY	TN	NICKEJACK		NC
MARTIN		TN	MURPHY	SALLY	GA	NIGGER	KILLA	GA
MARTIN	JAMES	TN	MURPHY	TEKINNY	GA	NING GO TEE SKEY		NC
MARTIN	JOHN	GA	MURPHY	TOM	GA	NITTS		GA
MARTIN	LUCY	GA	MUSH	BIG	TN	NIVINS	WILSON	TN
MARTIN	SAMUEL	TN	MUSH	SOUR	AL	NO HAIL		GA
MARTIN	WILLIAM	TN	MUSH	SOUR	GA	NO TEE	WILL	NC
MAU CHE A		GA	MUSH	SOUR	NC	NOCKMAN	JOHN	GA
MAXWELL		TN	MUSH STICK		GA	NOISE		GA
MAYFIELD	JESSEE	TN	MUSKRAT		GA	NOISY		GA
MAYS	SAMUEL	GA	MUSKRAT		NC	NOISY		GA
McALEXANDER			MUSKRAT	JACKSON	NC	NOO CHOW IE		TN
	WILLIAM B.	GA	MUSKRAT	JESSEE	NC	NOO CHOW IE		TN
McCAMIN	SAMUEL	AL	MUSKRAT	JOHN	NC	NOO RYE DO A YE		TN
McCOY	A.	TN	MUSKRAT	JOHNSON	NC	NORTH	CATY	TN
McCOY	DANIEL	GA	MUSKRAT	ROBERT	NC	NORTH	MARTIN	GA
McCRAY	HIRAM	NC	MUSKRAT	STANDING	NC	NOSE		GA
McDANIEL	COLLINS	GA	MUSRAT		TN	NOSE		NC
McDANIEL	JAMES	GA	NA KEE		NC	NOSE	BIG	GA
McDANIEL	MOSES	GA	NA KEY		NC	NOSE	BIG	GA
McDANIEL	THOMAS	GA	NA KY		TN	O NE NA KA TEE		NC
McDANIEL	WATT	TN	NA SA U GEET		GA	O WA NE	JOHN	GA
McDANIEL	WILL	GA	NA TA HA		GA	O WA TEE		GA
McGEE	JOSIAH	GA	NACHIER		GA	O YA TY		TN
McHARLIN	DAVID	TN	NAKED MAN		GA	OLD		GA
McINTOSH	CHARLES	AL	NALER		NC	OLD CROW		GA
McLAIN	JESSEE	TN	NAN		GA	OLD FIELD		TN
McLAUGHLIN	ANDREW	TN	NAN NA		NC	OLD MAN	JEFFREY	AL
McLAUGHLIN	EZEKIEL	TN	NAN NUN TU YOU		NC	OLD NETTLE		GA
McLEMORE	BENJAMIN	GA	NANCY		GA	OLD SOAP		GA
McLEMORE	SR.	GA	NANCY		GA	OLD TALE		GA
McLEMORE	TON	GA	NANCY		GA	OLD TOBACCO		GA
McNAIR	JAMES V.	TN	NANCY		GA	OLD TURKEY		GA
McNAIR	NICH B.	TN	NANCY		GA	OLKINNEY		NC
McPHEARSON			NANCY		NC	ONE SIDE		GA
	JOHN	TN	NANCY		NC	ONION IN THE POT		NC
McTEAR	ROBIN	GA	NANCY		NC	OO CEN WA LA		GA
MEAN		GA	NANCY		TN	OO CH LA STEE		NC
MEAT	BEAR	GA	NANN		AL	OO CHA LAH		NC
MELTON	CHARLES	AL	NANNY		GA	OO CHE LO O TI		NC
MILLER	AVE	TN	NANNY		GA	OO COO SA		GA
MILLER	DAVID	TN	NAU CHEAH		NC	OO DE YOR HEE		AL
MILLER	GEORGE	GA	NAU CHY		NC	OO HE SA LA SKEE		AL
MILLER	POLLY	GA	NAVE	HENRY	GA	OO KE TUL LA		NC
MILLS	SAMUEL	GA	NAW DO NA KY		TN	OO KI SKA		GA
MINK	WIDOW	AL	NE CA LU KE		AL	OO LA LE TER		GA
MISSING FENCE			NE CO WA		GA	OO LA NAH		NC
	AND TUT	GA	NE CO WA		GA	OO LA NAH		NC
MISTAKE		GA	NE LO WA		GA	OO LA NAH		NC
MITTEN		GA	NE QUA TIE		GA	OO LA O HEE		NC
MIXIT		GA	NE TO WEE		GA	OO LA SAW KY		TN
MOCKER	CROW	GA	NEAL	SAMUEL	AL	OO LA TO HEE		NC
MOCKER	CROW	TN	NED		GA	OO LE CHAH		NC
MOLE	GROUND	GA	NED		NC	OO LE SAW LUN		TN
MOLLY		GA	NEDDY		NC	OO LO CHA		NC
MOLLY		GA	NEED		NC	OO LO CHA HA		GA
MOORE	CHARLEY	GA	NELLY		AL	OO LOO CHI		GA
MOORE	LUTHER	GA	NELLY		AL	OO LOO CHY		NC
MOORE	PETTY	GA	NELLY		GA	OO NA NU TAH		NC
MORE	KILLER	GA	NELLY		GA	OO NAH HAIS KE		TN
MORRIS	GIDEON	NC	NELLY		GA	OO NAH HAIS KE		TN
MOSE		GA	NELLY		GA	OO NAN SET TEE		NC
MOSE	HENRY	TN	NELLY		GA	OO NI AH		NC
MOSES		GA	NELLY		GA	OO QUA LAH		NC
MOSES		NC	NELLY		TN	OO SENALA		NC
MOSES		TN	NELSON		GA	OO SI A TEE		NC
MOSES		TN	NI CO STIE		NC	OO SKA WAL TER		GA
MOTHER	GROUND HOGS	GA	NI HU LA		GA	OO SO WEE		GA
MOUSE		GA	NI NA TO YO		GA	OO SO WIE		NC
MOUSE		NC	NIC KA JACK		NC	OO SQU AN NEE		NC
MOUSE		TN	NIC KE TIE		NC	OO SQUA NI		NC
MOUTH	MEALY	GA	NIC KEE TIE		NC	OO STA LOF TY		NC
MULKEY	JOHATHAN	GA	NIC KO JACK		NC	OO STA LOF TY		NC
MUNCELL	G.M. (SPELLING OF		NIC KO TIE		NC	OO STA TEE		GA
	NAME IN QUESTION!)	TN	NICH CHEW		NC	OO STI NA COO		NC
MURPHEY	ARCH	TN	NICHOLSON		GA	OO STO CHEE		NC

Henderson Roll - 1835

LAST NAME	FIRST NAME	HENDERSON	LAST NAME	FIRST NAME	HENDERSON	LAST NAME	FIRST NAME	HENDERSON
OO TA LE TOH		GA	PERRY	ROBIN	GA	RAPER	POLLY	NC
OO TA TIE		GA	PERSIMMON		TN	RAPER	THOS.	NC
OO TA TIE		NC	PERSIMMON	ARCH	GA	RAT		GA
OO TA WO TA		GA	PETER		GA	RATLER		GA
OO TAH HE TAH		AL	PETER		GA	RATLEY	ALLEN	TN
OO TAL KAH		GA	PETER		GA	RATLEY	LIZZY	TN
OO TE TA HA HE		GA	PETER		NC	RATLEY	WALLACE	TN
OO TE TI A HA		GA	PETER	SPANISH	GA	RATLIFF		NC
OO TE TIE		NC	PETIT	JAMES	TN	RATLIFF	JOHN	AL
OO TEE TI HEE		NC	PETTIT	THOMAS	GA	RATLIFF	RICHARD	JR.
OO TEH HE		TN	PHEASANT		AL	RATLIFF	RICHARD	SR.
OO TI AH		TN	PHEASANT		AL	RATTLER		GA
OO TI CA HUN DA		TN	PHEASANT		GA	RATTLER		NC
OO TI EE		NC	PHEASANT		NC	RATTLER		NC
OO TI TIE		GA	PHEASANT		TN	RATTLER	JR.	NC
OO TIE		NC	PHEASANT		TN	RATTLER	SR.	NC
OO TO WA GA		AL	PHILADELPHIA		GA	RATTLINGGOURD		
OO WAY NE STEE		NC	PIG	YOUNG	GA		POLLY	GA
OO YA CHEEST		NC	PIGEON		GA	RATTLINGGOURD		
OO YE KEH		TN	PIGEON		TN		TONEY	GA
OOH LAH NE TAH TAH		AL	PIGEON		TN	RAVEN		NC
OOH LAH NEA TAH		AL	PIGEON		TN	RAY	STEHPEN	TN
OOH LO NE STE SKEE		AL	PIGEON ON THE ROOST		GA	READ	WILLIAM	TN
OOK SA WA		GA	PIKE		TN	RED BIRD		GA
OOK SE WOL		GA	PILE	PUMPKIN	AL	REED	NANNEY	NC
OOK SHE LA NE		NC	PIPE		AL	REESE	CHARLES	TN
OOL KIN NEE		NC	PIPE		GA	REESE	JOHNSON	TN
OOL SE A SI TY		NC	PIPE	DAVID	TN	REESE	WILLIAM	TN
OOL SI AN NE		NC	POLLY		GA	REOWELL		GA
OONE QUO NEE		GA	POLLY		GA	RICHARDS	GEORGE	GA
OOT TO NO TEE		NC	POLLY		GA	RICHMOND	SALLY	TN
ORR	JAMES		POOR		GA	RIDDLE		GA
	(MILL CREEK)	AL	POOR BEAR		GA	RIDER		GA
OTTERLIFTER			POOR BOY		GA	RIDGE		GA
	ALEXANDER	GA	PORCH		GA	RIDGE		NC
OTTERLIFTER			POT		GA	RIDGE	JESSE	GA
	JOHN	GA	POT		GA	RIDGE	JOHN	GA
OTTERLIFTER			POTATO		GA	RIDGE	MAJOR	GA
	SUSY	TN	PRICE	JAMES C.	TN	RILEY	JOHN	AL
OU CHAH		NC	PRICHETT	GAMMON	GA	RILLIS		GA
OUT RUN HIM			PRINCE	JOHN	TN	RISING FAWN		GA
	BEAR	GA	PRINCE	LUCY	TN	ROBBIN		NC
OVER	TURN	GA	PRITCHETT	DICK	GA	ROBBINS	CHARLES	GA
OVERTAKER		GA	PRITCHETT	JACK	GA	ROBIN		GA
OWANE	JOHN	GA	PRITCHETT	THOMAS	JR.	ROBIN		GA
OWDA	WANA	TN	PRITCHETT	TOM	GA	ROBIN		GA
OWENS	GEORGE	GA	PRITCHETT	WILLIAM	GA	ROBIN		NC
OWENS	GEORGE	GA	PROCTOR		GA	ROBIN	LAME	AL
OWL		NC	PROCTOR	GEORGE	GA	ROCK		GA
OWL	SAM	NC	PROCTOR	JAMES	GA	ROCK	SITTING	GA
OWL	SCREECH	AL	PROCTOR	JOE	GA	ROCK	YOUNG	NC
PACK	ELIZABETH	AL	PROCTOR	JOHN	SR.	RODGERS	JOHN	GA
PACKSON		GA	PROCTOR	JOHN	JR.	ROGERS	JOHN	GA
PALMER	SILAS	GA	PROCTOR	WILLIAM	GA	ROGERS	JOHN	GA
PARKS	SAMUEL	TN	PROUD MAN		GA	ROGERS	JOSEPH	GA
PARROTT	L.D.	AL	PULLING		GA	ROGERS	ROBERT	GA
PARRY		GA	PUMKINPILE		GA	ROGERS	WILLIAM	GA
PARTRIDGE		GA	PUMPKIN		GA	ROOST	PIGEON	GA
PATH	WHITE	GA	PUMPKIN		GA	ROOT	CHARLES	TN
PATHKILLER		TN	PUMPKINVINE			ROSS	ANDREW	AL
PATHKILLER	ARCHILDA	TN		DANIEL	GA	ROSS	JOHN	G.
PATHKILLER	N.	AL	PUNK		NC	ROSS	JOHN	TN
PAW	BEAR	GA	PUPPY	YOUNG	AL	ROSS	LEWIS	TN
PEACHEATER			PUPPY	YOUNG	NC	ROTTON		GA
	GEORGE	GA	QUAWKER	TOM	GA	ROTTON		GA
PEACOCK		GA	QUE LU KER		GA	ROWE	ARCHIE	GA
PEAK	NATHANIEL	NC	QUEEN		NC	ROWE	BETSEY	GA
PECK	JAMES	NC	RABBIT		NC	RUDDLE	JESSEE	NC
PECKER	BIRD	TN	RABBIT		NC	RUNA BOUT		AL
PECKERWOOD		GA	RABBIT	JACK	NC	RUNAWAY		TN
PECKWOOD		GA	RABBIT	SLEEPING	GA	RUSTY BELLY		GA
PEE SKEE	TEE CAU	GA	RABBIT	SLEEPING	GA	S EE WE GA		NC
PEGGY		GA	RAGSDALE	BETSY	GA	SA CAY		GA
PEGGY		GA	RAGSDALE	ELINOR	GA	SA KA		NC
PEGGY		GA	RAIL	BURNT	GA	SA KEY		NC
PELONE	JOHN	AL	RALSTON	LEWIS	GA	SA LO EE	ARCH	GA
PERCH		GA	RAPER	JAMES	NC	SA LO NE TAH		NC
PERRY	LIDDY	GA	RAPER	JESSE	NC	SA TI		GA

-34-

Henderson Roll - 1835

LAST NAME	FIRST NAME	HENDERSON
SA WA KA	(OR CHARLEY)	NC
SAH KIMSE		TN
SALLEY		NC
SALLY		AL
SALLY		GA
SALLY		GA
SALLY		GA
SALLY		GA
SALLY		NC
SALLY AND NANCY		GA
SALVE	ROBERT	GA
SAM		GA
SAMPSON		GA
SAMPSON		GA
SAN NEH		GA
SANDERS	DAVE	GA
SANDERS	DAVID	GA
SANDERS	DICK	GA
SANDERS	GEORGE	AL
SANDERS	JAMES	GA
SANDERS	JESS	GA
SANDERS	JIN	GA
SANDERS	JOHNSON	GA
SANDERS	NED	TN
SANDERS	NICH	TN
SANDERS	ROBERT	GA
SANDERS	ROBIN	GA
SANDERS	TOM	GA
SANDERS	TUNI	GA
SANDERS	WATT	GA
SANDY		GA
SANKIER		AL
SANKIER	THEO	AL
SANNEY		TN
SAPSUCKER		NC
SAR WO CHEE		NC
SAR WO CHEE		NC
SARAH		GA
SARAH		NC
SARAH		TN
SATTERFIELD		
	JOHN	GA
SAU NA U NY		NC
SAU TA CO		NC
SAU TY		NC
SAW OOT BY		TN
SAW SEY		GA
SAW TA CO		NC
SAWNEY		GA
SAWNEY		GA
SAWYER	CHOWENKER	GA
SCA QUAH		GA
SCA QUOH		GA
SCA YI TOOK		GA
SCAFFOLD		GA
SCAG WOH		GA
SCHOW SAH		TN
SCIT TEE		NC
SCO NI TIE		GA
SCO WE SAH		NC
SCO WEE	KEN	AL
SCON SI		GA
SCON TI		GA
SCOTT	DICK	GA
SCOTT	ELIC	GA
SCOTT	SAMUEL	GA
SCOTT	WILL	GA
SCOU TI HA		GA
SCRAPER		AL
SCRAPER		TN
SCRIMSHER	MARTIN	AL
SCUDDER	ALFORD	GA
SE A QUAH		NC
SE CO WA		GA
SE NE COO EE		GA
SE NO WAY		AL
SE QUA TAH		AL
SE QUAH		

LAST NAME	FIRST NAME	HENDERSON
	(TRANS.: HOG	
	OR PIG)	GA
SE QUE GEE		AL
SE ZU A CHEE		NC
SEABOLT	ADAM	TN
SEABOLT	H.	TN
SEABOLT	JOHN	TN
SEED	BILL	GA
SEEDS		AL
SEEDS		GA
SEEDS		GA
SELLER	DIRT	AL
SELLER	DIRT	GA
SELLER	DIRT	TN
SEN TU LA		NC
SEW WA CHEY		NC
SHADOW		TN
SHADOW		TN
SHARP		GA
SHARP		GA
SHARP	(OR COOSTIE)	NC
SHAVEHEAD		GA
SHEEK	DAWSON	AL
SHELL		TN
SHIN	SCRAPE	GA
SHINE	SIM	AL
SHOE OFF		GA
SHOOTER	HOG	GA
SHOW YAH		GA
SHUT THE DOOR		GA
SI KA TO WEE		GA
SI NA CO		GA
SI TA WA GA		GA
SIC KA TO WIE		NC
SIC KAO WIE		NC
SIDES		AL
SIDES	WRINKLE	GA
SIFTER		TN
SILLY		GA
SILVERSMITH		GA
SIMBLIN		TN
SIN QUI LEE SKEE		GA
SINGER		GA
SINNES		AL
SINNES	BENJAMIN	AL
SITTING BEAR		GA
SITTING DOWN		GA
SITTING DOWN		GA
SIX		NC
SIX KA WEE		NC
SIXKILLER		GA
SIXKILLER		GA
SIXKILLER	TRICKET	GA
SIXKILLER	WILLIAM	NC
SKEEP		GA
SKIN	FOX	GA
SKIN	NICK	AL
SKINNER		GA
SKIT	ARCH	GA
SKIT TEE		NC
SLEEPY MAN		GA
SLEEVE		GA
SMITH	ARCHA	NC
SMITH	ARCHILLA	GA
SMITH	ELI	AL
SMITH	FLYING	GA
SMITH	HENRY	GA
SMITH	HOWRONY	GA
SMITH	JOHN	NC
SMITH	NICK	TN
SMITH	POLLY	AL
SMITH	SAMUEL	TN
SMITH	SMOKE	GA
SMITH	SOKEENEY	GA
SMITH	SUAKY	GA
SMITH	TOM	GA
SMITH	TOM	GA
SMITH	WALL	AL

LAST NAME	FIRST NAME	HENDERSON
SMITH	WESLEY	GA
SMITH	WILLIAM	NC
SMOKE		GA
SMOKE		GA
SMOKE		TN
SMOKE		TN
SMOKE	CHARLES	TN
SMOKE	JACK	TN
SNAIL		NC
SNAIL		NC
SNAIL	JOHN	NC
SNAKE	BULL	AL
SNAKE	CHICKEN	GA
SNAKE	CRYING	AL
SNAKE	CRYING	GA
SNAKE	G.C.	TN
SNAKE	GOING	TN
SNIP		GA
SNIP		GA
SNIP	CHARLES	GA
SNIP	NAGIN	GA
SO CIN NEE		GA
SO QUI QUE		GA
SO WO CHA		GA
SOF KIN NEE		NC
SOLDIER		AL
SOLDIER		TN
SOLDIER	JINNEY	NC
SOON IN THE MORNING		TN
SOR KE NEE		AL
SOREMOUTHNANCY		GA
SOUNDING		GA
SOW WAT CHA		TN
SPADE		GA
SPADE		TN
SPANIARD		GA
SPARROWHAWK		GA
SPARROWHAWK		GA
SPEAKER		AL
SPEARS	ARCHY	TN
SPEARS	JAMES	TN
SPENCER	DANIEL	AL
SPENCER	JAMES	AL
SPRING	SAM	GA
SPRING FROG		GA
SPRINGSTON		
	ANDERSON	TN
SPRINGSTON		
	ISAAC	TN
SQU LA TAH		GA
SQUAT		GA
SQUIRREL		GA
SQUIRREL		NC
SQUIRREL		TN
SQUIRREL		TN
SQUIRREL	GROUND	NC
SQUL DE KEE		AL
STAIR	GEORGE	TN
STAND		GA
STAND		GA
STAND		GA
STANDINGWATER		GA
STARR	JAMES	TN
STE COA		NC
STEALER		GA
STEALER		GA
STEALER		GA
STEALER		GA
STEEL	JACK	GA
STICK	BEAN	GA
STICK	LUCY RED	TN
STICKS	BALL	NC
STILL	DAN	GA
STILL	GEORGE	GA
STILL	JACK	GA
STILL	JOHN	GA
STILL	NED	GA

-35-

Henderson Roll - 1835

LAST NAME	FIRST NAME	HENDERSON
STILL	TAKEY	GA
STINER	DAVID	GA
STITCH		GA
STOFFLE	CH.	TN
STOMP ABOUT		GA
STOOL		GA
STOP		GA
STOP		GA
STOP		GA
STOP		GA
STRIKER	HUMAN	TN
STRIKER	TERRAPIN	GA
STRING	PICK	TN
STUMP		GA
STUMP		NC
SU A KA		GA
SU CHI		GA
SU NE CO		GA
SU TI KER		GA
SU WA GA		GA
SU WA GA		NC
SU WA GA		NC
SUATER		GA
SUCKING		GA
SUL SAH		NC
SULTANER		GA
SUNDAY		GA
SUNDAY		GA
SUNDAY		NC
SUSANNA		GA
SUSANNAH		GA
SUSANNAH		GA
SUSANNAH		GA
SUSANNAH		GA
SUSANNAH		GA
SUSANNAH		NC
SUSANNAH		NC
SUT TEE YAH		NC
SUTTON	BETSEY	TN
SUTTON	HENRY H.	GA
SWEE CUL LEE		
	JIM	GA
SWEE CUL LEE		
	TOM	GA
SWEETWATER		GA
SWEETWATER		GA
SWEETWATER		NC
SWELLER		GA
SWIMMER		AL
SWIMMER		GA
SWIMMER		GA
SWIMMER		TN
SWIMMER	SALLY	GA
SWINDLER		GA
SY LA CU GA		NC
TA CA LE KER		GA
TA CAL OSSA		TN
TA CAN WAH		GA
TA CHA		GA
TA CHA CHA		GA
TA CHI CHE		TN
TA COLUN STI		TN
TA CU AH		GA
TA CUL TAH		NC
TA HE	SANNA	GA
TA HE HU KEE		GA
TA KA HA GA		GA
TA KEE		AL
TA KEE		AL
TA KI E SKE		GA
TA LAN TI SKA		GA
TA LEE SKE		GA
TA LI KE SKA		GA
TA LO NE SKEY		NC
TA LU SE NE		AL
TA NE STA NEE SKEY		NC
TA TAH SEH NAH		AL
TA WAH		NC

LAST NAME	FIRST NAME	HENDERSON
TA YO HO LEE		NC
TAH CAUN SA		GA
TAH CHA U SA		GA
TAH CHE CHA		GA
TAH GAH A GEE		AL
TAH LI TAH		NC
TAH LO TE SKEE		GA
TAH TA LEE		GA
TAH TON CHA		GA
TAH YES KY		TN
TAHCHE CHE		TN
TAHE	CHARLEY	GA
TAIL	BEAVER	AL
TAIL	SNAKE	TN
TAKING UP THE BURR		GA
TALLOSSAH		TN
TAN A DE HE		TN
TAN CHE CHEE		NC
TAN NA		GA
TAN NEY		NC
TAN NOO EE		GA
TANNA		GA
TANNEY		NC
TAR CHA NEY		GA
TAR CHEE CHEE		GA
TAR KEY		NC
TAR SEE PE DE HEE		TN
TASSEL		TN
TASSEL	CORN	AL
TASSEL	CORN	AL
TASSEL	CORN	GA
TASSEL	CORN	TN
TAU CHA HO STA		GA
TAU SCA		GA
TAUSEL	(OR TANSEL?)	NC
TAWNEY		GA
TAY LEE SKEE		GA
TAYLOR	ANDREW	TN
TAYLOR	DAVID	NC
TAYLOR	DICK	GA
TAYLOR	RUTHEY	TN
TAYLOR	TOM	GA
TE CAN NER		GA
TE CAS U LA DAH		TN
TE CAU SE NA GA		NC
TE CHE KE SE		TN
TE CO CU RA		GA
TE CO GEE SKEY		NC
TE CO NEE SKEY		NC
TE CO NU SKEY		NC
TE CO TEE SKEY		NC
TE EAS KA		TN
TE GO TEE SKEY		NC
TE HE	CHARL	TN
TE HEN CE SKA		GA
TE KA HU NA KA		NC
TE KE TAH SKEE		GA
TE KIE E SKEE		GA
TE LAS SHA SKE		TN
TE LE SO GI SE		GA
TE LU NA SKEE		AL
TE NUL LA WEE STA		NC
TE SA DES KE		TN
TE SA TES KY		TN
TE SAR SKEY		NC
TE SEE		AL
TE SQUA TAH		NC
TE TA HA		TN
TE TA NEE SKEY		NC
TE TE NE SKEE		GA
TE TE NE SKEE		GA
TE TE WA HA		GA
TE YEH TES KEE		AL
TEE KIN		NC
TEE RIE		NC
TEE SA SKEY		NC
TEE SAW SKEY		NC
TEE SAW TA SKEE		NC

LAST NAME	FIRST NAME	HENDERSON
TEE SEE TA SKA		GA
TEE SU GO SKEY		NC
TEE TE I LE TA I SKA		GA
TEEHEE	CHARLEY	GA
TEH BRUSH PICKER		NC
TEMPLE	LONG	GA
TEN A YA CHEE		AL
TEN NI AH		NC
TEN STEW		NC
TENISON	JIM	GA
TERRAPIN		GA
TERRAPIN		GA
TERRAPIN	LITTLE	GA
TERRAPIN	LITTLE	GA
TERRAPINHEAD		GA
TERRAPINHEAD		GA
TERRAPINHEAD		GA
TERRELL		GA
TEW NO WIE		NC
TEW WA HE LOE		NC
THAY AH	ARTHUR	AL
THE AX		NC
THE BEAR AT HOME		NC
THE BIG BEAR		NC
THE BUSH		TN
THE CABIN		TN
THE CAT		NC
THE CATCHER		TN
THE CLOUD		NC
THE COON		NC
THE CRAWFISH		NC
THE CROW		NC
THE CUP		TN
THE DOCTOR		TN
THE DOG		TN
THE DROWNDING BEAR		NC
THE EAGLE		NC
THE FEELER		NC
THE GLASS		NC
THE GOING PANTHER		NC
THE GOING SNAKE		NC
THE GOOSE		TN
THE HUNTER		TN
THE KEY		NC
THE KNOB		TN
THE MAD WOMAN		NC
THE MINK		NC
THE MOUSE		TN
THE MUSH		NC
THE OLD HORSE		NC
THE OLD MAN		NC
THE OTTER		NC
THE PANTHER		NC
THE PIGEON OUT OF THE WATER		NC
THE RABBIT		NC
THE SIXKILLER		NC
THE SKY FELLOW		NC
THE SPIRIT		GA
THE STANDING WOLF		NC
THE STAR		NC
THE STUMP		NC
THE TANNER		NC
THE TOPPER		NC
THE TROUT		NC
THE TURNER		NC
THE WALKER		TN
THE WOLF		NC
THEY ARE COMING		GA
THIRSTY		GA
THOMAS	SAM	GA
THOMAS	TOM	TN
THOMPSON		GA
THOMPSON	BENJAMIN F.	GA
THOMPSON	BETSY	GA
THOMPSON	CHARLES	AL
THOMPSON	E.	AL
THOMPSON	JAMES A.	GA
THOMPSON	JOHNSON	GA

Henderson Roll - 1835

LAST NAME	FIRST NAME	HENDERSON
THORNTON	WILEY G.	TN
THROWER	HEAD	AL
THROWER	ROCK	GA
TI A NEE		GA
TI CA SKA		GA
TI CHAN NA HU ISCA		GA
TI CO LU SKEY		NC
TI E SKA		GA
TI E SKE		GA
TI NU A TEE		GA
TI STA CA		GA
TI TI SKA		GA
TI US KE		TN
TI YEE SKEY		NC
TIC COO		GA
TIC KA NI SCA		GA
TICKLER		GA
TIE	SCON	GA
TIE	SCON	GA
TIE STAH		NC
TIGER		GA
TIGER		NC
TIMARLTY	WIDOW	TN
TIMBERLAKE	BEN	TN
TIMBERLAKE	CHARLES	TN
TIMBERLAKE	DICK	TN
TIMBERLAKE	LEVI	TN
TIMBERLAKE	NANCY	TN
TIMPSON	DAVID	TN
TIMPSON	JOHN	NC
TIN KA		GA
TIN TU SKA		GA
TINCUP		GA
TINER	LEWIS	TN
TIS COE		NC
TIT	TOM	GA
TO LAS NU SKEE		NC
TO NEY		GA
TO SA WAL A TAH		TN
TO TOO GE SKEE		AL
TO WIE	JOHN	NC
TOASTER		GA
TOATER	BEAVER	GA
TOATER	HOG	GA
TOATER	JIM	GA
TOATER	LIGHT	AL
TOBACCO	BURNT	GA
TOBACCO POUCH		GA
TOM		NC
TOM		NC
TOO CHA LO E		NC
TOO EW SKEE		GA
TOO KE	ROBIN	GA
TOO MAH		AL
TOO NA WA HA		GA
TOO NA WEE		NC
TOO NEY		AL
TOO NI		GA
TOO NI		GA
TOO NI		GA
TOO NI		GA
TOO NI EE		GA
TOO NIE		GA
TOO NIE		GA
TOO NO WEE		GA
TOO NO WEE		GA
TOO NO WEE		GA
TOO STOO		NC
TOO SU WA LA TER		NC
TOOKER		GA
TOOKER		GA
TOOKY	CHU INS	TN
TOONEY		AL
TOOSAWALTER		GA
TOOSAWALTER		GA
TOOSAWALTER		GA
TOOSAWALTER		GA
TOOTER	BEAVER	TN

LAST NAME	FIRST NAME	HENDERSON
TOR NEY		GA
TOTER	ARROW	GA
TOTER	BEAVER	GA
TOTER	BEAVER	GA
TOTER	CHILD	GA
TOTER	CHILD	GA
TOTER	HOG	GA
TOTER	TURKEY	GA
TOU CHO U SA		GA
TOWERS	JEREMIAH C.	GA
TOWIE	JOHN	TN
TRACK	SNAKE	GA
TRACKER		GA
TRACKER		GA
TROTT	JAMES J.	GA
TRUNK		AL
TU CO		GA
TU CO	DICK	GA
TU KE KEE		NC
TU LEE SKEE		GA
TU LUS TA SKE		TN
TU NA HNA LAH		NC
TU NA LA NISTI		NC
TU NAH NA LAH		NC
TU NE WAH		AL
TU NI		GA
TU NO WA		GA
TU SE SKEE		GA
TU SKE GI TEE		NC
TU SKI A KEY		NC
TU WA KE		GA
TUCKER	ISAAC	NC
TUCKER	JOHN	NC
TUCKER	JOHN	NC
TUH WAL LA KOH		AL
TUL SO NA		GA
TUMBLER		GA
TUN CEN O LEE		NC
TURKEY		GA
TURKEY		GA
TURKEY	OLD	GA
TURKEY	STANDING	GA
TURKEY	STANDING	TN
TURKEY	STANDING	TN
TURKEY	YOUNG	GA
TURKEY	YOUNG	GA
TURKEY	YOUNG	GA
TURKEY	YOUNG	NC
TURKEY	YOUNG	NC
TURN OVER		TN
TURNER	WILLIAM	AL
TURNING OUT		TN
TURTLE		GA
TURTLE		TN
TURTLE	LITTLE	GA
TURTLE	SITTING	GA
TURTLE	SOFT SHELL	GA
TUS US KEE		TN
TUS WA NA LER		GA
TUT TI EE		NC
TUTLEY	CHEWCONAS	GA
TUXEY		AL
TWEE CUL LO		GA
TWISTER		GA
TWISTER		NC
TY YA HAU		NC
U A I HEE THEE		NC
U A KEE		NC
U CHIL LA		GA
U LA SKA		GA
U LA TO KE		NC
U NAN TANT		GA
U SI TA NEE		GA
U TE HI TE		NC
U TSO TA KE		GA
UGLY		GA
UM MA CUT TAH		NC
UNDER	GONE	GA

LAST NAME	FIRST NAME	HENDERSON
UP THE BRANCH		GA
UPTON		TN
VANN	ARCHIE	GA
VANN	CHARLES	AL
VANN	DAVE	GA
VANN	DAVID	GA
VANN	JAMES	TN
VANN	JAMES	TN
VANN	JOHN	GA
VANN	JOSEPH	TN
VANN	SAWNEY	GA
VANN	WALLACE	TN
VAUGHT	JAMES	AL
VICKORY	CHARLOTTE	GA
VINE	PUMPKIN	NC
WA CI TA		GA
WA HA HE HEE		GA
WA LA KA		GA
WA LA NE TA		GA
WA LA SKA		GA
WA LA TAH		NC
WA LE AH		GA
WA LE NE TER		GA
WA LI CUN STER		GA
WA LU LAH		GA
WA NE NO HE		NC
WA NE WAH		GA
WA SAH		NC
WA TA TOO KE		GA
WA TIE		GA
WAGEY	ANNY	GA
WAGON		GA
WAGON		GA
WAGON	JOHN A.	GA
WAH AR CHY		GA
WAH HAR CHEE		GA
WAH HAU CHEE		NC
WAH HAW CHEE		NC
WAH NA HOO		NC
WAH TO NAH		GA
WAISTER	(OR WASTER?)	GA
WAKE	(OR WA KE)	GA
WAKER		GA
WAKEY		NC
WAL DE AH		GA
WAL LY		NC
WALKER		GA
WALKER	BETSEY	TN
WALKER	EMILY	TN
WALKER	ISAAC	TN
WALKER	JO.	NC
WALKER	TOOSA	GA
WALKING MAN		TN
WALKINGSTICK		GA
WALKINGSTICK		GA
WALKINGSTICK		
	BILL	GA
WALLA	TUSA	TN
WALLEY		NC
WALLEY		NC
WALTERS	MICHAEL	TN
WAS CA LOOKA		TN
WASH FACE		NC
WASHINGTON		GA
WASHTA	UNA	TN
WASTER		GA
WAT TA		AL
WAT TA TOO KAH		NC
WAT TAH		NC
WAT TEE		AL
WAT TEE		NC
WAT TY		GA
WAT TY		GA
WATCH		GA
WATER	COLD	NC
WATER	HOT	GA
WATER	SWEET	TN
WATERLIZZARD		

Henderson Roll - 1835

LAST NAME	FIRST NAME	HENDERSON	LAST NAME	FIRST NAME	HENDERSON
	BARK	TN	WOLF	HOWLING	GA
WATERS		GA	WOLF	HOWLING	GA
WATERS	GEORGE	GA	WOLF	HOWLING	NC
WATERS	NAKEY	GA	WOLF	NATHAN	GA
WATERS	PEGGY	TN	WOLF	RUNNING	TN
WATERS	STANDING	TN	WOLF	STANDING	GA
WATIE		GA	WOLF	THE GOING	NC
WATT		GA	WOLF	TROTTING	AL
WATTA	TOO NA	TN	WOLF	WALKING	AL
WATTS	CAPTAIN	TN	WOLF	YOUNG	AL
WATTS	FORKED TAIL	TN	WOLF	YOUNG	GA
WATTS	MINK	TN	WOLF	YOUNG	NC
WAU GA COO		NC	WOLF	YOUNG	NC
WAY WO SEE TE		NC	WOLF TRACKER		GA
WAYNE	JOHN	GA	WOMAN		GA
WE AN CU LEE SKEY		NC	WOO SEE		NC
WE KE	WILL	GA	WOOD	SMALL	NC
WE SKEE		TN	WOODARD	JACK	GA
WEAVER	DAVE	GA	WOODARD	TOM	GA
WEE TU SKEY		NC	WOODCOCK		GA
WELCH	ELIZABETH	GA	WOODWARD SUNDAY		GA
WELCH	GEORGE	GA	WOT TY		GA
WELCH	JOHN	NC	WRAPT UP		GA
WEST	JACOB	GA	WRINKLE BUT		GA
WEST	JOHN	AL	WRITER		AL
WHA CA		GA	WY A LI SKEE		NC
WHEELER		GA	WY CO SKEE		GA
WHIPPOORWILL		AL	WY OO SKEE		GA
WHIPPOORWILL		GA	WY OS SKEE		GA
WHIPPOORWILL		NC	WYAL SKEE		NC
WHIPPOORWILL		NC	YAL LI TA NAH		GA
WHIRLWIND		TN	YE WI YA KEE		GA
WHITE PATH		GA	YOU HA LAU CHY		NC
WHITE TOBACCO		AL	YOUNG	JOHN	GA
WI A TU KE		GA	YOUNG DUCK		GA
WICKETT		GA	YOUNG DUCK		TN
WICKETT	NED	GA	YOUSANNAH		GA
WIFE	DRUMMING	GA	ZUG		GA
WILCOXON	DAVID	TN			
WILEY		GA			
WILKENSON	AARON	GA			
WILKENSON	DICK	GA			
WILL		GA			
WILL		GA			
WILL		NC			
WILL		NC			
WILL		NC			
WILL	JACK	GA			
WILL	LAZY	GA			
WILL	LITTLE	GA			
WILLEY		NC			
WILLIAMS	JOHN	GA			
WILLIAMS	JOHN	NC			
WILLIAMS	LOWRY	GA			
WILLIAMS	WILLIAM	TN			
WILSON		GA			
WILSON		NC			
WILSON	DICK	TN			
WIND	LONG	NC			
WINN	JACK	GA			
WISTER		GA			
WITCH		GA			
WITCH		NC			
WO CHE SO E		NC			
WO HAR CHEE		GA			
WO LU CHEY		NC			
WO TE AH		GA			
WOFFORD	JANE D.	NC			
WOLF		GA			
WOLF		GA			
WOLF		NC			
WOLF	BETSY	GA			
WOLF	CRYING	GA			
WOLF	CRYING	TN			
WOLF	CRYING	TN			
WOLF	DENNIS	TN			
WOLF	ELI	GA			
WOLF	GOING	GA			

MULLAY ROLL
1848

A census of 1,517 Cherokee remaining in North Carolina after the removal of 1838. John C. Mullay took the census pursuant to an act of congress in 1848.

Mullay Roll - 1848

LAST NAME	FIRST NAME	MULLAY R
A GIN NEH		1142
A LAR CHEE		514
A LARGIH	JOHN	29
A LARGIH	TOONIH	30
A QUE TA GIH		763
AA RON		1143
ADA LE GA DE AH		20
ADA LE GA DE AH	OHYONSKIH	21
ADSILETOSKEY		23
ADSILETOSKEY	ASO EE	24
AH NA GEES KIH		500
AH NA HEE		635
AH NE YUL LEH		1119
AH NE YUL LEH	ANNITH	1120
AH NE YUL LEH	QA NIH	1121
AH NEET ZEH		1124
AH NEH LIH		516
AH NEL LA		983
AH SEE MY TA		515
AH SUT TEH		1144
AH TO YEES KIH		513
AH TOO GUS KEE		1353
AH UH NOS TEH		1284
AH WA WA KEE		623
AH YOU SUT LA		1139
AHNA WA KEE		496
AHNA WA KEE	CHWA CHUE KU	497
AHNA WA KEE	CON NOL ARKEA	498
AHQUATAGEH		36
AHQUATAGEH	JUTA KEYOS KEE	37
AHQUATAGEH	NANCY	40
AHQUATAGEH	SUWAGA	38
AHQUATAGEH	TE HE LAH TAH	39
AIL IN NOH		499
AILEH		736
AILSEH		35
AIN SEH		1147
AKEE		465
AL KIN NEH	TI YAW SIH	928
ALC NEY	NANCY	654
ALKENAH	LOTTY	895
ALL KIN NEH		1118
AN KIT YA NEE TA		1135
AN KIT YA NEE TA	ANNEH	1136
AN LEH		1145
ANDERSON	NANCEY	1133
ARCH	UGLY	34
ARCHEE		26
ARCHEE	NANEE	27
ARCHEE	STEPHEN	28
ARONEACH		16
ARONEACH		505
ARONEACH	CHOWEYONKEH	17
ARONEACH	CHU WAN UIH	483
ARONEACH	COW YULLA	509
ARONEACH	GEH NOO E TA EH	19
ARONEACH	JINNEY	507
ARONEACH	KATAH	506
ARONEACH	ULA HE TEES KA	508
ARONEACH	YEHHUMEY	18
ASTOOGATOGIH		15
AT TU YOS KU		1140
AT TU YOS KU	AU LEH	1141
AXE	AINE KIH	1123
AXE	GEORGE	1122
AXE	SAL KIN NEH	1390
AXE	STEVEH	1391
BACK WATER		32
BACK WATER	WAI KEH	33
BACK WIFE	JINNEY	219
BADGER	LONG TOM	1148
BARK	WIN NEH	1485
BARRETT	KINIAH	1150
BATHING IN THE WATER		188
BATHING IN THE WATER	AHLY	189
BATHING IN THE WATER	AHNA WA KEK	192
BATHING IN THE WATER	BENJAMIN	191
BATHING IN THE WATER	DOBSON	190
BEAR		979
BEAR	CHO A NAN EH	980
BEAR MEAT		751
BEAR MEAT	LIZZY	752
BEAR PAW		944
BEAR PAW	OO TI YEH	947
BEAR PAW	QIA;;A	945
BEAR PAW	TOO LEES TAH	946
BEARMEAT		485
BEARMEAT	CU NA SAU SKIH	487
BEARMEAT	KUH TUH TIH	486
BEARMEAT	TICK E HOO GES KIH	488
BEARMEAT	YOAK SIH	489
BEAVER		409
BENJAMIN		893
BENJAMIN	AL KE NAH	894
BESHEARS	ABIGAIL	984
BIG BEAR		492
BIG BEAR	AHNAWA GA	493
BIG BEAR	CHARLEY	146
BIG BEAR	I YOOL HEH	214
BIG BEAR	LACEY	495
BIG BEAR	NANEE	494
BIG SPRING LIZARD		1444
BIGMEAT	CHU EH A YE HEE	765
BIGMEAT	SALLY	766
BIGMEAT	SASSSEE	767
BIGMEAT	TOM	764
BIRD		92
BIRD	AILSEH	94
BIRD	ANEH	1415
BIRD	CHO ANK SAH	1204
BIRD	ENOW A KEH	96
BIRD	SALLY	1413
BIRD	SALLY	1414
BIRD	SAW NEH	1416
BIRD	SUSANNEH	1411
BIRD	SUTTAH GIH	1412
BIRD	TAWNEH	1458
BIRD	TENAH	93
BIRD	UH KE OH TEE	95
BLACK FOX		159
BLACK FOX	ONAH	160
BLAIR	SARAH	1149
BLYTHE	JACKSON	41
BLYTHE	JAMES	986
BLYTHE	SALLY	987
BLYTHE	SANTAYEH	42
BLYTHE	STACEY	1052
BONE EATER		437
BONE EATER	TOO NIH	438
BROWN	ELIZA	1045
BUCK	JINNEY	210
BUG		57
BUG	AH LE A NEH	296
BUG	OO LOOT SUH	58
BUG	OOH WAT TEE	295
BUG	SALLY	59
BULL BAT		1275
BUNCH OF ARROWS		122
BUNCH OF ARROWS	WALKINNEH	123
BUZZARD		913
CA NUN WA TEES KA		768
CA TA TI HEE		1155
CA TA TI HEE	NELLY	1156
CALHOUN		142
CALHOUN	AH NA WAJA	143
CAT		527
CAT	OO WAH NIS KEH	528
CATA TEE HEE	NANEY	803
CATAWBA KILLER		441
CATAWBA KILLER		955
CATAWBA KILLER	FIGHTER	958
CATAWBA KILLER	OO SAW HIH	880
CATAWBA KILLER	SALLY	956
CATAWBA KILLER	SUSANNAH	960
CATAWBA KILLER	TIYAN AH	957
CATAWBA KILLER	WAL KIN NEH	442
CHA GEL LA TU		537
CHA GEL LA TU	TE WAT TIH	538
CHA LAH CHOO NUTTA		1210
CHA LO NUT GEH		1199
CHA TOO IH		1185
CHARLEY		125
CHARLEY		789
CHARLEY	AKA	88
CHARLEY	CHEAH NOW EH	89
CHARLEY	JOHN (TSALI'S SON)	201
CHARLEY	LOWEN	246
CHARLEY	LOWENEH	248
CHARLEY	PREACHER	87
CHARLEY	SALLLY	247
CHARLEY (TSALI)		54
CHE KAW HEE		1192
CHE KAW HEE	JONIH	1193
CHE NOU EH		1159
CHE OKEE	JIM	805
CHEA NAMEH	JESSEE	981
CHEA NAMEH	OO NO LAH SAH	982
CHEA NUN NAH		535
CHELOWESKEE		1
CHES QUA KILLEH		1475
CHI LOO LOO KA		56
CHI YU LIH		1200
CHIC A LIU LAH		1157
CHICK A YON EH		536
CHICK EE AH		556
CHICK EE AH		1177
CHICK EE AH	AH LUU YE	557
CHICK EE OEH		107
CHICK O NAIL IH		1480
CHICK ON AI LIH		131
CHICK OO EH		1162
CHICK OO GE		558
CHICK OO GEE	LUCY	621
CHICKAHTOO WHIS TAKE		1168
CHICKASAW KILLER		102
CHICKASAW KILLER	AH GU LAW HEE	103
CHICKASAW KILLER	AH NE NU SAH	106
CHICKASAW KILLER	CHAH CHUH	104
CHICKASAW KILLER	E LOW WEE	162
CHICKASAW KILLER	OO LEE CHA	105
CHICKEAH		1098
CHICKEAH	WINNEY	1099
CHICKOOCH		526
CHICKOOEH	DAVY	1215
CHIN NUEK QUEH		989
CHIN NUEK QUEH	KATY	990
CHING KAH UAH LESS		1180
CHO CHUCK KAH		90
CHO CHUCK KAH	AHNA	91
CHO LO EH		126
CHO YAH KAH		79
CHO YAH KAH	ARCHA	83
CHO YAH KAH	BIRD	82
CHO YAH KAH	QUAITSEY	80
CHO YAH KAH	TEY AH YE LOT SA	81
CHOGA		524
CHOGA	WAH LEY	525
CHOI OH TIH KEE		1178
CHOK OI EH		1169
CHOO A COO KIH		1198
CHOO A LUKE		1176

Mullay Roll - 1848

LAST NAME	FIRST NAME	MULLAY R
CHOO EH LOO KEE		1163
CHOO EH LOOK		1160
CHOO EH LOOK	ELLICK	1161
CHOO LA LO GEH		1164
CHOO LA LO GEH	CUT TEH SOY YIH	1167
CHOO LA LO GEH	OTS CHAW TAW SEH	1166
CHOO LA LO GEH	SAKEY	1165
CHOO QUA LA TIH		737
CHOO YU GAH		1211
CHOO YU KER		906
CHOW A CHUCKA		529
CHOW A CHUCKA	E LE NAH	534
CHOW A CHUCKA	HU NU LIH A	533
CHOW A CHUCKA	JE SOES KU	532
CHOW A CHUCKA	OR LE CHA	530
CHOW A CHUCKA	QUAR KELU	531
CHOW E YON KA		1172
CHOW E YON KA	AIN NEH	1173
CHOW E YON KA	ISAAC	1174
CHOW E YON KA	NANEY	1175
CHOW E YOU KAH		78
CHOW E YOW KA		130
CHOW TA EH LET TEH		801
CHOW TA EH LET TEH	KA LO NUS HA	802
CHOWE YOW KA	WALLEY	747
CHU A LU KA		266
CHU A LU KEH		1158
CHU AN STEH		1283
CHU CH OL LA TEH		115
CHU CH OL LA TEH	AH WIH	116
CHU CHA LA TEH		144
CHU CHA LA TEH	KAY OH WHEE	145
CHU IS TOOL IH		124
CHU LOH HUH		1137
CHU LOH HUH	AIN SEE	1138
CHU NAIL E TIH		1188
CHU NO QUEL LIS KA		929
CHU NOY IH KEH		547
CHU NOY IH KEH	HUN E QUH	551
CHU NOY IH KEH	KAHNEE	549
CHU NOY IH KEH	LIZA	550
CHU NOY IH KEH	SALLY	548
CHU SO EL LER		988
CHU SOROTINT EH		1191
CHU TEG GA NU KIH		1187
CHU WA LES KA		1205
CHU YOU AIL ATA KILI		1190
CHUCK O NAIL EH		1203
CHUH KA HEH		1181
CHUN OO E KEH		127
CHUNAN NOH		1207
CLARLISTRU		552
CLARLISTRU	JACK A GLEE	555
CLARLISTRU	POLLY ANN	554
CLARLISTRU	TU NUT TEE	553
CLAW NOO SEH		1209
CLIMBING BEAR		974
CLIMBING BEAR	TAN NE OH IH	975
CLIN O QUE		1092
CLIN O QUE	AWEE	1094
CLIN O QUE	DAVE	1095
CLIN O QUE	JOHNNEY LARQIH	1097
CLIN O QUE	JOHNSON	1096
CLIN O QUE	LIDDY	1093

LAST NAME	FIRST NAME	MULLAY R
CLOUD		48
CLOUD	CELEE	133
CLOUD	CON NA LOO GIH	132
CLOUD	JESSE	53
CLOUD	KATEYEH	52
CLOUD	NANEY	49
CLOUD	SOLQUINNEY	50
CLOUD	STANDING	51
CO A LOS KEH		782
CO A LOS KEH	CEELA	783
CO YERS KE WAH TIH		665
CO YERS KE WAH TIH	KAH TA IH	666
COKERUNAM		137
COKERUNAM	CAS SEE	139
COKERUNAM	CHIN NE TI EH	140
COKERUNAM	KA NU NA TUS KEH	138
COMING DEER		147
COMING DEER		198
COMING DEER		1383
COMING DEER	ANNEH WAKAH	1384
COMING DEER	AYNEE	148
COMING DEER	CELIA	199
COMING DEER	RACHEL	149
COMING DEER	SOWEE	200
COMING WOLFE		1222
CON SEE NAH	I HE SE TIS KEE	885
CON SEE NAH	QOH SEAS SI TEH	884
CON SU NAH		1186
CONE LUS KY		1212
CONN AU GHT	NELLY	521
CONN AU GHT	TOM	520
CONN AU GHT	TUKUH	522
CONNA HEAT	NANCY	377
CONNA HEAT	SA LIH	378
CONNA HEAT	SALLY	a76
CONWHEE LAH	CHARLEY	44
CONWHEE LAH	WALKENNIH	45
CORN SILK		875
CORN SILK		1483
CORN SILK	COOHAN NOO TA	664
CORN SILK	QUAKEY	876
CORN SILK	SET LA TO EH	877
CORN TASSEL	NED	1171
COW HEE	AGA	3
COW HEE	DON	4
COW HEE	LEWIS	2
CREEK KILLER		1170
CTU NU HOEN TEH		1182
CUL STIEH		790
CUL STIEH	EZEKIAL	791
CUL SU LI HU		46
CUL SU LI HU	CLIHA	47
CUL SUT TA HEE		128
CUL TA QUA TA GEH		117
CUL TA QUA TA GEH	CUT TE SOY EH	118
CULSERVIEE		1183
CULSERVIEE	KEH TAH IH	1184
CUN NO WHEE LA		129
CUN SEE NAH		796
CUN SEE NAH	CUN OO TA YO IH	800
CUN SEE NAH	GW AI KEY	798
CUN SEE NAH	JINNEY	797
CUN SEE NAH	KA YO GIH	799
CUN SEEENA	LOSSIH	1100
CUT SOW WAH		1179
CUT TA LA TEH		559
CUTA CHO TAH		792
CUTA CHO TAH	KUH LEE LO HIH	795
CUTA CHO TAH	NICKEY	794
CUTA CHO TAH	TO SUN NO HEE	793
CUW A WAKEH		1206
CYNTHIA		1372
DAVEY		560
DAVEY	TI A NEH	561
DAVIDSON	AT A SE IH	152

LAST NAME	FIRST NAME	MULLAY R
DAVIDSON	DAVY	153
DAVIDSON	JOHN	151
DAVIDSON	WAT TE AH	468
DAVIS	AH KIL TO HEE	156
DAVIS	BETSEY	996
DAVIS	ESTHER	997
DAVIS	ISAAC	154
DAVIS	KAL ON A HES KA	157
DAVIS	KOOTUH	155
DAVIS	LIDDY	158
DAWES	JINNEY	1217
DAWES	NICEY	1216
DICK O TI YEH		870
DIEKEQEESKI	AH NOO YAH	816
DIEKEQEESKI	CAR TO QUE LET LEH	818
DIEKEQEESKI	CHIEF	814
DIEKEQEESKI	CHIN NOO CHETA	815
DIEKEQEESKI	KAH TEH EH	819
DIEKEQEESKI	OO TAL KEH	817
DIEKEQEEESKI	QUAITSEY	820
DON NEH		1213
DOWNING	AILSEY	995
DOWNING	BETSEY	994
DOWNING	COO ES TOO EH	993
DOWNING	DICK	991
DOWNING	JACK	992
DROWING BEAR	CHU LA OH EH	141
E COO IH		169
E COO IH	CATH LA TU HE	171
E COO IH	JINNEY	172
E COO IH	NELLY	170
E LOW WEE		166
E LOW WEE		1219
E LOW WEE	AKEY	168
E LOW WEE	SALLY	167
E SUT TE HEH		165
E TA CUN NEH		161
E YAH NU LLAH		163
E YOH IS TA	TA LA US KIH	951
E YOH SISS TEH		825
EH A CHARG EH		1218
ELAR CHEE	JOHN	562
ELAR CHEE	WAH LEE SWY	563
ELIJAH		564
ELIJAH	SANTI YEH	565
ELK		829
ELK	AH TAH NOO EESK	1109
ELK	AIN NEH	1110
ELK	KATY	833
ELK	SAUSAN	830
ENGLISH	JIM	948
EO NEH NA KA TE HEE		1348
EOH CHOG GA	AINEY	759
EQA CULLA		653
ETA CON NEH		1220
ETA CON NEH	SOO TAN NEE	1221
ETA EON NIH	SOWIN EH	1292
ETA KANY GEH		753
ETOH GAH GA		1223
EUT SO G GIH		221
EYAH CHU CHA		1224
FALLEN	EDMOND	998
FALLEN	MRS.	999
FAWN KILLER		503
FAWN KILLER	AH EOO EH	504
FE TA NESS KI	I HAY LEHIHI	213
FEATHER		1225
FEATHER	AINCCY	1226
FEATHER	JO IN NEH	1247
FEETA KE SIS KEE		414
FIRE		501
FIRE	UN SU GH YE	502
FLEA		1265
FLEA	DAUN CEE	1267
FLEA	KA HE YAH HE	1266
FLYING SQUIRREL	CHIEF OF PAINTTOWN	173

LAST NAME	FIRST NAME	MULLAY R
FLYING SQUIRREL	SALLY	174
FLYING SQUIRREL	WY YEH	175
FOX		60
FOX	BETSEY	63
FOX	NANEY	61
FOX	SWIMMEAR	64
FOX	TAKINNEY	62
FOX	WATTIE	65
GA NEE SA		566
GAH LUN SKA LOH		1228
GARLAND	ELIZABETH	1033
GEORGE		657
GEORGE	KULLA KIH	659
GEORGE	KUT TO LANIH	660
GEORGE	SALLY	658
GEORGE	SU WA GA	605
GOING		712
GOING	NA CEY	713
GOING UP STREAM		1499
GONE ASTRAY		647
GONE ASTRAY	SATANNIH	649
GONE ASTRAY	TIANEH	648
GRASS		806
GRASS	AH KEH TEE IH	808
GRASS	CLOW WEE	809
GRASS	TU TA KE OSKEE	807
GRASS HOPPER		1230
GRASSHOPPER		968
GRASSHOPPER	OH YOH HAR LA	969
GRASSHOPPER	QAKA	970
GRAYBEARD	CUT TA YO EH	1232
GRAYBEARD	JOHNSON	1231
GREY BEARD		1076
GREY BEARD	RACHEL	1080
GREY BEARD	SOW ET CHA	1077
GREY BEARD	WALLETA	1079
GROUND SQUIRREL	ANN ELISHEH	1134
GROUND SQUIRRELL		834
GROUND SQUIRRELL	AH LEY	835
GROUND SQUIRREL	JINNEY	836
GROUND SQUIRREL	KOO WU TAH	839
GROUND SQUIRREL	LUCY	838
GROUND SQUIRREL	WAHLEY	837
GRUBB	JIM	1000
HANKS	BETTU J.	1235
HANKS	CALVIN	1236
HANKS	ROBT. T.	1233
HAWKINS	AILEEY	1240
HAWKINS	NANCY	1238
HAWKINS	ROSE	1239
HENSLEY	ELIZABETH	1237
HENSON	DELILAH	1005
HENSON	DICK	1001
HENSON	JOSEPH	1008
HENSON	JUDY	1004
HENSON	PEGGY	1002
HENSON	PEGGY	1006
HENSON	SARAH	1007
HENSON	WM.	1003
HICKORY NUT	NELLY	1387
HIRAM		1278
HOGBITE		5
HOGBITE	JINNEY	6
HOGBITE	NANCY	7
HORNBUCKLE	ACHINNIH	182
HORNBUCKLE	HARRY	183
HORNBUCKLE	JEFFERSON	180
HORNBUCKLE	NICH O TY EH	184
HORNBUCKLE	OELUCHA	181
I YOU QUEH		1255
I YOU QUEH	JAKE	1256
INOQUAH		195
INOQUAH	EQUALLEH	196
INOQUAH	WAKEE	197
ISAAC		572
ISAAC	SALLY	573
ISAAC	YETUY	574
JA KAH		568
JACKS	JOHNY	134
JACKSON		1248
JACKSON	AHLEY	1253
JACKSON	CHE WAH WEE	1259
JACKSON	JACK E KEH	1262
JACKSON	JIM	1252
JACKSON	JIMMY	1261
JACKSON	JIN SEH	1254
JACKSON	JINNEH	1257
JACKSON	JINNEY	1251
JACKSON	QYOW QUEE	1258
JACKSON	RACHEL	1385
JACKSON	RACHEL	1386
JACKSON	TAH EEH STEE HIH	1260
JACKSON	TAH NEH	1437
JACKSON	TAWQUIT TEE	1250
JACKSON	WATTEE	1249
JAHEY		405
JAHEY	GR CHIL LAH	406
JAKEY		575
JAKEY	AI LIH	577
JAKEY	E UT SAN GIH	576
JERRY		580
JESSEE		578
JESSEE	KUT TI SAW HEE	579
JINNEY		832
JINNEY		1208
JINNEY		1241
JOHNSON		203
JOHNSON		215
JOHNSON		1346
JOHNSON	AIL E HIH	209
JOHNSON	ALECK	193
JOHNSON	ANNAH	206
JOHNSON	CATHARINE	1009
JOHNSON	CELIA	205
JOHNSON	JAKEY	1010
JOHNSON	JEHKEH	208
JOHNSON	JINNEY	1347
JOHNSON	NANEY	207
JOHNSON	NELLY	194
JOHNSON	SALLY	204
JONES	DAN EIN NEH	395
JONES	JINNEY	394
JONES	SE AW NEH	396
JORDAN	CATY	1084
JORDAN	NANNY	1189
JOUNG DEER	CYNTHIA	490
JULY		784
JUNALUSKA	NICEY	871
JUNALUSKA	TIN NEH	1417
KA KOWIH		1286
KA LA NES KA		849
KA LA NES KA	OL LICKS TAN NIH	850
KA LO NUS KIH		1279
KA LOAN A HES KI		592
KA LOAN A HES KI	UT SUT TAH	593
KA LOOSTA	ALEY	25
KA NA WNA		230
KA NEH TE HEE		848
KA TAW JEH		847
KA TE GEE SKI	ELIZA	615
KA TE GEE SKI	JOHNSINNY	611
KA TE GEE SKI	JOHNSINNY	616
KA TE GEE SKI	KA LON ES KAH	613
KA TE GEE SKI	NAKEY	612
KA TE GEE SKI	TAH CHEH SEY	614
KA YA NA KAH		231
KA YOU SAH	BILL	236
KAH HAT CHU		738
KAH NA		739
KAH NA	RACHAL	740
KALONEESTEESKA		228
KALONEESTEESKA	NASSEH	229
KANE	AN NA WAGA	510
KANE	COO WHIS UH	603
KANE	JIM	602
KANE	JOE	604
KANNOO HES KIH		1281
KAT OOS KIS	CELEY	136
KATY		233
KE EN NEH		610
KE TES KIH		232
KEAN TAKEE		1276
KEE TI GEES KEH		587
KEE TI GEES KEH	AI NIK KIH	590
KEE TI GEES KEH	TICK W NIH	591
KEE TI GEES KEH	TOTZ SICH LAH NAH	589
KEE TI GEES KEH	WATTEY	588
KEEL LUNK SEH		581
KEEL LUNK SEH	WALLA	582
KEEL LUNK SEH	YUH KEE NAH	583
KEETZ SE N OS TEH		1272
KEEU NEESEH HAW		1269
KEEU NEESEH HAW	AIL UN NEH	1271
KEEU NEESEH HAW	CHICK OH NAILEH	1270
KELL	LIANDER	1014
KELL	SALLY	1011
KELL	WALLY	1013
KELL	WEEKS	1012
KEY		1403
KI HU NIH		1287
KI YA CUT TI HEE		1290
KIL STOGGIH		851
KIL STOGGIH	QUAL LA KOO	852
KILEHULA	THOMPSON	846
KO LA TICH		1280
KO TUT TIH LIH		595
KO TUT TIH LIH	AIL SEH	599
KO TUT TIH LIH	TAKEY	598
KO TUT TIH LIH	TICK A WAL TEES KA	597
KO TUT TIH LIH	TOO KIH	596
KON NOO LAS KIH		1268
KOO IS COO HEE		841
KOO IS COO HEE	TAHINEY	842
KOOTICH		1285
KOW WEE TE TEE		1373
KUH NO GAH		1289
KULONA AHESS KEE		8
KUN NA NEE TAH		1291
KUN TEES KA		840
KUNT NO EH		1264
KUT E EL OR YEH		594
LACEY		238
LAMBERT	NANCY	1015
LAND	ELOW WEE	826
LEA SA		1298
LEACH		410
LEACH	I YOOK QUH	412
LEACH	QUUITSEY	411
LEAVES		297
LEAVES	SOCK IN NEH	298
LET US STOP		435
LET US STOP		1435
LET US STOP	KI GOOT CHIH	436
LIDDY		270
LITTLE DEER		185
LITTLE DEER	I YAH LEH	186
LITTLE DEER	PETER	892

Mullay Roll - 1848

LAST NAME	FIRST NAME	MULLAY R
LITTLE DEER	WAH TA TOO GA	187
LITTLE DER	SALLY	862
LITTLE DICK		256
LITTLE DICK	NANEY	257
LITTLE DOG		239
LITTLE DOG	CHE O WE LOU HEE	240
LITTLE GEORGE		868
LITTLE JOHN		241
LITTLE JOHN	AIH NE	244
LITTLE JOHN	JINNEY	242
LITTLE JOHN	JOHN	211
LITTLE JOHN	KAH YA HIG	245
LITTLE JOHN	KAL LO NEES KI	243
LITTLE JOHN	LO WAITTEY	212
LITTLE WILL		255
LITTLE WITCH	COO TI YE	86
LOCUST		1293
LOCUST	ANNEH WA KE	1294
LOCUST	CELEY	1296
LOCUST	CHE AN STA	912
LOCUST	CHOW E YOU HA	867
LOCUST	CULSTIH	864
LOCUST	JOE	863
LOCUST	JUATANIH	1379
LOCUST	KOH TEH GRAS KEH	1295
LOCUST	KUT TEH CLEY EH	1263
LOCUST	OO SOU TE SUT TEH	866
LOCUST	QUAITSY	1378
LOCUST	SIN E COO YEH	911
LOCUST	SOW E NOOKA	865
LOCUST	TI YA NIH	1449
LOLLA		857
LOLLA	CON NO HA LA KEE	859
LOLLA	KA YO HA	858
LONG	AL LIH NIH	252
LONG	CHARLETE HEE	253
LONG	KATE	952
LONG	TAH THEW LAH	254
LONG	TEE KIH	251
LONG	WILL	250
LONG BLANKET		620
LONG BULLET	CAT LO TLA NEH	804
LONG BULLET	NANCY	860
LONG BULLET	WATTA	861
LOSSIH	JOHN	331
LOVE	ROBERT	869
LOWENS	TARKEY	430
LOWENS	TOO WON AI LAH	431
LUCY		227
LYING ALONE		278
LYING DOWN		872
LYING FAWN		1273
LYING FISH		1297
MANEY	BARBARY	1301
MANEY	BARNETT	1320
MANEY	BEBAD	1304
MANEY	FANNY	1303
MANEY	GEO. W.	1310
MANEY	JAMES	1300
MANEY	JAMES JR.	1314
MANEY	JAMES W.	1305
MANEY	JOHH	1307
MANEY	JOHN C.	1302
MANEY	JOHN J.	1313
MANEY	L.M.	1311
MANEY	LUCINDA	1318
MANEY	M.B.	1312
MANEY	MADISON	1309
MANEY	MARTIN B.	1306
MANEY	MARY	1308
MANEY	MARY CAROLINE	1315
MANEY	NANCY	1317
MANEY	SALLY K.	1316
MANEY	WILLIAM	1319
MARGARET	A.W.	1234
MARTIN		544
MARTIN		606
MARTIN	SOCK KIN NEH	545
MATTHEWS	JANE	1324
MCDANIEL	CHARLOTTE	985
MEADOWS	ELIZABETH	1323
MEDCALF	HIRAM	1322
MEDCALF	NANCY	1321
MINK		1392
MINK	SOW WUT ZEH	1393
MIXED WATER		31
MURPHY	ARCH	1325
MURPHY	DAVID	1018
MURPHY	JAMES	1328
MURPHY	JESSE	1017
MURPHY	JOHN	1327
MURPHY	JOSEPH	1326
MURPHY	MARTIN	1019
MURPHY	POLLY	1016
MURPHY	WILLIAM	1020
NA KIN NEH		1330
NAKEH		1336
NAKEY		1282
NAN IH TOO YEH		1334
NAN NEH		261
NAN NEH	NA WAT LIH	262
NAN NEH	OO GA GOO TAH	263
NAN NEH	WA H A TE HEE	264
NANEY		625
NANEY		1333
NANEY		1335
NANEY		1338
NANEY		1331
NAR CHE AH		272
NAR CHE AH	AH NEE	273
NAR CHE AH	EDWARD	274
NAR CHE AH	KAH KA LOOU TEH	275
NAR CHE AH	NICEY	276
NAR CHE AH	QUAITSEY	277
NELLY		827
NELLY		1342
NELLY	YA KE NA	828
NICEY		626
NICK A JACK		1339
NICK A JACK	SOW YEH	249
NICK EH		624
NICK O TI YEH		627
NICKE GEES KIH		1214
NICKEY		1341
NICKOJACK		267
NICKOJACK	SALLY	268
NICKOJACK	TAH HE COOH	269
NIE ESAH		1340
NIECY		1337
NOO E TOW IH	JESSEE	550
NOO E TOW IH	NICEY	571
O TA LA TAH		404
O WU AH SE LU HE LE		309
OCH HA KIH		523
OHL NANCY	(TSALIA'WIFE)	55
OL KIN NEH		1345
OLD ARONEACH	AH QUA TAKEE	511
OLD ARONEACH	SALLY	512
OLD AXE		1111
OLD AXE	AH QUALLIH	1112
OLD AXE	AKEY	1116
OLD AXE	AKEY	1117
OLD AXE	I YOW EH	1113
OLD AXE	QUAITSY	1114
OLD AXE	YOCK KINNEH	1115
OLD BIRD		1151
OLD BIRD	JAKEY	1246
OLD BIRD	JOHNNY	1242
OLD BIRD	LIGHTINGBUG	1517
OLD BIRD	OO COO CHEE	1245
OLD BIRD	QUALA YU KA	1243
OLD BIRD	SUSANNAH	1244
OLD BLANKET		643
OLD BLANKET	CHUS QUIN NUN WAH TEE	645
OLD BLANKET	KO LIT ZEE	644
OLD CAT		114
OLD JACKSON	WAKEH	1472
OLD KAH YU NA KAH	JOEE	216
OLD MUSKRAT		1329
OLD SNAKE	KA TA YE	234
OLD WATCHETCHEU		1479
OLD WILL		1488
OLDBIRD	CHICKEE AH	1154
OLDBIRD	COW HE NI EH	1152
OLDBIRD	THOMPSON	1153
OO A HU LA		881
OO CHE LA TAH		1365
OO CHE TU TU	CHICK EE AH	1194
OO CHE TU TU	ESSSIEK IH	1196
OO CHE TU TU	SUK IH	1195
OO CHEL LAH		299
OO CHEL LAH	AIL LA KEE	302
OO CHEL LAH	ANNEE	301
OO CHEL LAH	LOU NEE	303
OO CHEL LAH	TE YEH CHAU GIH	300
OO CHUS OOL		1343
OO GUNN NET		1351
OO KON I AH		661
OO LA HE YUT TEH		311
OO LA HE YUT TEH	OO SE NO LAH	314
OO LA HE YUT TEH	OO TUH	313
OO LA HE YUT TEH	YEH KIN NEY	312
OO LA NEH		650
OO LA NEH	AH NETO NAH	652
OO LA NEH	AH NEY	651
OO LA YOH IH		304
OO LA YOH IH	TE TA KE ES KIH	305
OO LAN CH EN TA		1366
OO LIA KEH		655
OO NA YES TA		1370
OO NAH SO GU		656
OO NE LAN AH		718
OO NE YEH TOU		882
OO NE YEH TOU	CUT CHOGGIH	883
OO SA GEH		878
OO SO WIH	GEORGE	1227
OO SOW WEE		636
OO SOW WEE	OL KIN NEH	637
OO STA NO QUAH		310
OO SU YEH TI	LEW YE	619
OO SUH YEH TA		662
OO SUH YEH TA	YEH KIN NEH	663
OO TA NE A TOO AH		628
OO TA NE A TOO KIH	NANCY	629
OO TAH YOU YETT		1363
OO TAH YU LA NEH		1108
OO TI EH		1344
OO TI EH		1358
OO TI YEH		306
OO TOL KIH		641
OO TOL KIH	SOCK IN NEH	642
OO WAS SE HA LU		1360
OO WAT TIH		1359
OO YEH KIH		1352
OOL SEH OOH GA TEH		290
OOL SEH OOH GA TEH	BETSEY	291
OOL SEH OOH GA TEH	OO LAH NEH TA	293
OOL SEH OOH GA TEH	OO NE LO SEE	292

LAST NAME	FIRST NAME	MULLAY R
OOL SEOS SI TEH		1361
OOL SHA KEH		1350
OOL SKUN NAH		1368
OOL SKUNNA		873
OOL SKUNNA	FAT TIH	874
OOL TE LI EH		1349
OOL TE TI EH		1354
OOL TE TI EH	AWEE	1356
OOL TE TI EH	OO HA LU KEH	1357
OOL TE TI EH	SOLE TA GEH	1355
OOLSKUNTNEY	JIM	567
OOS TA UA KEH		1369
OOS TUT LA		1364
OOSEKILLA	CHU NO HEE	135
OOSIKILLA	JESSEE	218
OOTI YEH		1367
OR KAH WE YII		316
OT LAW SEE NIH		889
OT LAW SEE NIH	CHE LOW SEH	890
OT LAW SEE NIH	QO TI EH	891
OTTER		279
OTTER		785
OTTER		1201
OTTER	AINEH	788
OTTER	ANNEY	280
OTTER	CE TI YEH	281
OTTER	CHE LO NET ZEY	787
OTTER	CHU SOL LA TEH	1202
OTTER	JIM	282
OTTER	LUL KIN NEH	283
OTTER	NANEY	289
OTTER	QUAITSEY	786
OTTER	WILL	288
OTTER LIFTER		97
OTTER LIFTER	AIKEH	100
OTTER LIFTER	AINEH	98
OTTER LIFTER	CHU LOGES KIH	99
OTTER LIFTER	ONIH	101
OVERTAKEN		714
OVERTAKEN	AHNEE	715
OWA WAT TIH		1362
OWL	SAM	630
OWL	WAT TU YAH	631
PANTHER		1277
PANTHER		1371
PANTHER	WAL LIH	1481
PARTRIDGE		584
PARTRIDGE	LOO WEE	586
PARTRIDGE	SALLY	585
PARTRIDGE	SALLY	677
PARTRIDGE	SALLY ANN	678
PARTRIDGES	KAR LARK SEH	600
PARTRIDGES	YEH KE NAH	601
PAYNE	MARY	1021
PEAK	NATHANIL	1024
PERSIMMON CARRIER		370
PERSIMMON CARRIER	AIL SEE	371
PERSIMMON CARRIER	NICKEY	373
PERSIMMON CARRIER	SEL KEE NIH	372
PERSIMMON CARRIER	WATTEY	374
PETER		638
PETER		1375
PETER	CHICKE TIE EES KA	639
PETER	OO LOAN EES TUS KIH	640
PHEASANT		119
PHEASANT	AITSIH	225
PHEASANT	AKA	223
PHEASANT	JOHNNY	220
PHEASANT	KA LU NEH TI YEH	120
PHEASANT	KUHITEH	222
PHEASANT	LIDDY	224
PHEASANT	MOCK FOR HIM	121
PHILLIPS	SARAH	1022
PNTHER	FELIZ	1023
POWELL	MARY	1374
PREACHER	JAKAN	202
Q NI NA LA YUT LIH	Q HLT LAH	315
QGA EEH LA		822
QH EAY YE LEH QUAH		823
QH EAY YE LEH QUAH	AH QUAH LIH	824
QLA CHES SER	OO LA YR HER	879
QUAILSEY		669
QUAIT EY		317
QUAIT EY	KAH TOO TE AH	318
QUALEE TSA		667
QUALEE TSA	RIDGE	668
QUALINDA	SIEH A KEH	908
QUALINDA	WY WAH LE TA	907
QUEETA		670
QUITZEH	JOHNNY	1376
QUITZEH	OHU YOU YOH HE	1377
RABBIT		546
RABBIT	JACK	672
RACHEL		671
RACKLEY	JIM	900
RACKLEY	LACEY	901
RACKLEY	MASON	897
RACKLEY	SALLY	898
RAPER	ALEXANDER	1038
RAPER	CATHERINE	1032
RAPER	CATHERINE	1035
RAPER	CHARLES	1039
RAPER	GABRIEL	1042
RAPER	HOWELL	1044
RAPER	JACKSON	1037
RAPER	JAMES	1029
RAPER	JESSE	1040
RAPER	LEWIS	1048
RAPER	MARTIN	1046
RAPER	MARY	1041
RAPER	NANCY	1043
RAPER	PATSEY	1047
RAPER	SUSAN	1030
RAPER	SUSANNAH	1036
RAPER	THOMAS	1034
RAPER	WILLIAM	1031
RATLER	JOEY	831
RATTLER		776
RATTLER		1380
RATTLER	ALLEN	1382
RATTLER	CUL STI EH	1381
RATTLER	DAVESEY	821
RATTLER	KAS AU HEE LA	778
RATTLER	LAWYER	779
RATTLER	MANEH	1426
RATTLER	MI KEE	780
RATTLER	OOL SE OSTA	777
RATTLER	QUAITSEY	896
RATTLER	SKA LE LOS KEE	781
RATTLER	TAW KIH	1427
RATTLER	TY YOOL SU NIH	1423
RATTLER	TYESTER	1425
RATTLER	WAL LEE SEE	1424
REED	CEALEY	327
REED	CHI YA LUH HEE	325
REED	DAVID	321
REED	ELIZA	324
REED	S KIN SU AH	326
REED	WILSON	323
REED	WM.	322
RIDGE		320
RISING SMOKE		112
RISING SMOKE	CHUNOOETAN	113
ROASTING EAR		961
ROASTING EAR	CHUS QUA NU TAH	965
ROASTING EAR	EUT SANG GIH	962
ROASTING EAR	NEDDY	964
ROASTING EAR	TAN COO EH	963
ROBBIN		617
ROBBIN	CHARLOTTE	618
ROMAN NOSE	SAKEH	1402
RUDDELL	ELIZABETH	1027
RUDDELL	IRENA	1026
RUDDELL	JESSEE	1025
RUDDELL	JOSEPH	1028
S KUT TE HEE		362
SA LO LA NEET A		1484
SA TI YEH		265
SADDLE		682
SADDLE	NANCY	683
SAKEH		358
SAL LAH NA		294
SALLA		899
SALOTIH		349
SALOTIH	TALEE SKES KIH	350
SALOTIH	WIN NEH	351
SAN TOO LA		910
SARAH		1407
SAUNDERS		367
SAUNDERS	DINAH	368
SAUNDERS	JOHN	481
SAUNDERS	SAMMY	369
SAUNDERS	WIN NEH	480
SETTING BEAR		491
SHAWNEE	JOHN	676
SIC CA TOW EH	JOHN	937
SIC CA TOW EH	LU KU TI AH	938
SIC CA TOW EH	TICK A NOO LAH	940
SIC CA TOW EH	TOO NI YE	939
SIC COO EH		692
SIC COO EH	TAH KEY	693
SICKEAH		375
SIMBLIN		1500
SINKEY		760
SINKEY	AH LIN NEH	761
SINKEY	ARVEE	762
SIT TU WA GEH		690
SIT TU WA GEH	WAL LU SIH	691
SITTING BEAR		754
SITTING BEAR		1514
SITTING BEAR	CHICKEEAH	755
SKEN AW YA		709
SKIN NU YA		909
SKIT TEH		687
SKIT TEH	DEES QUA OOL LEH	689
SKIT TEH	TA KEH	688
SMITH	CHARLOTTE	1055
SMITH	ELIZABETH	1056
SMITH	HENRY	1054
SMITH	J. QUINCEY	1057
SMITH	JOHN	1049
SMITH	LOUISA	1051
SMITH	MARTHA ANN	1058
SMITH	NELLY	1410
SMITH	SARAH	1050
SMITH	WILLIAM	1409
SMOKE		1404
SNAKE	JOHN	905
SNEAD	MARY ANN	1060
SOCK KIN NEH		675
SOCK KNNEH		694
SOCK KNNEH	QOL EAS SITY	695
SOCK KNNEH	SOO TAH NE NIH	696
SOO NAN NEH		902
SOO NAN NEH	JOHNEY	904
SOO NAN NEH	NAKEY	903
SOURJOHN	ELIZABETH	1401
SOURJOHN	MARTHA	1059
SOW NUT ZEH		1388
SOW WUT CHEH		1394
SOW WUT ZEH		1389
SPARROW		771
SPARROW	ALAY IH	773

Mullay Roll - 1848

LAST NAME	FIRST NAME	MULLAY R
SPARROW	NE EO TI YEH	772
SQUIRREL		339
SQUIRREL	TAG GEY	340
SQUIRRELL		679
STACEY		1408
STANDING DEER		307
STANDING DEER	CAROLINE	308
STANDING DEER	TICK EOU A WHE LEH	1436
STANDING IN THE WATER		756
STANDING IN THE WATER	CHIN NEEH AJA	757
STANDING TURKEY		1274
STANDING WOLF		332
STANDING WOLF	ANNE	338
STANDING WOLF	CALSTIAH	335
STANDING WOLF	KULONUSKA	334
STANDING WOLF	OOL SEE PITY	336
STANDING WOLF	SUT KA W NEH	337
STANDING WOLF	WA KEE	333
STAR		258
STAR	JINNEY	259
STAR	NANCY	260
STARRETT	REBECCA	1053
STEALER		608
STEALER		843
STEALER	OOL TU TIE	844
STEALER	SAMPSON	845
STEALER	SUSAN NEH	609
STEE HO IH		341
STEE HO IH	SOO YEH KIH	342
STEE HO IH	WALLY	343
STEE KIH		680
STEE KIH	KOOTICH	681
STEGGIH	RACHEL	887
STEGGIH	TROUT	886
STEGGIH	YOUNG OO NOCK EH	888
STOR KEEPER		1405
STU KENEH CHE WHISE KIK		356
STU KENEH CHE WHISE KIK	TAH HOO LIH	357
STUMP		810
STUMP	CA NA LUKA	811
STUMP	CHE YA LA YAU	812
STUMP	LUCY	813
SU WA GA		359
SU WA GA	AEL SIT MEY	361
SU WA GA	SAT LEE SIH	360
SU WAGA		673
SU WAGA	WAK EH	674
SU WEE OO YEH		685
SU WEE OO YEH	OO WA NU NO HEE	686
SUEY		1299
SUSANANAH		914
SUSANNA		1406
SUTTON	ELIJAH	1395
SUTTOWIK		9
SWEETWATER	GEORGE	1400
SWEETWATER	JESSE	1398
SWEETWATER	OLLEH	1396
SWEETWATER	STAECY	1397
SWEETWATER	SUSANNA	1399
SWIMMER		353
SWIMMER	SENOA TAH	354
T LA NOO SIH	WILSON	413
TA GUS KEE LEH		286
TA HE KOO	ENAH LA	164
TA QUA TE HEE	LARGE	959
TA QUEE TAH		722
TAH AW WHA CULLA CHA		703
TAH CAN EH		1454
TAH CLUT LAH		389
TAH CLUT LAH	JINNEY	390
TAH KEE		424
TAH LOON TUSKIH		1418
TAH NIH		732
TAH NOO ILU		705
TAH YUN HA		707
TAH YUN HA	WATTEH	708
TAIL STICKING OUT		284
TAIL STICKING OUT	BETSY	43
TAIL STICKING OUT	OO OO PI TEE	287
TAIL STICKING OUT	TOONIGH YEH	285
TAK KEH		1446
TAN LETZ KA		702
TAN NI HEE		701
TAR KA HA GEE		1069
TAR KA HA GEE	SO CO HEE	1070
TARGAH		1078
TASSEL		634
TASSEL EATER		150
TAW NEH		1456
TAW NIH		1229
TE EAH SOO WA GA		1457
TE EU NE WAS SEH		915
TE EU NE WAS SEH	AHL SA GA	916
TE EU NE WAS SEH	CHUT SOCK TEH	917
TE GA SEE NA KA		719
TE GA SEE NA KA	SEU EOO EU	720
TE KE NAS KI		699
TE KE NAS KI	EUT CHA GA	700
TE KUN NA WA TIS KA	CHICK OO EH	569
TE SAH TEH KIH		1421
TE SAH TEH KIH	SPOILER	1422
TE SES KEH		1453
TE TA NEES KA	CULSTI	84
TE TA NEES KA	SEU TIY AH	85
TE TUN NUS KEE		1447
TE TUN NUS KEE	KATY	1448
TE TUN UUS KEE		935
TE TUN UUS KEE	SOCK QUIN NEH	936
TE YAL SEH NA		419
TE YAL SEH NA	OH NEE	420
TE YOUL LAH	KOO TE YA EH	856
TECHULLUSALEH KA		704
TEE KOO CHE NEI KA		706
TEE KOO CHE NEI KA	CHIN NU LEIH	710
TEE TAE A TO GAH	COW TIS KEH	418
TEE TAE A TO GAH	NANCY	415
TEE TAE A TO GAH	NANCY	417
TEE TAE A TO GAH	WIL SON IH	416
TEESS KE		941
TEESS KE	CELEY	1197
TEESS KE	LUCY	942
TEHITAL LEH IH		724
TEHITAL LEH IH	ESTHER	727
TEHITAL LEH IH	KA LONA EES KA	728
TEHITAL LEH IH	KUT TIY ON IH	725
TEHITAL LEH IH	OO NEH CHON SY	729
TEHITAL LEH IH	RACHEL	726
TEKIMNUH		421
TEKIMNUH	TOO NIH	422
TEKIMNUH	WALL A TIH	423
TERRAPIN		379
TERRAPIN	CO TA QUAS KEE	382
TERRAPIN	KATY	235
TERRAPIN	SPOILER	381
TERRAPIN	TAKEY	380
TERRAPIN	TAKEY	383
TETAH NES KEH		400
TETAH NES KEH	NANEE	401
TETUN NEES KIH		425
TETUN NEES KIH	AILSIH	427
TETUN NEES KIH	COWIH A LOS KEE	429
TETUN NEES KIH	KATY	426
TETUN NEES KIHH	PAY FOR THEM	428
THE AXE		226
THE DRIVER		433
THE DRIVER	E YAL LEH	434
THEM SIN NY		934
THICKET		744
THICKET	OO TA TEH QUA KA	745
THICKET	WAI QIN NAH	746
THOMPSON		1450
THOMPSON	CALEB	1442
THOMPSON	DAVID	1440
THOMPSON	STACEY	1451
THOMPSON	TE NOO IH	1452
THOMPSON	TI YAN IH	1443
THOMPSON	WILLIAM	1441
TI UH NEH WHA LA		730
TI UH NEH WHA LA	KAH TA HAW CHI	731
TI YA WA HAL AH		402
TI YA WA HAL AH	TAN OOW A CULLA	403
TICK O NEES KIH		923
TICK O NEES KIH	AILSA	927
TICK O NEES KIH	AL KIN NEH	924
TICK O NEES KIH	JOSIAH	925
TICK O NEES KIH	KAU TO NUS KI	926
TICKONEEZKIS	DANIEL	930
TIMSON	BENJAMIN	1068
TIMSON	ELIZA	1065
TIMSON	H. CLAY	1066
TIMSON	JOHN	1061
TIMSON	JOHN C	1064
TIMSON	LUCEY	1062
TIMSON	MARTHA JANE	1067
TIMSON	MARY ANN	1063
TIN NA TA EH		723
TIN NEH		1445
TO IN EH	AH LEY	770
TO IN EH	EHU	769
TOAHSEY	WIN NEH	447
TOBACCO SMOKER		344
TOBACCO SMOKER	AIL SEH	347
TOBACCO SMOKER	AKEE	345
TOBACCO SMOKER	JOHSON NEY	348
TOBACCO SMOKER	SALLY	346
TOHEE	EHAN SUH	399
TOHEE	JOHNNY	198
TOO KIH		1439
TOO NIGH EH		439
TOO NIGH EH	CHA LENT SEH	440
TOO NIGH YEH		392
TOO NIGH YEH	ANE EII	393
TOO NIH EH		1434
TOO NOIH		931
TOO NOIH	AH LIN NIH	932
TOO NOIH	AW LA TES KEE	933
TOO NOW A LEH		953
TOO NOW A LEH	TOO YUS KEE	954
TOO NOW NAIL EH		1419
TOO NOW NAIL EH	LOTTIEH	1420
TOO THIS TAH		716
TOO THIS TAH	WATTE	717
TOO WA YELLO		918
TOO WA YELLO	AIN EH KIH	922

LAST NAME	FIRST NAME	MULLAY R
TOO WA YELLO	CHE AH SUS TIH	921
TOO WA YELLO	JEH KINNEY	919
TOO WA YELLO	SHA KIH	920
TOO WAT TIH		407
TOO WAT TIH	SAT TAN NIH	408
TOOKEH		432
TOONIH		943
TOOO EH	SIVEA	352
TOS KE GE TEH HA		721
TOW TA GA		684
TOWATTIH	JAKE	217
TOWIH	AKEY	1432
TOWIH	ALLKEENIH	1429
TOWIH	CHANNA YE TA	77
TOWIH	I HEN OU TOOK HEE	75
TOWIH	IWAIHEE	76
TOWIH	JINNEY	74
TOWIH	JOHN	73
TOWIH	JOHN	1428
TOWIH	OELELY	1431
TOWIH	OILETH	1430
TOWIH	SUHAN NIH	1433
TOY YE NA SEH		384
TOY YE NA SEH	AH WAT TEH	187
TOY YE NA SEH	CHU SANAL LE TEH	386
TOY YE NA SEH	KUWHERRUSIKA	385
TOY YE NA SEH	SY A TEH	388
TRASH		66
TRASH	WA KEE	67
TRASH PICKER		108
TRASH PICKER	AH NIT LA	110
TRASH PICKER	SE WATTA	111
TRASH PICKER	YOAK SEY	109
TROTTING WOLF		1473
TROTTING WOLF	NICEY	1474
TSO AW GEE SIH	JOHN	397
TU CHES TAH		443
TU CHES TAH	OLT SA KEE	444
TU SA TES KEE		949
TU SA TES KEE	OOLUEHA	950
TUCKER	ALLEN	1075
TUCKER	JOHN	1071
TUCKER	REBECCA	1074
TUCKER	RUBY	1072
TUCKER	TELITHA	1073
TUT TI EH		1438
TWISTED ROPE		363
TWISTED ROPE	AILSEY	365
TWISTED ROPE	CASSIH	366
TWISTED ROPE	TOO KIH	364
UH NEL LIH	CNO QUA LA	518
UH NEL LIH	QO LO WA STEES KIH	517
UH NEL LIH	QUAKA	519
UN NE CONNEHA		966
WA CHE CHEU		1489
WA CHE CHEU	KA YOH HEE	1491
WA CHE CHEU	TARKA WAKEE	1490
WA CHE CHEU	WATTEE	1492
WA HA NEE TA		971
WA HA NEE TA	AN LEAN A	972
WA KEH		1502
WA KEH	JINNEY	1503
WA KEH	WILSON NIH	1504
WA YA HUTTA		1506
WAH HA NEE TIH		355
WAH HE KOO		479
WAH HU A GEES KEY		1512
WAH LA NU TA		973
WAH LEH SKEH	AH MA TOO EH KIH	1130
WAH LEH SKEH	AH TOW EH	1131
WAH LEH SKEH	AILEEY	1125
WAH LEH SKEH	AL KIN NEY	1128
WAH LEH SKEH	KA WAH YOU KETEH	1129
WAH LEH SKEH	SEQUAH NEE	1126
WAH LEH SKEH	TI YAN IH	1127
WAH LEY		734
WAH LEY		1487
WAH TA TOO GA		733
WAH WHA UU TA		749
WAH WHA UU TA	AINIH	750
WAH YE KE GES KIH		471
WAH YE KE GES KIH	CHAUNCEY	473
WAH YE KE GES KIH	NANCY	472
WAH YE KE KEES KIH		482
WAH YIH	KEN NEE SIH	1288
WAHYA KIL LEH		1332
WAKEY		237
WAKIH		463
WALKING STICK		632
WALKING STICK	JOHN	633
WALLEAH		1482
WALLEESIH		1498
WALLEN CHEH		1510
WALLER		1146
WALLESKIH		743
WALLESKIH		1470
WALLESKIH	SALLY	1471
WARD	CHARLES	1081
WARD	MARY L.	1082
WARD	MATILDA	1083
WASHINGTON		176
WASHINGTON	FODDA	177
WASHINGTON	GEORGE	179
WASHINGTON	(OLD CHARLEYS SON)	477
WASHINGTON	QRH TU EH	478
WASHINGTON	WAH LIN NEE	178
WAT TIH		1505
WATCHUTEH	LUCY	1477
WATCHUTEH	QUAITSEH	1478
WATCHUTEH	SAM	1476
WATTAH		448
WATTEY		454
WATTEY	OO TI EH	455
WAY A KE KEES KIH		748
WAYNE	A WEE	1086
WAYNE	AL SIN NEH	758
WAYNE	ELIZA	1088
WAYNE	JOHNNY	1085
WAYNE	KULLES KANE	1087
WAYNE	NANNY	1089
WE LEE		967
WEAVER		540
WEAVER	AH QUAH LIH	541
WEAVER	CHUTTUS KA	543
WEAVER	SINGED	542
WEAVERS	KEH OU LANGIH	607
WELCH	AH NEE	460
WELCH	BETSEY	1460
WELCH	DAVID	1464
WELCH	EDWARD	1463
WELCH	JAMES	1465
WELCH	JOE	459
WELCH	JOHN	1459
WELCH	JOHN COBB	1467
WELCH	JONATHAN	1466
WELCH	MARTHA ANN	1462
WELCH	RICHARD	1461
WESSEH		1511
WHIP LASH		854
WHIP LASH	OO HA TAH	855
WHIPPOORWILL		452
WHIPPOORWILL	NANCY	453
WHITE KILLER	NAKEY	271
WHITTAKER	ELIZABETH	1469
WHITTAKER	STEPHEN	1468
WILL		741
WILL		1494
WILL	AH LOOK A	
WILL	STANIH	1497
WILL	AHT CLA EH	1495
WILL	AINCEY	1496
WILL	I YOU QAU	742
WILL NO TEH		445
WILL NO TEH		461
WILL NO TEH	NANCY	462
WILL NO TEH	QWAL A YOO HEI	446
WILL SOW USKIH		697
WILL SOW USKIH	QUAITSEY	698
WILLNOTEH	AKEE	450
WILLNOTEH	GEORGE	449
WILLNOTEH	JINNEY	451
WILLOZEESKEE		68
WILLOZEESKEE	ALKINNEH	72
WILLOZEESKEE	CHEAHNUNNEH	69
WILLOZEESKEE	JOE WELCH	70
WILLOZEESKEE	STORM	71
WILOJEES KEES	RACHEL	319
WILSON		456
WILSONIH		469
WILSONIH	CHA QUL A TEH	470
WOH TA NIH		464
WOLF	WILSON	475
WOLF	WILSONIH	476
WOLF TRACKER		853
WOO EH TOW IH		622
WOODPECKER	CELEY	12
WOODPECKER	JIM	10
WOODPECKER	SALLY	11
WQUALA YOO KA		735
WUT TEH		458
WUT TEH		1501
WUT TEH		1507
WUT TEH	ETA COW NEH	1508
WUT TEH	WE KETY	1509
YET KIN NEH	WILSON	1486
YO HA LAR GIH		976
YO HA LAR GIH	SINCHEE	978
YO HA LAR GIH	SUSANNA	977
YOAKSEY		1513
YOCK E SEY		457
YON A WAH YE		539
YON A WOLT LIH		1515
YON CHE TO HEY		1516
YONACUNNAHEET		13
YONACUNNAHEET	ALEY	14
YONAGUSKEE		484
YOUNG BEAVER		711
YOUNG BEAVER		1455
YOUNG BIRD		391
YOUNG BIRD		774
YOUNG BIRD	OO KA YAH STE	775
YOUNG BIRD	WALLIAH	1493
YOUNG DEER		646
YOUNGSQUIRREL		328
YOUNGSQUIRREL	ALLEKIH	329
YOUNGSQUIRREL	EAN NIH	330
YOUNGSQUIRREL	WILSON	474
YOUNGSQUIRREL	AH NEE	22
YOUNG TURKEY	AHLSEY	1132
YOUNG WOLF		466
YOUNG WOLF		1101
YOUNG WOLF	ANNIH	1106
YOUNG WOLF	ARSEEN	1090
YOUNG WOLF	KATY	1105
YOUNG WOLF	LOO WAT CHEE	1091
YOUNG WOLF	QUALLA YUEKA	1103
YOUNG WOLF	TAR HA HA KE	1104
YOUNG WOLF	TARKE	1102
YOUNG WOLF	WAH A HOO	467
YOUNG WOLF	WINNEH	1107

SILER ROLL
1851

A listing of those Eastern Cherokee entitled to a per capita payment pursuant to an act of Congress in 1850.

LAST NAME	FIRST NAME	SILER NO.
A LAH CHIH	AH YA NIH	425
A LAH CHIH	AUL CIH	424
A LAH CHIH	DANIEL	421
A LAH CHIH	JOHN	419
A LAH CHIH	SI YUH	422
A LAH CHIH	SIC OW IH	423
A LAH CHIH	SU SAN	426
A LAH CHIH	TOO NIH	420
ADAIR	BENJAMIN	1828
ADAIR	EDWARD	1833
ADAIR	EDWARD	1829
ADAIR	EDWARD	1811
ADAIR	JAMES ROSS	1825
ADAIR	JOHN	1830
ADAIR	MARGARET	1834
ADAIR	MARTHA	1812
ADAIR	MARTHA JANE	1824
ADAIR	MARY	1823
ADAIR	MARY ELIZABETH	1826
ADAIR	MILDRED	1831
ADAIR	RACHEL ANN	1827
ADAIR	VIRGIL	1832
AH CHE LE TOS KIH		34
AH CHE LE TOS KIH	A WIH	35
AH CHE LE TOS KIH	CHE WO NIH	36
AH CHE LUH		37
AH HOWE KUT TO KAH		43
AH HOWE KUT TO KAH	CAROLINE	44
AH HOWE KUT TO KAH	UN NOO YOH	45
AH MOQ YUH KA TOKE		884
AH MOQ YUH KA TOKE	CHE NE LUN KIH	885
AH MOQ YUH KA TOKE	CHO WUH	888
AH MOQ YUH KA TOKE	CYNTHIA	887
AH MOQ YUH KA TOKE	WASHINGTON	886
AH MUH AH CHUH NUH		38
AH MUH AH CHUH NUH	AH KOW E TUH	41
AH MUH AH CHUH NUH	SU QUE YUH	40
AH MUH AH CHUH NUH	WA KIH	39
AH MUH AH CHUH NUH	YA CHIH	42
AH NE WA KIH		617
AH NE WA KIH	AH TOW IH	618
AH NE WA KIH	JIM IH	619
AH NE WA KIH	KOW WA KA KEH	620
AH NEE CHEH	(A BLACK SMITH)	10
AH NEE CHEH	AL SEH	14
AH NEE CHEH	IN NYA	11
AH NEE CHEH	MARY	15
AH NEE CHEH	SE KOW WIH	13
AH NEE CHEH	UH HEA LEE	12
AH NEE CHEH	WEE LEE WER TEE	16
AH QUOO TA KIH		621
AH QUOO TA KIH	CHA YOO YOH HIH	625
AH QUOO TA KIH	KUN TA GIH	623
AH QUOO TA KIH	NANCY	624
AH QUOO TA KIH	QOS QUIN NIH	626
AH QUOO TA KIH	SA KIH	627
AH QUOO TA KIH	SA LIH	622
AH QUOO TA KIH	SE SIH	628
AH YEE KIH	A LEE KEE	2
AH YEE KIH	AH YEE KIH	1
AH YEE KIH	SOU WUT CHEE	4
AH YEE KIH	WA KEE	5
AH YEE KIH	WAL SUH	3
AH YEH HE NEH		29
AH YEH HE NEH	JAMES	32
AH YEH HE NEH	LUCY	31
AH YEH HE NEH	QUAKE	30
ALEN NEH		1402
ALEN NEH	CHE LOWS KEE	1403
ALEN NEH	DON	1406
ALEN NEH	QUU NEH	1404
ALEN NEH	SUT TAH GA NU TAH	1405
ANDERESON	JAMES	P188
ANDERESON	JAMES	P188
ANDERESON	MARTHA	P188
ANDERESON	MARTHA	P188
ANDERESON	NANCY	P188
ANDERESON	NANCY	P188
ANDERESON	ROBERT L.	P188
ANDERESON	ROBERT L.	P188
ANDERESON	SARAH M.	P188
ANDERESON	SARAH M.	P188
AR SEN NEE		1407
AR SEN NEE	SOW WUT CHEH	1408
ARCH		359
ARCH	HA NIH	360
ARCH	OO YUH NOO LUH	361
ARNOLD	DANIEL	P185
ARNOLD	DANIEL	P185
ARNOLD	PRINCE	P185
ARNOLD	PRINCE	P185
AS STOO GE CUT TO KEH		25
AS STOO GE CUT TO KEH	MA CEL LINE IHEL	28
AS STOO GE CUT TO KEH	NA CHIL LEH	26
AS STOO GE CUT TO KEH	TAH SE KI YA KEL	27
AU GUT TA KIH		363
AU GUT TA KIH	SOO WA GIH	364
AU GUT TA KIH	TAH SIC A YAH KIH	366
AU GUT TA KIH	TE HEA LE TAU IH	367
AU GUT TA KIH	WAH LUT CHE	365
AU MUCH CHA NIH		358
AU MUK A TAH		33
AU SOO KEL LEH		6
AU SOO KEL LEH	AL KIN NIH	8
AU SOO KEL LEH	CHE NO KIH	7
AU SOO KEL LEH	TAH TJOO KIH	9
AUTREY	CATHARINE	1692
AUTREY	COLUMBUS	1697
AUTREY	EDWARD PARKER	1696
AUTREY	ELIZABETH	1695
AUTREY	MARTHA	1694
AUTREY	MARY ANNE	1693
AXE		P186
AXE		P186
AXE	AILEIH	P186
AXE	AILEIH	P186
AXE	ANNIE	P186
AXE	ANNIE	P186
AXE	AQUALLA	P186
AXE	AQUALLA	P186
AXE	ETA GA HA	P186
AXE	ETA GA HA	P186
AXE	GEORGE	P186
AXE	GEORGE	P186
AXE	I HU KY	P186
AXE	I HU KY	P186
AXE	NELLY	P186
AXE	NELLY	P186
AXE	OO YOOS KA LUH TA KLU KA	P186
AXE	OO YOOS KA LUH TA KLU KA	P186
AXE	SAH LIN NIH	P186
AXE	SAH LIN NIH	P186
AXE	SAL KA NA	P186
AXE	SAL KA NA	P186
AXE	WILSON	P186
AXE	WILSON	P186
BARNHILL	MARY	1868
BEAR MEAT	CHOO LUH LOO KUH	1487
BEAR MEAT	JIN NIH	1490
BEAR MEAT	SIS SIH	1486
BEAR MEAT	TA NU LIHH	1489
BEAR MEAT	WA LOO KIH	1488
BEAR MEAT	YOUNG BIRD	1491
BECK	JAMES	1944
BECK	STACY	1943
BECKNELL	CALITHORN	P195
BECKNELL	CALITHORN	P195
BECKNELL	CAROLINE M.	P195
BECKNELL	CAROLINE M.	P195
BECKNELL	THURRO	P195
BECKNELL	THURRO	P195
BECKNELL	THUZEY	P195
BECKNELL	THUZEY	P195
BECKNELL	WILLIAM.	P195
BECKNELL	WILLIAM.	P195
BEDWELL	PRETIA	1524
BELL	ALEXANDER STEPHENS	1732
BELL	ALVINA .	1731
BELL	WILLIAM JOSEPH	1733
BENJAMIN		1049
BENJAMIN	A NIH	1054
BENJAMIN	AH YA HIH	1051
BENJAMIN	AUL KIN NIH	1050
BENJAMIN	CHE WO NIH	1053
BENJAMIN	KUL KU NUH	1055
BENJAMIN	KUL LE LO	1052
BENJAMIN	UH WO HOO TIH	1056
BIG BULLET	JA WEE KLAH NUH	1019
BIG BULLET	KUT TO KLAH NUH	1018
BIG BULLET	NANCY	1017
BIG KUL LOWK SUH		629
BIG KUL LOWK SUH	E TOO WIH	633
BIG KUL LOWK SUH	QQ KO SIT TAH	632
BIG KUL LOWK SUH	QQL TEAU NE TUT IH	63?
BIG KUL LOWK SUH	QUA KIH	63?
BIG KUL LOWK SUH	SIC E YAU IH	63?
BIG KUL LOWK SUH	SOK KIN NIH	63?
BIG KUL LOWK SUH	TA LIS KIH	63?
BIG KUL LOWK SUH	WAH LIH	63?
BIG MEAT	AH NE WA KIH	110

Siler Roll - 1851

LAST NAME	FIRST NAME	SILER NO.
BIG MEAT	KA HO KUHKIH	1105
BIG MEAT	SE KIL HIHIH	1106
BIG MEAT	TOM	1103
BIG TOO NI IH		46
BIG TOO NI IH	ALE CIN NIH	48
BIG TOO NI IH	OO TIH YO LA NUH	47
BIG TOO NI IH	SA TIH	49
BIG WITCH		541
BIG WITCH	AH KOO YUH	546
BIG WITCH	AL CIH	543
BIG WITCH	CA TIH	542
BIG WITCH	QO TI KEES KIH	545
BIG WITCH	TE QUEES KIH	544
BIG WITCH	YOL A KA QUH	547
BIGBY	JACKSON	1258
BISHEWS	ABAGAIL	1250
BISHEWS	CHARLOTTE MC DONALD	1251
BLACK FOX		398
BLACK FOX	CHU DEES IH	401
BLACK FOX	CUT TAU YUH IH	402
BLACK FOX	JOSIAH	403
BLACK FOX	NA CHIL LIH	400
BLACK FOX	O NIH	399
BLACKBURN	LEWIS	1665
BLACKBURN	POLLY	1666
BLAYLOCK	JEFFERSON	AC
BLYTHE	JACKSON	155
BLYTHE	JAMES	1941
BLYTHE	NANCY	156
BLYTHE	SALLY	1942
BONE PEEKER		1474
BONE PEEKER	CAROLINE	1476
BONE PEEKER	PEGGY	1477
BONE PEEKER	TAH NIH	1475
BRACKET	ADAM	P181
BRACKET	ADAM	P181
BRACKET	BALUS	P182
BRACKET	BALUS	P182
BRACKET	BENJAMIN	P181
BRACKET	BENJAMIN	P181
BRACKET	BENJAMIN	P181
BRACKET	BENJAMIN	P181
BRACKET	BRADFORD	P182
BRACKET	BRADFORD	P182
BRACKET	CATHARINE	P181
BRACKET	CATHARINE	P181
BRACKET	DANIEL	P182
BRACKET	DANIEL	P182
BRACKET	FRANKY	P182
BRACKET	FRANKY	P182
BRACKET	JAMES	P182
BRACKET	JAMES	P182
BRACKET	JESSE M.	P181
BRACKET	JESSE M.	P181
BRACKET	JOHN	P182
BRACKET	JOHN	P182
BRACKET	MARION	P181
BRACKET	MARION	P181
BRACKET	MARTHA	P182
BRACKET	MARTHA	P182
BRACKET	MICHAEL ANN	P181
BRACKET	MICHAEL ANN	P181
BRACKET	MIGE	P182
BRACKET	MIGE	P182
BRACKET	SARAH	P181
BRACKET	SARAH	P181
BRACKET	SUSAN	P181
BRACKET	SUSAN	P181
BRACKET	THOMAS	P181
BRACKET	THOMAS	P181
BROWN	ELIZA	1252

LAST NAME	FIRST NAME	SILER NO.
BROWN	JOHN	1255
BROWN	MOS	P189
BROWN	MOS	P189
BROWN	NARCISSA	1254
BROWN	POLLY	1253
BROWN	WILLIAM	1588
BUCHANAN	EZEKIEL	1062
BUCHANAN	INO	268
BULL RAT		971
CAH HOO NIH		108
CAH TAW LAH STAH		87
CAH TAW LAH STAH		
CAH TAW LAH STAH	JOHN	89
CAH TAW LAH STAH	JU DEH	88
CAH TAW LAH STAH	SAWYER	90
CANNON	ELIZABETH	1872
CARNS	DIAN AH	1659
CARNS	ELIZABETH	1660
CARNS	MARGARETH	1661
CARTER	ANDREW	P178
CARTER	ANDREW	P178
CARTER	BERRY	P178
CARTER	BERRY	P178
CARTER	CAROLINE	P178
CARTER	CAROLINE	P178
CARTER	ELEANOR	P178
CARTER	ELEANOR	P178
CARTER	ELIZABETH	P178
CARTER	ELIZABETH	P178
CARTER	FREDERICK	P178
CARTER	FREDERICK	P178
CARTER	HARRIETT	P178
CARTER	HARRIETT	P178
CARTER	HENRY	P178
CARTER	HENRY	P178
CARTER	JACKSON	P178
CARTER	JACKSON	P178
CARTER	JAMES	P178
CARTER	JAMES	P178
CARTER	JESSE	P178
CARTER	JESSE	P178
CARTER	JOHN	P178
CARTER	JOHN	P178
CARTER	MARGARET	P178
CARTER	MARGARET	P178
CARTER	MARGARET	P178
CARTER	MARION	P178
CARTER	MARION	P178
CARTER	MARTHA	P178
CARTER	MARTHA	P178
CARTER	MARY	P178
CARTER	MARY	P178
CARTER	MATHEW	P178
CARTER	MATHEW	P178
CARTER	MIX	P178
CARTER	MIX	P178
CARTER	NANCY	P178
CARTER	NANCY	P178
CARTER	NELSON	P178
CARTER	NELSON	P178
CARTER	REBECCA	P178
CARTER	REBECCA	P178
CARTER	SARAH	P178
CARTER	SARAH	P178
CARTER	SUSAN	P178
CARTER	SUSAN	P178
CARTER	THOMPSON	P178
CARTER	THOMPSON	P178
CARTER	WILLIAM	P178
CARTER	WILLIAM	P178
CARTER	WILLIAM	P178
CARTER	WILLIAM	P178
CARTER	WILLIAM	P178
CHAR LE STO NIH		640

LAST NAME	FIRST NAME	SILER NO.
CHAR LE STO NIH		
CHAR LE STO NIH	AH NIL LEH	643
CHAR LE STO NIH		AH
CHAR LE STO NIH	NUH SKAN SUT TIH	642
CHAR LE STO NIH	CHO WUN NIH	645
CHAR LE STO NIH	SE NUT TIH	646
CHAR LE STO NIH	TUH WA TIH	641
CHAR LE STO NIH	UN NOO YOH	644
CHARLEY	(A PREACHER)	381
CHARLEY	AKIH	382
CHARLTON	SARAH E.	P183
CHARLTON	SARAH E.	P183
CHARLTON	SARAH M.	P183
CHARLTON	SARAH M.	P183
CHARLTON	THOMAS	P183
CHARLTON	THOMAS	P183
CHARNA WHIM KA		
CHARNA WHIM KA	A LEE NA	P186
CHARNA WHIM KA	A LEE NA	P186
CHARNA WHIM KA	LUCY	P186
CHARNA WHIM KA	LUCY	P186
CHARNA WHIM KA	RATTLER	P186
CHARNA WHIM KA	RATTLER	P186
CHARNA WHIM KA	SALLY	P186
CHARNA WHIM KA	SALLY	P186
CHARNA WHIM KA	TA KIH	P186
CHARNA WHIM KA	TA KIH	P186
CHARNA WHIM KA	UL KIN NIH	P186
CHARNA WHIM KA	UL KIN NIH	P186
CHARNA WHIM KA	WAH YAH HIH	P186
CHARNA WHIM KA	WAH YAH HIH	P186
CHARNA WHIM KA	WAH YAH HOO LA	P186
CHARNA WHIM KA	WAH YAH HOO LA	P186
CHE A NUN AH	A KIH	428
CHE A NUN AH	CHEE OO LUN TIH	431
CHE A NUN AH	COL SEAR CIT TIH	429
CHE A NUN AH	IN TAH NAH	430
CHE A NUN AH	JIM	427
CHE SQUAH YOUH		908
CHE SQUAH YOUH	LAR CHIH	910
CHE SQUAH YOUH	NA QUE TO IH	909
CHE SQUAH YOUH	OO CHA LUN NIH	911
CHEES QUH		368
CHEES QUH	AU CHIL LIH	374
CHEES QUH	JINNY	369
CHEES QUH	LITTLE NANCY	375
CHEES QUH	OTTER LIFTER	376
CHEES QUH	QUA KIH	372
CHEES QUH	QUA TI IH	373
CHEES QUH	SQUAIN CIH	371
CHEES QUH	TAU HEES KIH	370

LAST NAME	FIRST NAME	SILER NO.
CHEOA	AH LIN NIH	952
CHEOA	AIL CIH	953
CHEOA	JIM	951
CHI OO LUH		657
CHI OO LUH	UK QUA LUH	658
CHIC A LEE LIH		906
CHIC A LEE LIH	SU SAH NIH	907
CHIC SUT LI HIH		647
CHIC SUT LI HIH	AH KE LO HIH	648
CHIC SUT LI HIH	CHA CHUH	649
CHIC SUT LI HIH	CHIC OO WIH	652
CHIC SUT LI HIH	CHIC SUT TI HIH	654
CHIC SUT LI HIH	NICK IH	651
CHIC SUT LI HIH	OO LU CHUH	650
CHIC SUT LI HIH	SAH LIH	655
CHIC SUT LI HIH	SAL KIN NIH	653
CHIC SUT LI HIH	TE SUT TA SKIH	656
CHO CHUH IH		385
CHO CHUH IH	KAH YUH	390
CHO CHUH IH	OH HEA LA CH	386
CHO CHUH IH	QO HU TUH	387
CHO CHUH IH	TE YOH STE SHIH	388
CHO CHUH IH	TIC QUS GEES KIH	389
CHO E A KUH		391
CHO E A KUH	AR CHIH	394
CHO E A KUH	CHEES QUN NEET A	393
CHO E A KUH	NANCY	395
CHO E A KUH	QUAIT EY	392
CHO E A KUH	SQUAL E TA KIH	396
CHO GEH		638
CHO GEH	WAH LIH	639
CHOO A LOO KIH		912
CHOO A LOO KIH	AH LA NA	915
CHOO A LOO KIH	AH LIK STAH NUH	913
CHOO A LOO KIH	LIZZY	914
CHOO CHO LUT TAH		53
CHOO CHO LUT TAH	KA YO HIH	54
CHOO CHO LUT TAH	SALIN NIH	55
CHOO CHO LUT TUH		613
CHOO CHO LUT TUH	AH NE WA KIH	614
CHOO CHO LUT TUH	LA CHIL LIH	616
CHOO CHO LUT TUH	TE SUH TA SKIH	615
CHOO KO LUT TO YIH		671
CHOO KO LUT TO YIH	AH NE LEH	673
CHOO KO LUT TO YIH	CHE NUT TA IH	672
CHOO LE AH WUH		
CHOO LE AH WUH	0UAL E TA KIH	397
CHOO LE LO GA		917
CHOO LE LO GA	AIL CIH	919
CHOO LE LO GA	AKY	920
CHOO LE LO GA	CHE WO NIH	921
CHOO LE LO GA	NA LY	922
CHOO LE LO GA	SA KE	918
CHOO LE TES KIH		662
CHOO LE TES KIH	CHOOL STIL LIH	664
CHOO LE TES KIH	QUAL LE A NIH	663
CHOO NE LOO KUH		895
CHOO NE LOO KUH	KAH NO LOO KEH	896
CHOO NO LA KAH		68
CHOO NO LA KAH	AAU NEE	70
CHOO NO LA KAH	CHE KA YOO	71
CHOO NO LA KAH	CHE NOO YUT TA	69
CHOO NO LA KAH	CHE NUT TA	73
CHOO NO LA KAH	CHOW A YU KAH	72
CHOO NO WHIN KIH		897
CHOO NO WHIN KIH	CHICK U IH	901
CHOO NO WHIN KIH	OO L SKAR SUT TIH	898
CHOO NO WHIN KIH	SAH LI NIH	903
CHOO NO WHIN KIH	SKAH LE LO SKIH	900
CHOO NO WHIN KIH	STE WIHNIH	904
CHOO NO WHIN KIH	TAH CHO NE IH	902
CHOO NO WHIN KIH	TE TE TO ILY	899
CHOO NO WHIN KIH	WASHINGTON	905
CHOO NO YUNK IH		666
CHOO NO YUNK IH	A KIH	669
CHOO NO YUNK IH	CHOO NE LOO KUH	670
CHOO NO YUNK IH	ELIZA	668
CHOO NO YUNK IH	OH HE YOS TUH	667
CHOO SQUH CHE YAIN STIH		660
CHOO SQUH NAN UH WAU TUH		659
CHOO SQUH WO LUT TUH		661
CHOO TI YOU LUT TAH		891
CHOO TI YOU LUT TAH	KLEN TUEH OO YO LUH	893
CHOO TI YOU LUT TAH	KUL LO NUS KIH	892
CHOO TI YOU LUT TAH	TA KUN NO CHUT LUH	894
CHOO WIS HA IH		954
CHOO WIS HA IH	NU LOS SIH	958
CHOO WIS HA IH	SAH LIH	957
CHOO WIS HA IH	TAH NIH	955
CHOO WIS HA IH	TW SQUH LOO TA GIH	956
CHOO WO CHU KUH		76
CHOO WO CHU KUH	ISAAC	80
CHOO WO CHU KUH	OO LOO CHUH	77
CHOO WO CHU KUH	OO QUIN NIH	81
CHOO WO CHU KUH	QUIN NIH	79
CHOO WO CHU KUH	TE SO WHIS KIH	78
CHOU A TE YEH		74
CHOU A TE YEH	AL KIN NIH	75
CHOW SUT LUH		665
CHUS QUH	JOHN	1468
CHUS QUH	NICEE	1470
CHUS QUH	SALLY	1472
CHUS QUH	SAM	1471
CHUS QUH	WAH LA YOU KUH	1469
CHUS QUH	NEET	916
CLELAND	EMILY L.	P183
CLELAND	EMILY L.	P183
CLELAND	GEORGE W.	P183
CLELAND	GEORGE W.	P183
CLELAND	WILLIANINA	P183
CLELAND	WILLIANINA	P183
CLINGAN	ADELINE	1533
CLINGAN	ALEXANDER	1539
CLINGAN	ALEXANDER	1525
CLINGAN	EDWARD E.	1535
CLINGAN	ELIZABETH	1527
CLINGAN	EVELINE	1530
CLINGAN	GEORGE	1536
CLINGAN	JAMES K. POLK	1538
CLINGAN	JUDGE KEITH	1532
CLINGAN	LILLY ANN	1534
CLINGAN	MARTHA	1531
CLINGAN	MARTHA	1526
CLINGAN	MINERVA	1537
CLINGAN	POLLY ANN	1528
CLINGAN	WILLIAM DAVIS	1529
CLOUD		377
CLOUD	LO SIH	380
CLOUD	NANCY	378
CLOUD	TUS KE KIH TIH KEH	379
COBB	JAMES HENRY	1764
COBB	MORNING	P183
COBB	MORNING	P183
COBB	RUFUS	1763
COBB	SUSAN	1762
COCHRAN		351
COCHRAN	COO WIS COO IH	357
COCHRAN	E KUH LI NIH	354
COCHRAN	J HEE TUH	355
COCHRAN	KA SIH	353
COCHRAN	KAH NUH NAH TE SKIH	352
COCHRAN	TA LIS KIH	356
COLAGNEE	CRAWFORD	P185
COLAGNEE	CRAWFORD	P185
COLAGNEE	JAMES	P185
COLAGNEE	JAMES	P185
COLAGNEE	MARY	P185
COLAGNEE	MARY	P185
COLAGNEE	RICHARD	P185
COLAGNEE	RICHARD	P185
COLAGNEE	SALLY	P185
COLAGNEE	SALLY	P185
COLAGNEE	WILLIAM	P185
COLAGNEE	WILLIAM	P185
COLEMAN	BURNEY M.	P187
COLEMAN	BURNEY M.	P187
COLEMAN	ELIZABETH G.	P187
COLEMAN	ELIZABETH G.	P187
COLEMAN	JAMES A.	P187
COLEMAN	JAMES A.	P187

Siler Roll - 1851

LAST NAME	FIRST NAME	SILER NO.
COLEMAN	MARY E.	P187
COLEMAN	MARY E.	P187
COLEMAN	ROBERT M.	P187
COLEMAN	ROBERT M.	P187
COLLINS	IRA JACKSON	1703
COLLINS	JOHN PARKER	1702
COLLINS	JOSEPH	1699
COLLINS	MARTHA	1700
COLLINS	PARKER	1698
COLLINS	SUSAN ALICE	1701
COMING DEER		127
COMING DEER	A KIH	128
COMING DEER	CHARLOTTE	129
COMING DEER	KOO WA NOOS TIH	130
COMING DEER	SE GIL LIH	131
COMWELL	MARY CATHARINE	1613
COO TUK GEES KIH		63
COO TUK GEES KIH	A NE KIH	65
COO TUK GEES KIH	COW EES KIH	66
COO TUK GEES KIH	WAH YOO LO SEH	67
COO TUK GEES KIH	WAT TEE	64
CORN	CAROLINE	P184
CORN	CAROLINE	P184
CORN	JOSEPHINE	P184
CORN	JOSEPHINE	P184
COWART	CYNTHIA	1578
COWART	JANE	1580
COWART	JOHN	1577
COWART	JOHN JR.	1582
COWART	SAMUEL	1579
COWART	THOMAS	1581
CUL SUT TI HIH		103
CUL SUT TI HIH	A KIN IH	106
CUL SUT TI HIH	AUL CIN IH	107
CUL SUT TI HIH	SOL KIN IH	105
CUL SUT TI HIH	U LIKE IH	104
CUMPTON	NANCY	1756
CUMPTON	NOAH	1758
CUMPTON	SARAH MALINDA	1757
CUN CHA WAH YIH		383
CUN CHA WAH YIH	CHO WIN NIH	384
CUN NA HEAT	ALEY	1453
CUN NA HEAT	CATAMOUNT	1455
CUN NA HEAT	NANCY	1454
CUN NA HEAT	YO NAH	1452
CUN NA HEET	CHOUR LU TE HE	1447
CUN NA HEET	TUK EH	1446
CUN NA HEET	WEE LU	1445
CUN NA SOO TAH		61
CUN NA SOO TAH	WA KIH	62
CUN TEES KIH	JOHN	50
CUNEHEAT	JNO	1433
CUNEHEAT	KA OO CH AY	1434
CUNEHEAT	NAIL SIH	1435
CUNEHEAT	TA KIN NIH	1436
CUTTICK	WILLIAM	P184

LAST NAME	FIRST NAME	SILER NO.
CUTTICK	WILLIAM	P184
DAUGHAARTY	ELIZABETH	1870
DAUGHAARTY	MARY	1869
DAUGHARTY	FRANCES	1873
DAUGHARTY	NANCY	1874
DAUGHARTY	SARAH	1876
DAUGHARTY	SUSAN	1875
DAUGHARTY	SARAH EMILINE	1657
DAVIS	AMANDA	1887
DAVIS	CHO CO HE	20
DAVIS	CHO NIH	149
DAVIS	COLEMAN	1886
DAVIS	COO TI YEH	18
DAVIS	CYNTHIA	1563
DAVIS	DANIEL	1932
DAVIS	DANIEL	1883
DAVIS	DELIAH	1885
DAVIS	DELILAH	1933
DAVIS	ELIZA	1556
DAVIS	ELIZA ANN	1562
DAVIS	ELIZABETH	1256
DAVIS	ENEANOR	1567
DAVIS	GEORGE	1640
DAVIS	ISAAC	17
DAVIS	JAMES	1557
DAVIS	JANE	1892
DAVIS	JANE	1564
DAVIS	JOHN	P186
DAVIS	JOHN	P186
DAVIS	JOHN	1895
DAVIS	JOHN	1639
DAVIS	JOHN	146
DAVIS	JOHN	24
DAVIS	JOSEPH	1934
DAVIS	JOSEPH C.	AC
DAVIS	LAFAYETTE	1565
DAVIS	LORENZO DOW	1931
DAVIS	MARTIN	1891
DAVIS	MARY	1894
DAVIS	NANCY	1555
DAVIS	NELLY	1561
DAVIS	NEWTON	1558
DAVIS	QUA LIH	148
DAVIS	RACHEL	1893
DAVIS	SAMUEL	1641
DAVIS	SARAH ANN	1560
DAVIS	STACY	19
DAVIS	TAW NEE	23
DAVIS	THOMAS	1257
DAVIS	UT TE SA IT	147
DAVIS	WEE LEE TA WEE SEE	21
DAVIS	WEE LOO STEE	22
DAVIS	WESLEY	1559
DAVIS	WILLIAM	1884
DAVIS	WILLIAM	1566
DAWS	CHARLOTTE MARIA	1154
DAWS	ELIZABETH ANN	1153
DAWS	NICY	1152
DAWS	SARA	1155
DAY	MARY ANN	1540
DAY	SAMUEL WASHINGTON	1541
DOBSON		483
DOBSON	KUT TA TLA CH	488
DOBSON	OO LA YOH EH	489
DOBSON	SAMMIH	491
DOBSON	SO KIN NIH	484
DOBSON	SUT TE WA GIH	493
DOBSON	TA WEE SIH	494
DOBSON	TAH HO LIH	485
DOBSON	TE LAH SKA SKIH	492
DOBSON	TE TUK KE YAH SKIH	490
DOBSON	TE WAU KIL LAH	487
DOBSON	UN NE TOO YUH	486

LAST NAME	FIRST NAME	SILER NO.
DOWNING	A WIH	1281
DOWNING	AILEY	1278
DOWNING	ALIN NIH	1280
DOWNING	AR CHIH	1283
DOWNING	DICK	1259
DOWNING	ELIZA	1279
DOWNING	JACK	1276
DOWNING	NELLY	1260
DOWNING	QUATSY	1277
DOWNING	SAH NIH	1282
DUKES	MAHALA	P176
DUKES	MAHALA	P176
DUKES	MAHALA	AC
DUKES	MATILDA	P176
DUKES	MATILDA	P176
DUKES	MATILDA	AC
DUKES	WILLIAM	P176
DUKES	WILLIAM	P176
DUKES	WILLIAM	AC
DUNCAN	AARONES	1683
DUNCAN	ALONZO	1686
DUNCAN	CHARLES	
DUNCAN	FRANCIS MARION	1691
DUNCAN	FRANKYM	1688
DUNCAN	GEORGE	1689
DUNCAN	JOHN	1684
DUNCAN	MARTHA	1685
DUNCAN	SARAH	1690
DUNCAN	WILLIAM	1687
E COO IH	JOHN	432
E COO IH	WAT TIH	433
E NUCK QUIH		404
E NUCK QUIH	A CHIN NIH	408
E NUCK QUIH	AH HOW E TI YAH IH	406
E NUCK QUIH	ELIZA	407
E NUCK QUIH	JIM MIH	410
E NUCK QUIH	TI YA NIH	409
E NUCK QUIH	WA KIH	405
E SEU KIH		1465
E SEU KIH	OO LOO CLIEH	1466
E SEU KIH	WILSON	1467
E SUT CI HEE		411
E SUT CI HEE	AL KEN NIH	413
E SUT CI HEE	AW NIH	412
E SUT CI HEE	SUT TE YUH	414
EIFFERT	HARRY WASHINGTON	1513
EIFFERT	MARGARERT	1507
ELK		929
ELK	AIL EIH	934
ELK	COR TIH	933
ELK	JOHN	931
ELK	OR CHA LUH	932
ELK	SUSAHNIH	930
ELK	TE TAH NO KEAH	935
ELLICK		548
ELLICK	NE COW IH	550
ELLICK	OL CHA KIH	549
ELLIOTT	CATHARINE	P176
ELLIOTT	CATHARINE	P176
ELLIOTT	CATHARINE	AC
ELLIOTT	DAVID	P176
ELLIOTT	DAVID	P176
ELLIOTT	DAVID	P176
ELLIOTT	DAVID	P176
ELLIOTT	DAVID	AC
ELLIOTT	DAVID	AC
ELLIOTT	GEO.	AC

LAST NAME	FIRST NAME	SILER NO.
ELLIOTT	GEORGE	P177
ELLIOTT	GEORGE	P177
ELLIOTT	JOHN	P176
ELLIOTT	JOHN	P176
ELLIOTT	JOHN	AC
ELLIOTT	JOSEPH	AC
ELLIOTT	JOSEPHD	P176
ELLIOTT	JOSEPHD	P176
ELLIOTT	JOSIAH	P176
ELLIOTT	JOSIAH	P176
ELLIOTT	JOSIAH	P176
ELLIOTT	JOSIAH	AC
ELLIOTT	LOUISA	P176
ELLIOTT	LOUISA	P176
ELLIOTT	LOUISA	AC
ELLIOTT	MARTHA A.	P176
ELLIOTT	MARTHA A.	P176
ELLIOTT	MARTHA A.	AC
ELLIOTT	MARY I.	P176
ELLIOTT	MARY I.	P176
ELLIOTT	MARY J.	AC
ELLIOTT	MATILDA	P176
ELLIOTT	MATILDA	P176
ELLIOTT	MATILDA	AC
ELLIOTT	NANCY	P176
ELLIOTT	NANCY	P176
ELLIOTT	NANCY	AC
ELLIOTT	ORETHEA	AC
ELLIOTT	ORITTA	P176
ELLIOTT	ORITTA	P176
ELLIOTT	RICHARD	P176
ELLIOTT	RICHARD	P176
ELLIOTT	RICHARD	AC
ELLIOTT	THOMAS	P176
ELLIOTT	THOMAS	P176
ELLIOTT	THOMAS	AC
ELO WIH		109
ELO WIH	SAL HIH	110
ELOW IH		923
ELOW IH	AIN EIH	924
ELOW IH	CHO KO IH	928
ELOW IH	CHOO A LOO KIH	927
ELOW IH	KUH NA IH	926
ELOW IH	KUN SKAH LEES KIH	925
ENGLISH	JIM	1135
EVANS	ELIZABETH	P185
EVANS	ELIZABETH	P185
FALLEN	EDMUND	AC
FALLEN	EDMUND JR.	AC
FALLEN	FRELINGHUYSON	AC
FALLEN	HENRY	AC
FALLEN	JANE	AC
FALLEN	JOS. W.JR.	AC
FALLEN	MARY JANE	AC
FALLEN	NANCY	AC
FALLEN	SUSANNA	AC
FEATHER		1197
FEATHER	IO WUN NUH	1199
FEATHER	NANEY	1198
FIELDS	CASSANNA	P180
FIELDS	CASSANNA	P180
FIELDS	CORNELIUS	1584
FIELDS	JAMES	P180
FIELDS	JAMES	P180
FIELDS	JOHN	P180
FIELDS	JOHN	P180
FIELDS	JOHN	AC
FIELDS	JOHN	1587
FIELDS	LYDIA JANE	AC
FIELDS	MARTIN	P180
FIELDS	MARTIN	P180
FIELDS	MARY	P180
FIELDS	MARY	P180
FIELDS	MARY	1585
FIELDS	RHODA	P180
FIELDS	RHODA	P180
FIELDS	RICHARD	1586
FIELDS	RIELY	P180
FIELDS	RIELY	P180
FIELDS	RILEY	P189
FIELDS	RILEY	P189
FIELDS	SARAH	P180
FIELDS	SARAH	P180
FIELDS	SEIFEFA	P180
FIELDS	SEIFEFA	P180
FIELDS	VALENTINE	P180
FIELDS	VALENTINE	P180
FIELDS	WILLIS	1583
FLYING SQUIRREL		333
FLYING SQUIRREL	TIMSONN NUH	337
FLYING SQUIRREL	TOW WUN NUH	336
FLYING SQUIRREL	WAH YEH	335
FLYING SQUIRREL	WALLY	334
FOX		56
FOX	A NIL LAH	59
FOX	KA HE TEH	58
FOX	NANCY	57
FOX	SOU TOO LEH	60
GARDENHIRE	ESTHER J.	1570
GARDENHIRE	JAMES T.	1568
GARDENHIRE	SARAH	1571
GARDENHIRE	SARAH	1569
GARLAND	ELIZABETH	1261
GARLAND	JAMES	1262
GARLAND	TELLIUS	1263
GEES KIH	E CHOO LE HAH	684
GEES KIH	JOHNSON	680
GEES KIH	KUL LO NUS KIH	681
GEES KIH	NA KIH	683
GEES KIH	SUN E KOO YUH	682
GEORGE		674
GEORGE		120
GEORGE	A KEH	121
GEORGE	A NE NI IH	679
GEORGE	A NIH	676
GEORGE	IH HEE TUH	678
GEORGE	JIN NEH	122
GEORGE	JOHN SIHIH	126
GEORGE	QON I IH	124
GEORGE	SA LEN NIH	125
GEORGE	SAH LIH	675
GEORGE	SOL KIN NIH	123
GEORGE	UN NOO YOH HIH	677
GIBSON	JOHN	P179
GIBSON	JOHN	P179
GIBSON	JOHN C.	P179
GIBSON	JOHN C.	P179
GIBSON	MARGARET	P179
GIBSON	MARGARET	P179
GIBSON	MARILDA	P177
GIBSON	MARILDA	P177
GIBSON	MORNING	P179
GIBSON	MORNING	P179
GIBSON	NANCY	P177
GIBSON	NANCY	P177
GIBSON	SAVINA	P179
GIBSON	SAVINA	P179
GIBSON	SOLOMAN S.	P179
GIBSON	SOLOMAN S.	P179
GIBSON	WILLIAM E.	P179
GIBSON	WILLIAM E.	P179
GOBLE	NANCY	1808
GOBLE	RACHEL	1809
GOBLE	REBECCA	1810
GODDARD	JANE	P182
GODDARD	JANE	P182
GODDARD	JOHN	P182
GODDARD	JOHN	P182
GODDARD	WM.	P182
GODDARD	WM.	P182
GODDARD	WM. JR.	P182
GODDARD	WM. JR.	P182
GOEN	MARY	AC
GOEN	ROBERT	AC
GRASS		987
GRASS	E LOW IH	990
GRASS	JIN NIH	988
GRASS	KOS KUH KUT TA KUH	991
GRASS	NA NIH	993
GRASS	TAH KIH	992
GRASS	UK KAH TU YUH	989
GRAVITT	ANNA	1805
GRAVITT	CAROLINE	1775
GRAVITT	CATHARINE	1807
GRAVITT	CYNTHIA	1773
GRAVITT	JAMES	1772
GRAVITT	JANE	1771
GRAVITT	JOHN	1776
GRAVITT	MARY	1774
GRAVITT	THOMAS	1777
GRAVITT	WILSON	1806
GRAYBEARD	A CHIL LIH	1172
GRAYBEARD	ASIH	1174
GRAYBEARD	CUT TAN YO IH	1169
GRAYBEARD	EZEKIEL	1170
GRAYBEARD	JOHNSON	1168
GRAYBEARD	STACY	1173
GRAYBEARD	UH QUEE TICH	1171
GROUND HOG		96
GROUND HOG	A WIH	97
GROUND HOG	DAVIS	98
GROUND HOG	HIL LO TIH	100
GROUND HOG	NANCY	101
GROUND HOG	OO KEH WE YUH	99
GROUND HOG	TA WEE	102
GROUND SQUIRREL		1065
GROUND SQUIRREL	AH LIH	1066
GROUND SQUIRREL	AKIH	1073
GROUND SQUIRREL	ATAU IH	1069
GROUND SQUIRREL	KUN OO CHES TI AH	1070
GROUND SQUIRREL	LUCY	1067
GROUND SQUIRREL	QUA KIH	1068
GROUND SQUIRREL	STE WIH	1072
GROUND SQUIRREL	TE KUL LEE LUK IH	1071
GUERRINEAU	WM. K.	AC
GY EES TAH		AC
HA YOU TUH		415
HA YOU TUH	E CHOU CHE	418
HA YOU TUH	JOHN	416
HA YOU TUH	UT TEE YUS KIH	417
HAIL	ELIZABETH	P194
HAIL	ELIZABETH	P194
HAIL	GEORGE W.	P194
HAIL	GEORGE W.	P194
HAIL	GEORGE W.	P194
HAIL	GEORGE W.	P194
HAIL	MICHEAL	P194

LAST NAME	FIRST NAME	SILER NO.
HAIL	MICHEAL	P194
HAIL	SALLY	P194
HAIL	SALLY	P194
HANKS	BETTY	1508
HANKS	CALVIN	1509
HANKS	GIDEON	1512
HANKS	MARGARET	1510
HANKS	ROBERT	1511
HARRIS	BIRD	1647
HARRIS	CHARLES	1747
HARRIS	CHARLES	1649
HARRIS	CHARLEY	1754
HARRIS	EMILY	1644
HARRIS	JAMES	1645
HARRIS	JANE	1748
HARRIS	JANE SAVANNAH	1651
HARRIS	JOHN	1653
HARRIS	JOSEPH	1646
HARRIS	LYNDONIA	1755
HARRIS	MARTHA	1752
HARRIS	NARCISSA	1751
HARRIS	PARKER	1749
HARRIS	PARKER	1650
HARRIS	PHIL HALL	1652
HARRIS	SUSAN	1643
HARRIS	SUSANAH	1753
HARRIS	THOMAS	1750
HARRIS	WILLIAM	1648
HARRIS	WILLIAM	1642
HAWKINS	JOE	AC
HAWKINS	NANCY	1156
HAWKINS	ROSE	1157
HENRY	ANN	1610
HENRY	BENTON	1612
HENRY	HUGH	1609
HENRY	LUCY ANN	1614
HENRY	PATRICK	1611
HENSON	BENJAMIN	1274
HENSON	DELILAH	1272
HENSON	GEORGE	1275
HENSON	GEORGE	1268
HENSON	JOSEPH	1264
HENSON	JUDY	1271
HENSON	LEONIDAS	1265
HENSON	MARGARET	1273
HENSON	MARGARET	1270
HENSON	MARTHA	1266
HENSON	SOURENA	1267
HENSON	WILLIAM	1371
HENSON	WILLIAM	1269
HICKS	ISABELLA	AC
HICKS	MILDREDA	AC
HILDERBRAND		
	AMELIA	1496
HILDERBRAND		
	ANN	1499
HILDERBRAND		
	ELIZA JANE	1497
HILDERBRAND		
	EMILY	1498
HILDERBRAND		
	JOHN	1494
HILDERBRAND		
	MARTHA E.	P189
HILDERBRAND		
	MARTHA E.	P189
HILDERBRAND		
	MARY	1495
HILDERBRAND		
	MICHAEL	1492
HILDERBRAND		
	MICHAEL JR.	1493
HILLIAM	JAMES	P177
HILLIAM	JAMES	P177
HILLIAM	JAMES	AC
HILLIAM	JESSIE	P177
HILLIAM	JESSIE	P177
HILLIAM	MAHALA	P177

LAST NAME	FIRST NAME	SILER NO.
HILLIAM	MAHALA	P177
HILLIAM	MAHALA	AC
HILLIAM	NANCY	AC
HILLIAM	NANCY I.	P177
HILLIAM	NANCY I.	P177
HILLIAM	THOMAS	P177
HILLIAM	THOMAS	P177
HILLIAM	THOMAS	AC
HILLIAM	WINFORD	P177
HILLIAM	WINFORD	P177
HILLIAM	WINFORD	AC
HOG BITE		1422
HOG BITE	SUT TOW IH	1423
HOLCUM	FANNY	P194
HOLCUM	FANNY	P194
HOLCUM	JAMES H.	P194
HOLCUM	JAMES H.	P194
HOLCUM	JOHN L.	P194
HOLCUM	JOHN L.	P194
HOLCUM	MIRA L..	P194
HOLCUM	MIRA L..	P194
HOLCUM	POLLY L.	P194
HOLCUM	POLLY L.	P194
HOLCUM	SALLY	P194
HOLCUM	SALLY	P194
HOLLAND	NANCY	P187
HOLLAND	NANCY	P187
HOLLAND	PLEASANT	P187
HOLLAND	PLEASANT	P187
HOLLOWAY	ELIZA	P183
HOLLOWAY	ELIZA	P183
HOLLOWAY	GEORGE	P183
HOLLOWAY	GEORGE	P183
HORN BUCKLE		
	A CHIN NEH	142
HORN BUCKLE		
	ALEXANDER	143
HORN BUCKLE		
	JEFFERSON	140
HORN BUCKLE		
	JINNYRSON	141
HORN BUCKLE		
	LEANDER JACKSON	145
HORN BUCKLE		
	LUCINDA	144
HOWELL	NANCY A.	1927
HOWELL	PINKNEY	1925
HOWELL	SAMUEL M.	1926
HOWELLD	CATHARINE	P183
HOWELLD	CATHARINE	P183
HOWELLD	JAMES	P183
HOWELLD	JAMES	P183
HUDSON	FRANCES	1667
HUDSON	LEWIS	
	BLACKBURN	1668
I YUN TOO KEH		136
I YUN TOO KEH		
	AU LEE	137
I YUN TOO KEH		
	QUA NEH	138
I YUN TOO KEH		
	TOM SIN NIH	139
INU TUT TI HIH		1208
INU TUT TI HIH		
	CYNTHIA	1209
IO WAH		883
JA KIH		701
JA KIH	CUT TO YOH HEH	704
JA KIH	E YUH CHAH KUH	702
JA KIH	OO NA NOO TIH	703
JACKSON	CUL LE LO	1161
JACKSON	ELIZA	1162
JACKSON	JIM	1158
JACKSON	JIN NY	1290
JACKSON	JO WUH	1160
JACKSON	MATILDA	1163
JACKSON	NA HIH	1292
JACKSON	OLLIH	1159

LAST NAME	FIRST NAME	SILER NO.
JACKSON	SALLY	1291
JACKSON	SUNDAY	1289
JANES	ISAAC M.	P195
JANES	ISAAC M.	P195
JANES	MARIAMETH	P195
JANES	MARIAMETH	P195
JANES	NANCY ANN	P195
JANES	NANCY ANN	P195
JANES	SARAH L.	P195
JANES	SARAH L.	P195
JANES	WILLIAN H.	P195
JANES	WILLIAN H.	P195
JAU CHUH TAH		558
JAU CHUH TAH		
	A NE KIH	562
JAU CHUH TAH		
	JINNY	559
JAU CHUH TAH		
	KEH CIH	561
JAU CHUH TAH		
	SQUO KIN NIH	560
JEFFREYS	GEORGE	1606
JEFFREYS	JOHN MITCHELL	1608
JEFFREYS	RHODA	1605
JEFFREYS	SUEINO	1607
JINNIH		157
JINNIH	A QUIN NIH	159
JINNIH	UN NE TAN NAH	158
JOHNSON		150
JOHNSON	AN NA	153
JOHNSON	ANNA	1350
JOHNSON	CAROLINE	P176
JOHNSON	CAROLINE	P176
JOHNSON	CAROLINE	AC
JOHNSON	CAROLINE	118
JOHNSON	CATHARINE	1284
JOHNSON	CHARLOTTE	116
JOHNSON	CICERO	1285
JOHNSON	ELIJAH	119
JOHNSON	ELIZA	114
JOHNSON	ELLICK	111
JOHNSON	LUCY	117
JOHNSON	MARY	P176
JOHNSON	MARY	P176
JOHNSON	MARY	AC
JOHNSON	MILO	1286
JOHNSON	NANCY	154
JOHNSON	NELLY	112
JOHNSON	NICK	1349
JOHNSON	ROSS	1351
JOHNSON	SARAH	151
JOHNSON	SARAH A.	P177
JOHNSON	SARAH A.	P177
JOHNSON	SARAH H.	AC
JOHNSON	SAURA	1287
JOHNSON	SEE LEE	152
JOHNSON	TABITHA	P176
JOHNSON	TABITHA	P176
JOHNSON	TOBITHA	AC
JOHNSON	TY YA NIH	1348
JOHNSON	WA KEH	113
JOHNSON	WAH LO NEE TEH	115
JOHNSON	WILLIAM	1288
JORDAN	ANNIE	P191
JORDAN	ANNIE	P191
JORDAN	ELIZA	P191
JORDAN	ELIZA	P191
JORDAN	KATY	P190
JORDAN	KATY	P190
JU NE LUS KIH		946
JU NE LUS KIH		
	JIMMY	948
JU NE LUS KIH		
	NA LIH	949
JU NE LUS KIH		
	NI SUH	947
JU NE LUS KIH		
	SIC QUE YUH	950

Siler Roll - 1851

LAST NAME	FIRST NAME	SILER NO.
KA LON A HUSK		959
KA LON A HUSK	CHU OU LU EHIH	961
KA LON A HUSK	JIN NE LUN KIH	960
KA TA GEES KIH		
KA TA GEES KIH	JOHN	1150
KA TA GEES KIH	TA WIS SIH	1151
KA TA TI HEE	LUCY	1012
KA TA TI HEE	NANCY	1011
KA TA TI HEE	QUAITEY	1013
KA TA TI HEE	QUAITIH	1015
KA TA TI HEE	ROBERT SON	1014
KA TA TI HEE	TO YUH NE TUH	1016
KA YEH HIH		1418
KA YEH HIH	TA KIH	1419
KA YUH HIH		444
KA YUH HIH	A LIN IH	446
KA YUH HIH	CHIC COO WIH	447
KA YUH HIH	GUT TUH	445
KA YUH HIH	LUCY	448
KA YUH HIH	NA KIH	449
KAH HO KUH		983
KAH HO KUH	QUALLA YOO KAH	984
KAH HOU A LOS KIH		996
KAH HOU A LOS KIH	CHOO HOO WAH LIS KIH	1000
KAH HOU A LOS KIH	JOHN TA WIS SIH	999
KAH HOU A LOS KIH	KAH HOOW TIH	998
KAH HOU A LOS KIH	NA EIH	1001
KAH HOU A LOS KIH	QUEE TUH	1002
KAH HOU A LOS KIH	SEE LIH	997
KAH LO NE HES KIH		705
KAH LO NE HES KIH	CHOO SE WUL LUH	707
KAH LO NE HES KIH	UT SUT TAH	706
KAH NAH SOU KIH		455
KAH NAH SOU KIH	A NIH	459
KAH NAH SOU KIH	HUL LE GEES KIH	458
KAH NAH SOU KIH	NE LOU SIH	457
KAH NAH SOU KIH	WOL LAH NEET	460
KAH NAH SOU KIH	YOK CIH	456
KAH SOO GO KEH		176
KAH SOO GO KEH	A LEE	179
KAH SOO GO KEH	QUAT SY	177
KAH SOO GO KEH	TE SUH NIH	178
KAH TA YUH		450
KAH TA YUH	AL CIN IH	451
KAH TA YUH	CHOO SO HIH	452
KAH TA YUH	SA KIH	454
KAH TA YUH	SU SAN	453
KAH WAH SOO LES KIH		1414
KAH WAH SOO LES KIH	EAS TAH	1416
KAH WAH SOO LES KIH	TEN NAH WO SIH	1417
KAH WAH SOO LES KIH	YEH KIN NIH	1415
KAH WHE LIH	CHARLY	91
KAH WHE LIH	JOHNSON	94

LAST NAME	FIRST NAME	SILER NO.
KAH WHE LIH	LOUISA	92
KAH WHE LIH	SALLY	95
KAH WHE LIH	WAL KIN NIH	92
KE LOW TIH		434
KEH TO KEH		712
KEH TO KEH	CHOO LAW TUT TA KIH	714
KEH TO KEH	QUA HIH	713
KEH TO KEH	QUA TI IH	715
KEH TO KEH	WO SIH	716
KEL LA NE SKIH		441
KEL LA NE SKIH	CE LIHNIH	443
KEL LA NE SKIH	E YAH NIH	442
KELL	MIX	1959
KELLY	GEORGE	1929
KELLY	SARAH	1930
KEYS	INFANT	1598
KEYS	JAMES M.	1599
KEYS	MARY	1594
KEYS	MARY	1590
KEYS	POLINA	1591
KEYS	RICHARD	1595
KEYS	RICHARD R.	1597
KEYS	SAMUEL JR.	1589
KEYS	SAMUEL SR.	1593
KEYS	WILLIAM	1596
KEYS	WILLIAM	1592
KEYS	WILLIAM S.	1600
KI YEH HOO LO		717
KI YEH HOO LO	STE WIHIH	719
KI YEH HOO LO	TE YA NIH	718
KILLINGSWORTH	HENRY	P176
KILLINGSWORTH	HENRY	P176
KILLINGSWORTH	HENRY	AC
KILLINGSWORTH	MAHALA	P176
KILLINGSWORTH	MAHALA	P176
KILLINGSWORTH	MAHALA	AC
KILLINGSWORTH	MARTHA	P176
KILLINGSWORTH	MARTHA	P176
KILLINGSWORTH	MARTHA	AC
KILLINGSWORTH	MARY	P176
KILLINGSWORTH	MARY	P176
KILLINGSWORTH	MARY	AC
KILLINGSWORTH	MATHEW	AC
KILLINGSWORTH	MATTHEW	P176
KILLINGSWORTH	MATTHEW	P176
KILLINGSWORTH	WILLIAM	P176
KILLINGSWORTH	WILLIAM	P176
KILLINGSWORTH	WILLIAM	AC
KO TUT TAH LIH		878
KO TUT TAH LIH	A KIH	881
KO TUT TAH LIH	JOHN ELAR CEH	882
KO TUT TAH LIH	TOO KAH	879

LAST NAME	FIRST NAME	SILER NO.
KO TUT TAH LIH		
KO TUT TAH LIH	TOO WO E LIH	880
KOW STAH NIS TIH		965
KOW STAH NIS TIH	AH NEE TUH	966
KOW STAH NIS TIH	CHOOW KOO UO LIS KIH	969
KOW STAH NIS TIH	E YAH NIHH	967
KOW STAH NIS TIH	TI YOU NIH	968
KOW STAH NIS TIH	TUC SOON STUHLIS KIH	970
KUH LUNS KUL LO		963
KUH LUNS KUL LO	TAH NIH	964
KUH WE YOO HUH		1023
KUH WE YOO HUH	ALIH	1024
KUH WE YOO HUH	CHARLS STO NIH	1029
KUH WE YOO HUH	CHEE KA IH	1025
KUH WE YOO HUH	JIM MIH	1031
KUH WE YOO HUH	KAUTE QUOS KIH	1027
KUH WE YOO HUH	QO KOO WE YUH	1030
KUH WE YOO HUH	QOS TAW WUT TIH	1028
KUH WE YOO HUH	SAH KE YEH	1026
KUL LE US TIH		708
KUL LE US TIH	LI HUH	710
KUL LE US TIH	LU CIH	709
KUL LE US TIH	SAH LI NIH	711
KUL LU QUAT LA KIH		461
KUL STI YUH		975
KUL STI YUH KA SIH		977
KUL STI YUH KA YO E TUH		976
KUN NAU SKE SKIH		462
KUN NAU SKE SKIH	SI IN NIH	466
KUN NAU SKE SKIH	TE SUT TA SKIHKIH	465
KUN NAU SKE SKIH	TOO NIH	463
KUN NAU SKE SKIH	UH TA LA GEES KIH	464
KUN NO HE LA KIH		985
KUN NO HE LA KIH	YOK SIH	986
KUN NO SKEE SKIH		962
KUN NU TA YOU HIH		994
KUN NU TA YOU HIH	NOO YU LUH	995
KUN SU NIH		978
KUN SU NIH	AH LEE TUS KIH	980
KUN SU NIH	JIN NIH	979
KUN SU NIH	O KUN NOH YUH	981
KUN SU NIH	TI YOU NIH	982
KUT TO TLAH NUH		972
KUT TO TLAH NUH		AH
KUT TO TLAH NUH	TAH HE A LEES KIH	973
KUT TO TLAH NUH	CHE NUT TA	974
LAMAR	CHARLOTTE	1623
LAMAR	ELIZABETH	1637
LAMAR	JAMES	1618
LAMAR	MARY ELVIRA	1638

Siler Roll - 1851

LAST NAME	FIRST NAME	SILER NO.
LAMAR	SARAH	1619
LAMBERT	ANDREW	1378
LAMBERT	CATHARINE	1379
LAMBERT	HUGH	1380
LAMBERT	NANCY	1377
LANGLEY	GEORGE	P190
LANGLEY	GEORGE	P190
LANGLEY	JOHN C.	P190
LANGLEY	JOHN C.	P190
LANGLEY	SARAH	P190
LANGLEY	SARAH	P190
LANGLY	ALBERT	P181
LANGLY	ALBERT	P181
LANGLY	ANNA	P181
LANGLY	ANNA	P181
LANGLY	BENJAMIN	1803
LANGLY	BRYON	1838
LANGLY	CAROLINE	P181
LANGLY	CAROLINE	P181
LANGLY	CHARLES	1801
LANGLY	FRANKY	P182
LANGLY	FRANKY	P182
LANGLY	JACK	P182
LANGLY	JACK	P182
LANGLY	JACK	1802
LANGLY	JOHN	1797
LANGLY	JOHN JR.	P182
LANGLY	JOHN JR.	P182
LANGLY	JOSIAH	P181
LANGLY	JOSIAH	P181
LANGLY	LOCK	P181
LANGLY	LOCK	P181
LANGLY	LUCY	P182
LANGLY	LUCY	P182
LANGLY	MARY	P182
LANGLY	MARY	P182
LANGLY	MARY	1799
LANGLY	MARY ANN	1837
LANGLY	NOAH	1800
LANGLY	RALUS	P181
LANGLY	RALUS	P181
LANGLY	SAMUEL	P181
LANGLY	SAMUEL	P181
LANGLY	SARAH	P182
LANGLY	SARAH	P181
LANGLY	SARAH	P181
LANGLY	SARAH	P182
LANGLY	SUSAN	P181
LANGLY	SUSAN	P181
LANGLY	SUSANAH	1798
LANGLY	THOMAS	P181
LANGLY	THOMAS	P181
LANGLY	ZACHARIAH	1804
LAR CHIH		720
LAR CHIH	A KIN NIH	721
LAW LAW		1005
LAW LAW	KAH YOH HEH	1006
LENOIR	ALBERT	1716
LENOIR	ANN CHAPPEL	1712
LENOIR	HENRY ADELBERT	1713
LENOIR	MARY OCTAVIART	1714
LENOIR	THOMAS ROGERS	1715
LES SIH		727
LES SIH	AIN CIH	728
LITTLE DEER		467
LITTLE DEER	UH HEA LEE	468
LITTLE JOHN		185
LITTLE JOHN	A PRIHH	187
LITTLE JOHN	CHA YE TEHEH	191
LITTLE JOHN	CHE YO E SEH	189
LITTLE JOHN	E KIL LINE EH	192
LITTLE JOHN	JIN NIH	186
LITTLE JOHN	KA NE YUH	188
LITTLE JOHN	KAH NE YO EH	190
LITTLE JOHN	LAH LINE IH	193
LITTLE KUL LOWK SUH		722
LITTLE KUL LOWK SUH		CHEH
	LO NUH CHEH	724
LITTLE KUL LOWK SUH	KOS KE LO	725
LITTLE KUL LOWK SUH	MARY	726
LITTLE KUL LOWK SUH	YEH KIN NIH	723
LITTLE TOO NI IH		291
LITTLE TOO NI IH	CHE LOW WEE SIH	292
LITTLE TOO NI IH	CHESS QUEL AH NA YA KAH	294
LITTLE TOO NI IH	CHOO WA LOO KIH	293
LITTLE TOO NI IH	ELIZA	295
LITTLE TOO NI IH	KUN CHE STEA CHIK	296
LO EE NIH		1003
LO EE NIH	CHEL LOW AH	1004
LOCUST		1175
LOCUST	AH NE WA KIH	1176
LOCUST	CHIC A YOO IH	943
LOCUST	IA SAH NIHH	945
LOCUST	JOE	938
LOCUST	KUL STI IH	939
LOCUST	NAW HOO LUH	944
LOCUST	SKE KIT TIHH	1177
LOCUST	SOW WIN NOO KUH	940
LOCUST	SUN NE KOO IH	1061
LOCUST	TA LUS KIH	942
LOCUST	TAH NU YUW TIH	1178
LOCUST	WES TIH	941
LOWE	CYNTHIA	1734
LOWE	JOHN	1736
LOWE	JULIA	1735
LOWE	SARAH ALICE	1737
MANY	BAISHABA	P188
MANY	BAISHABA	P188
MANY	BARNETT S.	P193
MANY	BARNETT S.	P193
MANY	ELBERT A. SR.	P194
MANY	ELBERT A. SR.	P194
MANY	ELIZA	P193
MANY	ELIZA	P193
MANY	ELIZABETH	P193
MANY	ELIZABETH	P193
MANY	GEORGE W.	P193
MANY	GEORGE W.	P193
MANY	JAMES	P188
MANY	JAMES	P188
MANY	JAMES F.	P193
MANY	JAMES F.	P193
MANY	JAMES F.	P193
MANY	JAMES F.	P193
MANY	JAMES JR.	P188
MANY	JAMES JR.	P188
MANY	JAMES W.	P193
MANY	JAMES W.	P193
MANY	JOHN	P188
MANY	JOHN	P188
MANY	JOHN	P188
MANY	JOHN	P188
MANY	JOHN G.	P193
MANY	JOHN G.	P193
MANY	JOHN I.	P193
MANY	JOHN I.	P193
MANY	JOHN W.	P193
MANY	JOHN W.	P193
MANY	KESSIAH	P193
MANY	KESSIAH	P193
MANY	LORENZO M.	P193
MANY	LORENZO M.	P193
MANY	LUCINDA	P193
MANY	LUCINDA	P193
MANY	MADISON	P193
MANY	MADISON	P193
MANY	MARGARET	P188
MANY	MARGARET	P188
MANY	MARGARET M.	P193
MANY	MARGARET M.	P193
MANY	MARTHA A.	P188
MANY	MARTHA A.	P188
MANY	MARTIN	P188
MANY	MARTIN	P188
MANY	MARTIN B.	P193
MANY	MARTIN B.	P193
MANY	MATILDA L.	P193
MANY	MATILDA L.	P193
MANY	NANCY	P193
MANY	NANCY	P188
MANY	NANCY	P188
MANY	NANCY	P193
MANY	POLLY	P193
MANY	POLLY	P193
MANY	POLLY D. .	P193
MANY	POLLY D. .	P193
MANY	REBECCA	P188
MANY	REBECCA	P188
MANY	ROBERT M.	P193
MANY	ROBERT M.	P193
MANY	SARAH	P188
MANY	SARAH	P188
MANY	SILVESTER B.	P188
MANY	SILVESTER B.	P188
MANY	TONY	P188
MANY	TONY	P188
MANY	WILLIAM	P193
MANY	WILLIAM	P193
MANY	WILLIAM B.	P193
MANY	WILLIAM B.	P193
MANY	WILLIAM R.	P188
MANY	WILLIAM R.	P188
MARSH	JOHN	1520
MARSH	LUCINE	1519
MARSH	WILLOUGHBY	1521
MARTIN		729
MARTIN	CHIC COH TOO WES TUH	731
MARTIN	CHRISTIANA	P190
MARTIN	CHRISTIANA	P190
MARTIN	NELLY	P190
MARTIN	NELLY	P190
MARTIN	OH SOO YA TUH	732
MARTIN	OO TE SUT TE YA TUH	733
MARTIN	SAL KIN NIH	734
MARTIN	SOH KIN NIH	730
MARTIN	WILLIAM	1906
MATHIS	JANE	P184
MATHIS	JANE	P184
MATHIS	MARY	P185
MATHIS	MARY	P185
MATHIS	SARAH	P185
MATHIS	SARAH	P185
MATHIS	WILLIAM	P184
MATHIS	WILLIAM	P184
MAYFIELD	MICHAEL	1502
MAYFIELD	NANCY ELIZABETH	1501
MAYFIELD	POLLY	1500
MC ALISTER	JAMES	1910
MC ALISTER	JOHN	1909
MC ALISTER	REBECCA	1911
MC ALISTER	REBECCA	1908
MC CLURE	FRANCES ELENAOR	1871
MC CLURE	FRANCIS ELIZABETH	1843
MC CLURE	JAMES	P192
MC CLURE	JAMES	P192
MC CLURE	JOHN	P192
MC CLURE	JOHN	P192
MC CLURE	JOHN	1842
MC CLURE	REBECCA	1839

LAST NAME	FIRST NAME	SILER NO.
MC CLURE	SUSAN ANN	1840
MC CLURE	WILLIAM	1841
MC COY	EVELINE	1601
MC COY	MARY E.	1603
MC COY	MUZEDORA	1604
MC COY	SUANAH	1602
MC DONALD	JOHN	P180
MC DONALD	JOHN	P180
MC ELRATH	ELIZABETH	1514
MC ELRATH	ELLEN	1516
MC ELRATH	JOHN EDGAR	1515
MC ELRATH	SUSAN	1517
MC INTOSH	DIANNAH	1572
MCDONALD	ANDREW	1819
MCDONALD	COLLINS	1815
MCDONALD	EMILY	1821
MCDONALD	GEORGE	1817
MCDONALD	JOHN ROSS	1813
MCDONALD	MARCENA	1816
MCDONALD	MARTHA	1818
MCDONALD	MARY ANN	1814
MCDONALD	NANCY	1822
MCDONALD	SARAH	1820
MCKEE	ELIZA	1187
MCKEE	MARY EVELINE	1189
MCKEE	WILLIAM JULIUS	1188
MCQHMOORE		
	THOMPSON	1293
MEADOWS	ELIZABETH	1945
MEADOWS	MARY I.	1947
MEADOWS	SARAH	1946
MERREL	BENJAMIN	P189
MERREL	BENJAMIN	P189
MERREL	MARTHA	P189
MERREL	MARTHA	P189
MERREL	SARAH E.	P189
MERREL	SARAH E.	P189
MERRELL	PRESTON	P189
MERRELL	PRESTON	P189
MI KIL		1007
MI KIL	A KIH	1010
MI KIL	SAH LUT TUH	1008
MI KIL	TAH CHOO SIH	1009
MILLER	JOSEPH	P184
MILLER	JOSEPH	P184
MIMS	ELIZA ANN	1707
MIMS	JOSEPH PARKER	1706
MIMS	MARCENA	1708
MIMS	NANCY	1704
MIMS	ROSSEY	1709
MIMS	SARAH ANN	1705
MOCKING CREW		
	PEGGY	AC
MOCKING CREW		
	WILLIAM	AC
MORGAN	G.W.	1503
MORGAN	GIDEON	1505
MORGAN	GIDEON SR.	1506
MORGAN	MARY S.	1504
MORGAN	MONTEZUMA	1518
MORRIS	BENJAMIN	1881
MORRIS	CAROLINE	1184
MORRIS	CHARLES L.	1882
MORRIS	DRURY MAXWELL	1181
MORRIS	ELIZA PUTUNA	1192
MORRIS	ERRENOUS PARKER	1191
MORRIS	EVELINE	1182
MORRIS	GIDEON	1183
MORRIS	GIDEON FRANKLIN	1179
MORRIS	JAMES	1877
MORRIS	JAMES	1185
MORRIS	JAMES G.	1879
MORRIS	JAMES ROOT	1186
MORRIS	JOHN	1195
MORRIS	JOHN CALHOUN	1190
MORRIS	MARGARET ANN	1196
MORRIS	MARTHA	1194

LAST NAME	FIRST NAME	SILER NO.
MORRIS	MARY E.	1878
MORRIS	REBECCA	1180
MORRIS	SARAH C.	1880
MORRIS	WILSON	1193
MOSS	MARY	1896
MULLEN	RACHEL M.	P184
MULLEN	RACHEL M.	P184
MURPHY	DAVID	1295
MURPHY	JAMES	1303
MURPHY	JESSEE	1296
MURPHY	LEVI	1302
MURPHY	MARTHA	1299
MURPHY	MARTHA	1297
MURPHY	MARY ANN	1301
MURPHY	NANCY	1300
MURPHY	POLLY	1294
MURPHY	RACHEL	1305
MURPHY	WILLIAM	1304
MURPHY	WILLIAM	1298
NA NIH		475
NA NIH	KUH CHE STAH	
	NAH SKIH	477
NA NIH	KUH WAH YOO	
	TAH SKIH	478
NA NIH	LITTY YA NIH	476
NA TIH		202
NA TIH	AH TJOW IH	205
NA TIH	KAH KIL LOA WEES TEH	203
NA TIH	KEL LUH TIH	204
NA WUT TUH		469
NA WUT TUH	CHE NAU TA IH	471
NA WUT TUH	OO KI GOO LIH	470
NA WUT TUH	TEEL TUT LA KIH	474
NA WUT TUH	TUL LAH LUH	472
NA WUT TUH	WILL WAIL CIH	473
NAH CHE YUH		737
NAH CHE YUH	A NIH	738
NAH CHE YUH	CHE CO HA LUH	741
NAH CHE YUH	KO TE QUOS KIH	739
NAH CHE YUH	SIH TIH	740
NE QUE JA KIH		194
NE QUE JA KIH	CHE NI YEH	196
NE QUE JA KIH	NA CHIN NIH	197
NE QUE JA KIH	SALLY	195
NE QUE JA KIH	TA LA SEOS TUH	198
NEAL	ELIZA JANE	1617
NEAL	JAMES	1615
NEAL	RICHARD	1616
NICEH		347
NICEH	CHE CO NA LAH	348
NICEH	SICK EH	349
NICEH	WO SEH (MOSES)	350
NICHOLS	MARTHA	P190
NICHOLS	MARTHA	P190
NICHOLS	MARY J.	P190
NICHOLS	MARY J.	P190
NICHOLS	OCEOLA	P190
NICHOLS	OCEOLA	P190
NICHOLSON	DAVIS	1621
NICHOLSON	ISAAC	1620
NICHOLSON	MARY	1622
NICK IH		742
NICK IH		206
NICK IH	GEORGE	743
NICK IH	NA NIH	207
NICK IH	SEE LIH	208
NOO WE TOW IH		735
NOO WE TOW IH	AH NU WA KIH	736

LAST NAME	FIRST NAME	SILER NO.
O KUN NEH I YAH		774
O KUN NEH I YAH	UT LE UH TEES KIH	775
OLD AU NECH	CHOW WEE YU KEH	212
OLD AU NECH	LU QUE YEH	215
OLD AU NECH	OO TE LOO KEE	214
OLD AU NECH	TEES QUH NAH LEE	213
OLD AU NECH	TIH HE QUOO	211
OLD OTTER		220
OLD OTTER	NANEY	221
OLIVER	CYNTHIA	P190
OLIVER	CYNTHIA	P190
OLIVER	GEORGE	P190
OLIVER	GEORGE	P190
OLIVER	JOSHUA	P190
OLIVER	JOSHUA	P190
OO CHE SUT TAH		766
OO CHE SUT TAH	AH NO LIH	767
OO CHE SUT TAH	ELIZA	768
OO CHE SUT TAH	TAH LIH	769
OO CHE SUT TAH	TAH SIC A YAH GIH	770
OO CHEL LUH		479
OO CHEL LUH	AN NA	480
OO E YOS KIH		870
OO E YOS KIH	AH HOWE NE TUH	872
OO E YOS KIH	KO LE CHEH	871
OO E YOS KIH	QUA KIH	873
OO KUM MUM		583
OO KUM MUM	A NIH	
OO KUM MUM	CHE UL LUT TUL	581
OO KUM MUM	KUN NUT TUH	582
OO KUM MUM	NA KIH	584
OO KUM MUM	WILSON	580
OO LA HE YET TUH		495
OO LA NUH HIH		749
OO LA NUH HIH	A NIH	750
OO LA NUH HIH	KUH HEH	753
OO LA NUH HIH	OO LO KUT TIH	752
OO LA NUH HIH	OO TAH NE YUH TUH	751
OO LA YO IH	JOHN	693
OO LA YO IH	KUN TA KIH	700
OO LA YO IH	KUN TEES KIH	699
OO LA YO IH	QOS TI NA KOO	696
OO LA YO IH	SUT LA NUH	695
OO LA YO IH	TIH YA NUH	694
OO LA YO IH	TOU SIN IH	697
OO LA YO IH	WILL OO STEE	698
OO LO NOS STE SKIH		341
OO LO NOS STE SKIH	AUL KIN NIH	343
OO LO NOS STE SKIH	NA CIH	342
OO LO NOS STE SKIH	NOW YOO TIH	344
OO LUH SOO LUH		
	JIM MIH	1473

Siler Roll - 1851

LAST NAME	FIRST NAME	SILER NO.
OO NA NOO TIH		1032
OO NA NOO TIH		
	CHOO NAH	
	YA KIHH	1036
OO NA NOO TIH		
	CUN NO	
	CHES TI YUH	1037
OO NA NOO TIH		
	NA KIH	1033
OO NA NOO TIH		
	SKAW CHIH	1034
OO NA NOO TIH		
	WAH TIH	1038
OO NA NOO TIH		
	TUS QUOO	
	NAW LIH	1035
OO NA NOO TIH		
	UH KAH OO	
	NA KOO	1039
OO NE HO TEH		1040
OO NE HO TEH		
	EYAH CHAH KUH	1041
OO NE HO TEH		
	O HE LOS KIH	1043
OO NE HO TEH		
	OO CHEL LOO TIH	1042
OO NUH SOO KUH		763
OO SAN IH		754
OO SAN IH	CHIC UT TOO	
	WIS TUH	755
OO SAN IH	LONG BLANKET	759
OO SAN IH	OO LO LUS	
	TEES KIH	756
OO SAN IH	SAH LUT TUH	758
OO SAN IH	TA SU YO KIH	757
OO TAH LOO KIH		1044
OO TAH LOO KIH		771
OO TAH LOO KIH		
	JO NUH	1046
OO TAH LOO KIH		
	KA YOO CHUH	1047
OO TAH LOO KIH		
	KUN NO WHEE	
	LUK IH	773
OO TAH LOO KIH		
	QUAK IH	1045
OO TAH LOO KIH		
	SOH KIN NIH	772
OO TAH NE UN TUH		760
OO TAH NE UN TUH		
	CHOOL SQUH	
	LOO TUH	762
OO TAH NE UN TUH		
	NANCY	761
OO TAH NU TOO TUH		222
OO TAH NU TOO TUH		
	AH WEH	224
OO TAH NU TOO TUH	COO WEH	225
OO TAH NU TOO TUH		
	LIZZY	226
OO TAH NU TOO TUH		
	TOO NI YEH	223
OO TAH NU TOO TUH		
	WAH LEE SEH	227
OO WO NIS KIH		764
OOL SAH KO KEET EH		209
OOL SAH KO KEET EH		
	TIH HE QUOO	210
OOL SKUN NIH		1021
OOL SKUN NIH		
	JUT TI IH	1022
OOS KO TIH		744
OOS KO TIH	NA LIH	745
OOS KO TIH	OO HUL LE	
	GEES KIH	748
OOS KO TIH	SALLY	746
OOS KO TIH	SO WUT CHIH	747
OOS SEE YA TEH		216
OOS SEE YA TEH		
	CHI NOO YUT	
	TI YEH	217
OOS SEE YA TEH		
	OO NE NA KIT	
	TI KEH	218
OOT LA NO TAH		481
OOT LA NO TAH		
	SAL KIN NIH	482
OR YO CUS TUH		1048
OTTER	AH CHE LOO	
	TOS KIH	134
OTTER	ARCH	199
OTTER	JINCY	135
OTTER	JOHN	132
OTTER	NANCY	52
OTTER	NE GUT TI IH	133
OTTER	WILL	51
OWL	AR CHIH	864
OWL	DAVID	1167
OWL	JOHN	1164
OWL	NANEYIH	866
OWL	SAM	862
OWL	SIDDY	1165
OWL	STOO WEE STUH	867
OWL	WAH TIH	865
OWL	WIN NIH	1166
OWL	WO TE YOH IH	863
PADEN	ALFRED MILLER	1628
PADEN	ALMIRA	1627
PADEN	ANDREW	1631
PADEN	BENJAMIN	1630
PADEN	BENJAMIN	1626
PADEN	JOHN	1629
PADEN	MARTHA	1634
PADEN	MARY CAROLINE	1636
PADEN	SARAH	1632
PADEN	SUSAN	1635
PADEN	WILLIAM	1633
PAIN	CATHARINE	1314
PAIN	ELEANOR	1317
PAIN	ELIZABETH	1316
PAIN	POLLY ANN	1313
PAIN	THOMAS	1315
PALMOUR	BENJAMIN	1862
PALMOUR	JAMES	1863
PALMOUR	JOHN DAUGHARTY	1861
PALMOUR	MARY	1858
PALMOUR	SARAH	1857
PALMOUR	SARAH JANE	1860
PALMOUR	SILAS	1856
PALMOUR	WILSON	1859
PANTHER	ALWILDA	1310
PANTHER	CATHARINE	1306
PANTHER	DAVID	1308
PANTHER	LUCINDA	1307
PANTHER	MARTHA	1311
PANTHER	MARY	1309
PANTHER	OCTAVIA	1312
PARKS	CALVIN	1543
PARKS	GEORGE WASHINGTON	1550
PARKS	JOHN ROSS	1544
PARKS	LOUISA CHEROKEE	1552
PARKS	RICHARD T.	1548
PARKS	ROBERT CALHOUN	1549
PARKS	SAMUEL	1553
PARKS	SAMUEL	1545
PARKS	SUSAN C.	1551
PARKS	SUSANAH	1542
PARRIS	CELIAH	P190
PARRIS	CELIAH	P190
PARRIS	EMALINE	1899
PARRIS	LOUISA	1905
PARRIS	MA HA LA	1898
PARRIS	MALACHIE	1902
PARRIS	MALACLIE	1897
PARRIS	MARTHA	1904
PARRIS	MARY ANN	1901
PARRIS	MOSES	1903
PARRIS	ROBERT	1900
PARROTT	WILLIAM	AC
PARTRIDGE		848
PARTRIDGE	SA LIH	849
PARTRIDGE	SU WE IH	850
PERRY	ELIZA I.	P184
PERRY	ELIZA I.	P184
PERRY	FLORENCE	P184
PERRY	FLORENCE	P184
PERRY	HANNAH A.	P184
PERRY	HANNAH A.	P184
PERRY	LEXAN	P184
PERRY	LEXAN	P184
PERRY	OLIN	P184
PERRY	OLIN	P184
PERRY	RUDOLPH L.	P184
PERRY	RUDOLPH L.	P184
PERRY	SILAS A.	P184
PERRY	SILAS A.	P184
PERRY	SUSAN J.	P184
PERRY	SUSAN J.	P184
PHEASANT		435
PHEASANT	A KIN NIH	438
PHEASANT	KAH LUH TAH YIH	436
PHEASANT	KO HE NIH	437
PHEASANT	SA LIN IH	439
PHEASANT	SE CIH	440
PHILLIPS	ELIZA JANE	1364
PHILLIPS	MARY ANN	1363
PHILLIPS	NANCY EVELINE	1365
PHILLIPS	SARAH	1361
PHILLIPS	WILLIAM HENRY	1362
PICKENS	WILLIS E.	AC
POLSTON	ELIZA	P189
POLSTON	ELIZA	P189
POLSTON	ELIZABETH	P189
POLSTON	ELIZABETH	P189
POLSTON	JOSIAH	P189
POLSTON	JOSIAH	P189
POLSTON	LORENZO D.	P189
POLSTON	LORENZO D.	P189
POLSTON	MARGARET	P189
POLSTON	MARGARET	P189
POLSTON	NANCY A.	P189
POLSTON	NANCY A.	P189
POLSTON	SARAH I.	P189
POLSTON	SARAH I.	P189
POLSTON	WILLIAM	P189
POLSTON	WILLIAM	P189
POOLER	MARGARET C.	P183
POOLER	MARGARET C.	P183
POOLER	SETITEA .	P183
POOLER	SETITEA .	P183
POWELL	COMELIA	1201
POWELL	FRANCIS	1204
POWELL	JOHN	1207
POWELL	JOSEPH	1205
POWELL	MARCUS	1202
POWELL	MARY	1206
POWELL	MARY	1200
POWELL	ROBERT	1203
PRICE	MARY	1547
PRICE	RUTH	1546
QA GA TUL LE	A NIH	232
QA GA TUL LE	ELIZA	234
QA GA TUL LE	IH HE SUH TA SKEH	231
QA GA TUL LE	JESSE	228
QA GA TUL LE	JINE LIN KIH	233

LAST NAME	FIRST NAME	SILER NO.
QA GA TUL LE		
	LEUT E SO IH	229
QA GA TUL LE		
	SEAR CHIH IH	230
QOT LAH NO TEH		
	WILL NOLA	219
QUA NIH NOO E TOW IH		778
QUA NIH NOO E TOW IH		
	SAH TI IH	779
QUAIT IH		497
QUAIT IH		496
QUAIT IH	CHIN NUT TA IH	499
QUAIT IH	CHOO LO TAH TA KIH	500
QUAIT IH	OO NI IH	498
QUAITEY		338
QUAITEY	CHE KA HIH	340
QUAITEY	I YA QUIH	339
QUAITSY		AC
QUAITSY	BETSY	235
QUAITSY	EVE	237
QUAITSY	JIM MY	236
QUAL LA YA KAH		776
QUAL LA YA KAH		
	ULLIT TIH	777
QUH LA LEET		1057
QUH LA LEET	AUL EIN NIH	1058
RABBIT	JIN NIH	160
RABBIT	UN NE TAN NAH	161
RACKLEY	CELIA	P187
RACKLEY	CELIA	P187
RACKLEY	ELIZABETH	P187
RACKLEY	ELIZABETH	P187
RACKLEY	JAMES	P187
RACKLEY	JAMES	P187
RACKLEY	MASON	P187
RACKLEY	MASON	P187
RACKLEY	STEPHEN	P187
RACKLEY	STEPHEN	P187
RACKLEY	WM.	P187
RACKLEY	WM.	P187
RAPER	AILEY	1382
RAPER	ALEXANDER	1399
RAPER	ALEXANDER	1372
RAPER	CATHARINE	1376
RAPER	CATHERIAN	1398
RAPER	CHARLES	1381
RAPER	GABRIEL	1391
RAPER	JACKSON	1373
RAPER	JAMES	1395
RAPER	JESSE	1386
RAPER	JOSEPHINE	1384
RAPER	JULIAN	1385
RAPER	LEWIS	1389
RAPER	LONZO	1393
RAPER	MARTHA	1390
RAPER	MARTIN	1388
RAPER	MARY	1387
RAPER	MINERVA	1374
RAPER	POWELL	1392
RAPER	RACHEL	1394
RAPER	SUSAN	1396
RAPER	THOMAS	1375
RAPER	VIANNA	1383
RAPER	WILLIAM	1397
REEVES	DELPHINA J.	P183
REEVES	DELPHINA J.	P183
REEVES	WM. J.	P183
REEVES	WM. J.	P183
REID	AW LEE	308
REID	CHE E AEL AH	307
REID	CUN NO HE LEK IH	311
REID	JEESSE	310
REID	QUE TUH	312
REID	SAH TI EH	306
REID	SHAL HE LOS KIH	309
REID	WILLSON	305

LAST NAME	FIRST NAME	SILER NO.
RICHARDSON		
	NANCY	P191
RICHARDSON		
	NANCY	P191
RODDY	ZERELDA	1573
ROGERS	AUGUSTUS	1760
ROGERS	AUGUSTUS	1746
ROGERS	CHARLES	1718
ROGERS	CHEROKEE	1522
ROGERS	CUNELL	1523
ROGERS	DAVID	1740
ROGERS	ELIZABETH	1745
ROGERS	EMILY CHEROKEE	1727
ROGERS	FRANCES CRAWFORD	1728
ROGERS	GEORGE WATERS	1759
ROGERS	GILBERT	1719
ROGERS	HENRY	1739
ROGERS	HENRY	1710
ROGERS	JACKSON	1724
ROGERS	JOHN HOWARD	1721
ROGERS	JOHN JR.	1730
ROGERS	JOHN JR.	1729
ROGERS	JOHNSON K.	1960
ROGERS	LABOUT	1761
ROGERS	LAURA	1726
ROGERS	LOUISA	1711
ROGERS	MARY	1742
ROGERS	ROBERT	1741
ROGERS	ROBERT	1717
ROGERS	ROBERT LIA	1723
ROGERS	SARAH	1744
ROGERS	SARAH	1725
ROGERS	SARAH	1722
ROGERS	WILLIAM	1743
ROGERS	WILLIAM	1738
ROGERS	WILLIAM	1720
ROLSTON	AGNESS	1920
ROLSTON	AMANDA	1922
ROLSTON	ELIZABETH	1916
ROLSTON	ELIZABETH	1913
ROLSTON	FRANCES T.	1915
ROLSTON	HENRY	1921
ROLSTON	JAMES	1924
ROLSTON	JOHN	1914
ROLSTON	LEWIS	1918
ROLSTON	LEWIS	1912
ROLSTON	LOUISA	1919
ROLSTON	NANCY	1917
ROLSTON	ZACHARIAH	1923
ROSS	AGA	1421
ROSS	JOHN	1420
ROWE	RICHARD	1658
RUDDLE	ELIZABETH	1367
RUDDLE	JANE	1369
RUDDLE	JOSEPH	1368
RUDDLE	MARY	1370
RUDDLE	SOUENA	1366
RUSSELL	BARBRA	P177
RUSSELL	BARBRA	P177
RUSSELL	BASHEBA	P177
RUSSELL	BASHEBA	P177
RUSSELL	ELIZABETH	P177
RUSSELL	ELIZABETH	P177
RUSSELL	EVELINE	P177
RUSSELL	EVELINE	P177
RUSSELL	JOHN	P177
RUSSELL	JOHN	P177
RUSSELL	JOHN A.	1889
RUSSELL	PEYTON	P177
RUSSELL	PEYTON	P177
RUSSELL	ROBERT	P177
RUSSELL	ROBERT	P177
RUSSELL	SUSAN	1888
RUSSELL	WILLIAM	P177
RUSSELL	WILLIAM	P177
RUSSELL	WILLIAM	1890
RUSSELL	WOODY	P177

LAST NAME	FIRST NAME	SILER NO.
RUSSELL	WOODY	P177
SA LE WAH YUH		265
SA LE WAH YUH		
	SU SAH NIH	266
SA LE WAH YUH		
	TE STAU YEH SKEH	267
SAH LA NIH	SALKIN NIH	239
SAH LA NIH	SALLY ANN	238
SAH LAH TIH		252
SAH LAH TIH	TE LAH SKA SKIH	253
SAH LI IH		508
SAH LI IH	A CHIL LIH	513
SAH LI IH	AL CUH	509
SAH LI IH	COO LOW WIN NUH	510
SAH LI IH	JESSE	514
SAH LI IH	JOHN CIN IH NUH	511
SAH LI IH	KEEL LE LO HIH	512
SAL KIN NIH		1478
SAL KIN NIH	AWIH	1479
SAL KIN NIH	JOHN	1480
SAM NIH		249
SAM NIH	AL CY YOO TEH	251
SAM NIH	OH HE YOO TEH	250
SANDERS	ALLEN	P190
SANDERS	ALLEN	P190
SANDERS	SARAH	P190
SANDERS	SARAH	P190
SANU WAH CHE SU		1430
SANU WAH CHE SU		
	CEN TON NAN IH	1432
SANU WAH CHE SU		
	LUCY	1431
SATTERFIELD		
	EDLY	1907
SATTERFIELD		
	JOHN	1928
SAU WUN NIH		827
SAU WUN NIH		TI YOO NO
	HEA LIH	828
SEE TAH NIH		1424
SEE TAH NIH	AH LU CHEH	1425
SEE TAH NIH	KO WO NA NE TAH	1426
SEUDDER	ELIZABETH	1675
SEUDDER	JACOB	1677
SEUDDER	JOSEPHINE	1676
SEUDDER	LEWIS	1678
SEUDDER	WILLIAM HENRY	1679
SHAW	D.C.L.	P184
SHAW	D.C.L.	P184
SHAW	MARY	P184
SHAW	MARY	P184
SHELL	JOHN	685
SHELL	KAH TA YUH	686
SHELL	TA KE TO KUH	687
SIC AU TOW IH		
	JOHN	936
SIC AU TOW IH		
	NE QUOO TI YIH	937
SINYARD	ANDREW	1937
SINYARD	JANE	1936
SINYARD	THOMSON	1935
SKEE KIH		1059
SKEE KIH	WAT TIH	1060
SKO YIH		501
SKO YIH	JOHN WILSON	507
SKO YIH	LAU CHIH	505
SKO YIH	LILLY	506
SKO YIH	OO LEE CHUH	502
SKO YIH	SAH LIH	503
SKO YIH	WIN NIH	504
SKUT TIH		784
SKUT TIH	MI KIH	786
SKUT TIH	UH WO SIH	785
SMITH	CHARLOTTE	1326
SMITH	EASTHER	1320
SMITH	ELIZABETH	1327
SMITH	GEORGE	1332
SMITH	HENRY	1335

LAST NAME	FIRST NAME	SILER NO.
SMITH	HENRY	1325
SMITH	JARRETT	1330
SMITH	JOHN	P182
SMITH	JOHN	P180
SMITH	JOHN	P180
SMITH	JOHN	P182
SMITH	JOHN	1328
SMITH	JOHN	1318
SMITH	JOSEPH	1334
SMITH	LEWIS	1333
SMITH	MARTHA ANN	1329
SMITH	ROSS	1331
SMITH	SARAH	P180
SMITH	SARAH	P180
SMITH	SARAH	1319
SMITH	WILLIAM	P182
SMITH	WILLIAM	P182
SNEED	JOHN H.	1939
SNEED	MARY ANN	1938
SNEED	SARAH E.	1940
SO WHAH		1427
SO WHAH	QOL SKAS TIH	1428
SO WHAH	SE KIL LIH	1429
SOH KIN NIH		791
SOH KIN NIH	NI E SUH	792
SOH KIN NIH	SAH LIN NIH	794
SOH KIN NIH	TE SUH HOW	
	OO GUS KIH	793
SOURJOHN	ANN	P178
SOURJOHN	ANN	P178
SOURJOHN	ANN	AC
SOURJOHN	ELIZABETH	P178
SOURJOHN	ELIZABETH	P178
SOURJOHN	MARTHA	P178
SOURJOHN	MARTHA	P178
SOURJOHN	MARTHA	AC
SQUIRREL		240
SQUIRREL	OOT LA NONE NUH	243
SQUIRREL	SILES TEE	244
SQUIRREL	SUH QUICK	242
SQUIRREL	TAU KIH	241
STA TEH		789
STA TEH	TOO KUH	790
STANDING TURKEY		
	AH LIH	889
STANDING TURKEY		
	CHOO TAH SO TIH	890
STANDING WOLF		567
STANDING WOLF		
	A NIH	575
STANDING WOLF		
	A WIH	571
STANDING WOLF		
	CUT TE SO IH	572
STANDING WOLF		
	JINCY	570
STANDING WOLF		
	JO SEPH	573
STANDING WOLF		
	KUL LO NUS KIH	569
STANDING WOLF		
	LITTIH	574
STANDING WOLF		
	QO CHUN TUH	577
STANDING WOLF		
	QOL SKAN STIH	576
STANDING WOLF		
	SEC QUE YUH	578
STANDING WOLF		
	SUH TAH NIH	579
STANDING WOLF		
	WA KIH	568
STAR		200
STAR	JINNY	201
STARRET	MARGARET	1322
STARRET	REBECCA	1321
STARRET	SARAH	1324
STARRET	WILLIAM	1323

LAST NAME	FIRST NAME	SILER NO.
STE CO IH		780
STE CO IH	KAH SOO YUK IH	781
STE CO IH	OOS QUIN NIH	783
STE CO IH	UH NI YIH	782
STE WIH		610
STE WIH	CUL STI IH	611
STE WIH	JOHN	612
STILL	ALLEN	P180
STILL	ALLEN	P180
STILL	ALLENN	AC
STILL	ANDREW	AC
STILL	CASS HOUSTON	AC
STILL	CUSSANA	AC
STILL	FRANKLIN	P181
STILL	FRANKLIN	P181
STILL	GEO. FRANKLIN	AC
STILL	HOUSTON	P181
STILL	HOUSTON	P181
STILL	ISIPPI	AC
STILL	JOHN	P180
STILL	JOHN	P180
STILL	JOS. W.	AC
STILL	JOSEPH	P181
STILL	JOSEPH	P181
STILL	MARGARET	P181
STILL	MARGARET	P181
STILL	MARGARET	AC
STILL	MARTIN	AC
STILL	MARY EVANS	P180
STILL	MARY EVANS	P180
STILL	RHODA	AC
STILL	RILEY	AC
STILL	SANDELL	AC
STILL	THOMAS	P180
STILL	THOMAS	P180
STILL	VILETA	AC
STILL	WILLIAM	P180
STILL	WILLIAM	P180
STILLWELL	FANNY	P179
STILLWELL	FANNY	P179
STILLWELL	HARRISON	P179
STILLWELL	HARRISON	P179
STILLWELL	HIRAM	P179
STILLWELL	HIRAM	P179
STILLWELL	SARAH	P179
STILLWELL	SARAH	P179
STILLWELL	SUSAN	P179
STILLWELL	SUSAN	P179
STILLWELL	TELITHA	P179
STILLWELL	TELITHA	P179
STILLWELL	TILMON	P179
STILLWELL	TILMON	P179
STRATTON	ELIZA	P177
STRATTON	ELIZA	P177
STWEART	MARIA	P191
STWEART	MARIA	P191
SU IH		183
SU IH	YEH KIN NIH	184
SU WA GIH		877
SU WA GIH		254
SU WA GIH	AIN CIH	258
SU WA GIH	AUL CUH	257
SU WA GIH	KAH YUH NUH	259
SU WA GIH	NAIL CIN IH	256
SU WA GIH	OO LEE CHUH	262
SU WA GIH	SUH LUT TIHIH	264
SU WA GIH	TON WE CIN IH	263
SU WA GIH	WA TAK SAH TIH	260
SU WA GIH	WAH LEE SUH	255
SU WA GIH	WAH LIN IH TIH	261
SU WEE JEH		180
SU WEE JEH	A MUN NEET	182
SU WEE JEH	KO HE OTEES KIH	181
SUH WA GIH		787
SUH WA GIH WA KIH		788
SUL LAH LEES IH		245
SUL LAH LEES IH		
	AIL CEE	246

LAST NAME	FIRST NAME	SILER NO.
SUL LAH LEES IH		
	SIE QUO IH	248
SUL LAH LEES IH		
	WAH TIH	247
SUL LO LIH NE TIH		603
SUL LO LIH NE TIH		
	A LIH	609
SUL LO LIH NE TIH		
	CHA TAU CUH	
	AH NE YUH CUH	608
SUL LO LIH NE TIH		
	JOHN E LAU SIH	605
SUL LO LIH NE TIH		
	LOW SIN IH	606
SUL LO LIH NE TIH		
	TAU HEE QUH	607
SUL LO LIH NE TIH		
	UL LIK IH	604
SUN NAKU NIH		1063
SUN NAKU NIH		
	NA KIH	1064
SUT TE WA YIH		874
SUT TE WA YIH		
	CHE YOO STUH	876
SUT TE WA YIH		
	KUT TAU TLA NIH	875
TA KIH		521
TA KUN NA SEE NIH		534
TA NI IH		806
TA NI IH	NA CIH	807
TA NI IH	SAM NIH	808
TA NI IH	SEE LIH	809
TA WEE		820
TA WEE	AUL OIN NIH	822
TA WEE	CUL LE LOIH	823
TA WEE	TI YA NIH	821
TAH CHES TIH		795
TAH CHES TIH		
	LA CHILIH	797
TAH CHES TIH		
	WAH LIS SIH	796
TAH GUT TE HIH		1123
TAH GUT TE HIH		
	CHOOL STOO TIH	1125
TAH GUT TE HIH		
	NANCY	1127
TAH GUT TE HIH		
	SU SAH NIH	1124
TAH GUT TE HIH		
	WA KIH	1126
TAH KA HA GIH		1336
TAH KA HA GIH		
	JOHN	1338
TAH KA HA GIH		
	NANCY	1337
TAH KA HA GIH		
	TA WIS SIN IH	1339
TAH KIH		824
TAH KIH	SUN KIH	825
TAH KIH	TA CHAN NAIH TIH	826
TAH LUS KIH		1437
TAH LUS KIH CHUS QUAH NI EH		1439
TAH LUS KIH	JINNY	1440
TAH LUS KIH	NANCY	1438
TAH LUT TAH		837
TAH LUT TAHAH NIH		838
TAH LUT TAHALIK STAH NIH		841
TAH LUT TAHTA NIL LIH		840
TAH LUT TAH UH TA LUH NOS TUH		839
TAH QUT TE HIH		345
TAH QUT TE HIH		
	WAL KIN NIH	346
TAH UH WE NIH		1099
TAH UH WE NIH		
	LITTIH	1101
TAH UH WE NIH		
	NANCY	1102
TAH UH WE NIH		

Siler Roll - 1851

LAST NAME	FIRST NAME	SILER NO.
	ULA LEE SIH	1100
TAH YOO NO YEE LA		515
TAH YOO NO YEE LA	OOL TUL TI IH	517
TAH YOO NO YEE LA	TAH NUN A CUL LUH	516
TAH YUH HAH		810
TAH YUH HAH	CHE NE LI KIH	813
TAH YUH HAH	KA LI NIH	817
TAH YUH HAH	KO LOO CHOO TIH	816
TAH YUH HAH NA NIH		812
TAH YUH HAH	TA NIL LIH	818
TAH YUH HAH	TAU YUH NE UH	814
TAH YUH HAH	UT SEE TA KIH	815
TAH YUH HAH	WAT TIH	811
TAN CHA TLA NEH		289
TAN CHA TLA NEH	NA NEH	290
TAU YOO NIH SIH		530
TAU YOO NIH SIH	OO SI HA TUHH	532
TAU YOO NIH SIH	UH WO HIS KIH	531
TAU YOO NIH SIH	YAH CHIH	533
TAW WEE YUH		819
TAYLOR	CAUNEL.	1247
TAYLOR	DAVID	1961
TAYLOR	DAVID JR.	1243
TAYLOR	FRANCIS	1248
TAYLOR	JAMES	1249
TAYLOR	JOHN M.	1246
TAYLOR	MARTHA	1245
TAYLOR	MARY	1242
TAYLOR	WILLIAM	1244
TE CUN E WA TEES KIH		803
TE CUN E WA TEES KIH	CHICK E IH	804
TE CUN E WA TEES KIH	LO TIH	805
TE HEA LE TAU IH		551
TE HEA LE TAU IH	A HE KIH	554
TE HEA LE TAU IH	DICKY	555
TE HEA LE TAU IH	JIM NIH	553
TE HEA LE TAU IH	SE LIH	556
TE HEA LE TAU IH	TI HEE COO	557
TE HEA LE TAU IH	UH HEA LIH	552
TE KAH SE NO KIH		829
TE KAH SE NO KIH	AUL KIN NIH	833
TE KAH SE NO KIH	CHE YUH NUN NUH	836
TE KAH SE NO KIH	CHIC COOIH	830
TE KAH SE NO KIH	CUT TO YOH HIH	834
TE KAH SE NO KIH	JOHN	835
TE KAH SE NO KIH	OO TUT TA GUS KIH	831
TE KAH SE NO KIH		
	WA KIN NIH	832
TE KIN NIH		273
TE KIN NIH	CEL LIH	276
TE KIN NIH	ELIZA	279
TE KIN NIH	JESSE	277
TE KIN NIH	SA LE NIH	280
TE KIN NIH	SE NOS TUH	274
TE KIN NIH	SE TIN NIH	278
TE KIN NIH	WAH HA NEET TUH	275
TE KIN NII I OO NA KEH		281
TE KIN NIH OO NA KEH	CHA LEH	286
TE KIN NIH OO NA KEH	CHO YE YOH HEH	287
TE KIN NIH OO NA KEH	NA KIH	288
TE KIN NIH OO NA KEH	QUA TI YEH	285
TE KIN NIH OO NA KEH	TA WEE SEH	284
TE KIN NIH OO NA KEH	TOO NIH	282
TE KIN NIH OO NA KEH	WAH LEET TAH	283
TE KIN NUS KIH		1074
TE KIN NUS KIH	AUL KIN NIH	1075
TE KIN NUS KIH	JO SIH	1077
TE KIN NUS KIH	TA NIL LIHH	1076
TE SUT TA SKIH		1095
TE SUT TA SKIH	OO LOO CHUH	1096
TE SUT TA SKIH	TA KIN NIH	1097
TE SUT TA SKIH	TE GUT TE SKIH	1098
TE TA NUS KIH	CEIL KIN NIH	270
TE TA NUS KIH	CUT TO YEH KEHIH	272
TE TA NUS KIH	EE NUT TAH NI IH	271
TE TA NUS KIH	TE NUT TE HE	269
TE TAH LA TO GA		535
TE TAH LA TO GA	CATY	540
TE TAH LA TO GA	CHARLOTTE	537
TE TAH LA TO GA	KAH NUH NA TE SKIH	536
TE TAH LA TO GA	KOO NAW NEE TAH	539
TE TAH LA TO GA	TOU CIN NIH	538
TE TO LA		1118
TE TO LA	KEH HE YUH	1122
TE TO LA	KUT TI YAH IH	1119
TE TO LA	OO YUH NOO LUH	1121
TE TO LA	OR MUH UH SUH	1120
TE TUN NIS KIH		1107
TE TUN NIS KIH	CHE NI IH	1110
TE TUN NIS KIH	CHE WO NIH	1109
TE TUN NIS KIH	SO KIN NIH	1108
TE YOLT LIH		1128
TE YOLT LIH	CHUS QUN NU TAH	1131
TE YOLT LIH	E YOO CHAL KUH	1129
TE YOLT LIH	OO NA YOS TIH	1130
TEE SUT TA SKIH		1213
TEE SUT TA SKIH		
	IH YOH STUH	1214
TEE SUT TA SKIH		
	OKUW STO TIH	1216
TEE SUT TA SKIH		
	STU WIH	1215
TERAPIN		518
TERAPIN	CA TIH	520
TERAPIN	TA KIH	519
THOMAS	AARON	AC
THOMAS	ALFRED	AC
THOMAS	ALLEN	AC
THOMAS	HIRAM	AC
THOMAS	JEMIMA	AC
THOMAS	NANCY	P191
THOMAS	NANCY	P191
THOMAS	NANCY	P191
THOMAS	NANCY	P191
THOMAS	NANCY	AC
THOMAS	NANCY	AC
THOMAS	SAMUEL	P191
THOMAS	SAMUEL	P191
THOMAS	SAMUEL	AC
THOMAS	WARNER	AC
THOMPSON		1441
THOMPSON	CALEB COSS	1948
THOMPSON	GEORGE	1443
THOMPSON	QUAITSY	1444
THOMPSON	STACY	1442
THOMPSON	WILLIAM	1949
THOMSON	MARTHA	P180
THOMSON	MARTHA	P180
TI UL CIN IH		522
TI UL CIN IH	CHE YA NUH STUH	528
TI UL CIN IH	EVE	525
TI UL CIN IH	KAH YA NEH	529
TI UL CIN IH	KO WO A LOS KIH	524
TI UL CIN IH	ONIH	523
TI UL CIN IH	QUA LIH	527
TI UL CIN IH	QUEE LU KIH	526
TIC UN EES KIH	AH LIN IH	691
TIC UN EES KIH	E YA CHAH KUH	689
TIC UN EES KIH	JOHN	688
TIC UN EES KIH	OO LUS TOO HIH	690
TIC UN EES KIH	TA KAH NUH WAH TIH	692
TIDWELL	CHINNESA	P183
TIDWELL	CHINNESA	P183
TIDWELL	GRACY A.	P183
TIDWELL	GRACY A.	P183
TIDWELL	JOHN	P183
TIDWELL	JOHN	P183
TIDWELL	LODUSEA A.	P183
TIDWELL	LODUSEA A.	P183
TIDWELL	MANUEL	P183
TIDWELL	MANUEL	P183
TIDWELL	MARY	P183
TIDWELL	MARY	P183
TIDWELL	PLEASANT	P183
TIDWELL	PLEASANT	P183
TIDWELL	VICKY N.	P183
TIDWELL	VICKY N.	P183
TIDWELL	VICKY N.	P183
TIDWELL	VICKY N.	P183
TIE KA GUS KIH		1132
TIE KA GUS KIH	CHE NOO YUT TAH	1133
TIE KA GUS KIH	KAH TOO QUAH LO TUT TIH	1134
TIMSON	ALFRED	1345
TIMSON	CAROLINE	1342
TIMSON	HANNAH	1346

Siler Roll - 1851

LAST NAME	FIRST NAME	SILER NO.
TIMSON	JOHN	1340
TIMSON	LYDIA	1347
TIMSON	MALVINA	1343
TIMSON	MARTHA JANE	1341
TIMSON	SUSAN	1344
TINER	DAVID	1625
TINER	MARTHA	1624
TITTS	CATHARINE	1782
TITTS	HARRIET	1781
TITTS	WILLIAM HENRY	1780
TO KO LOO NIH		1084
TO KO LOO NIH		
	A CHIL LIH	1085
TO KO LOO NIH		
	AH YUT LO IH	1089
TO KO LOO NIH		
	CHEES QUH	
	UH KIH	1087
TO KO LOO NIH		
	CHUN KO NUH	1090
TO KO LOO NIH		
	OO CHOO CHUT	
	TUH	1088
TO KO LOO NIH		
	OO TUN NE	
	TOO TUH	1091
TO KO LOO NIH		
	SAH LIH	1086
TOBACCO SMOKE		1458
TOBACCO SMOKE		
	SUSAN NIH	1459
TOO CHES TUH		798
TOO CHES TUH		
	A CHIL LIH	800
TOO CHES TUH		
	JOHN EES SIH	802
TOO CHES TUH		
	UH WA TIH	799
TOO CHES TUH		
	WAL LIH	801
TOO NAH NA LUH		1210
TOO NAH NA LUH		1111
TOO NAH NA LUH		
	A WIH	1117
TOO NAH NA LUH		
	AH YE NIH	1114
TOO NAH NA LUH		
	IYO STIH	1116
TOO NAH NA LUH		
	SU LIH	1212
TOO NAH NA LUH		
	SUH TI IH	1211
TOO NAH NA LUH		
	TA LOO GEES KIH	1113
TOO NAH NA LUH		
	TOO YOO SKIH	1112
TOO NAH NA LUH		
	YOK SIH	1115
TOO WA YAH LO		1078
TOO WA YAH LO		
	AUN EUH NIH	1080
TOO WA YAH LO		
	CHOO KE GUS KIH	1082
TOO WA YAH LO		
	TAH GESS KIH	1083
TOO WA YAH LO		
	WAH NE NO IH	1081
TOO WA YAH LO		
	YEH KIN NIH	1079
TOW IH	AUL KIN NI	163
TOW IH	JOHN	162
TOW IH	LU WEE JIH	164
TOW IH	QUSIT CIH	165
TOW IH	SAHLIHCIH	166
TOW IH	SUL LE TAH	167
TOW IH	UH WO TIHH	168
TROTT	JAMES	P179
TROTT	JAMES	P179
TROTT	MARIA	P180
TROTT	MARIA	P180
TROTT	NANCY	P179
TROTT	NANCY	P179
TROTT	OCEOLA	P179
TROTT	OCEOLA	P179
TROTT	RACHEL	P179
TROTT	RACHEL	P179
TROTT	ROSS	P179
TROTT	ROSS	P179
TROTT	TIMOTHY	P180
TROTT	TIMOTHY	P180
TROTT	WILLIAM	P180
TROTT	WILLIAM	P180
TROUT	GEORGE W.	P185
TROUT	GEORGE W.	P185
TROUT	LOUISA	P185
TROUT	LOUISA	P185
TROUT	WM. H.	P185
TROUT	WM. H.	P185
TUCKER	ANNA	1786
TUCKER	ELBERT	
	LAFAYETTE	1794
TUCKER	JAMES	1788
TUCKER	JANE	1787
TUCKER	JOHN	1790
TUCKER	JOHN	1783
TUCKER	LUERETA	1792
TUCKER	MARTHA	P186
TUCKER	MARTHA	P186
TUCKER	MARTHA	
	ELIZABETH	1796
TUCKER	MINERVA	1789
TUCKER	NANCY	1793
TUCKER	REBECCA	1785
TUCKER	RUBY	1784
TUCKER	SUTIZA	1791
TUCKER	YIERULLEN	1795
TUL TUT TA GIH		1092
TUL TUT TA GIH		
	CHOO LO NOO	
	CHUH	1093
TUL TUT TA GIH		
	NO YOH HIH	1094
UH NE TAH NUH UH		845
UH NE TAH NUH UH		
	KUL LO NUS KIH	846
UH WAH TIH		563
UH WAH TIH	AH LE A NAH	564
UH WAH TIH	KAH NA	565
UH WAH TIH	TOO NOW IH	566
UL LE CHUH		842
UL LE CHUH	AN LIN IH	843
UL LE CHUH	SAH LIH	844
UT TA LUH AH KAH LE YAH		297
UT TA LUH AH KAH LE YAH		
	AH LO TA YEH	300
UT TA LUH AH KAH LE YAH		
	CO YES KIH	298
UT TA LUH AH KAH LE YAH		
	SEES SIHIH	299
VANN	CATHARINE	P189
VANN	CATHARINE	P189
VANN	JAMES	P189
VANN	JAMES	P189
VANN	JAMES DENTON	1835
VANN	JOHN EMMIT	1836
VAUGHN	DAVID	P176
VAUGHN	DAVID	P176
VAUGHN	DAVID	AC
VAUGHN	JOSIAH E.	AC
VAUGHN	MARTHA	P176
VAUGHN	MARTHA	P176
VAUGHN	MARTHA	AC
VAUGHN	MARY	P176
VAUGHN	MARY	P176
VAUGHN	MARY	P176
VAUGHN	MARY	P176
VAUGHN	MARY	AC
VAUGHN	MARY I.	AC
VICKREY	CHARLOTTE	1769
VICKREY	JANE	1765
VICKREY	JOSEPHINE	1766
VICKREY	JOSEPHUS	1767
VICKREY	MARTHA ANN	1770
VICKREY	MARY	1768
WA KEH		315
WA LUT TUH		1400
WA LUT TUH	RACHEL	1401
WAH CHEE YUH		1020
WAH COS LEE		313
WAH COS LEE		
	KA YU CHEH	314
WAH HA NEE TUH		1138
WAH HA NEE TUH		
	AH LIN NIH	1139
WAH HA NUT TAH		1448
WAH HA NUT TAH		
	JESSEE	1451
WAH HA NUT TAH		
	JOHN	1450
WAH HA NUT TAH		
	QUAH LA	
	YOO KAH	1449
WAH HAH CHIH		847
WAH HOO HOO		316
WAH HOO HOO		
	CEIL LIH	321
WAH HOO HOO		
	MARY	319
WAH HOO HOO		
	MOSES	317
WAH HOO HOO		
	NANCY	318
WAH HOO HOO		
	SUSANAH	320
WAH NE NO HIH		851
WAH NE NO HIH		
	AKIH	852
WAH OO SUT		590
WAH OO SUT	NANCY	591
WAH TE TOO KUH		868
WAH TE TOO KUH		
	NAW EIH	869
WAH TE YO IH		1228
WAH TE YO IH		
	GEORGE	
	BUSHYHEAD	1229
WAH YUH AH TIL LIH		1217
WAH YUH AH TIL LIH		
	JO WUH	1221
WAH YUH AH TIL LIH		
	LIZZY	1219
WAH YUH AH TIL LIH		
	NICY	1218
WAH YUH AH TIL LIH		
	WO SIH	1220
WALKER	EMILY	1554
WALKING STICK		1481
WALKING STICK		753
WALKING STICK		
	JIM MIH	1484
WALKING STICK		
	MIKE	1483
WALKING STICK		
	TOO STUH	1482
WARD	AMANDA M.	1953
WARD	BENJAMIN	1360
WARD	CHARLES	1352
WARD	CHEROKEE	1954
WARD	GEORGE	1358
WARD	JOHN	1357
WARD	MARTHA	1356
WARD	MARTIN	1955
WARD	MARY	1950
WARD	MARY A.	1957

Siler Roll - 1851

LAST NAME	FIRST NAME	SILER NO.
WARD	MATILDA	1354
WARD	POLLY	1355
WARD	POLLY	1353
WARD	RUFUS	1359
WARD	SABRY E.	1958
WARD	SAMUEL F.	1956
WARD	SARAH	1951
WARD	VANVERT	1952
WARWICK	ELIZABETH	1681
WARWICK	FRANCES	
	HENHYETTA	1680
WASHINGTON		585
WASHINGTON		
	AH LIN NIH	589
WASHINGTON		
	CO LOO HIN NIH	587
WASHINGTON		
	OO TI IH	586
WASHINGTON		
	QUA KIH	588
WAT CHE SU KE NUT TE HE		1241
WAT CHE SU WALLY .		1240
WATER MIXED		362
WATERS	ELIZA	1576
WATERS	GEORGE MORGAN	1778
WATERS	THOMAS J	
	EFFERSON	1779
WAU TIH		328
WAU TIH	OO TI IH	329
WEE LIH		854
WEE LIH	IH YOO QUIH	855
WEE LIH	WAH YUH NAUIH	856
WELCH	ADELAIN	1226
WELCH	ALFORD	1227
WELCH	AU LI QU STAH NIH	84
WELCH	DAVID	1671
WELCH	EDWARD	1222
WELCH	ELEANOR	1224
WELCH	ELIZABETH	P187
WELCH	ELIZABETH	P187
WELCH	EVE	85
WELCH	GEORGE	1663
WELCH	GEORGE	1655
WELCH	GEORGE W.	1672
WELCH	INFANT	P187
WELCH	INFANT	P187
WELCH	JAMES	P187
WELCH	JAMES	P187
WELCH	JOE	82
WELCH	JOHN	P187
WELCH	JOHN	P187
WELCH	JOHN	P187
WELCH	JOHN	P187
WELCH	JOHN	1225
WELCH	JOHN C.	P187
WELCH	JOHN C.	P187
WELCH	JONATHAN	P187
WELCH	JONATHAN	P187
WELCH	JOSEPHINE	1664
WELCH	LAURA	1223
WELCH	LLOYD M.	P187
WELCH	LLOYD M.	P187
WELCH	MARGARET ANN	1654
WELCH	MARTHA ANN	P187
WELCH	MARTHA ANN	P187
WELCH	ONIH	83
WELCH	REBECCA	P187
WELCH	REBECCA	P187
WELCH	RICHARD D.	P187
WELCH	RICHARD D.	P187
WELCH	RICHARD WILLIS	1674
WELCH	ROSANA	1656
WELCH	SA KIH	86
WELCH	SAMUEL	1662
WELCH	SARAH	1673
WELCH	STACY	P187
WELCH	STACY	P187
WEST	JAMES M.	P188

LAST NAME	FIRST NAME	SILER NO.
WEST	JAMES M.	P188
WEST	MARTHA A.	P189
WEST	MARTHA A.	P189
WEST	NANCY	P188
WEST	NANCY	P188
WEST	SARAH E.	P189
WEST	SARAH E.	P189
WHITAKER	DAVID	1232
WHITAKER	ELIZABETH	1231
WHITAKER	JAMES	1237
WHITAKER	JOSHUA .	1239
WHITAKER	LYDIA	1234
WHITAKER	MARGARET	1236
WHITAKER	MARTHA ANN	1235
WHITAKER	POLLY C.	1233
WHITAKER	SARAH M.	1238
WHITAKER	STEPHEN	1230
WICKED	JOHN	1847
WICKED	JOHN NORTON	1848
WICKED	JOHN SAMUEL	1845
WICKED	LINVILLE	1850
WICKED	REBECCA	1849
WICKED	SAMUEL	1852
WICKED	SARAH	1851
WICKED	THOMAS ROLES	1844
WICKED	WILLIAM	1846
WILEY	AMANDA	
	CHEROKEE	1855
WILKEY	MARGARET ANN	1670
WILKEY	SIDNEY ELIZABETH	1669
WILL		322
WILL	JIMMY	323
WILL	REBECCA JANE	325
WILL	WILLIAM	324
WILL E GEES KEH		169
WILL E GEES KEH		
	CHE NUN NEH	170
WILL E GEES KEH		
	CHEE WAIL CEH	171
WILL E GEES KEH		
	OO NAU LEH	172
WILL E GEES KEH		
	SUSAN	173
WILL E GEES KEH		
	WA TA SUT TIH	174
WILL E GEES KEH		
	WIN NIH	175
WILLIAMS	BARRILLA	1854
WILLIAMS	LOWRY	1853
WILLIS	CATHARINE	1866
WILLIS	PRIESTLY	1864
WILLIS	SARAH	1867
WILLIS	SUSAN JANE	1865
WO CHEH SUCATA TI HEE		1136
WO CHEH SUTICK IH HEE		1137
WO E KE GEES KIH		326
WO E KE GEES KIH		
	TE CES KIH	327
WO SEH HIH		853
WO YE KEE GEES KE		301
WO YE KEE GEES KE		
	CHE WO NIH	302
WO YE KEE GEES KE		
	KAH SAH HEE LA	304
WO YE KEE GEES KE		
	TOOS LOO	303
WOLF	CHO WAH YIH	332
WOLF	SAH YAH YIH	331
WOLF	WILSON	330
WOODALL	ELIZA	P185
WOODALL	ELIZA	P185
WOODALL	MARTHA	P185
WOODALL	MARTHA	P185
WOODPECKER		
	DAVID	1413
WOODPECKER		
	JIM	1409
WOODPECKER		

LAST NAME	FIRST NAME	SILER NO.
	JOHN	1412
WOODPECKER		
	SALLY	1410
WOODPECKER		
	WEE LU	1411
WRIGHT	SALLY	AC
YARNELL	JANE	1575
YARNELL	JOHN	1574
YEH KIN NIH		599
YEH KIN NIH	KOO WA NUH	
	OTIH	600
YO HEE IN NIH		
	JIN NIH	P186
YO HEE IN NIH		
	JIN NIH	P186
YO HEE IN NIH		
	JOHSON	P186
YO HEE IN NIH		
	JOHSON	P186
YO HEE IN NIH		
	YO NOO KIH LUH	P186
YO HEE IN NIH		
	YO NOO KIH LUH	P186
YO NA CHOO WE YUH		592
YO NA CHOO WE YUH		
	AUL CUH	597
YO NA CHOO WE YUH		
	KAH TOL STAH	593
YO NA CHOO WE YUH		
	MARY	595
YO NA CHOO WE YUH		
	SAL KIN NIH	598
YO NA CHOO WE YUH		
	TAH LIH	596
YO NA CHOO WE YUH		
	WAH TE YUH	594
YO NAH		857
YO NAH	A CHIL LIH	859
YO NAH	A WIH	858
YO NAH	SU LIH	861
YO NAH	UH WO NE SKIH	860
YO NAH WALT LUH		601
YO NAH WALT LUH		
	WAH HE NEET TUH	602
YOH HUH LAR CHEH		1146
YOH HUH LAR CHEH		
	JOHN	1148
YOH HUH LAR CHEH		
	SU SAH NIH	1147
YOH HUH LAR CHEH		
	WES TIH	1149
YOH KUL LO KIH		1140
YOH KUL LO KIH		
	AUL EUHGO IH	1143
YOH KUL LO KIH		
	JOHN SA LUH	1145
YOH KUL LO KIH		
	KAH NU GO IH	1141
YOH KUL LO KIH		
	KAH TOO WIS TUH	1144
YOH KUL LO KIH		
	ONIH	1142
YOUNG	WANDA	P185
YOUNG	WANDA	P185
YOUNG BIRD		1460
YOUNG BIRD	AH LIN NIH	1463
YOUNG BIRD	STEPHEN	1464
YOUNG BIRD	WAL LE YUH	1461
YOUNG BIRD	WEE LIH	1462
YOW A QUAH		1456
YOW A QUAHSES SEH		1457

CHAPMAN ROLL
1852

Prepared by Albert Chapman as a listing of those Cherokee actually receiving payment based on the Siler census.

LAST NAME	FIRST NAME	CHAPMAN
A CHIL LIH		1086
A CHIL LIH		859
A CHIL LIH		800
A CHIL LIH		513
A CHIN NEH		142
A CHIN NIH		408
A HE KIH		554
A KIH		1074
A KIH		1011
A KIH		852
A KIN IH		106
A KIN NIH		721
A KIN NIH		438
A KY		921
A LAH CHIH	AH YA NIH	425
A LAH CHIH	AUL CIH	424
A LAH CHIH	DANIEL	421
A LAH CHIH	JOHN	419
A LAH CHIH	SI YUH	422
A LAH CHIH	SIC OW IH	423
A LAH CHIH	SUSAN	426
A LAH CHIH	TOO NIH	420
A LEE NA		1258
A LEN NEH		1444
A LIH		1025
A LIK STAH NIH		841
A LIN IH		446
A LOE		179
A MUN NEET		182
A NE KIH		562
A NE KIH		65
A NE NI IH		679
A NE NI IH		158
A NIH		1055
A NIH		750
A NIH		738
A NIH		575
A NIH		459
A NIH		232
A NIH		187
A NIL LAH		59
A QUALLA		1267
A QUIN NIH		159
A TAU IH		1070
A WIH		1521
A WIH		1118
A WIH		858
A WIH		571
A WIH		97
A WIH		35
ADAIR	BENJAMIN	1958
ADAIR	EDWARD	1963
ADAIR	EDWARD	1941
ADAIR	EDWARD A.C.	1959
ADAIR	JAMES ROSS	1955
ADAIR	JOHN	1960
ADAIR	MARGARET	1964
ADAIR	MARTHA	1942
ADAIR	MARTHA JANE	1954
ADAIR	MARY	1953
ADAIR	MARY ELIZABETH	1956
ADAIR	MILDRED	1961
ADAIR	RACHAEL ANN	1957
ADAIR	VIRGIL	1962
AH CHE LE TOS KIH		34
AH CHE LIH		37
AH HOW E TI YAHIH		406
AH HOWE KUT TO KAH		43
AH HOWE NE TUH		872
AH KE LO HIH		648
AH KIM NIH		8
AH KOO YUH		546
AH KOW E TAH		41
AH LE A NAH		564
AH LE CHEH		1467
AH LEE KIH		2
AH LEE TEES KIH		981
AH LI NA		916
AH LIH		1067
AH LIH		890
AH LIK STAH NUH		914
AH LIN IH		1140
AH LIN IH		589
AH LIN NIH		1505
AH LIN NIH		953
AH LO TA YEH		300
AH MOQ YUH KA TOKE		885
AH MUH AH CHUH NUH		38
AH MUH SKAR SUT TIH		642
AH NE LEH		673
AH NE WA KIH		1177
AH NE WA KIH		1105
AH NE WA KIH		736
AH NE WA KIH		617
AH NE WA KIH		614
AH NEE CHEH (BLACKSMITH)		10
AH NEE TUH		967
AH NIH		838
AH NIL LEH		643
AH NO HIH		767
AH QUOO TA KIH		621
AH SIK IH OR ISAAC		80
AH TAH HEA LEES KI		974
AH TOW IH		618
AH TOW IH		205
AH WEH		224
AH YA HIH		1052
AH YE NIH		1115
AH YEE KIH		1
AH YEH HE NEH		29
AH YUT LO IH		1090
AIL CEE		246
AIL CIH		954
AIL CIH		935
AIL CIH		920
AIN CIH		925
AIN CIH		728
AIN CIH		258
AKEH		121
AKIH		881
AKIH		669
AKIH		428
AKIH		382
AKIH		128
AL CIH		543
AL CIN IH		451
AL CUH		509
AL CY		251
AL KIN NIH		413
AL KIN NIH		75
AL SEH		14
ALE CIN NIH		48
ALEY		1495
ALIH		609
AN NIH		412
ANIH		676
ANN CUH		1081
ANNA		480
ANNA		153
AR CHIH		394
AR SEE NEE		1449
ARCH		359
ARNOLD	DANIEL	1575
ARNOLD	PRINCE	1576
AS STOO GE CUT TO KEH		25
AU CHIL LIH		374
AU GUT TA SKIH		363
AU LEE		137
AU LIN IH		843
AU MUCH CHA NIH		358
AU MUH SU YIH or WATER MIXED		362
AU MUK A TAH		33
AU MUK KA TAH or COCHRAN		351
AU SOO KIL LEH		6
AUL CAH		257
AUL CIN IH		107
AUL CIN NIH		1059
AUL CIN NIH		822
AUL CUH		1144
AUL CUH		597
AUL KIN NIH		1076
AUL KIN NIH		833
AUL KIN NIH		343
AULL KIN NIH		1051
AUTREY	CATHARINE	1802
AUTREY	COLUMBUS	1807
AUTREY	EDWARD PARKER	1806
AUTREY	ELIZABETH	1805
AUTREY	MARTHA	1804
AUTREY	MARY ANN	1803
AXE		1266
AXE	AIL CIH	1263
AXE	ANIOE	1261
AXE	GEORGE	1260
AXE	OOYOES KA HUH TE KIES KA	1265
AXE	SAH LIN NIH	1264
AXE	WILLSON	1262
BEAR MEET or YOU CHOO	HOWEE YUH	1527
BECK	JAMES	2085
BECK	STACY	2084
BECKNELL	CAROLINE M.	1669
BECKNELL	THERZEY	1668
BECKNELL	THURRO	1667
BECKNELL	WILLIAM	1665
BEDWELL	PRETIA	2134
BELL	ALBINA	1841
BELL	ALEXANDER STEPHEN	1842
BELL	WILLIAM JOSEPH	1843
BESHERS	ABAGAIL	1288
BIG KUL LOWK SUH		629
BIG TOO NI IH		46
BIGBY	JACKSON	1296
BLACK FOX or E NO LIH		398
BLACKBURN	LEWIS	1775
BLACKBURN	POLLY	1776
BLYTHE	JACKSON	155
BLYTHE	JAMES	2082
BLYTHE	NANCY	156
BLYTHE	SALLY	2083
BRACKET	BALUS	1929
BRACKET	BRADFORD	1931
BRACKET	CATHARINE	1649
BRACKET	DANIEL	1933
BRACKET	FRANKY	1932
BRACKET	JAMES	1935
BRACKET	JOHN	1930
BRACKET	MARTHA	1934
BRACKET	MIDGE	1928
BRACKETT	ADAM	1650
BRACKETT	BENJAMIN	JR
BRACKETT	BENJAMIN	1643
BRACKETT	JESSE M.	1646
BRACKETT	MARION	1647
BRACKETT	MICHAEL ANN	1645
BRACKETT	SARAH	1651
BRACKETT	SUSAN	1644
BRACKETT	THOMAS	1648
BROWN	ELIZA	1290
BROWN	JOHN	1293
BROWN	MRS.	1660
BROWN	NARCISSA	1292
BROWN	POLLY	1291
BROWN	WILLIAM	1642
BUCHANAN	JNO.	268
BURNHILL	MARY	2009
BUSHYHEAD	GEORGE	1230
CA TIH		934
CA TIH		520
CAH HOO NIH		108
CAH TAU LAH STAH		87
CANNON	ELIZABETH	2013
CARNS	DIANAH	1769
CARNS	ELIZABETH	1770
CARNS	MARGARET	1771
CAROLINE		1518
CAROLINE		44
CATAMOUNT		1497
CATIH		542
CATY		540
CE LIH		443

Chapman Roll - 1852

LAST NAME	FIRST NAME	CHAPMAN
CEIL LAH		321
CHA CHUH		649
CHA LEH		286
CHA TAU CUH AH NE YUH CUH		608
CHA YE TEH		191
CHA YOO YOH HIH		625
CHAR LE STO NIH		640
CHAR LE TEE HEE		1489
CHARLEY or PREACHER		381
CHARLOTTE		537
CHARLS STO NIH		1030
CHARLY KAH WHE LIH		91
CHE A LE EH		962
CHE CO HA LAH		348
CHE CO HA LUH		741
CHE COO WEH		225
CHE IN IH		1111
CHE KA HIH		340
CHE KA YOO		71
CHE LOW WEE SIH		292
CHE LOWS KEE		1445
CHE N UN NEH		170
CHE NANTA IH		471
CHE NE LI KIH		813
CHE NE LUN KIH		886
CHE NI YEH		196
CHE NO KIH		7
CHE NOO YUT TA		69
CHE NOO YUT TAH		1134
CHE NUT TA		975
CHE NUT TA		73
CHE NUT TA IH		672
CHE SQUOH YOH		909
CHE WO NIH		1054
CHE WO NIH		922
CHE WO NIH		302
CHE WO NIH		36
CHE WOO NIH		1110
CHE YA NUK STUH		528
CHE YAIN STIH		660
CHE YO E SEH		189
CHE YOO STUH		876
CHE YUH NUN YUH		836
CHEE KA IH		1026
CHEES A QUN NEET A		393
CHEES QUAH NI EH		1481
CHEES QUEH AH NA YU KAH		294
CHEES QUH		368
CHEES QUH	JOHN	1510
CHEES QUH	SALLY	1514
CHEES QUH	WAH LA YU KUH	1511
CHEES QUH NEET		917
CHEES QUN NEE TUH		1132
CHEH LO NUH CHEH		724
CHEL LIH		276
CHEL LOW CEH		1005
CHES QUH UH KIL		1088
CHI NOO YUT TI YEH		217
CHI OO LUH		657
CHIC A LEE LIN		907
CHIC COH TOO WES TU		731
CHIC COO IH		830
CHIC OO WIH		652
CHIC SUT TI HIH		647
CHIC SUT TI HIH JR		
CHIC UT TOO WIS TUH		755
CHICK E IH		804
CHICK EE IH		902
CHIE COO WIH		447
CHIN NUT TA IH		499
CHO CHU IH		385
CHO GEH		638
CHO KO IH		929
CHO LE LO GA		918
CHO WAH		332
CHO WIN NIH		384
CHO WUH		889
CHO WUN NIH		645
CHO YE YOH HEH		287
CHOO A LOO KIH		928
CHOO A LOO KIH		913
CHOO CHO LUT TAH		53
CHOO CO LA TAH or GROUND HOG		96
CHOO HUH LOO HUH		1529
CHOO KE YUS KIH		1083
CHOO KO LUT TO YIH		671
CHOO KOO WAH LIS KIH		1001
CHOO LAU TUT TA KIH		714
CHOO LE AH WUH		397
CHOO LE TES KIH		662
CHOO LO NO CHUH		1094
CHOO LO TAH TA KIH		500
CHOO LUH OR FOX		56
CHOO NA WHIN KA or RATTLER		1252
CHOO NA YUNK IH		666
CHOO NAH YA KIH		1037
CHOO NE LOO KUH		896
CHOO NE LOO KUH		670
CHOO NO LA KAH		68
CHOO NO WHIN KIH		898
CHOO SE WUL LUH		707
CHOO SO LUH		452
CHOO SQUH NAU UH WAU TUH		659
CHOO TAH SO TIH		891
CHOO TI YUH LUT TAH		892
CHOO WA LOO KIH		293
CHOO WO CHU KUH		76
CHOOL SQUH LOO TUH		762
CHOOL STIL LIH		664
CHOOL STOO TIH		1126
CHOON KOO WO LIS KIH		970
CHOON STUT LUH		665
CHOU A TE YEH		74
CHOW A YU KAH		72
CHOW WEE YA KEH		212
CHU DUS IH		401
CHU OO LUN TIH		431
CHU WAIL CEH		171
CHUN KO NUH		1091
CLELAND	EMILY C.	2119
CLELAND	GEORGE W.	2120
CLELAND	WILLIAMINA C.	2118
CLINGAN	ADELINE	1587
CLINGAN	ALEXANDER	1590
CLINGAN	ALEXANDER	1579
CLINGAN	EDWARD E.	1592
CLINGAN	ELIZABETH	1581
CLINGAN	EVELINE	1584
CLINGAN	GEORGE	1593
CLINGAN	JAS. K. POLK	1589
CLINGAN	JUDGE KEITH	1586
CLINGAN	LILLY ANN	1591
CLINGAN	MARTHA	1585
CLINGAN	MARTHA	1580
CLINGAN	MINERVA	1588
CLINGAN	POLLY ANN	1582
CLINGAN	WILLIAM DAVIDSON	1583
CLOUD or CHOO LO KIL LEH		377
CO E A KUH		391
CO LOO HIN IH		587
CO YEES KIH		298
COBB	JAMES HENRY	1874
COBB	RUFUS	1873
COBB	SUSAN	1872
COLAQUEE	CRAWFORD	1556
COLAQUEE	JAMES	1554
COLAQUEE	MARY J.	1557
COLAQUEE	RICHARD	1555
COLAQUEE	SALLY	1553
COLAQUEE	WILLIAM	1552
COLEMAN	BURNES M.	2127
COLEMAN	ELIZABETH G.	2126
COLEMAN	JAMES A.	2129
COLEMAN	MARY E.	2130
COLEMAN	ROBERT M.	2128
COLLINS	IRA JACKSON	1813
COLLINS	JNO. PARKER	1812
COLLINS	JOSEPH	1809
COLLINS	MARTHA	1810
COLLINS	PARKER	1808
COLLINS	SUSAN ALICE	1811
COO CHO LUT TUH		613
COO LOW WIN NUH		510
COO TUCK GEES KIH		63
COO WIS COO IH		357
CORNWELL	MARY CATHARINE	1704
COW EES KIH		66
COW HIH	A GA	1463
COW HIH	LEWIS	1462
COWARD	CYNTHIA	1632
COWART	JANE	1634
COWART	JOHN	JR
COWART	JOHN	1631
COWART	LEMUEL	1633
COWART	THOMAS	1635
CUL LE LO		823
CUL STI IH		611
CUL SUT TI HIH		103
CUMPTON	NANCY	1866
CUMPTON	NOAH	1868
CUMPTON	SARAH MALINDA	1867
CUN CHA WAH YIH		383
CUN NA SOO TAH		61
CUN NE HEET	JNO.	1475
CUN NE HEET	KA OOCHAY	1476
CUN NE HEET	NAIL SIH	1477
CUN NE HEET	TA KIN NIH	1478
CUN NO CHES TI YUH		1038
CUN NOO WEE LIH or CYNTHIA		1210
CUN TEES KIH OR JOHN		50
CUT E SO IH		229
CUT TAN YUH IH		402
CUT TE SO IH		572
CUT TI EH	WILLIAM	2111
CUT TO YOH HEH		704
CUT TO YOH HIH		834
CYNTHIA		888
DAUGHARTY	ELIZABETH	2011
DAUGHARTY	FRANCES	2014
DAUGHARTY	MARY	2010
DAUGHARTY	NANCY	2015
DAUGHARTY	SARAH M.	2017
DAUGHARTY	SUSAN	2016
DAURGHURTY	SARAH EMILINE	1767
DAVIS	AMANDA	2028
DAVIS	CHO CO HE	20
DAVIS	CHO NIH	149
DAVIS	COLEMAN	2027
DAVIS	COO TI YEH	18
DAVIS	CYNTHIA	1618
DAVIS	DANIEL	2073
DAVIS	DANIEL	2024
DAVIS	DELILAH	2074
DAVIS	DELILAH	2026
DAVIS	ELEANOR	1616
DAVIS	ELIZA	1610
DAVIS	ELIZA ANN	1617
DAVIS	ELIZABETH	1294
DAVIS	GEORGE ANN	1750
DAVIS	ISAAC	17
DAVIS	JAMES	1611
DAVIS	JANE	2033
DAVIS	JANE	1619
DAVIS	JOHN	1275
DAVIS	JOHN	2036
DAVIS	JOHN	1749
DAVIS	JOHN	146
DAVIS	JOHN	24
DAVIS	JOSEPH	2075
DAVIS	LAFAYETTE	1620
DAVIS	LORENZO DOW	2072
DAVIS	MARTIN	2032
DAVIS	MARY	2035
DAVIS	NANCY	1609
DAVIS	NELLY	1615
DAVIS	NEWTON	1612
DAVIS	QUATIH	148
DAVIS	RACHEL	2034
DAVIS	SARAH ANN	1614
DAVIS	SMAUEL	1751

Chapman Roll - 1852

LAST NAME	FIRST NAME	CHAPMAN
DAVIS	STACY	19
DAVIS	TAU NEE	23
DAVIS	THOMAS	1295
DAVIS	UT TE SA IT	147
DAVIS	WEE LEE TEE WEE SEE	21
DAVIS	WEE LOO STEE	22
DAVIS	WESLEY	1613
DAVIS	WILLIAM	2025
DAVIS	WILLIAM	1621
DAWS	CHARLOTTE MARIA	1155
DAWS	ELIZABETH ANN	1154
DAWS	NICY	1153
DAWS	SARAH	1156
DAY	MARY ANN	1594
DAY	SAMUEL WASHINGTON	1595
DICKY		555
DON		1448
DOWNING	A WIH	1319
DOWNING	AH LIN NIH	1318
DOWNING	AILCY	1316
DOWNING	ALIZA	1317
DOWNING	AR CHIH	1321
DOWNING	DICK	1297
DOWNING	JACK	1314
DOWNING	NELLY	1298
DOWNING	QUATSY	1315
DOWNING	SAH MIH	1320
DUNCAN	AARON	1793
DUNCAN	ALONZO	1796
DUNCAN	CHARLES	1792
DUNCAN	FRANCIS MARION	1801
DUNCAN	FRANKY	1798
DUNCAN	GEORGE	1799
DUNCAN	JOHN	1794
DUNCAN	MARTHA	1795
DUNCAN	SARAH	1800
DUNCAN	WILLIAM	1797
E CHOU CHE		418
E COO IH	JOHN	432
E COO IH	WAT TIH	433
E KIL LINE EH		192
E KU LIH NIH		354
E LOW IH		991
E LOW IH		924
E NUCK QUEH		404
E SEE KIH		1507
E SUT TI HEE		411
E TA GA HA		1271
E TOO WIH		633
E WEE or EVE		525
E YAH CHAH KAH		1042
E YAH NIH		968
E YAH NIH		442
E YOO CHAL KUH		1130
E YUH CHAH KUH		702
EAS TAH		1458
EEU TON NAU IH		1474
EIFFERT	MARGARET	1558
EIFFERT	WASHINGTON	1564
ELIZA		768
ELIZA		668
ELIZA		407
ELIZA		295
ELIZA		279
ELIZA		234
ELO WIH		109
EWEE or EVE		237
FIELDS	CORNELIUS	1638
FIELDS	JOHN	1641
FIELDS	MARY	1639
FIELDS	RICHARD	1640
FIELDS	RILEY	1661
FIELDS	WILLIS	1637
FITTS	CATHARINE	1940
FITTS	HARRIETT	1939
FITTS	WILLIAM HENRY	1938
FLYING SQUIRREL or OO CO LA HOH		333
GARDENHIRE	ESTHER J.	1624
GARDENHIRE	JAMES T.	1622
GARDENHIRE	SARAH	1625
GARDENHIRE	SARAH	1623
GARLAND	ELIZABETH	1299
GARLAND	JAMES	1300
GARLAND	TELLIUS	1301
GEES KIH	E CHOO LE HAH	684
GEES KIH	JOHNSON	680
GEES KIH	KUL LO NUS KIH	681
GEORGE		1485
GEORGE		743
GEORGE		674
GEORGE		120
GOBLE	NANCY	1913
GOBLE	RACHAEL	1914
GOBLE	REBECCA	1915
GRANNY BIRD or KO HE NA IH		1533
GRAVITT	ANNA	1910
GRAVITT	CAROLINE	1885
GRAVITT	CATHARINE	1912
GRAVITT	CYNTHIA	1883
GRAVITT	JAMES	1882
GRAVITT	JANE	1881
GRAVITT	JOHN	1886
GRAVITT	MARY	1884
GRAVITT	THOMAS	1887
GRAVITT	WILLSON	1911
GRAYBEARD	A CHIL LIH	1173
GRAYBEARD	A SIH	1175
GRAYBEARD	CUT TAN YO IH	1170
GRAYBEARD	EZEKIEL	1171
GRAYBEARD	JOHNSON	1169
GRAYBEARD	STACY	1174
GRAYBEARD	UH QUEE TUH	1172
HAIL	ELIZABETH	1679
HAIL	GEORGE W.	1678
HAIL	GEORGE W.	1664
HAIL	MICHAEL	1663
HAIL	SALLY	1662
HANKS	BETTY	1559
HANKS	CALVIN	1560
HANKS	GIDEON	1563
HANKS	MARGARET	1561
HANKS	ROBERT	1562
HARRIS	BIRD	1757
HARRIS	CHARLES	1864
HARRIS	CHARLES	1857
HARRIS	CHARLES	1759
HARRIS	EMILY	1754
HARRIS	JAMES	1755
HARRIS	JANE	1858
HARRIS	JANE SAVANNAH	1761
HARRIS	JOHN	1763
HARRIS	JOSEPH	1756
HARRIS	LYNDONIA	1865
HARRIS	MARTHA	1862
HARRIS	NARCISSA	1861
HARRIS	PARKER	1859
HARRIS	PARKER	1760
HARRIS	PHIH HALL	1762
HARRIS	SUSAN	1753
HARRIS	SUSANAH	1863
HARRIS	THOMAS	1860
HARRIS	WILLIAM	1758
HARRIS	WILLIAM	1752
HAWKINS	NANCY	1157
HAWKINS	ROSE	1158
HENRY	ANN	1701
HENRY	BENTON	1703
HENRY	HUGH	1700
HENRY	LUCY ANN	1705
HENRY	PATRICK	1702
HENSON	BENJAMIN	1312
HENSON	DELILAH	1310
HENSON	GEORGE	1313
HENSON	GEORGE	1306
HENSON	JOSEPH	1302
HENSON	JUDY	1309
HENSON	LEONIDAS	1303
HENSON	LOURENA	1305
HENSON	MARGARET	1311
HENSON	MARGARET	1308
HENSON	MARTHA	1304
HENSON	WILLIAM	1407
HENSON	WILLIAM	1307
HIL LO TIH		100
HILDERBRAND	AMELIA	1538
HILDERBRAND	ANN	1541
HILDERBRAND	ELIZA JANE	1539
HILDERBRAND	EMILY	1540
HILDERBRAND	JOHN	1536
HILDERBRAND	MARTHA E.	1545
HILDERBRAND	MARY	1537
HILDERBRAND	MICHAEL	JR
HILDERBRAND	MICHAEL	1534
HOG BITE or OOS KEL LO KIH		1464
HOLLAND	NANCY	1995
HOLLAND	PLEASANT	1996
HORNBUCKLE	ALEXANDER	143
HORNBUCKLE	JEFFERSON	140
HORNBUCKLE	JINNY	141
HORNBUCKLE	LEANDER JACKSON	145
HORNBUCKLE	LUCIND	144
HOW A QUH or ELK		930
HOW WA KA KEH		620
HOWE TI YAH IH or COMING DEER		127
HOWELL	BRYSON	1968
HOWELL	CATHARINE E.	2106
HOWELL	JAMES C.	2107
HOWELL	NANCY A.	2068
HOWELL	PINKNEY	2066
HOWELL	SAMUEL M.	2067
HUDSON	FRANCES	1777
HUDSON	LEWIS BLACKBURN	1778
HUL LE GEES KIH		458
I HEE TUH		355
I HU HY		1270
I VO STIH		1117
I YU QUIH		339
I YUN TOO KEH		136
IA NE LUS KIH		947
IH HE SUH TA SKIH		231
IH HEE TUH		678
IH HEN LA EH		386
IH YOH STUH		1215
IH YOO QUIH		855
IH YOS TUH		415
IN TAH NAH		430
IO WAH or JO		883
JA KIH		701
JACKSON	CORNELIA	1162
JACKSON	ELIZA	1163
JACKSON	JIM	1159
JACKSON	JINNY	1328
JACKSON	JO WUH	1161
JACKSON	OLLIH	1160
JACKSON	SUNDAY	1327
JANES	ISAAC M.	1657
JANES	MARION	1653
JANES	NANCY ANN	1655
JANES	SARAH C.	1656
JANES	WILLIAM H.	1654
JEFFREYS	GEORGE	1697
JEFFREYS	JOHN MITCHELL	1699
JEFFREYS	LUCIND	1698
JEFFREYS	RHODA	1696
JESSE		514
JESSE		277
JESSEE		1493
JIM CHE A NUN AH		427
JIM CHEOA		952
JIM MIH		1526
JIM MIH		1032
JIM MIH		619
JIM MIH		553
JIM MIH		410
JIM MIH or OO LUH SOO LUH		1515
JIM MY		949
JIMMY		236
JIN E LIN KIH		233
JIN NE LUN KIH		961

Chapman Roll - 1852

LAST NAME	FIRST NAME	CHAPMAN
JIN NEH		122
JIN NIH		1532
JIN NIH		1273
JIN NIH		989
JIN NIH		980
JIN NIH		186
JIN NIH		160
JINCY		570
JINNIH		157
JINNY		1482
JINNY		559
JINNY		369
JINNY		201
JINNY		11
JO SIH		1078
JO WUH		1222
JOHN		1522
JOHN		1492
JOHN		1376
JOHN		1149
JOHN		932
JOHN		835
JOHN		612
JOHN		416
JOHN		89
JOHN CIN IH		511
JOHN E ES SIH		802
JOHN E LAR CIH882		
JOHN ELAU SIH		605
JOHN NIH		126
JOHN SA LUH		1146
JOHN SIC A TOW IH		937
JOHN TA WIS SIH		1000
JOHNSON		150
JOHNSON		94
JOHNSON	ANNA	1388
JOHNSON	CAROLINE	118
JOHNSON	CATHARINE	1322
JOHNSON	CHARLOTTE	116
JOHNSON	CICERO	1323
JOHNSON	DESS	1389
JOHNSON	ELIJAH	119
JOHNSON	ELIZA	114
JOHNSON	ELLICK	111
JOHNSON	LAURA	1325
JOHNSON	LUCY	117
JOHNSON	MILO	1324
JOHNSON	NELLY	112
JOHNSON	NICK	1387
JOHNSON	WAH LOO NEE TAH	115
JOHNSON	WAKEH	113
JOHNSON	WILLIAM	1326
JOHNSON or JOHNCINNIH		1272
JOSEPH		573
JOSIAH		403
JOWAH		1047
JOWUN NIH		1200
JU DEH		88
KA HE TEH		58
KA HE YUH		188
KA HO KUH		1106
KA KIL LOA WEES TEH		203
KA LI NIH		817
KA LO NA HESK		960
KA LOWS KIH or LOCUST		1176
KA SIH		978
KA SIH		353
KA TA GEES KIH or JOHN		1151
KA YEH HIH		1460
KA YO E TUH		977
KA YO HIH		54
KA YOO CHUH		1048
KA YU CHEH		314
KA YUH HIH		444
KAH HO WA LOS KIH		997
KAH KOON TIH		999
KAH LO NE HES KIH		705
KAH LUH TAH YIH		436
KAH NA		565
KAH NA IH		927
KAH NAHY SOS KIH		455
KAH NE GO IH		1142
KAH NE YO EH		190
KAH NO LOO KEH		897
KAH NUH NA TE SKIH		536
KAH NUH NAH TE SKIH		352
KAH SAH HEE LA		304
KAH SOO YO KEH		176
KAH SOO YUK IH		781
KAH TA YUH		450
KAH TO WIS TUH		1145
KAH TOL STAH		593
KAH TOO QUAH LO TUT TIH		1135
KAH WAH SOO LES KIH		1456
KAH YEH NFH		529
KAH YOH HEH		1007
KAH YUH		390
KAH YUN NUH		259
KAU TE QUOS KIH		1028
KE LOS TIH		434
KE NUT TE HE		1242
KEH CIH		561
KEH HO YUH		1123
KEH TO KEH		712
KEL LA NE SKIH		441
KELL	MIX	2100
KELLY	GEORGE	2070
KELLY	SARAH	2071
KEYS	INFANT (NOT NAMED)	1689
KEYS	JAMES M.	1690
KEYS	MARY	1685
KEYS	MARY	1681
KEYS	POLINA	1682
KEYS	RICHARD	1686
KEYS	RICHARD R.	1688
KEYS	SAMUEL SR	
KEYS	SAMUEL JR	
KEYS	WILLIAM	1687
KEYS	WILLIAM	1683
KEYS	WILLIAM S.	1691
KI YEH HOO LO		717
KIL LUT TIH		204
KIL STO QUH or BULL BAT		972
KLEN TUCK OO YO HIH		894
KLUN TEES TEH or PHEASANT		435
KO HE NIH		437
KO HE STEES KIH		181
KO LE CHEH		871
KO LOO CHOOS TIH		816
KO TE QUOS KIH		739
KO TUT TAH HIH		878
KO WO A LOS KIH		524
KO WO NA NE TAH		1468
KOO NAN NEE TAH		539
KOO WA NOOS TIH		130
KOO WA NUH STIH		600
KOO WIS KOO IH		955
KOS KE LO		725
KOS KUH KUT TO KAH		992
KOW STAH NIS TIH		966
KUH CHE STAH NAH SHIH		477
KUH HEH		753
KUH LUNS KUL LO		964
KUH WAH YOO TAH IH		478
KUH WE YOO HIH		1024
KUL KEE NUH		1056
KUL LA QUAT TA KIH		461
KUL LE LO		1053
KUL LE LO HIH		512
KUL LE US TIH		708
KUL LO NUS KIH		893
KUL LO NUS KIH		846
KUL LO NUS KIH		569
KUL STI YUH		976
KUN CHE STEA CHIH		296
KUN E QUOT TE GEES KEH		169
KUN NAS KUH or GRASS		988
KUN NAU SKE SKIH		462
KUN NE TA YO HIH		995
KUN NO CHES TI AH		1071
KUN NO HE LA KIH		986
KUN NO SKEE SKIH		963
KUN NO WHEE LUK IH		773
KUN SEE NIH		979
KUN SKAH LES KIH		926
KUN TA GIH		623
KUT TA TLA EH		488
KUT TAW TLA NIHI		875
KUT TI YAH LH		1120
KUT TO KLAH NUH		1019
KUT TO TLAH NUH		973
LA CHIL LIH		797
LA CHIL LIH		616
LA KIH		86
LA LIN NIH		55
LA TIH		49
LAH LIH (OR SALLY)		95
LAH LINE IH		193
LAMAR	CHARLOTTE	1714
LAMAR	ELIZABETH	1744
LAMAR	JAMES	1709
LAMAR	MARY ELMIRA	1745
LAMAR	SARAH	1710
LAMBERT	ANDREW	1414
LAMBERT	CATHARINE	1415
LAMBERT	HUGH	1416
LAMBERT	NANCY	1413
LAN CHIH		505
LANGLEY	ALBERT	1918
LANGLEY	ANNA	1920
LANGLEY	BALUS	1919
LANGLEY	BENJAMIN	1908
LANGLEY	CAROLINE	1925
LANGLEY	CHARLES	1906
LANGLEY	FRANKY	1926
LANGLEY	GEORGE W.	1746
LANGLEY	JACK	1907
LANGLEY	JOHN	1902
LANGLEY	JOHN C.	1748
LANGLEY	JOSIAH	1924
LANGLEY	LOCK	1916
LANGLEY	LUCY	1927
LANGLEY	MARY	1904
LANGLEY	NOAH	1905
LANGLEY	SAMUEL	1921
LANGLEY	SARAH	1917
LANGLEY	SARAH	1747
LANGLEY	SUSAN	1923
LANGLEY	SUSANAH	1903
LANGLEY	THOMAS	1922
LANGLEY	ZACARIAH	1909
LANGLY	JACK A.	2104
LANGLY	JNO JR.	
LANGLY	MARY ANN	1967
LANGLY	MARY M.C.	2105
LANGLY	SARAH I.	2103
LAR CHIH		911
LAR CHIH		720
LAU WUN NIH		827
LAW LAW		1006
LE CIH		440
LE HOW WIH		13
LEE LEE		152
LEE SEE or LIZZY		226
LEES SIH		299
LENOIR	ALBERT	1826
LENOIR	ANN CHAPPEL	1822
LENOIR	HENRY ALDEBERT	1823
LENOIR	MARY OCTAVIA	1824
LENOIR	THOS. ROGERS	1825
LES SIH		727
LI HUH		710
LICK EH		349
LIT TIH		740
LITTIH		1102
LITTIH		574
LITTLE DEER		467
LITTLE JOHN		185
LITTLE KUL LOWK SUH		722
LITTLE NANCY		375
LITTY		506
LITTY YA NIH		476

Chapman Roll - 1852

LAST NAME	FIRST NAME	CHAPMAN
LIZZY		1220
LIZZY		915
LO CE NIH		1004
LO SIH		380
LO TIH		805
LOCUST	CHIC A YOO IH	944
LOCUST	IA SAH NIH	946
LOCUST	JOE	939
LOCUST	KUL STI IH	940
LOCUST	NAN HOO LUH	945
LOCUST	SOW WIN NOO KUH	941
LOCUST	TA LEES KIH	943
LOCUST	WES TIH	942
LONG BLANKET		759
LOO CHOO or MARTIN		729
LOUISA		93
LOW SIN IH		606
LOWE	CYNTHIA	1844
LOWE	JOHN	1846
LOWE	JULIA	1845
LOWE	SARAH ALICE	1847
LU CIH		709
LU IH		183
LU QUE YEH		215
LU WE IH		850
LU WEE YEH		180
LUCY		1473
LUCY		1255
LUCY		1068
LUCY		1013
LUCY		448
LUCY		31
MA CEL LINE IH		28
MA LEE OR MARY		15
MARSH	JOHN	1571
MARSH	LICIND	1570
MARSH	WILLOUGHBY	1572
MARTIN	WILLIAM	2047
MARY		726
MARY		595
MARY		319
MATILDA		1164
MAYFIELD	MICHAEL	1544
MAYFIELD	NANCY ELIZABETH	1543
MAYFIELD	POLLY	1542
MCALLISTER	JAMES	2051
MCALLISTER	JOHN	2050
MCALLISTER	REBECCA	2052
MCALLISTER	REBECCA	2049
MCCLURE	FRANCES ELEANOR	2012
MCCLURE	FRANCES ELIZABETH	1973
MCCLURE	JOHN	1972
MCCLURE	REBECCA	1969
MCCLURE	SUSAN ANN	1970
MCCLURE	WILLIAM	1971
MCCOY	EVELINE	1692
MCCOY	LEANAHY	1693
MCCOY	MARY E.	1694
MCCOY	MUZEDORE	1695
MCDONALD	ANDREW	1948
MCDONALD	CHARLOTTE	1289
MCDONALD	COLLINS	1945
MCDONALD	EMILY	1951
MCDONALD	GEORGE	1950
MCDONALD	JOHN	1994
MCDONALD	JOHN ROSS	1943
MCDONALD	MARTHA	1947
MCDONALD	MARY ANN	1944
MCDONALD	NANCY	1952
MCDONALD	NARCENA	1946
MCDONALD	SARAH	1949
MCELMORE	THOMPSON	1331
MCELRATH	ELIZABETH	1565
MCELRATH	ELLEN	1567
MCELRATH	JOHN EDGAR	1566
MCELRATH	SUSAN	1568
MCINTOSH	DIANNAH	1626
MCKEE	ELIZA	1188
MCKEE	MARY EVELINE	1190
MCKEE	WILLIAM JULIUS	1189
MEADOWS	ELIZABETH	2086

LAST NAME	FIRST NAME	CHAPMAN
MEADOWS	MARY I.	2088
MEADOWS	SARAH	2087
MERRELL	BENJAMIN	1732
MERRELL	MARTHA	1730
MERRELL	PRESTON	1723
MERRELL	SARAH E.	1731
MI KIH		1008
MI KIH		786
MIKE		1525
MILL WAIT CIH		473
MIMS	ELIZA ANN	1817
MIMS	JOSEPH PARKER	1816
MIMS	MARCENA	1818
MIMS	NANCY	1814
MIMS	RENOY	1819
MIMS	SARAH ANN	1815
MISSING NUMBER		1666
MORGAN	G.W.	1546
MORGAN	GIDEON	SR.
MORGAN	GIDEON	1548
MORGAN	MARY S.	1547
MORGAN	MONTEZUMA	1569
MORRIS	BENJAMIN	2022
MORRIS	CAROLINE	1185
MORRIS	CHARLES L.	2023
MORRIS	DRURY MAXWELL	1182
MORRIS	ELIZA PLETENER	1193
MORRIS	ERROMAN PARKER	1192
MORRIS	EVELINE	1183
MORRIS	FRANCES	2018
MORRIS	GIDEON	1184
MORRIS	GIDEON FRANKLIN	1180
MORRIS	JAMES	1186
MORRIS	JAMES G.	2020
MORRIS	JNO. CALHOUN	1191
MORRIS	JOHN	1196
MORRIS	MARGARET ANN	1197
MORRIS	MARTHA	1195
MORRIS	MARY E.	2019
MORRIS	REBECCA	1181
MORRIS	SARAH C.	2021
MORRIS	WILLSON	1194
MOSES		317
MOSS	MARY	2037
MURPHY	DAVID	1333
MURPHY	JAMES	1341
MURPHY	JESSE	1334
MURPHY	LEVI	1340
MURPHY	MARTHA	1337
MURPHY	MARTIN	1335
MURPHY	MARY ANN	1339
MURPHY	NANCY	1338
MURPHY	POLLY	1332
MURPHY	RACHAEL	1343
MURPHY	WILLIAM	1342
MURPHY	WILLIAM	1336
NA CHIL LEH		26
NA CHIL LIH		400
NA CHIN NIH		197
NA CIH		1002
NA CIH		807
NA CIH		342
NA KIH		1065
NA KIH		1034
NA KIH		683
NA KIH		449
NA KIH		288
NA LIH		950
NA LIH		745
NA LY		923
NA NEH		290
NA NIH		994
NA NIH		812
NA NIH		475
NA NIH		360
NA NIH		207
NA QUE TO IH		910
NA TIH		202
NA WAT TAH		469
NAH CHE YAH		737

LAST NAME	FIRST NAME	CHAPMAN
NAH YA HIH		1254
NAH YUH HOO LA		1253
NAHIH		1330
NAIL CIN IH		256
NAN CIH		869
NAN NEE		70
NAN QUEES SEE or STAR		200
NANCY		1496
NANCY		1480
NANCY		1199
NANCY		1128
NANCY		1103
NANCY		761
NANCY		624
NANCY		591
NANCY		395
NANCY		378
NANCY		318
NANCY		221
NANCY		154
NANCY		101
NANCY		57
NANCY BIG BULLET		1018
NANCY KA TA TI HEE		1012
NANCY or CHO CO IH		1375
NE LOS SIH		959
NE LOS SIH		457
NE QUE JA KIH		194
NE QUO TI YIH		938
NEAL	ELIZA JANE	1708
NEAL	JAMES	1706
NEAL	RICHARD	1707
NELLY		1269
NI CEE		1512
NI E SUH		792
NI SUH		948
NICEH		347
NICHOLS	MARTHA C.	2115
NICHOLS	MARY I.	2116
NICHOLS	OCEOLA	2117
NICHOLSON	DAVID	1712
NICHOLSON	ISAAC	1711
NICHOLSON	MARY	1713
NICK IH		742
NICK IH		206
NICKIH		651
NICY		1219
NO YOH HIH		1095
NOLA	WILL	219
NOO WE TOW IH		735
NOO YO HIH		996
NOW YOO TI		344
O HE LOS KIH		1044
O KEH WE YUH		99
O KUN NEH L YAH		774
O KUN STO TIH		1217
O NIH		1143
O NIH		523
O NIH		399
OH HE YOS TEH		250
OH HE YOS TUH		667
OH SOO YA TUH		732
OKUN NOH YUH		982
OL CHA KIH		549
OLD AU NEECH		211
OLD OTTER		220
OLIVER	CYNTHIA	2112
OLIVER	GEORGIA	2113
OLIVER	JOSHUA	2114
OO CHA LUH		933
OO CHA LUN NIH		912
OO CHE SUT TAH		766
OO CHEL LOO TIH		1043
OO CHEL LUH		479
OO CHOO CHUT TUH		1089
OO CHUN TUH		577
OO E YOS KIH		870
OO GA TUL LE NOWE YEEH		228
OO GA TUT LIH or FEATHER		1198
OO HUL LE GEES KIH		748
OO KI YOS TIH		470

Chapman Roll - 1852

LAST NAME	FIRST NAME	CHAPMAN
OO KO SIT TAH		632
OO KOO WE YUH		1031
OO KUM MUH	A NIH	583
OO KUM MUH	CHE UL LUT TUH	581
OO KUM MUH	KUN NUT TUH	582
OO KUM MUH	NA KIH	584
OO KUM MUH	WILLSON	580
OO LA HE YET TUH		495
OO LA NUH HIH		749
OO LA YO IH	JOHN	693
OO LA YO IH	KUN TA KIH	700
OO LA YO IH	KUN TEES KIH	699
OO LA YO IH	OOS TI NA KOO	696
OO LA YO IH	SUT TU NUH	695
OO LA YO IH	TIH YA NUH	694
OO LA YO IH	TOU SIN IH	697
OO LA YO IH	WILL OO STEE	698
OO LA YOH EH		489
OO LEE CHUH		502
OO LEE STOO HIH or DOBSON		483
OO LO KET TIH		752
OO LO LUS TEES KIH		756
OO LO NO STE SKIH		341
OO LOO CHIH		1508
OO LOO CHUH		1097
OO LOO CHUH		77
OO LU CHUH		650
OO LU CHUH		262
OO LUS TUH		387
OO NA NOO TIH		1033
OO NA NOO TIH		703
OO NA YOS TIH		1131
OO NAW LEH		172
OO NE HO TEH		1041
OO NE NA KIT TI KEH		218
OO NI IH		498
OO NUCH UH SUH		1121
OO NUH SOO KUH		763
OO QUIN HIH		783
OO QUIN NIH		81
OO SAW IH		754
OO SI HA TUH		532
OO TAH LOO KIH		1045
OO TAH LOO KIH		771
OO TAH NE TOO TAH		222
OO TAH NE UN TAH		760
OO TAH NE YUH TUH		751
OO TE LOO KEE		214
OO TE SUT TE YA TUH		733
OO TI IH		586
OO TI IH		329
OO TI KEES KIH		545
OO TIH YO LA NUH		47
OO TO LUH NOO STIH or WALKINGSTICK		765
OO TUN NE LOO TUH		1092
OO WO NIS KIH		764
OO YAH NOO LUH		361
OO YO CEES TUH		1049
OO YUH NOO LUH		1122
OOL SAH KO KEET EH		209
OOL SCAR CIT TIH		429
OOL SKAR STIH		576
OOL SKAR SUT TIH		899
OOL SKAS TIH		1470
OOL SKUN NIH		1022
OOL TEAU NE TUT IH		635
OOL TUT TI IH		517
OON I IH		124
OOS KO TIH		744
OOS QUIN NIH		626
OOS SU YA TEH		216
OOS TAN WUT TIH		1029
OOT LA NO TAH		481
OOT LA NONE NUH		243
OOTUT TA GEES KIH		31
OTTER	AH CHE LOO TOS KIH	134
OTTER	ARCH	199
OTTER	JINCY	135
OTTER	JOHN	132

LAST NAME	FIRST NAME	CHAPMAN
OTTER	NANCY	52
OTTER	NE QUIT TI IH	133
OTTER	WILL	51
OTTER LIFTER		376
OWL	AR CHIH	864
OWL	DAVID	1168
OWL	JOHN	1165
OWL	LIDDY	1166
OWL	NANCY	866
OWL	SAM	862
OWL	STOO WEE STUH	867
OWL	WAH TIH	865
OWL	WO TE YOH IH	863
PADEN	ALFRED MILLER	1735
PADEN	ALMIRA	1734
PADEN	ANDREWS	1738
PADEN	BENJAMIN	1737
PADEN	BENJAMIN	1733
PADEN	JOHN	1736
PADEN	MARTHA	1741
PADEN	MARY CAROLINE	1743
PADEN	SARAH	1739
PADEN	SUSAN	1742
PADEN	WILLIAM	1740
PAIN	CATHARINE	1352
PAIN	ELEANOR	1355
PAIN	ELIZABETH	1354
PAIN	POLLY ANN	1351
PAIN	THOMAS	1353
PALMOUR	BENJAMIN	2003
PALMOUR	JAMES	2004
PALMOUR	JOHN DAUGHERTY	2002
PALMOUR	MARY	1999
PALMOUR	SARAH	1998
PALMOUR	SARAH JANE	2001
PALMOUR	SILAS	1997
PALMOUR	WILLSON	2000
PANTHER	ALWILDA	1348
PANTHER	CATHARINE	1344
PANTHER	DAVID	1346
PANTHER	LUCINDA	1345
PANTHER	MARTHA	1349
PANTHER	MARY	1347
PANTHER	OCTAVIA	1350
PARKS	CALVIN	1597
PARKS	GEORGE WASHINGTON	1604
PARKS	JOHN ROSS	1598
PARKS	LOUISA CHEROKEE	1606
PARKS	RICHARD T.	1602
PARKS	ROBERT CALHOUN	1603
PARKS	SAMUEL	1607
PARKS	SAMUEL	1599
PARKS	SUSAN C.	1605
PARKS	SUSANNAH	1596
PARRIS	EMILINE	2040
PARRIS	LOUISA	2046
PARRIS	MAHALA	2039
PARRIS	MALACHI	2043
PARRIS	MALACHI	2038
PARRIS	MARTHA	2045
PARRIS	MARY ANN	2042
PARRIS	MOSES	2044
PARRIS	ROBERT	2041
PEGGY		1519
PERRY	ELIZA I.	1981
PERRY	FLORENCE C.	1983
PERRY	HANNAH A.	1979
PERRY	HEXAN C.	1984
PERRY	OLIVER V.	1980
PERRY	RODOLPH L.	1978
PERRY	SILAS A.	1982
PERRY	SUSAN I.	1977
PHILLIPS	ELIZA JANE	1400
PHILLIPS	MARY ANN	1399
PHILLIPS	NANCY EVELINE	1401
PHILLIPS	SARAH	1397
PHILLIPS	WILLIAM HENRY	1398

LAST NAME	FIRST NAME	CHAPMAN
PINE PECKER or KO LE		
	GEES KIH	1516
POLSTON	ELIZA	1722
POLSTON	ELIZABETH	1726
POLSTON	JOSIAH	1728
POLSTON	LORENZO D.	1724
POLSTON	MARGARET	1729
POLSTON	NANCY A.	1725
POLSTON	SARAH I.	1727
POLSTON	WILLIAM	1721
POOLER	LETITIA	2121
POOLER	MARGARET C.	2122
POWELL	CORNELIA	1202
POWELL	FRANCIS	1205
POWELL	JOHN	1208
POWELL	JOSEPH	1206
POWELL	MARCUS	1203
POWELL	MARY	1207
POWELL	MARY	1201
POWELL	ROBERT	1204
PRICE	MARY	1601
PRICE	RUTH	1600
QUA KE		30
QUA KIH		1069
QUA KIH		873
QUA KIH		631
QUA KIH		588
QUA KIH		372
QUA LIH		713
QUA LIH		527
QUA NEH		138
QUA NIH NOO E TOW IH		778
QUA NIH or BENJAMIN		1050
QUA TI IH		715
QUA TI IH		373
QUA TI YEH		285
QUAH LA YOO KAH		1491
QUAIT CY		392
QUAIT IH		497
QUAIT IH		496
QUAITCY		1014
QUAITCY		338
QUAITIH		1016
QUAITSY OR BETSEY		235
QUAITSY or CHOW YOU KAH		1486
QUAKIH		1046
QUAL LA YU KAH		776
QUAL LE A NIH		663
QUALL A YOO KAH		985
QUAT SY		177
QUE TUT TI HIH		1209
QUEE LE KIH		526
QUEE NEH		1446
QUEE TUH		1003
QUH LA LEET		1058
QUIN NIH		79
QUIT TUH		445
RACHEL		1437
RACKLEY	CELIA	1439
RACKLEY	ELIZABETH I.	1441
RACKLEY	JAMES	1443
RACKLEY	MASON	1438
RACKLEY	STEPHEN	1442
RACKLEY	WILLIAM	1440
RAPER	AILCY	1418
RAPER	ALEXANDER	1435
RAPER	ALEXANDER	1408
RAPER	CATHARINE	1434
RAPER	CATHARINE	1412
RAPER	CHARLES	1417
RAPER	GABRIEL	1427
RAPER	JACKSON	1409
RAPER	JAMES	1431
RAPER	JESSE	1422
RAPER	JOSEPHINE	1420
RAPER	JULIAN	1421
RAPER	LEWIS	1425
RAPER	LONZO	1429
RAPER	MARTHA	1426
RAPER	MARTIN	1424
RAPER	MARY	1423

Chapman Roll - 1852

LAST NAME	FIRST NAME	CHAPMAN
RAPER	MINERVA	1410
RAPER	POWELL	1428
RAPER	RACHEL	1430
RAPER	SUSAN	1432
RAPER	THOMAS	1411
RAPER	VIANNA	1419
RAPER	WILLIAM	1433
REBECCA JANE		325
REID	AU LEE	308
REID	CHE E AEL AH	307
REID	CUN NO HE LIK IH	311
REID	JESSE	310
REID	QUEE TUH	312
REID	SAH TI EH	306
REID	SHAL HE LOS KIH	309
REID	WILLSON	305
ROBER TLOVE		1015
RODDY	ZEROLDA	1627
ROGERS	AUGUSTUS	1870
ROGERS	AUGUSTUS	1856
ROGERS	CENNELL	1574
ROGERS	CHARLES	1828
ROGERS	CHEROKEE	1573
ROGERS	DAVID	1850
ROGERS	ELIZABETH	1855
ROGERS	EMILY CHEROKEE	1837
ROGERS	FRANCIS CRAWFORD	1838
ROGERS	GEORGE WATERS	1869
ROGERS	GILBERT	1829
ROGERS	HENRY	1849
ROGERS	HENRY	1820
ROGERS	JACKSON	1834
ROGERS	JNO. HOWARD	1831
ROGERS	JOHN SR.	
ROGERS	JOHN JR.	
ROGERS	JOHNSON K.	2131
ROGERS	LABOUT	1871
ROGERS	LAURA	1836
ROGERS	LOUISA	1821
ROGERS	MARY	1852
ROGERS	ROBERT	1851
ROGERS	ROBERT	1827
ROGERS	ROBERT LEA	1833
ROGERS	SARAH	1854
ROGERS	SARAH	1835
ROGERS	SARAH E.	1832
ROGERS	WILLIAM	1853
ROGERS	WILLIAM	1848
ROGERS	WILLIAM	1830
ROLSTON	AGNESS	2061
ROLSTON	AMANDA	2063
ROLSTON	ELIZABETH	2057
ROLSTON	ELIZABETH	2054
ROLSTON	FRANCES F.	2056
ROLSTON	HENRY	2062
ROLSTON	JAMES	2065
ROLSTON	JOHN	2055
ROLSTON	LEWIS	2059
ROLSTON	LOUIS	2053
ROLSTON	LOUISA	2060
ROLSTON	NANCY	2058
ROLSTON	ZACHARIAH	2064
ROOT	JAMES	1187
ROWE	RICHARD	1768
RUDDLE	ELIZABETH	1403
RUDDLE	JANE	1405
RUDDLE	JOSEPH	1404
RUDDLE	LOURENA	1402
RUDDLE	MARY	1406
RUSSELL	JOHN A.	2030
RUSSELL	SUSAN	2029
RUSSELL	WILLIAM H.	2031
SA KE		919
SA KE YEH		1027
SA KIH		627
SA KIH		454
SA LE NIH		280
SA LE or SARAH		151

LAST NAME	FIRST NAME	CHAPMAN
SA LE WA YUH		265
SA LEN NIH		125
SA LIH		849
SA LIH		622
SA LIN IH		439
SA LUT TAH or CHARLOTTE		129
SAH LA NIH or SALLY ANN		238
SAH LAH TIH		252
SAH LEE or SALLY		195
SAH LI NIH		904
SAH LI NIH		711
SAH LIH		1087
SAH LIH		958
SAH LIH		844
SAH LIH		655
SAH LIH		503
SAH LIN IH		794
SAH LUT TUH		1009
SAH LUT TUH		758
SAH TI IH		779
SAH TI IH		508
SAL HIH		110
SAL KA NA		1268
SAL KIN NIH		1520
SAL KIN NIH		734
SAL KIN NIH		653
SAL KIN NIH		598
SAL KIN NIH		482
SAL KIN NIH		239
SAL LIH		675
SALLY		1329
SALLY		1256
SALLY		334
SAM		1513
SAM MIH		808
SAM MIH		491
SAM MIH		249
SAM WAH CHE SER		1472
SATTERFIELD	ELLY	2048
SATTERFIELD	JNO.	2069
SAUNDERS		884
SAW YEA		90
SCAR CHIH		230
SCH KIN NIH		730
SCUDDER	ELIZABETH	1785
SCUDDER	JACOB	1787
SCUDDER	JOSEPHINE	1786
SCUDDER	LEWIS	1788
SCUDDER	WILLIAM HENRY	1789
SE KIL LIH		1471
SE KIL LIH		1107
SE KIL LIH or EZEKIEL		1063
SE NOS TUH		274
SE NUT TIH		646
SE QUIL LIH		131
SE SIH		628
SE TIN NIH		278
SEE LIH		1213
SEE LIH		998
SEE LIH		861
SEE LIH		809
SEE LIH		208
SEE TAH NIH		1466
SELIH		556
SEN TOO LEH		60
SES SEH		1499
SHELL	JOHN	685
SHELL	KAH TA YUH	686
SI IN IH		466
SIC E YOU IH		636
SIC QUE YUH		578
SIC QUO IH		248
SIC QUO YUH		951
SILUS TEE		244
SIMMY		323
SIMMY OR JAMES		32
SINYARD	ANDREW	2078
SINYARD	JANE	2077
SINYARD	THOMSON	2076
SIS SIH		1528
SKAH LE LO SKIH		901

LAST NAME	FIRST NAME	CHAPMAN
SKAN CHIH		1035
SKE KIT TIH		1178
SKEE HIH		1060
SKO YIH		501
SKUT TIH		784
SMITH	CHARLOTTE	1364
SMITH	EASTHER	1358
SMITH	ELIZABETH	1365
SMITH	GEORGE	1370
SMITH	HENRY	1373
SMITH	HENRY	1363
SMITH	JARRET	1368
SMITH	JOHN	1551
SMITH	JOHN	1366
SMITH	JOHN	1356
SMITH	JOSEPH	1372
SMITH	LEWIS	1371
SMITH	MARY ANN	1367
SMITH	ROSS	1369
SMITH	SARAH	1550
SMITH	SARAH	1357
SNEED	JOHN H.	2080
SNEED	MARY ANN	2079
SNEED	SARAH E.	2081
SO KIN NIH		1109
SO KIN NIH		484
SO WHAH		1469
SO WUIT CHIH		747
SOH KIN NIH		791
SOH KIN NIH		772
SOK KIN NIH		634
SOL KIN IH		105
SOL KIN NEH		123
SOO WA GIH		364
SOU WUT OHEE		4
SOW WUT CHEH		1450
SQUAIN CIH		371
SQUAL E TA KIH		396
SQUO KIN NIH		560
STA TEH		789
STACY		1484
STARRETT	MARGARET	1360
STARRETT	REBECCA	1359
STARRETT	SARAH	1362
STARRETT	WILLIAM	1361
STE CO IH		780
STE WIH		1073
STE WIH		905
STE WIH		719
STE WIH		610
STEE WIH		1216
STEPHEN		1506
SU QUE YAH		40
SU SAH HIH		1125
SU SAH NIH		1148
SU SAH NIH		931
SU SAH NIH		908
SU SAH NIH		266
SU SAN NIH		1501
SU SEE or SUSAN		173
SU WA GIH		877
SU WA GIH		254
SUH LUT TIH		264
SUH QUICK		242
SUH TI IH		1212
SUH WA GIH		787
SUL LAH LEES IH		245
SUL LO LEH or SQUIRREL		240
SUL LO LIH NE TIH		603
SUN E KOO YUH		682
SUN KIH		825
SUN NAH NIH		1064
SUN NE KOO IH		1062
SUSAN		453
SUSANNAH		320
SUT TAH GA NEE TAH		1447
SUT TAH NIH		579
SUT TE WA GIH		874
SUT TE WA GIH		493
SUT TE YUH		414
SUT TOW IH		1465

Chapman Roll - 1852

LAST NAME	FIRST NAME	CHAPMAN
TA CHAN NAIH TIH		826
TA KE TO KUH		687
TA KIH		1461
TA KIH		521
TA KIH		519
TA KIN NIH		1098
TA KUN NA SEE NIH		534
TA KUN NO CHUT LUH		895
TA LA NOS TAH		198
TA LIS KIH		637
TA LIS KIH		356
TA LOO GEES KIH		1114
TA NEE LIH		1531
TA NI IH		806
TA NIL LIH		1077
TA NIL LIH		840
TA NIL LIH		818
TA SU YO KIH		757
TA TES KIH		9
TA WEE		1020
TA WEE		820
TA WEE		102
TA WEE SEH		284
TA WEE SEH or DAVIS		98
TA WEE SIH		494
TA WIS SIH		1152
TA WIS SIN IH		1377
TAH CHES TIH		795
TAH CHO NE IH		903
TAH COO SIH		1010
TAH GUT TE HIH		345
TAH KA HA GA		1374
TAH KIH		824
TAH KIN		993
TAH KO KUH		984
TAH LEES KIH		1479
TAH LIH		769
TAH LIH		596
TAH NE YUN TIH		1179
TAH NIH		1517
TAH NIH		965
TAH NIH		956
TAH NO LIH		485
TAH NUN A CUL LUH		516
TAH QUT TO HIH		1124
TAH SE KI YA KEL		27
TAH SIC A YAH GIH		770
TAH SIC A YAH KIH		366
TAH TLA TAH or ENGLISH JIM		1136
TAH TLUT TAH		837
TAH UL CEO NIH		1100
TAH YEES KIH		1084
TAH YOO NO YU LA		515
TAH YUH HAT		810
TAKIH		1257
TAN CHATLA NEH		289
TAN HEES KIH		370
TAN KIH		241
TAN YUH NE TUH		814
TAU CHU TAH		558
TAU HU QUH		607
TAU YOO NIH SIH		530
TAW WEE YUH		819
TAYLOR	CAMMEL	1248
TAYLOR	DAVID JR	
TAYLOR	DAVID	1251
TAYLOR	FRANCIS	1249
TAYLOR	JAMES	1250
TAYLOR	JOHN M.	1247
TAYLOR	MARTHA	1246
TAYLOR	MARY	1243
TAYLOR	WILLIAM	1245
TE CES KIH		327
TE CUN E WA TEES KIH		803
TE HEA LA TAU IH		551
TE HEA LE TAU IH		367
TE KAH NIH or TERRAPIN		518
TE KAH SE NO KIH		829
TE KAH YA WIS KIH or GROUND SQUIREL		1066
TE KIN NIH		273
TE KIN NIH OO NA KEH		281
TE KUL LOO LUKIH		1072
TE KUN NEES KIH		1075
TE LAH SKA SKIH		492
TE LAH SKA SKIH		253
TE NU TE HE	CEIL KIN NIH	270
TE NU TE HE	CUT TO YEH KEH	272
TE NU TE HE	EE NUT TAH NI IH	271
TE NU TE HE	TE TU NUS KIH	269
TE QUEES KIH		544
TE QUT TEE SKIH		1099
TE SO WHIS KIH		78
TE SQUH LOO TO GIH		957
TE STAU YEH SKIH		267
TE SUH HOW OO GEES KIH		793
TE SUH NIH		178
TE SUT TA SKIH		1096
TE SUT TA SKIH		656
TE SUT TA SKIH		615
TE SUT TA SKIH		465
TE TAH LA TO GA		535
TE TAH NO KE AH		936
TE TI TO IH		900
TE TO LA		1110
TE TUK KE YAH SKIH		490
TE TUN NIS KIH		1108
TE TUN NUS KIH or BIG WITCH		541
TE UL CIN IH		522
TE YA NIH		718
TE YOH STE SKIH		388
TE YOTT LIH		1129
TEE SUT TA SKIH		1214
TEEL TUT TA GIH		1093
TEEL TUT TA KIH		474
TEES QUAH NAH LEE		213
TEES QUO NAU LIH		1036
TEU NAH WO SIH		1459
THOMPSON	CALEB CASS	2089
THOMPSON	WILLIAM	2090
THOMPSON or TE TAR LA TO GA		1483
TI HE COO		557
TI YA NIH		983
TI YA NIH		969
TI YA NIH		821
TI YA NIH		409
TI YOO NO HEA LIH		828
TIC KA GEES KIH		1133
TIC QUO GEES KIH		389
TIC UN EES KIHAH LIN IH		691
TIC UN EES KIHE YU CHAH KUH		689
TIC UN EES KIHJOHN		688
TIC UN EES KIHOO LUS TOO HIH		690
TIC UN EES KIHTA KAH NUH WAH TIH		692
TICK IH		1138
TIH HE QUOO		210
TIMSON		337
TIMSON	ALFRED	1383
TIMSON	CAROLINE	1380
TIMSON	HANNAH	1384
TIMSON	JOHN	1378
TIMSON	LYDIA	1385
TIMSON	MALVINA	1381
TIMSON	MARTHA JANE	1379
TIMSON	SUSAN	1382
TINER	DAVID	1716
TINER	MARTHA	1715
TO KO LOO NIH		1085
TO NAH NO LUH		1112
TO WAS KIL LAH		487
TO YUH NE TUH		1017
TOBACCO SMOKE or CHO LE GOKE SIH		1500
TOM BIG MEET		1104
TOM SIN NIH		139
TOO CHEE STAH or ELLICK		548
TOO CHES TAH		798
TOO KAH		879
TOO KUH		790
TOO NAH NA LUH		1211
TOO NI IH or LITTLE TOO NI IH		291
TOO NI IH or SALLY		746
TOO NI YEH		223
TOO NIH		463
TOO NIH		282
TOO NOW IH		566
TOO STUH		1524
TOO WA YA LO		1079
TOO WO E LIH		880
TOOK EH		1488
TOOS TOO		303
TOW CIN NIH		538
TOW WE CIN IH		263
TOW WUN NEH		336
TOWIH	AUL KIN NIH	163
TOWIH	JOHN	162
TOWIH	LA WE YIH	164
TOWIH	QUAIT CIH	165
TOWIH	SAH LIH	166
TOWIH	SUL LO TAH	167
TOWIH	UH WO TIH	168
TROTT	JAMES	1670
TROTT	MARIA	1677
TROTT	NANCY	1673
TROTT	OCEOLA	1674
TROTT	RACHEL	1671
TROTT	ROSS	1672
TROTT	TIMOTHY	1675
TROTT	WILLIAM	1676
TROUT	GEORGE W.	2109
TROUT	LOUISA I.	2108
TROUT	WILLIAM H.	2110
TUC SOON STUH		971
TUCKER	ANNA	1891
TUCKER	ELBERT LAFAYETTE	1899
TUCKER	JAMES	1893
TUCKER	JANE	1892
TUCKER	JOHN	1895
TUCKER	JOHN	1888
TUCKER	LIEUELLEN	1900
TUCKER	LUCRETIA	1897
TUCKER	MARTHA A.	2101
TUCKER	MARTHA ELIZABETH	1901
TUCKER	MINERVA	1894
TUCKER	NANCY	1898
TUCKER	REBECCA	1890
TUCKER	REUBY	1889
TUCKER	SUTIZA	1896
TUH WA TIH		641
TUH WAH TIH		1039
TUL LAH LUH		472
TUS KE KIH TIK KEH		379
TUT TI IH		1023
TY YA NIH		1386
TYOO YOO SKIH		1113
U LIKE IH		104
UH HEA LEE		468
UH HEA LEE		12
UH KAH OO NA KOO		1040
UH NE TAH NUH UH		845
UH NI YIH		782
UH TA LUH NOS TUH		839
UH WA TIH		799
UH WAH TIH		563
UH WO HIS KIH		531
UH WO HOO TIH		1057
UH WO NE SKIH		860
UH WO SIH		785
UK KAH TOE YUH		990
UK QUA LUH		658
UL LE CHUH		842
UL LIK IH		604
ULLIT TIH		777
UN HEA LIH		552
UN NE NE TOO YUH		486
UN NE TAU NAH		161
UN NOO YOH		45
UN NOO YOH HIH		677
UNNOO YOH		644
UT LE UH TEES KIH		775

Chapman Roll - 1852

LAST NAME	FIRST NAME	CHAPMAN
UT LUH AH KAH TE YAH		297
UT SU TA KIH		815
UT SUT TAH		706
UT TA GEES KIH		464
UT TU YUS KIH		417
VANN	CATHARINE	1658
VANN	JAMES	1659
VANN	JAMES DENTON	1965
VANN	JOHN EMMIT	1966
VICKREY	CHARLOTTE	1879
VICKREY	JANE	1875
VICKREY	JOSEPHINE	1876
VICKREY	JOSEPHUA	1877
VICKREY	MARTHA ANN	1880
VICKREY	MARY	1878
WA HOO HOO		316
WA KEH		315
WA KIH		1127
WA KIH		788
WA KIH		568
WA KIH		405
WA KIH		62
WA KIH		39
WA KIN NIH		832
WA LOO KIH		1530
WA TA SUT TIH		174
WA TAK SAH TIH		260
WAH CHEE YUH		1021
WAH COO LEE		313
WAH E YAH KA TO KAH (STANDING WOLF)		567
WAH HA NE TUH		1139
WAH HA NEET TAH		1490
WAH HA NEET TUH		602
WAH HA NEET TUH		275
WAH HAH CHIH		847
WAH LEE SEH		227
WAH LEE SIH		1101
WAH LEE SUH		255
WAH LIH		639
WAH LIH		630
WAH LIN IH		261
WAH LIS SIH		796
WAH LUL TUH		1436
WAH LUT CHE		365
WAH LUT LAH		283
WAH NE NO HIH		851
WAH NE NO IH		1082
WAH TE TOO KUH		868
WAH TE YO IH		1229
WAH TE YUH		594
WAH TIH		247
WAH WO SEET		590
WAH YEH		335
WAH YOO LO SEH		67
WAH YUH AH TIL LIH		1218
WAH YUH NANIH		856
WAH YUL SKIH or PARTRIDGE		848
WAKEE		5
WAL KIN NIH		346
WAL KIN NIH		92
WAL LE YUH		1503
WAL LIH		801
WAL SUH		3
WALKER	EMILY	1608
WALKING STICK or TE TO LE NUST		1523
WALLY WAT CHE SER		1241
WAN TIH		328
WARD	AMANDA M.	2094
WARD	BENJAMIN	1396
WARD	CHARLES	1390
WARD	CHEROKEE	2095
WARD	GEORGE	1394
WARD	JOHN	1393
WARD	MARTHA	1392
WARD	MARTIN	2096
WARD	MARY	2091
WARD	MARY A.	2098
WARD	MATILDA	2132
WARD	POLLY	2133
WARD	POLLY	1391
WARD	RUFUS	1395
WARD	SABRY E.	2099
WARD	SAMUEL F.	2097
WARD	SARAH	2092
WARD	VANVERT	2093
WARWICK	ELIZABETH	1791
WARWICK	FRANCES HENRIETTA	1790
WASHINGTON		906
WASHINGTON		887
WASHINGTON		585
WAT TIH		1061
WAT TIH		811
WATERS	ELZIRA	1630
WATERS	GEORGE MORGAN	1936
WATERS	THOMAS JEFFERSON	1937
WATTEE		64
WE COW IH		550
WEE LEE CUN NA HEET		1487
WEE LEE WES TEE		16
WEE LIH		1504
WEE LIH		854
WELCH	ADELAIDE	1227
WELCH	ALFRED	1228
WELCH	AU LI QU STAH NIH	84
WELCH	DAVID	1781
WELCH	EDWARD	1223
WELCH	ELEANOR	1225
WELCH	ELIZABETH	1280
WELCH	EVE	85
WELCH	GEORGE	1773
WELCH	GEORGE	1765
WELCH	GEORGE W.	1782
WELCH	INFANT (NOT NAMED)	1278
WELCH	IO or CHA WAEL EEH	82
WELCH	JAMES	1276
WELCH	JOHN	1279
WELCH	JOHN	1277
WELCH	JOHN	1226
WELCH	JOHN C.	1282
WELCH	JONATHAN	1281
WELCH	JOSEPHINE	1774
WELCH	LAURA	1224
WELCH	LEMUEL	1772
WELCH	LLOYD M.	1286
WELCH	MARGARET ANN	1764
WELCH	MARTHA ANN	1284
WELCH	O NIH	83
WELCH	REBECCA	1285
WELCH	RICHARD D.	1283
WELCH	RICHARD WILLIS	1784
WELCH	ROSANA	1766
WELCH	SARAH	1783
WELCH	STACY	1287
WES TIH		1150
WEST	JAMES W.	1718
WEST	MARTHA A.	1720
WEST	NANCY	1717
WEST	SARAH E.	1719
WHITAKER	DAVID	1233
WHITAKER	ELIZABETH	1232
WHITAKER	JAMES	1238
WHITAKER	JOSHUA	1240
WHITAKER	LYDIA	1235
WHITAKER	MARGARET	1237
WHITAKER	MARTHA ANN	1236
WHITAKER	POLLY C.	1234
WHITAKER	SARAH M.	1239
WHITAKER	STEPHEN	1231
WICKED	JNO. SAMUEL	1975
WICKED	JOHN	1985
WICKED	JOHN NEWTON	1986
WICKED	LEMUEL	1990
WICKED	LINVILLE	1988
WICKED	REBECCA	1987
WICKED	SARAH	1989
WICKED	THOMAS ROLES	1974
WICKED	WILLIAM	1976
WILEY	AMANDA	
	CHEROKEE	1993
WILKEY	MARGARET ANN	1780
WILKEY	SIDNEY	
	ELIZABETH	1779
WILL		322
WILLIAM		324
WILLIAMS	BARILLA	1992
WILLIAMS	LOWRY	1991
WILLIS	CATHARINE	2007
WILLIS	PRIESTLY	2005
WILLIS	SARAH	2008
WILLIS	SUSAN JANE	2006
WILLSON		1509
WILLSON	JOHN	507
WIN NIH		175
WINNIH		1167
WINNIH		504
WO CHEH SER CA TA TO HEE		1137
WO E KE GEES KIH		326
WO LUT TUH		661
WO SEH		1221
WO SEH HIH or DEEP CREEK BOSS		853
WO SEH or MOSES		350
WO SIH		716
WO YE KEE GEES KE		301
WOL LAH NEET		460
WOLF	SAH YAH NIH	331
WOLF	WILSON	330
WOODALL	ELIZA	1577
WOODALL	MARTHA E.	1578
WOODPECKER	DAVID	1455
WOODPECKER	JIM	1451
WOODPECKER	JOHN	1454
WOODPECKER	SALLY	1452
WOODPECKER	WEE LEE	1453
YA CHIH		42
YAH CHIH		533
YARNELL	JANE T.	1629
YARNELL	JOHN	1628
YEH KIN HIH		184
YEH KIN NEH		1457
YEH KIN NIH		1080
YEH KIN NIH		723
YEH KIN NIH		599
YEL KIN NIH		1259
YO NA CHOO WE YUH		592
YO NAH		857
YO NAH CUN NA HEET		1494
YO NAH WALT LUH		601
YO NOO KIL LAH		1274
YOH HUH LAR CHEH		1147
YOH KUL LO KIH		1141
YOK CIH		456
YOK SIH		1116
YOK SIH		987
YOL A KA QUH		547
YOU A QUAH		1498
YOUNG BIRD or CHEES QUH NEET		1502

SWETLAND ROLL
1869

Prepard by S.H. Swetland as a listing of those Eastern Cherokee, and their decendents, who were listed as remaining in North Carolina by Mullay in 1848. Made pursuant to an act of Congress (1868) for a removal payment authorization.

LAST NAME	FIRST NAME	SWETLAND
A CHE LIH		327
A CHE LIH	AH LE NA	328
ADELINE	NANCY	1608
AH CA NA YA AH		1147
AH CA NA YA AH	YE WA NIK	1148
AH CHE LIH	ELLI KI	334
AH CHE LIH	JOHN	331
AH CHE LIH	NANCY	332
AH CHE LIH	QUA SIH	329
AH CHE LIH	SALLY	330
AH CHE LIH	YAI KIH	333
AH LE SI NIH		715
AH MA CHA NA		359
AH MA CHA NA	CUN SI NIH	363
AH MA CHA NA	DAVIS SIH	362
AH MA CHA NA	WA GIH	360
AH MA CHA NA	YA CHU	361
AH NA TAH NAH HA		396
AH NA TAH NAH HA	I HI TAH	397
AH NA TAH NAH HA	TE CHOO KIH	398
AH NA TAH NAH HA	WALLA NO TAH	400
AH NI IH		776
AH NI IH	CHA CA HIH	778
AH NI IH	E CHU LA HAH	777
AH NI IH	JONES	779
AH QUA LAH		1063
AH QUA TA GIH		852
AH QUA TA GIH	JOB	854
AH QUA TA GIH	LIZZIE	853
AH QUA TA GIH	YOUNG BEAR	855
AH SKE NIH	LUCY	535
AH SKI NIH		534
AH SKI NIH	MARGARET	536
AH WHI TI AH IH		752
AH WIH CAH		444
AKEY		451
AKEY	AH CHI LAK	452
AKEY	ALEE	458
AKEY	CAH NA HEE	453
AKEY	JOHN TOW	456
AKEY	NELLY	454
AKEY	SA LE NA	455
AL SIK		1029
ALLEN	JENNY L.	1639
ALLEN	ROBERT	1640
ALLEN	WILLARD	1641
ANDERSON	ABE L.	1778
ANDERSON	ELIZABETH	1775
ANDERSON	JAMES	1782
ANDERSON	JOHN	1777
ANDERSON	LOUISA	1776
ANDERSON	MARGARY	1774
ANDERSON	NANCY	1772
ANDERSON	RILETINE	1783
ANDERSON	WILLIAM	1773
ANDERSON	WILLIAM	1784
ANDREWS	LUCINA	1566
ANDREWS	WM. HENRY	1565
ANNIH	JESSE	794
ANNIH	MA LIK	795
AR IN ECH		171
AR IN ECH	AH HE O KIH	173
AR IN ECH	AH HI LIH	172
AR IN ECH	I YAH LIH E	174
AR IN ECH	OOS YUI NIH	176
AR IN ECH	WILL WEST AR IN ECH	175
AR KA LOOKA	DAVIE EIH	793
AR KA LOOKA	EASTER	789
AR KA LOOKA	JOHN	788
AR KA LOOKA	LYNDA	790
AR KA LOOKA	NA KOY	791
AR KA LOOKA	WESLEY	792
ARMSTRONG		1119
ARMSTRONG	NAH SUH	1120
ARMSTRONG	YA CAH	1121
AXE	AH TA IH	39
AXE	AMMY	1059
AXE	ANNY	1231
AXE	CA LA TAH	1058
AXE	DAY WELLS	41
AXE	GEORGE	40
AXE	GOO SEH	45
AXE	JOHN	1230
AXE	JOHN YA SA	42
AXE	JOHN YEA AH	44
AXE	JU	1057
AXE	ROSS	1060
AXE	SA NA	36
AXE	SEE A LA	38
AXE	TA CA YA KIH	43
AXE	U SCOS TEE	37
AXE	WILSON	35
AYA E NIH		462
AYA E NIH	CHO CO HIH	467
AYA E NIH	JENNIE	463
AYA E NIH	MANDY	466
AYA E NIH	OO SCOO NIH	464
AYA E NIH	YAH NUH	465
BALLARD	MURIAL L.	1642
BARRETT	ALVILA	1685
BARRETT	JACK S.	1692
BARRETT	JACKSON	1691
BARRETT	KIZIAHA	1683
BARRETT	LUCINDA	1684
BEAR	GEORGE	533
BEAR MEAT		1320
BEAR MEAT	AHL SIH	1327
BEAR MEAT	CU TA YA IH	1322
BEAR MEAT	JULIAS	1326
BEAR MEAT	LIZZIE	1321
BEAR MEAT	LYDIA	1323
BEAR MEAT	NANCY	1325
BEAR MEAT	SA TA NIH	1324
BECK	FANNY	1802
BECK	GEORGE	1803
BECK	GEORGIA	1747
BECK	GOLICHA	1750
BECK	JAMES B.	1804
BECK	JANE	1744
BECK	MARY ANN	1746
BECK	SAMUEL	1749
BECK	SARAH	1745
BECK	STACY	1743
BECK	STACY	1748
BIG WITCH	AH SA E	541
BIG WITCH	AHL SIH	540
BIG WITCH	DA QUI ES KIH	539
BIG WITCH	YAH ES TA	542
BIGMEAT	AH WAH TA	1039
BIGMEAT	CA LA KI NAH	1042
BIGMEAT	CA LA NA SKI	1134
BIGMEAT	CE AH NI	1137
BIGMEAT	CE TA NE HIH	1040
BIGMEAT	CHI CA NA LAH	1136
BIGMEAT	EZEKIEL	1038
BIGMEAT	LACY	1133
BIGMEAT	TOM	1037
BIGMEAT	YA CA NA CHA CHA	1135
BIGMEAT	YA NIH	1041
BIRD	AHL SKI NIH	1330
BIRD	CHE SWUAW	276
BIRD	CHES QU AH	149
BIRD	CHU KA ANN	278
BIRD	CUN NE WA LA	152
BIRD	JACOB	1329
BIRD	JOHNSON	946
BIRD	NE QUO LA KIH	277
BIRD	QUA KIH	151
BIRD	RACHEL	1331
BIRD	TIN IH	150
BIRD	TRAVELING	944
BIRD	WAL KA NIH	275
BIRD	YAW HA SKIH	274
BIRD	YIANNA	945
BIRD CHOPPER		1520
BLACKFOX	COLANA YO HI	128
BLACKFOX	CUNNA SU TAS KIH	130
BLACKFOX	ENOLA	127
BLACKFOX	GEORGE	132
BLACKFOX	LOSIAH	129
BLACKFOX	QUA LIH	133
BLACKFOX	SALLIE	131
BLANKENSHIP	GANETT	1631
BLANKENSHIP	LAURA	1630
BLANKENSHIP	LORENZO	1653
BLANKENSHIP	MATILDA	1652
BLANKENSHIP	ROBERT H.	1654
BLANKENSHIP	SARAH L.	1655
BLY	CORNELIA	1113
BLY	JAMES	1115
BLY	MARK	1111
BLY	NANCY	1114
BLY	SA CA HIH	1112
BLY	SALLY	1116
BLYTH	DAVID	552
BLYTH	ELIZABETH	550
BLYTH	JACK	549
BLYTHE	JAMES	551
BRACKET	SARAH	1732
BROWN	CINDA	934
BROWN	ELIZA	1398
BROWN	GABRIEL	1402
BROWN	JOHN	1401
BROWN	JOSEPHINE	1404
BROWN	MARTHA A.	1403
BROWN	NARCISSA	1400
BROWN	OBSIAH B.	932
BROWN	POLLY	1399
BROWN	POWELL	1405
BROWN	SALLY	933
BROWN	WASH	935
BROWN	WM. SHERMAN	1406
BURRIELL	MARGARET	1761
BURRIELL	MARY	1760
BUSHYHEAD	ANNA	3
BUSHYHEAD	GEORGE W.	0
BUSHYHEAD	NANCY	2
BUSHYHEAD	RACHEL	4
BUSHYHEAD	SARAH	5
BUSHYHEAD	WALEOAH	1
CA IH	NELLY E.	567
CA LA HU HA SKI		1030
CA LA HU HA SKI	AH NA WA GE	1031
CA LA HU HA SKI	CA A STI SKI	1034
CA LA HU HA SKI	CA NEH WAH TE SKI	1036
CA LA HU HA SKI	CAROLINE	1032
CA LA HU HA SKI	E SAH YAH	1033
CA LA HU HA SKI	YAH KIH	1035
CA TAH GAH	FIDELLA	663
CA TAH GAH	MAN	661

Swetland Roll - 1869

LAST NAME	FIRST NAME	SWETLAND
CA TAH GAH	PETER	664
CA TAH GAH	SUSAN HOOPER	662
CA TEES KIH	CE LIH	602
CA TEES KIH	JOHN	601
CA TEES KIH	SAU IT SIH	603
CA TEES KIH	STACY	604
CAGG	CON STA KIH	1021
CAGG	JAMES	1020
CAGG	JAMES	1023
CAGG	MUNDI	1022
CAH DES TIH		701
CAH DES TIH	BETSEY	704
CAH DES TIH	CA LA TI IH	702
CAH DES TIH	CHU LA TA DA GAH	707
CAH DES TIH	LIZZA	703
CAH DES TIH	NAH SIH	706
CAH DES TIH	SI GA NIH	705
CAH DES TIH	WA CHI	708
CAH HA U LA		353
CAH HA U LA	AH LE AH TISKIH	354
CAH HA U LA	CHA STAH NIH	356
CAH HA U LA	WAL LA NIH	357
CAH HA U LA	YO NES SKI NAH	355
CAH LONE NE SKIH		649
CAH LONE NE SKIH	E NA SIH	651
CAH LONE NE SKIH	OO CAW WEE YAUH	650
CAH LU YAH STIH	JIMCEY	296
CAH LU YAH STIH	LAW CEY	293
CAH LU YAH STIH	LUCY	292
CAH LU YAH STIH	OL LAH	294
CAH LU YAH STIH	WAH NI IH	295
CAH SU YAW GIH		202
CAH SU YAW GIH	CHAH CAH WILLESKIH	204
CAH SU YAW GIH	CHOO SO WILL	207
CAH SU YAW GIH	CUL TA LA KIH	206
CAH SU YAW GIH	QUA TI SIH	203
CAH SU YAW GIH	SAU NOO KIH	205
CAH TAL SQUIH		177
CAH TAL SQUIH	AL SAH	179
CAH TAL SQUIH	GA LIH	178
CAH TAL SQUIH	SEFO WAU LA TIIH	181
CAH TAL SQUIH	WAU TE A	180
CAH YA LIH	CHOO AU HEE	114
CAH YA LIH	OOS TIH	113
CAN WANT	AL KA NIH	187
CAN WANT	AMANDA	598
CAN WANT	JOHN	596
CAN WANT	JOHN WAYNIH	600
CAN WANT	LAMB	599
CAN WANT	LUCEANNA	188
CAN WANT	SALLY ANNA	190
CAN WANT	STEVEN	189
CAN WANT	TOM	186
CAN WANT	YAH NIH	597
CAT	AH WIK	1416
CAT	AHLI NIK	1424
CAT	GA YA NE TAH	1417
CAT	JAMES	1414
CAT	JENNY	1420
CAT	JOHN A LARCHY	1427
CAT	NASSY	1421
CAT	SAL SKE	1415
CAT	SCA HA LA SEA	1418
CAT	STACY	1419
CAT	STEVE	1425
CAT	WE LE AH	1423
CAT	YASSTAH	1426
CHARLESTON	JOE	411
CHARLESTON	WINNIE	412
CHARLEY	AH CHIH	342
CHARLEY	OLD OR BIG	341
CHE OA	JAMES	747
CHEE SQUAH		1108
CHI KE LE LIH		896
CHI KE LE LIH	AN SAH	897
CHI KE LE LIH	JIMMY	901
CHI KE LE LIH	LITTLE BONES	900
CHI KE LE LIH	LUCY	898
CHI KE LE LIH	NELSON	903
CHI KE LE LIH	TOM CARTER	902
CHI KE LE LIH	WAH SU TI YAH	899
CHU CHA LA TAH		740
CHU CHA LA TAH	AH GA LOO CAH	744
CHU CHA LA TAH	CAH NI NIH	743
CHU CHA LA TAH	E AH NIH	741
CHU CHA LA TAH	WAH LIH	742
CHU LA LAGIH	CA CHI CHI	1028
CHU LA LAGIH	CHE WAH NIH	1025
CHU LA LAGIH	ISAAC	1027
CHU LA LAGIH	NELLY	1026
CHU LA LAGIH	SA KIH	1024
CHU LE O AH		382
CHU LE O AH	ANA SIK	383
CHU LE O AH	CHIN NI IH	385
CHU LE O AH	YI DIL LA	384
CHU SFQUA LU TAH	CHI YAN STAH	381
CHU SQUA LU TAH		373
CHU SQUA LU TAH	A NE GIH	374
CHU SQUA LU TAH	MARGARET	376
CHU SQUA LU TAH	NANCY	377
CHU SQUA LU TAH	QUA TI NIH	375
CHU SQUA LU TAH	SE QUA NA YAH	378
CHU SQUA LU TAH	STACEY	380
CHU SQUA LU TAH	SUSAN	379
CLA NAH	CAK TAN	991
CLA NAH	DAVID	992
CLA NAH	ELIZABETH	993
CLA NAH	JAMES	995
CLA NAH	JOHN	994
CLAN TAT SIH		873
CLAN TAT SIH	A KIN NIH	876
CLAN TAT SIH	GA CA SA TA NAH	875
CLAN TAT SIH	LA YI NIH	877
CLAN TAT SIH	PETER	878
CLAN TAT SIH	YA TI NIK	874
CO WA LA SKIH		822
CO WA LA SKIH	CE CA WE	830
CO WA LA SKIH	CE LIH	823
CO WA LA SKIH	CHARLOTEE	831
CO WA LA SKIH	EASTER	828
CO WA LA SKIH	GE CA LA KI	829
CO WA LA SKIH	JENNY	832
CO WA LA SKIH	JULIA	833
CO WA LA SKIH	NEWTON	827
CO WA LA SKIH	PETER	825
CO WA LA SKIH	QUA LA U YA	826
CO WA LA SKIH	SALLY	824
COLE	CAROLINE	1561
COLE	CARTHERINE	1558
COLE	ELIZ EMELINE	1562
COLE	ELIZABETH	1560
COLE	GEORGE WASHINGTON	1563
COLE	WILLIAM A.	1559
CONNAHEAT	ALAH	15
CONNAHEAT	ANMNAH	33
CONNAHEAT	ANNA	47
CONNAHEAT	ANNA	23
CONNAHEAT	CAL LA HE	22
CONNAHEAT	CORNELIUS	18
CONNAHEAT	CU NA LA JA CA	26
CONNAHEAT	DA CA NA	31
CONNAHEAT	ELLERIA	24
CONNAHEAT	GA HA NA	25
CONNAHEAT	GU CAH IS	46
CONNAHEAT	ISSAC	21
CONNAHEAT	JACKSON	19
CONNAHEAT	JOHN	29
CONNAHEAT	JOHN GISSKI	20
CONNAHEAT	JOHN LEACH	30
CONNAHEAT	JOHNSON	28
CONNAHEAT	NA TEH	27
CONNAHEAT	NANCY	16
CONNAHEAT	SUSANNAH	32
CONNAHEAT	WAL SI	34
CONNAHEAT	YOU	14
COO LAH		516
COO LAH	AN NE NI AH	517
COU TAH	AH NA	479
COU TAH	COO SCOO IH	481
COU TAH	KAH SIH	480
COW WIH	BECCA	610
COW WIH	EL LI KIH	609
COW WIH	JOHN	611
COW WIH	LUCY ANNA	612
COW WIH	NICK	608
CROMWELL	E.A.	1440
CROMWELL	ESCOO A.	1441
CROMWELL	LYDIA	1439
CROMWELL	MARGARET PALINA	1442
CROMWELL	ZIDDY	1443
CU LA WIH		796
CU LA WIH	CA LE LAHIG	799
CU LA WIH	CA TA KIH	798
CUL LA QUA TAGUE		526
CUL LA QUA TAGUE	ANNA	529
CUL LA QUA TAGUE	OL LE YAH NAH	527
CUL LA QUA TAGUE	SOU IN NIH	528
CUN SI NIH	A KIH	1123
CUN SI NIH	ADAM	1125
CUN SI NIH	CE WAS CAH	1124
CUN SI NIH	CHE NA WIK	1126
CUN SI NIH	JAKE	1122
CUN SI NIH	JANETT	807
CUN SI NIH	JENNIE	805
CUN SI NIH	TAH YA NIH	806

LAST NAME	FIRST NAME	SWETLAND
CUNTE SKIH		1109
CUNTE SKIH	SELAH	1110
CUTA GEES KIH		
CUTA GEES KIH	AH HU LA	82
CUTA GEES KIH	CAH YAH	83
CUTA GEES KIH	JOHN	81
CUTA GEES KIH	ON SIK	85
CUTA GEES KIH	SCOO COO	84
DA YE HE LE	CHAU SO IH	308
DA YE HE LE	CHE SA SI	306
DA YE HE LE	CHIN A LOO KI	307
DA YE HE LE	GE ES TIS KIH	309
DA YE HE LE	SQUIN EE	310
DA YE HE LE	TOO NI E	305
DAVIES	ELIZABETH	1183
DAVIES	JONATHAN	1186
DAVIES	LLOYD	1185
DAVIES	MARTHA	1187
DAVIES	SALLY	1184
DAVIS	AH NA GHEE	429
DAVIS	AH SIG AH GHEE	428
DAVIS	AH WHEH	430
DAVIS	CHI AH TEE	427
DAVIS	ISAAC	257
DAVIS	JOHN	258
DAVIS	WILL OH STEE	426
DAVIS IH		628
DAVIS IH	NIE CY	632
DAVIS IH	SAH LEY	631
DAVIS IH	TAH CHUN TIH	630
DAVIS IH	TU HE COO	629
DE LA STI SKIH		553
DE LA STI SKIH	CE WIH	554
DE LA TE TA GIH		764
DE SAS KIH		753
DE SAS KIH	AH NE LEH	755
DE SAS KIH	AH NI KIH	754
DE SAS KIH	JAMES CHOW SESKIH	761
DE SAS KIH	NA WIH YOU TI E	759
DE SAS KIH	QUA KIH	760
DE SAS KIH	ROSE	762
DE SAS KIH	SAH LI NIH	756
DE SAS KIH	TA TE KIH TEHIH	757
DE SAS KIH	WAH HI TI E	763
DE SAS KIH	WAHL SI NIH	758
DE SON YAH KIH		605
DE SON YAH KIH	DA HA KAH	606
DE SON YAH KIH	NAH SIH	607
DETI GUS KIHN	CAROLINE	1010
DETI GUS KIHN	CORNELIA	1009
DETI GUS KIHN	JESSIE	1007
DETI GUS KIHN	ROSY	1011
DETI GUS KIHN	YA STAH	1008
DOBSON	AH GIH	493
DOBSON	JOHN	492
DOWNEY	ARCH	1548
DOWNEY	BESY	1549
DOWNEY	ELIZABETH	1543
DOWNEY	JACK	1542
DOWNEY	NANCY	1545
DOWNEY	NICY	1546
DOWNEY	PENNY	1544
DOWNEY	SATTI	1550
DOWNEY	THOMAS	1547
ECHU LE HAH		136
ECHU LE HAH	CHE NE LA	137
ET SA CAH		697
ET SA CAH	CA TA YA HIH	698
ET SA CAH	CAH LIN KIH	700
ET SA CAH	E LA YAH	699
EUSTIH	AL STA TI AH	573
EUSTIH	OO NE CHO GA GEES TIH	575
EUSTIH	WAH CHO SAH	574
EUSTIH	WILL	572
FAIN	PATSEY	1387
FEATHER		814
FEATHER	CHARLOTTE	569
FEATHER	CO HE NA IH	815
FEATHER	JOSEPH	568
FEATHER	LAW YER	571
FEATHER	OO GI HO YA	816
FEATHER	OR TE YEH	817
FEATHER	WAH SIH	570
FEATHER	WAH SIK OR MOOSE	818
FLYING SQUIRREL		555
FLYING SQUIRREL	AH LIH	561
FLYING SQUIRREL	CAH CHU TA KIH	562
FLYING SQUIRREL	COMMON	560
FLYING SQUIRREL	NICODEMUS	563
FLYING SQUIRREL	SALLY	556
FLYING SQUIRREL	TU LA YAH	559
FLYING SQUIRREL	TU SA HIH	558
FLYING SQUIRREL	WY YEH	557
FOX		745
FOX	NANCY	746
GA LA GESS KIH		
GA LA GESS KIH	ANA LYZA	273
GA LA GESS KIH	CHE CO NA LAH	271
GA LA GESS KIH	CHU NU CHU CAHK	269
GA LA GESS KIH	CO WO NA	270
GA LA GESS KIH	E WAN NIH	272
GA LA GESS KIH	SALLY	268
GA YE HIH		86
GA YE HIH	AH SA HIH	91
GA YE HIH	CHU NA LA KIH	89
GA YE HIH	NAH SIH	88
GA YE HIH	SU TA KIH	90
GA YE HIH	WA TEH	87
GA YUL SIN NIH		115
GA YUL SIN NIH	ANA WA KA	126
GA YUL SIN NIH	AR KA LUKE	119
GA YUL SIN NIH	CUNNA HE TAH	118
GA YUL SIN NIH	EVA	117
GA YUL SIN NIH	OO NIH	116
GA YUL SIN NIH	POLLY	122
GA YUL SIN NIH	SECO WIH	124
GA YUL SIN NIH	WAL LE	120
GA YUL SIN NIH	WILLE GIH	121
GA YUL SIN NIH	WINAH	125
GA YUL SIN NIH	YAKINNY	123
GARLAND	ELIZABETH	1586
GARLAND	ELIZABETH	1590
GARLAND	JAMIE C.	1592
GARLAND	JESSIE LAVAYETTE	1588
GARLAND	JULIUS BRECKEN-RIDGE	1587
GARLAND	ROXANNA	1589
GARLAND	WILLIAM SHERMAN	1591
GIBSON	JANE	1622
GOING	DAVID	1536
GOING	ERNEE	1539
GOING	JIM	1534
GOING	MOSES	1538
GOING	NANCY	1535
GOING	SALLY	1537
GRAHAM	WM.	1481
GREEN	JAMES	1616
GREEN	JOHN	1617
GREEN	MARTHA	1620
GREEN	MARTHA	1621
GREEN	MARY JANE	1618
GREEN	SARAH JANE	1615
GREEN	WM.	1619
GREENLEAF	AMMY	1017
GREENLEAF	JOHN	1016
GREENLEAF	JOHNSON	1018
GREENLEAF	LIZA	1019
GREY BEARD	AGGY	1197
GREY BEARD	CHARLIE	1201
GREY BEARD	CU TI OIH	1192
GREY BEARD	EZEKIEL	1193
GREY BEARD	JOHN	1199
GREY BEARD	JOHNSON	1191
GREY BEARD	LIZA	1198
GREY BEARD	PETER	1194
GREY BEARD	POLLY	1200
GREY BEARD	RACHEL	1195
GREY BEARD	REBECCA	1202
GREY BEARD	STACH	1196
GROUNDHOG		
GROUNDHOG	JAMES	48
GROUT	ANNY	986
GROUT	OO HI AH LAH IH	985
GROUT	RACHEL	984
HAWKINS	NANCY	1814
HAWKINS	ROSA	1815
HENSLEY	COLUMBUS	1669
HENSLEY	ELIZABETH	1681
HENSLEY	ELIZABETH	1716
HENSLEY	HIRAM	1687
HENSLEY	JOHN JACKSON	1690
HENSLEY	JOSEPH	1682
HENSLEY	JOSEPH	1717
HENSLEY	LUCINDA	1667
HENSLEY	MALINDA	1686
HENSLEY	MARY SALENO	1689
HENSLEY	NANCY	1668
HENSLEY	NANCY JANE	1688
HENSON	ALICE	1261
HENSON	ARENA	1234
HENSON	ARENA	1244
HENSON	BENJAMIN	1249
HENSON	CHARLEY	1254
HENSON	JACK	1263
HENSON	JAMES	1262
HENSON	JOHN	1257
HENSON	JOSEPH	1233
HENSON	JUDAH	1252
HENSON	KIME	1258
HENSON	LEONIDAS	1242
HENSON	MAARGARET	1251
HENSON	MARGARET	1232
HENSON	MARTHA	1243
HENSON	MARY	1245
HENSON	MARY ANN	1240

Swetland Roll - 1869

LAST NAME	FIRST NAME	SWETLAND
HENSON	PEAR LEE	1260
HENSON	REBECCA	1247
HENSON	RICHARD	1256
HENSON	SCOTT	1255
HENSON	TERRILL	1268
HENSON	THOMAS	1250
HENSON	THOMAS	1259
HENSON	WILLIAM	1248
HENSON	WILLIAM	1253
HOLECOMBE	JAMES G.	1649
HOLECOMBE	JOHN	1648
HOLECOMBE	MELTON P.	1650
HOLECOMBE	SARAH	1647
HOLECOMBE	WILLIAM GILBERT	1651
HOLLAND	JAMES	1396
HOLLAND	JESSIE	1393
HOLLAND	JOHN	1392
HOLLAND	LOUISA	1394
HOLLAND	MARTHA	1391
HOLLAND	NANCY	1388
HOLLAND	NANCY ANNE	1395
HOLLAND	PLEASANT	1389
HOLLAND	RUBY CAROLINE	1390
HOLLAND	WM. GANT	1397
HORNBUCKLE	ALEXANDER	243
HORNBUCKLE	CHU AN STAH	514
HORNBUCKLE	HENRY HINSON	253
HORNBUCKLE	JACKSON	491
HORNBUCKLE	JAMES	510
HORNBUCKLE	JEFF DAVIS	254
HORNBUCKLE	JIMMY	249
HORNBUCKLE	JOHN LEE	245
HORNBUCKLE	LAH YEH NIH	512
HORNBUCKLE	LAWANDA	244
HORNBUCKLE	LEANDER	251
HORNBUCKLE	LORENZO	246
HORNBUCKLE	LUCINDA	250
HORNBUCKLE	LY YA NAH	511
HORNBUCKLE	MOSES	255
HORNBUCKLE	NE YAH LAH	247
HORNBUCKLE	RACHEL	256
HORNBUCKLE	S. LEWIS	252
HORNBUCKLE	SAH LOT TIH	490
HORNBUCKLE	SALLIE TIH	513
HORNBUCKLE	STEPHEN	515
HORNBUCKLE	WAL KA NIH	488
HORNBUCKLE	WESLEY	489
HU LA WIK	CHA CA KIH	797
HUNTING BOY		987
HUNTING BOY	AH CA LU CHA	989
HUNTING BOY	AU CUN STA TAH	990
HUNTING BOY	CHA CAH NAH	988
JACKSON	ALLA	1510
JACKSON	CHARLOTTE	1518
JACKSON	COL LE LO HEE	1511
JACKSON	JENNY	1517
JACKSON	JIM	1509
JACKSON	JOHN	566
JACKSON	JOHN	564
JACKSON	JOHN	1515
JACKSON	LIZER	1512
JACKSON	NELLY	1519
JACKSON	SALLY	565
JACKSON	SOL LO LEE WOH	1513
JACKSON	SOLLA	1514
JACKSON	WAH TEE	1516
JIMMA		622
JIMMA	CAH TOO TU YAH	623
JIMMA	CHU TA SIH	625
JIMMA	QUA TI IH	624
JIMMA	SE A LIH	627
JIMMA	UH YAH LIH	626
JOHNSON	ANDY	1246
JOHNSON	CARTHERINE	1593
JOHNSON	CHAR LOT TIH	679
JOHNSON	CICERO	1599
JOHNSON	DUDLEY A.	1596
JOHNSON	ESTER	800
JOHNSON	ISSAC J.	1597
JOHNSON	JESSIE J.	1598
JOHNSON	MARY ELIZABETH	1407
JOHNSON	ROMEELUS M.	1594
JOHNSON	VIVIEAN	1600
JOHNSON	WILLIAM MONROE	1595
JOHNSON IH		576
JOHNSON IH	AH HEU WEE NA TAH	578
JOHNSON IH	SALLIE	577
JORDAN	AMANDA	1556
JORDAN	CAROLINE	1554
JORDAN	CARTHERINE	1551
JORDAN	CARTHERINE	1552
JORDAN	IDILLA MAY	1557
JORDAN	LAURA	1553
JORDAN	LILLY	1555
JORDAN	WILLIAM	1452
JUN NA LUS KIH		750
JUN NA LUS KIH	LA TIH	751
KA TA GEES KIH	AH WIH	57
KA TA GEES KIH	ANNIE	63
KA TA GEES KIH	CA NA LUS SKI	60
KA TA GEES KIH	DAVID	62
KA TA GEES KIH	JENNIE	59
KA TA GEES KIH	JOHNSON	52
KA TA GEES KIH	LIZZIE	61
KA TA GEES KIH	NANCY	55
KA TA GEES KIH	SA SA LA TIH	56
KA TA GEES KIH	SA TI IH	53
KA TA GEES KIH	SUSANNAH	54
KA TA GEES KIH	WILLIS	58
KAL A QUO TAGG	ANNIH	659
KAL A QUO TAGG	JOE	658
KAL A QUO TAGG	JOHN	660
KELL	ANDREW	1606
KELL	GEORGE WASHINGTON	1813
KELL	MARY ANN	1605
KELL	SALLY	1581
KELL	SARAH ANN	1604
KELL	SUSANNAH	1607
KELL	WEEKS	1603
KIDD	ALEVILDA	1348
KIDD	DAVID	1349
KIDD	MARY	1350
KIH	JOHN E.	184
KIH	MINDAY	185
KING	JOE	1159
LAMBERT	A.J.	1305
LAMBERT	ALBERT	1309
LAMBERT	CATHERINE	1306
LAMBERT	H.	1307
LAMBERT	HENRY	1319
LAMBERT	I.M.	1310
LAMBERT	JAMES RAPER	1317
LAMBERT	JOHN N.	1312
LAMBERT	JOWA	1314
LAMBERT	LUCY ANN	1313
LAMBERT	NANCY	1304
LAMBERT	NANCY S.	1308
LAMBERT	R.R.	1315
LAMBERT	R.R.	1316
LAMBERT	S.C.	1311
LAR CHI	AH LE ANNA	441
LAR CHI	AH WIH	438
LAR CHI	BECCA	443
LAR CHI	COO IS TA	340
LAR CHI	CU TA KIH	437
LAR CHI	DANIEL	339
LAR CHI	EL SIH	338
LAR CHI	ELIZABETH	442
LAR CHI	JOHN	335
LAR CHI	JOHN	435
LAR CHI	MARY	440
LAR CHI	SALLY	436
LAR CHI	SAMPSON	439
LAR CHI	SUSANNAH	337
LAR CHI	YA NIH	336
LARCHEE		580
LARCHEE	AL KIN NIH	582
LARCHEE	CAH LE LO HIH	586
LARCHEE	DAVIS SIH	587
LARCHEE	ELI	584
LARCHEE	JOHNSON	583
LARCHEE	MAL LA NA	585
LARCHEE	NANCY	581
LAS QUA NIH		303
LAS QUA NIH	CLU LE AH HIH	304
LAW SIH	CHARLOTIH	290
LAW SIH	JOHN NE	289
LEDFORD	NANCY Y.	1812
LEGG	LEWELLYN ROSS	1610
LITTLE BONE		433
LITTLE BONE	ROSE	434
LITTLE WILL	WILL A STEE	879
LITTLEJOHN		167
LITTLEJOHN	CAL LA MES KIH	502
LITTLEJOHN	CHU SQUAH	505
LITTLEJOHN	CON NOO TA YAH HIK	506
LITTLEJOHN	CUL LAS SKA WEE	504
LITTLEJOHN	ELIZA	503
LITTLEJOHN	JENNIE	168
LITTLEJOHN	MITCHEL	169
LITTLEJOHN	QUA NOS TIH	507
LOCUST	AH NA WA KIH	1204
LOCUST	AH NI NIE	839
LOCUST	AL STIK HIK	919
LOCUST	ALFRED	918
LOCUST	AUGUSTA	923
LOCUST	BUCK	1206
LOCUST	CHARLEY	837
LOCUST	CHE CA YU EH	912
LOCUST	CUL STIK YIK	911
LOCUST	GA LA GUS KIH	841
LOCUST	GA LA GUS KIH	842
LOCUST	GA LA TES SKIH	836
LOCUST	JESSIE	916
LOCUST	JOE	910
LOCUST	JOHN	1203
LOCUST	JOHN	1205
LOCUST	LEWIS	921
LOCUST	LINDA	920
LOCUST	LOUISA	913
LOCUST	LUCY	835
LOCUST	LYDIA	838
LOCUST	MARTHA	915
LOCUST	NO HOO LAH	914
LOCUST	POLLY	1208
LOCUST	SAH NE CO YAH	834
LOCUST	SALLY	917
LOCUST	SIMA LIK	922
LOCUST	WILLIAM	840
LOCUST	WILLIAM	1207
LOCUST	YAH NIH	924
LOSSIH	JOHN	588
LOSSIH	LEANDER	591

LAST NAME	FIRST NAME	SWETLAND
LOSSIH	LINSEY	590
LOSSIH	MARY	589
LOUI		724
LOUI	A LE EE NIH	727
LOUI	CE LIH	726
LOUI	MARGARET	728
LOUI	OO HA SIH	731
LOUI	SA Y YAY CAH	730
LOUI	TE QUE TE TAH	729
LOUI	YAH KI NIH	725
LOVE	ROBERT	1158
MANEY	ISSAC	1662
MANEY	LA FAYETTE	1658
MANEY	LUCINDA	1661
MANEY	MARGARET	1659
MANEY	NANCY LAVENO	1657
MANEY	SERENAIA	1660
MANY	ADELINE	1768
MANY	ADELINE	1769
MANY	ALFORD	1753
MANY	ARLENA	1792
MANY	BARBRY	1763
MANY	BETTY ANN	1765
MANY	COLUMBUS	1576
MANY	GARRETTE BUCHANAN	1629
MANY	GEORGE	1757
MANY	GEORGE	1771
MANY	GEORGE G.	1644
MANY	HANNAH	1755
MANY	HARRIET L.	1791
MANY	HENRY	1770
MANY	JAMES	1762
MANY	JAMES	1764
MANY	JAMES H.	1751
MANY	JAMES L.	1806
MANY	JASPER	1754
MANY	JOHN	1623
MANY	JOHN	1752
MANY	JOHN	1789
MANY	JOHN G.	1627
MANY	JOHN J.	1766
MANY	LEANDER	1756
MANY	LOUISE	1626
MANY	MADISON	1575
MANY	MARGARET	1628
MANY	MARGARET	1759
MANY	MARGARET E.	1809
MANY	MARGARET ELIZABETH	1645
MANY	MARIAN	1793
MANY	MARTIN	1758
MANY	MARTIN	1767
MANY	MARTIN R.	1808
MANY	MIKE	1788
MANY	MILIS L.	1807
MANY	POLLY	1646
MANY	ROBERT	1625
MANY	RONNELUS	1577
MANY	SALLINA	1790
MANY	SYLVESTER B.	1805
MANY	U.B.	1624
MANY	VIENNA	1811
MANY	WILLIAM A.	1810
MANY	WILLIAM B.	1787
MATHEWS	ADELINE	1728
MATHEWS	ALLEN	1729
MATHEWS	GEORGANNA	1731
MATHEWS	HENRY	1726
MATHEWS	JANE	1727
MATHEWS	JOHN	1730
MATOY	CAROLINE	1474
MATOY	ELIZABETH	1482
MATOY	JAMES	1475
MATOY	JAMES	1477
MATOY	JOSEPH	1472
MATOY	MARY ANN	1479
MATOY	NANCY	1480
MATOY	RACHEL	1471
MATOY	STACY	1473
MATOY	WILLIAM	1470
MATOY	WILLIAM	1478
MAYNARD	HORACE	1241
MC LEMORE	ESTHER	1527
MC LEMORE	JOHN L.	1528
MC LEMORE	SAMUEL	1529
MEDCALF	A.	1699
MEDCALF	ALBERT	1664
MEDCALF	ANDREW	1674
MEDCALF	ANDREW	1709
MEDCALF	C.H.	1703
MEDCALF	DENCY	1696
MEDCALF	E.B.	1700
MEDCALF	G.Y.	1702
MEDCALF	GOWENDIA	1695
MEDCALF	H.C.	1678
MEDCALF	H.C.	1713
MEDCALF	HARRISON	1673
MEDCALF	HARRISON	1707
MEDCALF	HENRY	1680
MEDCALF	HENRY	1715
MEDCALF	I.G.	1704
MEDCALF	J.B.	1708
MEDCALF	J.Y.	1670
MEDCALF	JOHN	1693
MEDCALF	JOHN	1694
MEDCALF	LA FAYETTE	1666
MEDCALF	M.C.	1677
MEDCALF	M.C.	1712
MEDCALF	MARGARET	1672
MEDCALF	MARGARET	1706
MEDCALF	MARY	1676
MEDCALF	MARY	1711
MEDCALF	NANCY	1656
MEDCALF	NANCY	1665
MEDCALF	SERENIO	1663
MEDCALF	THO. CLINGMAN	1698
MEDCALF	W.B.	1679
MEDCALF	W.B.	1701
MEDCALF	W.B.	1714
MEDCALF	WESLEY	1697
MEDCALF	WM.	1671
MEDCALF	WM.	1705
MEDCALF	ZEB	1675
MEDCALF	ZEB	1710
MERONEY	BAILY	1335
MERONEY	FLORENCE	1333
MERONEY	JOHN	1334
MERONEY	LLOYD	1336
MERONEY	MARTHA ANN	1332
MINK		1043
MINK	AH LIH	1044
MINK	CANDY	1046
MINK	NA KIH	1045
MINK	TAYLOR	1047
MISSING NAME		358
MISSING NAME		457
MISSING NAME		657
MOGGASIN	JAMES	1328
MOSS	HARVEY J.	1798
MOSS	HASELTINE	1797
MOSS	JAMES B.	1796
MOSS	JEFFERSON	1800
MOSS	MARGARET I.	1799
MOSS	MILLAN	1801
MOSS	REBECCA	1794
MOSS	SALLY	1795
MUMBELHEAD	JOHN	1413
MURPHY	ARCHILALA	1505
MURPHY	CANDY	1526
MURPHY	CHARLOTTE	1498
MURPHY	CYNITHIA	1497
MURPHY	DAVID	1489
MURPHY	DAVID	1500
MURPHY	DAVID B.	1524
MURPHY	GEORGE	1506
MURPHY	HART	1483
MURPHY	JAMES	1490
MURPHY	JAMES	1507
MURPHY	JAMES	1521
MURPHY	JESSIE	1485
MURPHY	JOHN	1504
MURPHY	JOHN H.	1525
MURPHY	JOSEPH	1488
MURPHY	JOSEPH	1522
MURPHY	LA YAYETTE	1499
MURPHY	LEANDER	1484
MURPHY	MANCO	1486
MURPHY	MARY	1476
MURPHY	MARY	1494
MURPHY	MARY E.	1502
MURPHY	MILLA	1491
MURPHY	MINNY	1503
MURPHY	NANCY A.	1523
MURPHY	SAMUEL A.	1487
MURPHY	SOMANTHA	1493
MURPHY	THOMAS	1496
MURPHY	WILLIAM	1495
MURPHY	WILLIAM	1501
MURPHY	WILLIAM	1508
MURPHY	YAHIHA	1492
NA KIK		811
NAH AH	CAH LOO NEES KIH	399
NAH CHI AH		775
NESKIH	AH HE A KE	78
NESKIH	DAV IS IH	76
NESKIH	GE TAH YOS KIH	74
NESKIH	GE TON	73
NESKIH	LUCY	79
NESKIH	SIT A WA KI	80
NESKIH	WA CHU CHA	77
NESKIH	YO LAH KA QUAH	75
NI HIH	IN NA LUS KIH	868
NI HIH	SALA NIH	866
NI HIH	SONITH	869
NI HIH	SUSY	865
NI HIH	WA LI NIH	867
NI HIH	YE SA	864
NICK IH		682
NICK IH	ALCEY	675
NICK IH	ALSEY	674
NICK IH	JOHN	684
NICK IH	JOSEPH	677
NICK IH	LIEN ZE NIH	690
NICK IH	LORENZO	688
NICK IH	LORRY	686
NICK IH	LUCINDA	683
NICK IH	MANDY E.	689
NICK IH	MARY	676
NICK IH	SE QUA YAH	678
NICK IH	SEVIER	685
NICK IH	TA LI THA	687
NICK IH	WESLEY	673
NICO JACK		155
NICO JACK	ALSY	161
NICO JACK	DAVIE	164
NICO JACK	DAVIE	345
NICO JACK	ELI MO NITE	343
NICO JACK	GA WAH	159
NICO JACK	JACKSON	160
NICO JACK	JENNY	157
NICO JACK	JOHN WELCH	165
NICO JACK	LIDDY	344
NICO JACK	NANCY	346
NICO JACK	OOL SCAH TIH	166
NICO JACK	QUALLAH TAH	158
NICO JACK	SAL LA NIH	163
NICO JACK	SALLIE	156
NICO JACK	SALLY	347
NICO JACK	WINNIH	162
NORTON	LAURA ANN	1601
NORTON	RONEELUS ALVIN	1602
NOTHIN IN THIS SPACE		1012

LAST NAME	FIRST NAME	SWETLAND
OLD NED	ADAM	413
OLD NED	AHL SIH	403
OLD NED	CE GILLEH	408
OLD NED	CI LA TIH	406
OLD NED	E WAH SIH	418
OLD NED	ELLEN	417
OLD NED	ELSIE	405
OLD NED	HONI OS CHEI TIK	410
OLD NED	JACKSON	407
OLD NED	MARY	409
OLD NED	NED	404
OLD NED	QUA LE ANNA	414
OLD NED	SAM	401
OLD NED	WA LA TAH	415
OLD NED	WE SE LIH	416
OLD NED	YA NIH	402
OO CA MAH		431
OO CA MAH	AH LA NIH	432
OO CHU CHU	CHUGAH TOO WISKAH	212
OO CHU CHU	LUCY	213
OO CHU CHU	OO NA KE AH NIH	209
OO CHU CHU	SKA QUAH	214
OO CHU CHU	SO KINIH	208
OO CHU CHU	SU A TI	211
OO CHU CHU	WAH HE NAH	210
OO CUMIH	ANNA	281
OO CUMIH	CARLINN	284
OO CUMIH	CHE AN TI TAH	280
OO CUMIH	JOHN	287
OO CUMIH	NAH KIH	282
OO CUMIH	NI E SIH	285
OO CUMIH	OO CHU LAH	286
OO CUMIH	SHE LOLA WOTE	283
OO CUMIH	WA KIH	288
OO CUMIH	WILSON	279
OO GA YA STIH		909
OO LA AH IH	ALSEY	883
OO LA AH IH	ANNY	880
OO LA AH IH	WILL ALLEN	882
OO LA AH IH	YA NA TA SAH	881
OO LA CA TIH		419
OO LA CA TIH	CAH YAH HIH	420
OO LA CA TIH	DA NIH	421
OO LA HA IH	AH COO YAH	546
OO LA HA IH	DE SU QUO SKI	548
OO LA HA IH	OO YEA QUAH	547
OO LA HA IH	SAMUEL	545
OO LA HE YA TAH		64
OO LA LA GEES KIH		1422
OO LA NAH TAH		592
OO LA NAH TAH	ETE CA KIH	595
OO LA NAH TAH	MARY	594
OO LA NAH TAH	SAL KINNY	593
OO LAS TA NIH		508
OO LAS TA NIH	SALLIE TIH	509
OO LO NUS TIS KIH		524
OO LO NUS TIS KIH	NAH CHI NAH	525
OO NO LA		393
OO NO LA	QUA KIH	395
OO NO LA	WAL SAH	394
OO NO NOO TIH		1156
OO NO NOO TIH	NA KIH	1157
OO SAH KE GAH		733
OO SAH KE GAH	AHL SIH	734
OO SAH KE GAH	TOM	735
OO SAH KE GAH	WAH HI CA LOO	736
OO SO WIH		264
OO SO WIH	ALSEY	266
OO SO WIH	COH LE SKA WIH	267
OO SO WIH	OO SQUIN NIH	265
OO TA LU GA		1048
OO TA LU GA	AH CHA GIH	1054
OO TA LU GA	BECCA	1049
OO TA LU GA	BELL	1051
OO TA LU GA	CA TE CLA IH	1053
OO TA LU GA	CANA NE LIH	1056
OO TA LU GA	JOE	1050
OO TA LU GA	OO SKI NIH	1052
OO TA LU GA	OO SKI NIH	1055
OO TA NE AU TI		543
OO TA NE AU TI	CHI NI LA KIH	544
OOH TAW IH	BEN	182
OOH TAW IH	SA LA IH	183
OOL STU HIH	JIN SEY	653
OOL STU HIH	JOHN	652
OOL STU HIH	LOUISA	655
OOL STU HIH	NELLY	654
OOL STU HIH	WESLEY	656
ORTER	AMANDA	1106
ORTER	ANCI I	240
ORTER	JOHN	1107
ORTER	THOMAS	1105
OTTER	AH NI IH	1144
OTTER	CHI CA NA LA	1140
OTTER	JAKE	1141
OTTER	NE LA GIH	1146
OTTER	SA KI NIH	1139
OTTER	SAT TA NIH	1142
OTTER	WEE KI	1145
OTTER	WOO LA KIH	1143
OTTER	YE TA NA SKI	1138
OWL	ADAM	1277
OWL	ADAM QUINCY	1290
OWL	C. CORDELIA	1292
OWL	DAVID	1288
OWL	JAMES	1270
OWL	JOHN	1285
OWL	JOSEPH	1273
OWL	LYDIA	1286
OWL	MARGARET	1276
OWL	NANCY	1271
OWL	OO NA LA	1278
OWL	SA CA NI GAH	1274
OWL	SAMANTHA	1289
OWL	SOLOMON DENIS	1291
OWL	STCEY	1275
OWL	STERN	1272
OWL	WINNIE	1287
PAINTER	OCTAVIE	1353
PANTHER	CATHERINE	1347
PANTHER	ELIZABETH CATHERINE	1346
PANTHER	MARY YALENT	1345
PARTRIDGE	ALSEY	532
PARTRIDGE	DAVE	530
PARTRIDGE	TY YAH NAH	531
PAYNE	CATHERIN	1463
PAYNE	ELEANOR	1461
PAYNE	FELIX	1352
PAYNE	HAMON	1464
PAYNE	MARTHA ANN	1351
PAYNE	MARY	1460
PAYNE	SARAH	1462
PECKERWOOD	ALSEY	12
PECKERWOOD	DAVID	9
PECKERWOOD	JAMES	6
PECKERWOOD	JOHN	8
PECKERWOOD	LUCY	10
PECKERWOOD	SALLY	7
PECKERWOOD	STACY	13
PECKERWOOD	WILLIAM	11
PHILIPS	ELLEANOR	1169
PHILIPS	HARRIET	1170
PHILIPS	OSCAI	1171
POWELL	AL TAH NAH ES KIK	681
POWELL	ARTHUR	1182
POWELL	CORNELIA	1173
POWELL	ELIZABETH WELCH	1172
POWELL	FRANCIS	1175
POWELL	JOHN	680
POWELL	JOHN ALVIN	1177
POWELL	JOSEPH	1178
POWELL	MARTHA	1180
POWELL	MARY	1176
POWELL	ROBERT	1174
POWELL	VICTORIA	1181
POWELL	WASHINGTON	1179
QUAIN NIH		364
QUAIN NIH	CHIN TA KIH	365
QUAIN NIH	CU TI YEH	366
QUAIN NIH	OO WA SUT TE	367
QUAIN NIH	SUSANNA	368
QUATY	ANNA	979
QUATY	BECCA	972
QUATY	JAMES	974
QUATY	JOHN	975
QUATY	MARK	970
QUATY	MARTHA	976
QUATY	NANCY	973
QUATY	NOAH	977
QUATY	SISAM	971
QUATY	WELCH	978
RAPER	ALEXANDER	1453
RAPER	ALEXANDER	1582
RAPER	ALICE	1318
RAPER	ALONZO	1469
RAPER	BENNY	1457
RAPER	CALCENIA	1468
RAPER	CHARLES	1467
RAPER	CYNTHIA ANN	1579
RAPER	DORY	1458
RAPER	ELLEN SUSANNAH	1584
RAPER	JACKSON	1384
RAPER	JACKSON	1454
RAPER	JAMES BURTON	1580
RAPER	JAMES WARNER	1583
RAPER	JANE	1456
RAPER	JESSIE	1379
RAPER	MARTHA	1385
RAPER	MARTIN	1381
RAPER	MINEVEA	1455
RAPER	NATHANIEL FRANKLIN	1466
RAPER	NELSON	1459
RAPER	POLLY OR MARY	1380
RAPER	POWELL	1382
RAPER	RACHEL	1383
RAPER	THOMAS	1386
RAPER	WILLIAM	1578
RAPER	WM. THOMAS	1585
RATTLER		1080
RATTLER	AH NI GA	966
RATTLER	ANDY	952
RATTLER	ANNAH	959
RATTLER	CHE AH SA HI	1093
RATTLER	CUT LA YA IH	1082
RATTLER	ELLEKI	1091
RATTLER	EZEKIEL	1086
RATTLER	GA GIH	960
RATTLER	JENN7	947
RATTLER	JOE	949
RATTLER	LA KI NIH	961
RATTLER	LA SIH LIK	969
RATTLER	LAWYER	958
RATTLER	LINDA	1087
RATTLER	LIZA	957
RATTLER	MARGARET	951
RATTLER	MIKE	964
RATTLER	MIKE	965
RATTLER	NANCY	1085
RATTLER	NICO	1088
RATTLER	OO NE TAH TAH	1081
RATTLER	PEGGY JANE	955

Swetland Roll - 1869

LAST NAME	FIRST NAME	SWETLAND
RATTLER	RIDER	967
RATTLER	SALLY	963
RATTLER	SALLY	1089
RATTLER	SKINN LA HIH	1083
RATTLER	SL SIH	950
RATTLER	SOLOMON	956
RATTLER	STACEY	953
RATTLER	STEVE	962
RATTLER	SUL TE SKE	1092
RATTLER	TAH NIH	1090
RATTLER	WA TH	1084
RATTLER	WASHINGTON	954
RATTLER	WILSON	948
RATTLER	WINNIE	968
REED	CAH LE LA HIH	66
REED	HUNTER	70
REED	JAMES	72
REED	JAMES	68
REED	JESSIE	65
REED	NELLY	69
REED	PETER	67
REED	RACHEL	71
ROBERTSON	DULEENA	1637
ROBERTSON	MARY ANN	1636
ROBERTSON	WESLEY	1638
ROGERS	JEANNETTE	1465
ROSS		1061
ROSS	CASSY	931
ROSS	CINDA	929
ROSS	GEORGE	927
ROSS	JOB	930
ROSS	JOHN	925
ROSS	SELAH	928
ROSS	YAH NIH	926
RUDDELL	FLORENCE	1238
RUDDELL	JESSIE	1239
RUDDELL	JOSEPH	1237
SA TA NIK		1279
SAH WIH	AMANDA	1153
SAH WIH	CHU A LOO GIH	1152
SAH WIH	DAVID	1154
SAH WIH	JENNY	1150
SAH WIH	STEPEHEN	1151
SAH WIH	WA LE SAH	1149
SAITH		786
SAITH	YE SKE SKIH	787
SAL LA LA NETE		737
SAL LA LA NETE	CHA YOU CAH	739
SAL LA LA NETE	YA CA YAH	738
SAMPSON	DE TES KIH	712
SAMPSON	SIT TE YAH	711
SAMPSON OR CAN NAU HEAT		170
SANDERS	DAVID S. REED	102
SANDERS	GEORGE ELLIS	104
SANDERS	JOHN	101
SANDERS	SUSAN ANNADILLA	103
SANDERS	WM. ISSAC	732
SAP SUCKER		1013
SAP SUCKER	CA LA TI YIH	1075
SAP SUCKER	CA SU WA HI LA	1072
SAP SUCKER	CE LEH	1014
SAP SUCKER	CUN NI CLA WIH	1079
SAP SUCKER	ELLEN	1076
SAP SUCKER	GEORGE	1077
SAP SUCKER	JOHN	1015
SAP SUCKER	LITTLE DEER	1074
SAP SUCKER	SARAH	1071
SAP SUCKER	TA SKE GIH	1070
SAP SUCKER	YE SA LA YE SKI	1073
SAP SUCKER	YOU NU TO WAH	1078
SATIH	ANNIH	485
SATIH	CLAW YEH	486
SATIH	YOO YAH SKIH	487
SCHELL	DENNIS	1284
SCHELL	ELIAH	1283
SCHELL	JOHN	1281
SCHELL	OMIH	1280
SCHELL	WESLEY	1282
SE QUA IH		765
SE QUA IH	ACHIL LEE	774
SE QUA IH	AN NA SAH SI	768
SE QUA IH	ANA LET TAH	771
SE QUA IH	LUCINDA	773
SE QUA IH	NANNY	769
SE QUA IH	NE CO TOE	772
SE QUA IH	SA KA LI E	767
SE QUA IH	SAL TAH	766
SE QUA IH	SEH STA WAH	770
SE QUE YAH		369
SE QUE YAH	CHI WO NA	370
SE QUE YAH	CHOU WA SIH	372
SE QUE YAH	OLE NAH	371
SEE QUEE YAH		639
SEE QUEE YAH	CU TAH SAH WIH	644
SEE QUEE YAH	CULAH STI IH	640
SEE QUEE YAH	DAVID	641
SEE QUEE YAH	ACKSON	646
SEE QUEE YAH	LYTTA	645
SEE QUEE YAH	MARY	647
SEE QUEE YAH	OOL SCAH STIH	642
SEE QUEE YAH	SAH TAH NIH	643
SEE QUEE YAH	TEE SQUA TA GIYIK	648
SHAD	CHEE LA CHIH TEE	425
SHAD	E CHO CO COO NE	423
SHAD	THE WATER	422
SHAD	U TE	424
SHADYWICK	JAMES A.	1786
SHADYWICK	MATHA	1785
SHEPHERD	ELIZA	1634
SHEPHERD	LAURA	1635
SHIELDS	CASIER	1564
SICA TOW WIH		
SICA TOW WIH	AU CO TI	538
SICA TOW WIH	JOHN	537
SKE TE HIH	MIKE	714
SKE TE HIH	SEVERE	713
SKIH	AH E AH STAH	1095
SKIH	AH LE NIH	1098
SKIH	BETSEY	1096
SKIH	CA TA QUA	1094
SKIH	OO LA TA GEES	1097
SKITT	MIKE	1155
SMITH	ADELIA	1410
SMITH	AMANDA	1779
SMITH	BURNETT	1780
SMITH	CHARLEY	1300
SMITH	CHARLOTTE	1294
SMITH	CORDELIA	1409
SMITH	ELIZABETH	1533
SMITH	GEORGE L.	1531
SMITH	GEORGENA	1532
SMITH	HENRY	1293
SMITH	HENRY	1297
SMITH	JOHN	1530
SMITH	JOSEPH	1296
SMITH	LOUIS	1295
SMITH	MARK Y.	1298
SMITH	MARTHA ANN	1299
SMITH	NANCY	1301
SMITH	NANCY	1781
SMITH	NIMROD	1408
SMITH	RICHARD	1411
SMITH	ROSS B.	1412
SMITH	SALLY	1302
SMITH	SARAH	1303
SMOKE		936
SMOKE	AH LA YAH	940
SMOKE	CHU CA YU IH	942
SMOKE	JENNY	937
SMOKE	MIKE	939
SMOKE	NANNY	938
SMOKE	OO RI HU KIH	941
SMOKE	ROSY	943
SNEAD	ALFONSO	1340
SNEAD	CYONSHA	1339
SNEAD	JAMES	1342
SNEAD	JOHN	1117
SNEAD	JOSEPH	1344
SNEAD	MARY ANN	1337
SNEAD	SAMUEL	1341
SNEAD	SARAH	1338
SNEAD	STACY JANE	1118
SNEAD	WILLIAM	1343
SON IT NIH	AH NA WA KIH	193
SON IT NIH	E TA CAH KIH	196
SON IT NIH	NA GA COO	192
SON IT NIH	WES SAH OR CAT	197
SON IT NIH	YAH NE NA LIH	194
SON IT NIH	YE SA NIH	195
SON IT NIH	YEH KIN NIH	191
SOURJOHN	MARTHA	1609
SPOILER	I YOS TAH	138
SPOILER	LY YAN NIH	140
SPOILER	NOO YAH HIH	141
SPOILER	OO YAU STAUIH	143
SPOILER	TE TE YAH HIH	142
SPOILER	YON KA LA KIH	139
SQUA E SIH		709
SQUA E SIH	SA LA NIH	710
SQUIRREL		843
SQUIRREL	AH NE CHA CHI	845
SQUIRREL	CE CA WIH	844
SQUIRREL	MARY	846
SQUIRREL	SO QUIT SIH	847
STANDING DEER		
STANDING DEER	AH NOO YAH	227
STANDING DEER	ANDY	228
STANDING DEER	CAROLINE	226
STANDING DEER	CHO QUAH	230
STANDING DEER	HO WIH CO TANGA	225
STANDING DEER	JOE	231
STANDING DEER	JOHN	233
STANDING DEER	WESLEY	229
STANDING DEER	YA HA NAH	232
STANDING WOLF	AH CUN STAH TAH	1129
STANDING WOLF	EDWARD H	1130
STANDING WOLF	JOHN	1127
STANDING WOLF	JOHN	1132
STANDING WOLF	RACHEL	1131
STANDING WOLF	REBECCA	1128
STANDINGDEER		905
STANDINGDEER	E YA SA CAH	904
STEES YA NI TA DEGEES KIH		906
STEES YA NI TA DEGEES KIH	OO CU NI AS TIH	907
STENETT	DOLLY	1265

Swetland Roll - 1869

LAST NAME	FIRST NAME	SWETLAND
STENETT	MARGARET	1264
STENETT	MARY	1266
STENETT	THOMAS	1267
STI CAH	ABRAHAM	241
STI CAH	CAH NAU STI YAH	242
STI CAH	ENE TAH NI IH	238
STI CAH	EY A NIH	239
STI CAH	MARGARET	240
STI CAH	SEE KIN NIH	237
STI CAH	SHE LA LE SIH	236
SU A GA		386
SU A GA	A KIH	388
SU A GA	ELIZA	391
SU A GA	SALLIE	390
SU A GA	STU GUS TIH	389
SU A GA	TE NU E HI GA	392
SU A GA	WAN NE NAH HIH	387
SU A GIH		1064
SU A TIH		720
SU A TIH	LUCY	722
SU A TIH	OO E NA NI TI HIH	721
SU A TIH	SAMPSON	723
SU KII I		748
SU KIH	CHARLOTTE	749
SWUIRREL	AH LIK	809
SWUIRREL	AH TAH KIH	810
SWUIRREL	GROUND	808
TAH CHU TAH		
	JENNIE	638
TAH NEE YAH TA		
	NANCY	144
TAH NEE YAH TA		
	QUALLA OO KAH	146
TAH NEE YAH TA		
	STUGUSTA	148
TAH NEE YAH TA		
	ULTETA	147
TAH NEE YAH TA		
	WIL LA KIH	145
TAYLOR	BETSEY	1189
TAYLOR	CATHERINE	1190
TAYLOR	DAVID	1168
TAYLOR	EDWARD	1165
TAYLOR	JESSIE	885
TAYLOR	JOHN	884
TAYLOR	JOHN	1166
TAYLOR	LAURA	1164
TAYLOR	MOLLY	1167
TAYLOR	STACEY	1188
TE KA NIS KIH		
	AH HA KA	220
TE KA NIS KIH		
	AH LAH TIS KIH	218
TE KA NIS KIH		
	AH LIK STAH EHIH	219
TE KA NIS KIH		
	ANNA	216
TE KA NIS KIH		
	DANIEL	215
TE KA NIS KIH		
	TAH TE NOSTIH	217
TE NAH IH		154
TE NAH IH	NA SIH	153
TEE SU KEY		636
TEE SU KEY	ANNA KIH	637
THOMAS	MANDY	1740
THOMAS	MARGARET	1739
THOMAS	MINERVA	1738
THOMAS	MINERVA	1741
THOMPSON		870
THOMPSON	ANNY	871
THOMPSON	AUSTIN	1372
THOMPSON	CA TA GEES KIH	872
THOMPSON	CALEB	1363
THOMPSON	DAVID Y	1377
THOMPSON	EL IHU	1373
THOMPSON	ELIZABETH	1368
THOMPSON	ELIZABETH	1374
THOMPSON	JAMES WESLEY	1365
THOMPSON	JOHN FRANKLIN	1366
THOMPSON	MARTHA	1370
THOMPSON	MARTHA	1378
THOMPSON	MARY JANE	1376
THOMPSON	MATILDA	1367
THOMPSON	NANCY	1371
THOMPSON	SARAH	1369
THOMPSON	SARAH L.	1375
THOMPSON	WM. DAVID	1364
TICK AH HOO	GESS KIH	579
TIMPSON	ALFRED	1358
TIMPSON	DRUEILLA	1361
TIMPSON	HANNAH	1359
TIMPSON	HUMPHRY	1362
TIMPSON	JAMES	1360
TIMPSON	LETITIA MINERVA	1356
TIMPSON	LYDIA AMERICA	1357
TIMPSON	MELVINA	1354
TIMPSON	SUSAN	1355
TO WA WIH		696
TO WIH	BETSEY	299
TO WIH	CAMEL IH	302
TO WIH	CHO SIH	301
TO WIH	JOHN	297
TO WIH	JOHNSON	300
TO WIH	OL KA NIH	298
TOBACCO SMOKE		890
TOBACCO SMOKE		
	CA TA GA WIH	892
TOBACCO SMOKE		
	CLU QUA GIH	895
TOBACCO SMOKE		
	OO LA KI LA	893
TOBACCO SMOKE		
	SUSAN	891
TOBACCO SMOKE		
	WAH SKI NIH	894
TOO CAH		476
TOO CAH	CHU KAH HIH	478
TOO NIH		617
TOO NIH	AH LA NIH	618
TOO NIH	WAT SA NIH	619
TRAMPER		1065
TRAMPER	CORNELIA	1067
TRAMPER	JAKE	1068
TRAMPER	SALINA	1066
TRAMPER	THOMPSON	1069
TROTTING WOLF		1209
TROTTING WOLF		
	ANNY	1213
TROTTING WOLF		
	DAVID	1211
TROTTING WOLF		
	JOHN	1212
TROTTING WOLF		
	NICE	1210
TUCKER	ANGELINA	1721
TUCKER	JAMES	1742
TUCKER	JANE	1725
TUCKER	JOHN	1718
TUCKER	JOHN	1720
TUCKER	LA FAY ETTE	1724
TUCKER	MANDA	1719
TUCKER	MARTHA	1722
TUCKER	WILLIAM	1723
TWISTER	AN YEH HIH	1100
TWISTER	AVA	1102
TWISTER	NE SKA LE HIH	1103
TWISTER	Q TAH CAH	1104
TWISTER	ROPE	1099
TWISTER	YA LA STAH	1101
U TA TIH	BEAR	1227
U TA TIH	JENNY	1226
U TA TIH	JOHN DAVIS	1228
U TA TIH	POLLY ANN	1229
ULYSSES		1269
WA CHA SAH	GOIN SWAKI	1225
WA CHA SAH	LUCY	1224
WA CHU CHA	AH LI NIH	819
WA CHU CHA	EVE	820
WA CHU CHA	PHILIP	821
WA LA NE KAH		996
WA LA NE KAH		
	AH SIH NIH	997
WA LA NE KAH		
	CA CIH SAS TAH	999
WA LA NE KAH		
	ENI IH	998
WA NAH	AH LA NIH	802
WA NAH	AHLSIK	804
WA NAH	JOHN	801
WA NAH	RACHEL	803
WA YE NI TAH		221
WA YE NI TAH	ALSEY	224
WA YE NI TAH	SAL KIN NIH	222
WA YE NI TAH	SUSAN	223
WAH HA HOO	CAROLINE	460
WAH HA HOO	MOSES	459
WAH HA HOO	NEEDY	461
WAH HA HOO	QA NIH	483
WAH HA HOO	SALLY	482
WAH HA HOO	WALLIH	484
WAH LEE SIH		468
WAH LEE SIH	ALEY	471
WAH LEE SIH	BETSEY	473
WAH LEE SIH	CAH SKEE LAH	475
WAH LEE SIH	LIZZY	469
WAH LEE SIH	OO CHAW STAW SIK	472
WAH LEE SIH	UT SIK IH	470
WAH LEE SIH	YEH KIN NIH	474
WAH SIH		613
WAH SIH	CAS CU LAH	615
WAH SIH	QUA TIH	616
WAH SIH	WINNIH	614
WAH TAH SAH TIH		669
WAH TAH SAH TIH		
	ANNA	670
WAH TAH SAH TIH		
	DAVID	672
WAH TAH SAH TIH		
	NANCY	671
WAH TIH		691
WAH TIH	LIZA	695
WAH TIH	SALLY	693
WAH TIH	YOU WAH NIS TIH	694
WAH TIH	YU NA TIH	692
WAH WAS SI TAH		518
WAH WAS SI TAH		
	AH STIH	523
WAH WAS SI TAH		
	CO LO WA NA	522
WAH WAS SI TAH		
	NANCY	519
WAH WAS SI TAH		
	SKIN NE E AH	521
WAH WAS SI TAH		
	WILL SO IH	520
WAH YA GEES KIH		665
WAH YA GEES KIH		
	AHL SEY	667
WAH YA GEES KIH		
	CHEE WO NIH	666
WAH YA GEES KIH		
	TY YAH NIH	668
WAH YAH	CHO WE NIH	234
WAH YAH	LAH NIH	235
WAH YE GES KIH		198
WAH YE GES KIH		
	ANALIZA	200
WAH YE GES KIH		
	SALILENIH	201
WAH YE GES KIH		
	SUSAH	199
WALK	BECKEY	781
WALK	CHE SQUAW	783

Swetland Roll - 1869

LAST NAME	FIRST NAME	SWETLAND
WALK	JOHN	780
WALK	JOHN IH	785
WALK	NANCY	784
WALK	PUSSEY	782
WALKINGSTICK		
	CAROLINE	1221
WALKINGSTICK		
	ELIJAH & INEZ	1430
WALKINGSTICK		
	EZEKIEL	1223
WALKINGSTICK		
	FIDILLY	888
WALKINGSTICK		
	JAMES	886
WALKINGSTICK		
	JOHN	889
WALKINGSTICK		
	MARY	1222
WALKINGSTICK		
	MIKE	1220
WALKINGSTICK		
	NICE	887
WALKINGSTICK		
	QQUA LA U GAH	1428
WALKINGSTICK		
	SALLY	1429
WARD	CHARLES	1612
WARD	MARY L.	1613
WARD	MATILDA	1614
WARLICK	ELIZABETH	1235
WARLICK	MARY JANE	1236
WASHINGTON		
	AH LIK STAH NIK	501
WASHINGTON		
	CO HA NIH	496
WASHINGTON		
	OO TI YEH	495
WASHINGTON		
	QUA KIH	497
WASHINGTON		
	QUA TI IH	500
WASHINGTON		
	STUGUSTA	498
WASHINGTON		
	WAL LUS SAH	499
WASHINGTON		
	WAS SE TE NAH	494
WE LI KIH		1062
WELCH	A SI KIH	314
WELCH	ALFRED	1160
WELCH	AN NIH	312
WELCH	ANN	1541
WELCH	CHI NIH	316
WELCH	CIN DA	318
WELCH	DAVID	317
WELCH	E NIH	313
WELCH	GEORGE	1163
WELCH	JOE	311
WELCH	JOHN	1540
WELCH	LA CHI	315
WELCH	MARY	1162
WELCH	RICHARD	1161
WHIPPERWILL		
	NANNY WA GO LIH	320
WHIPPERWILL		
	WA GO LIH	319
WHITAKER	ADELINE E.	1448
WHITAKER	CAROLINE E.	1449
WHITAKER	DAVID	1433
WHITAKER	DAVID	1438
WHITAKER	ELIZA JANE	1451
WHITAKER	ELIZABETH	1432
WHITAKER	ELVA	1437
WHITAKER	IAMESAH	1445
WHITAKER	JOSHUA W.	1447
WHITAKER	MARTHA ANN	1444
WHITAKER	MARY	1434
WHITAKER	MARY	1435

LAST NAME	FIRST NAME	SWETLAND
WHITAKER	SARAH A.	1446
WHITAKER	STEPHEN	1431
WHITAKER	SYLIVA ANN	1436
WHITAKER	WILLIAM Y.	1450
WILL NO TIH	CHE AH LA TIH	98
WILL NO TIH	GEORGE	93
WILL NO TIH	JOHN	95
WILL NO TIH	KATY	96
WILL NO TIH	LINCHY	100
WILL NO TIH	NED	97
WILL NO TIH	NELLY	94
WILL NO TIH	PETER	99
WILL OH STEE		
	STOO WA TEE	427
WILLIFORD	POLLY CAROLINE	1643
WILSON	AH LIK	857
WILSON	ANN	1733
WILSON	ELIZABETH	1632
WILSON	FOLLOW ME	859
WILSON	GEORGE	1737
WILSON	JAMES	858
WILSON	JOHN	856
WILSON	JOHN	1734
WILSON	LATHENA	1633
WILSON	LUCINDA	1736
WILSON	MARTIN	860
WILSON	THOMAS	1735
WILSON	U LA CHI	17
WILSON	WAH CHE SAH	861
WILSON	WAH LI NIH	862
WILSON	WAH LI NIH	863
WOLF	AHL SIH	1215
WOLF	AVA	850
WOLF	JAMES	1216
WOLF	JOHN	849
WOLF	JOSEPH	1217
WOLF	KATY	1219
WOLF	LORENZO	1218
WOLF	MOSES	1214
WOLF	POSY	851
WOLF	YOUNG	848
WOLFE	AH TO NIS KIH	110
WOLFE	E COO IH	107
WOLFE	OH SU KIL LIH	105
WOLFE	OO TAH NA TA TIH	108
WOLFE	POLLY	106
WOLFE	SIH TI YA NIK	109
WOLFE	YA KA NIH	112
WOLFE	YA TAU KIH	111
WOODARD	GREEN	1573
WOODARD	JOHN HENRY	1574
WOODARD	JOHN LANZY	1568
WOODARD	LORANZY CORDEN	1572
WOODARD	LUCINDA	1567
WOODARD	MADISON	1570
WOODARD	POLLY	1569
WOODARD	WILLIAM	1571
WORTH	LIZZY	1611
YA KE NIH	LIZA	322
YA KE NIH	MA LIH	325
YA KE NIH	MARGARET	326
YA KE NIH	NANCY	321
YA KE NIH	STEVE	323
YA KE NIH	YOU NIH	324
YAH CHA TAH NIH		259
YAH CHA TAH NIH		
	CAH LA NIH	262
YAH CHA TAH NIH		
	CULL SA WIH	263
YAH CHA TAH NIH		
	STACY	260
YAH CHA TAH NIH		
	SUSAN	261
YAH LA LAH		633
YAH LA LAH	ANNA KIH	634
YAH LA LAH	CHU CO NA LAH	635
YAH QUO TA HEE		445
YAH QUO TA HEE		

LAST NAME	FIRST NAME	SWETLAND
	AH WAH TAH	450
YAH QUO TA HEE		
	GA CAH NA HEE TIH	449
YAH QUO TA HEE		
	GAH KEE	448
YAH QUO TA HEE		
	LOUISA	446
YAH QUO TA HEE		
	OLD LOWNIH	447
YAH SIH		92
YE AS SI NIH	CUNNA CHE WAH	134
YE AS SI NIH	CUTTE SOU IH	135
YE DA YAS KIH		
	COO GO SKEE	982
YE DA YAS KIH		
	RICHARD	981
YE DA YAS KIH		
	SIMPSON	983
YE DA YAS KIK		980
YE LA TA SIH		716
YE LA TA SIH	CAH HE NIH	719
YE LA TA SIH	QUA TIH	717
YE LA TA SIH	WAH LI NIH	718
YON NA CAH	BETSEY	50
YON NA CAH	ELLANA	49
YON NA CAH	JOHN LANCHY	51
YOO CAH	I YOW QU IH	477
YOO WA YA LAH		812
YOO WA YA LAH		
	YA KI NIH	813
YOUNG CHICKEN		1000
YOUNG CHICKEN		
	ANNY	1006
YOUNG CHICKEN		
	JACKSON	1005
YOUNG CHICKEN		
	KATY	1004
YOUNG CHICKEN		
	NANCY	1001
YOUNG CHICKEN		
	SCH TAH NIH	1002
YOUNG CHICKEN		
	YA YUE SIK	1003
YOUNGBIRD		908
YOY YE NE TAH		348
YOY YE NE TAH		
	CUN TA KIH	351
YOY YE NE TAH		
	LO NIH	350
YOY YE NE TAH		
	NICK IH	352
YOY YE NE TAH		
	SECAUIH	349
YU KIH		620
YU KIH	CHA LIH	621

HESTER ROLL
1883

Compiled by Joseph G. Hester as a roll of Eastern Band of Cherokee Indians in 1883. (This roll is an excellent source of information, including ancestors, Chapman Roll number, age, English name, and Indian name.)

LAST NAME	FIRST NAME	HESTER R	CHAP#
A AAM NEA		305	205
A BEL		389	
A CHIM NIH		672	
A DAM		1124	
A DAM		1354	
A LOH TEH		1120	
A QUAH HAH MIH		321	
A QUEH SIH		308	
A TAW HIH		621	
A TIH		250	
A WIH		287	
A YE NIH		627	
ADAMS	MELVINA JANE	1456	
ADAMS	WALTER MARION	1457	
AH CAH LU KUH		857	
AH CAH TE YAH		1204	990
AH CLE AH TE SKIH		529	
AH CLE YAH TE SKIH		340	775
AH HE AH TAH		352	678
AH HE AW KAH		259	
AH HE AW LIH		736	552
AH HE UH CIN IH		482	29
AH HEAW KAH		1199	
AH HEH KIH		686	
AH HIH		182	
AH KAH TE YAH		729	
AH KLE AH LE SKIH		803	
AH LA NIH		1287	1505
AH LA TE SKIH		421	
AH LA TE SKIH		766	
AH LE AN EH		216	
AH LE KIH		289	
AH LE KIH		307	
AH LE N H		147	
AH LE NA		84	
AH LE NA KIH		1317	
AH LE NE SIH		427	
AH LE NIH		24	
AH LE NIH		744	
AH LE NIH		1334	691
AH LE SIH NIH		87	
AH LE TEE SKIH		1121	981
AH LE YA NIH		659	564
AH LIC STAH NIH		426	
AH LIC STAH NIH		526	841
AH LIH		298	
AH LIH		618	
AH LIH		907	
AH LIH		1021	1067
AH LIH NUH		108	
AH LIN NIH		162	
AH LUM NIH		1288	
AH NAH YIH		823	498
AH NE COO LA KIH		786	
AH NE LE SKIH		422	
AH NE NES SIH		850	
AH NE NI YAH		1053	
AH NE TAU NAH IH		351	845
AH NE WA KIH		760	
AH NE WA KIH		1342	1177
AH NE YAW		296	190
AH NEH YEH		327	782
AH NIH		864	232
AH NIH WA KIH		565	614
AH NOO YAH HEH		813	
AH NOO YAW HEH		1324	
AH NOO YAW HIH		144	45
AH NOO YAW HIH		1196	996
AH QUAH CHAH		1032	
AH QUAH HAH MAH		554	
AH QUAH HAH MAH		734	
AH QUAH HAH NIH		1194	
AH QUAH TA KIH		1155	621
AH TA LA AH KAH TE YEH			633
AH TAH WIH		112	
AH TAH WIH	ADAM	117	
AH TE SAH EH		591	
AH TOO WIH		856	
AH TOO YAH SKIH		723	
AH TOO YAH SKIH		1132	1113
AH TU YA SKIH		28	
AH WAH NE SAH		288	872
AH WAH TIH		605	168
AH WHEH NE TEH		549	
AH WIH STE CAH		1192	
AH YA NIH		404	
AH YA NIH		1041	
AH YAH STAH		592	
AH YAW STAH		738	415
AH YEH LA HEH		116	
AH YOH STAH		1353	1215
AHL CIN NIH		1165	1059
AHL SIH NIH		747	
AHLE NIH		391	
AI CHIN NEH		922	
AI GEH NIH		1138	
AI GIH		455	
AI GIL LIH		1116	
AI KIH		636	
AI KIH		1044	
AI KIH		1122	921
AI KIN NIH		826	
AI KIN NIH		900	
AI LE CAH NIH HE TAH			1023
		1495	
AI LIH		662	
AI LIH MIH		573	540
AI NA KIH		831	554
AI NAH SAH		1206	1081
AI NEH LIH		1038	1269
AI NIH		601	
AI NIH		804	
AI NIH		1000	
AI NIH		1113	
AI NIH		1335	
AI NIH		1185	
AI NIH KIH		641	
AI NIH KIH		654	562
AI NIH LE SAH		935	
AI NIH SKAH YAH TE HIG			1198
AI NIK KIH		101	65
AI WIH		820	
AI WIH		885	1319
AI WIH		1005	1118
AI WIH		1100	
AI WIH		1311	
AI YE NIH		829	
AIL KIH NIH		703	
AIL LIH		811	
AIL SIH		466	
AIL SIH		481	
AIL SIH		610	543
AIL SIH		689	
AIL SIH		1058	920
AIN IH		535	
AIN IH		728	
AIN SIH		85	
AIN SIH		667	
AL KIN NEH		503	
AL KIN NIH		1061	
AL KIN NIH		1325	
AL KIN NIH	TOWEH	777	163
AL LEC GIH	OOKUM MUH	543	
AL LEN		926	
AL LIH		33	609
AL NIH		374	
AL OUH		688	509
AL SAH		225	597
AL SAH		590	424
AL SIH		181	
AL SIH NIH		634	
AL WIH		533	
ALEXANDER		685	
ALL SIH		381	
ALL SIN IH		366	
ALLEN	FANNIE D.	U1	

LAST NAME	FIRST NAME	HESTER R	CHAP#	LAST NAME	FIRST NAME	HESTER R	CHAP#
ALLEN	JANE	R16		BAKER	ROSEY ANN	R5	
ALLEN	ROBERT	U2		BALL	CORA LEE	1875	
ALLEN	WILARD	U3		BALL	HARRIET	1874	
ALTON	TEXAS	2743		BALL	MARGARET	1873	
AMANDIH		408		BALLARD	ALTHA LORENA	1820	
AN A NI AH		410		BALLARD	CHARLIE GILBERT	1824	
AN NE YAH TIH		369		BALLARD	HALLARD	1822	
AN NIE		127		BALLARD	LILLIAN DULCENA	1821	
AN NIE		1011		BALLARD	MATTIE SUE EMMA	1823	
AN NIH		146		BALLARD	MYRA LUCINDA	1817	
AN NIH		205		BALLARD	SARAH LODENNA	1818	
ANDERSON	ABE LINCOLN	1605		BALLARD	WILLARD NORMAN	1819	
ANDERSON	ADDIE	R37		BARD	EMILY CHEROKEE	2184	
ANDERSON	ELIZABETH	1608		BARD	JAMES ROGERS	2182	
ANDERSON	FRANKLIN	1671		BARD	LAURA M.	2178	1836
ANDERSON	HENRY	R30		BARD	LAURA MAY	2181	
ANDERSON	JAMES	1667		BARD	LIXXIE HOLMES	2179	
ANDERSON	JAMES	1674		BARD	SARAH BLACKBURN	2180	
ANDERSON	JAMES	R26		BARD	THOMAS DUNN	2183	
ANDERSON	JEMINA	1609		BARNHILL	MARY	2447	2009
ANDERSON	JOHN	1604		BARNWELL	BESSIE S.	2358	
ANDERSON	JOHN	1610		BARNWELL	MIDDLETON S.	2360	
ANDERSON	JOHN	R30		BARNWELL	STEPHEN ELLIOT JR.	2359	
ANDERSON	LIZZIE	R24		BARRET	ALVIRIA M.	1785	
ANDERSON	LOUISE	1603		BARRET	ANDREW JACKSON	1788	
ANDERSON	LUCIOUS	1670		BARRET	HANNAH JAME	1791	
ANDERSON	LYDIA	1672		BARRET	HARRIE A.	1794	
ANDERSON	MAY RETATUM	1668		BARRET	JOEL TURNER	1789	
ANDERSON	NANCY	1601		BARRET	JOHN HIRAM	1790	
ANDERSON	NANCY	1611		BARRET	KE NIAH	1784	
ANDERSON	ROBERT L.	1606		BARRET	KITTY SUE	1793	
ANDERSON	SARAH	1673		BARRET	WILLIAM C.	1792	
ANDERSON	SARAH	R26		BATES	ALEXANDER	R10	
ANDERSON	WILLIAM	1602		BATES	ALICE	R11	
ANDERSON	WILLIAM	1607		BATES	CLIFFORD	R10	
ANDERSON	WILLIAM LORENZO	1669		BATES	EDGAR	R10	
ANDRESS	CHARLES	1713		BATES	ELBERT	R11	
ANDREWS	HARRIET	1712		BATES	GEORGE	R11	
ANDREWS	SARAH	1219		BATES	HOWARD	R10	
ANDREWS	WM. H.	U4		BATES	JAMES	R9	
ARCH	DAVE	197		BATES	LEA	R9	
ARE NIH		183		BATES	NATHAN	R10	
ARNOLD	BECKY	R8		BATES	NETTIE	R11	
ARNOLD	DANIEL	U5		BATES	OLIVER	R11	
ARNOLD	JESSE	R8		BATES	OLIVER	R15	
ARNOLD	JOHN	R8		BATES	RACHEL	R11	
ARNOLD	LEONA	R9		BATES	REUBEN	R9	
ARNOLD	MARY	R8		BATES	SIMEON JR.	R11	
ARNOLD	PARTHENIA	R8		BATES	SIMEON SR.	R11	
ARNOLD	PRINCE	U6		BATES	WALLACE	R10	
ARNOLD	RUFUS	R24		BATES	WILLIAM	R10	
ARNOLD	SALLIE	R8		BATTLE	ADELINE E.	1490	
ARON EACH	ANNIE	1143	14	BATTLE	DAISY MAXIE	1495	
AT SA IH		763		BATTLE	FEUSTINIA A.	1492	
ATKINS	EMMIT D.	2835		BATTLE	FLORENCE A.	1491	
ATKINS	JAMES W.	2836		BATTLE	STEPHEN D.	1493	
ATKINS	MARY F.	2837		BATTLE	WALKER B.	1494	
ATKINS	RUTHIE L.	2834		BATTLE	WILLY MACK	1496	
AU GUN NI YEH AH		1184	982	BEARMEAT	AL SIH	1268	
AU GUN NUH STAW TUH		27	1217	BEARMEAT	AL SIH	1306	
AU GUN NUH STAW TUH			740	BEARMEAT	JUDAS	1303	
AU GUN STAW TEH		749		BEARMEAT	LAWYER	1305	
AU NIH		757	523	BEARMEAT	LIZZIE	1267	1528
AW NIH		1072	1143	BEARMEAT	MARY	1304	15
AXE	AH YU WIH	1033	1270	BEARMEAT	QUAIL SIH	1269	
AXE	AN NIH	1034		BECK	BERRY BENSON	2583	
AXE	CAH LOO SITH	2535	1260	BECK	ELLA	2584	
AXE	FELIX	1036		BECK	EMORY SPEARE	2582	
AXE	JACKSON	1019		BECK	JAMES	2574	2085
AXE	JOHN D.	1211		BECK	LILLY FLORENCE	2581	
AXE	JOHN DAVIS	1017	1275	BECK	MARY ANN	2575	
AXE	JOSIAH	491		BECK	SAMUEL	2580	
AXE	LESIH	1018	1220	BECK	SARAH	2570	
AXE	MORGAN	1035		BECK	SARAH DIANA	2576	
BAGWELL	CATHERINE	2008		BECK	SAVANNAH GEORGIA	2572	
BAGWELL	SAMUEL ANDREW	2009		BECK	STACEY	2569	2084
BAKER	HARRIET	R5		BECK	STACEY CHEROKEE	2573	
BAKER	JAMES	R5		BECK	TABITHA	2571	

Hester Roll - 1883

LAST NAME	FIRST NAME	HESTER R	CHAP#	LAST NAME	FIRST NAME	HESTER R	CHAP#
BELL	ALBERT MATTHEW	2245		BRACKET	FRANKY	2056	1932
BELL	ALBINA	2243	1841	BRACKET	IDA	2069	
BELL	EDWARD EVERRET	2208		BRACKET	JAMES	2048	
BELL	GEORGE ATTICUS	2249		BRACKET	JAMES	2119	
BELL	HA MAY	2251		BRACKET	JAMES	2064	1935
BELL	JUNIOUS CLYDE	2209		BRACKET	JESSE M.	2117	1646
BELL	MARY E	2244		BRACKET	JOHN	2049	
BELL	RAPHAEL LEWIS	2247		BRACKET	JOHN	2065	
BELL	ROBERT H.	2250		BRACKET	JOHN	2118	
BELL	WALTER LENOIR	2246		BRACKET	JOHN HENRY		
BELL	WILBUR PARKS	2248			MORGAN	2011	
BENSON	ALONXO MOFO	2565		BRACKET	JOHN MARION	2047	1647
BENSON	REBECCA M.	2564		BRACKET	JOHN WESLEY	2033	
BETTIS	JAMES ORA	2421		BRACKET	JUDIE	2068	
BETTIS	MARY ALICE	2423		BRACKET	LAURA	2032	
BETTIS	ROBERT KNOT	2422		BRACKET	LEMMA	2063	
BIDWELL	PRETIA	U7		BRACKET	LOUISA ELIZABETH	2115	
BIGMEAT	LA SIH	1220	727	BRACKET	LUCINDA	2031	
BIGMEAT	MARTHA ANN	1221	1367	BRACKET	MARTHA	2057	1934
BIGMEAT	SE KIH LIH	525	1107	BRACKET	MARTHA JANE	2116	
BIRCH	ADAIR S.	1685		BRACKET	MARTHA SAVANAH	2022	
BIRCH	FANNIE	1683		BRACKET	MARY JANE	2035	
BIRCH	GEORGE W.	1684		BRACKET	MARY VIRGINA	2010	
BIRD	AH YAH STAH	1298		BRACKET	MIDGE JR.	2059	
BIRD	AH YAH STAH	1299		BRACKET	MIDGE SR.	2055	1928
BIRD	ELIZA	312	768	BRACKET	MINNIE	2046	
BIRD	SQUEN SIH	311	371	BRACKET	ROBERT	2152	
BLACK	FANNIE ANN MALINDA	2150		BRACKET	ROSA LEE	2067	
BLACK	MINDA SARAH			BRACKET	SARAH	2018	
	CATHERINE	2151		BRACKET	SARAH	2045	1651
BLACKFOX	JOSIAH	224	403	BRACKET	SUSAN JAME	2021	
BLANKENSHIP	DREBECCA MELISSA	2110		BRACKET	WILLIAM	2020	
BLANKENSHIP	FRANKLIN A.	1865		BRACKET	WILLIAM THOMAS	2114	
BLANKENSHIP	GARRETT H	1859		BRACKET	WILLIE	2050	
BLANKENSHIP	GEORGE M.	1861		BRACKET	WILLIE	2060	
BLANKENSHIP	JAMES M.	1862		BRACKET	WILLIE	2154	
BLANKENSHIP	JAMES MILTON	1828		BRADLEY	AI NIH	544	583
BLANKENSHIP	JAMES PINKNEY	2109		BRADLEY	ELIZA J.	222	
BLANKENSHIP	JOHN AVON	1834		BRADLEY	GEORGE	546	
BLANKENSHIP	JOHN MCRILEY	1829		BRADLEY	JASPER	548	
BLANKENSHIP	JOHN N.	1863		BRADLEY	JOHNSON	547	
BLANKENSHIP	LORENZO MCDOWELL	1833		BRADLEY	NANCY	223	
BLANKENSHIP	MARGARET LILLY	1831		BRADY	JAMES	1365	
BLANKENSHIP	MARY	2106		BRADY	JOHN	1366	
BLANKENSHIP	MATILDA LORENA	1858		BRADY	ROBERT	1364	
BLANKENSHIP	MATILDA LOVADA	1826		BROOKS	FANNIE	R9	
BLANKENSHIP	MINNIE ELVIRA	2108		BROOKS	ROBERT	R9	
BLANKENSHIP	REBECCA	2105	1915	BROOKS	WINNIE	R9	
BLANKENSHIP	ROBERT HENRY	1827		BROONER	GEORGE	2911	
BLANKENSHIP	ROBERT W. TAYLOR	1864		BROONER	JOHN	2907	
BLANKENSHIP	SAMANTHA	1832		BROONER	LETHIA	2909	
BLANKENSHIP	SARAH	2107		BROONER	MARY	2906	1685
BLANKENSHIP	SARAH LOUISA	1830		BROONER	NORRIS	2908	
BLANKENSHIP	WILLARD P.	1860		BROONER	THEODORE	2910	
BLYTHE	BENJAMIN	401		BROWN	BENJAMIN	68	778
BLYTHE	DAVID	344		BROWN	J.W.	R18	
BLYTHE	ELIZABETH	343	1365	BROWN	J.W	R18	
BLYTHE	JACKSON	342	155	BROWN	JOHN	2745	
BLYTHE	JAMES	346		BROWN	JOHN A.	R18	
BLYTHE	JAMES	1177	2082	BROWN	N.C.H.	R18	
BLYTHE	RACHEL	347		BROWN	N.J	R18	
BLYTHE	SAL KIH NIH	1178	2083	BROWN	NANCY	69	779
BLYTHE	WILLIAM HEN	345		BROWN	R.L.	R18	
BRACKET	ADA	2061		BROWN	S.R.	R18	
BRACKET	AMERICUS	2155		BROWN	WILLIAM	2744	1642
BRACKET	AUGUSTUS	2062		BURRELL	ALFRED	975	
BRACKET	BALUS	2058	1929	BURRELL	JAMES	976	
BRACKET	BENJAMIN	JR.	2111	BURRELL	MARGARET		
BRACKET	BENJAMIN SR.	2044	1643		MONTERAY	973	
BRACKET	BRADFOR	2066		BURRELL	MARY LUCINDA	972	
BRACKET	BRADFORD	2030	1931	BURRELL	SARAH ANN	974	
BRACKET	CALDONIA SAVANAH	2113		BURT	ELISHA	2445	
BRACKET	CATHERINE	2034		BURT	LODUSKA	2444	
BRACKET	DANIEL	2017	1933	BUSHYHEAD	GEORGE	70	1230
BRACKET	DANIEL ROBERT	2112		CA HE TAH		1028	
BRACKET	EMILY	2019		CA LA TI YIH		1103	
BRACKET	EMMA	2120		CA LAH TIH		1109	
BRACKET	EMMA	2153		CA SIH		555	353

-86-

Hester Roll - 1883

LAST NAME	FIRST NAME	HESTER R	CHAP#
CA YAH HIH		952	188
CAE NE LIH		462	
CAH E TA HIH		1207	
CAH HA LOO STEH		359	203
CAH HE AH OO LOH	MOSES	175	
CAH LAH KE NAH		1349	
CAH LAH KENAH		695	587
CAH LAH TAH YIH		514	436
CAH LAH TAH YIH		834	
CAH LAVE SKIH		1341	1176
CAH LAVE SKIH	WE LIH	1351	
CAH LE LO HIH		275	
CAH LE LO KIH		767	
CAH LE NIH		558	817
CAH LE SCOH WIH		124	
CAH LIN KIH		U8	
CAH LOO YOS TIH		886	708
CAH NAH HE TAH		414	
CAH SU YO KIH		372	176
CAH TAH YAW EH		444	402
CAH TAH YOU EH		254	
CAH TAH YOW EH		496	704
CAH TALT STAH		244	593
CAH TE CLAW EH		861	229
CAH TE SAW EH		805	
CAH TIH		456	
CAH TOO WEE STIH		1077	1145
CAH WAH NAH STIH		824	
CAH WAH NIH		419	
CAH WAH NIH		502	
CAH WAH NOO		497	
CAH WHIH LIH		516	
CAH WHIH LIK		835	
CAH WUN IH		32	336
CAIN EH		587	
CALHOUN	LAWYER	199	
CALHOUN	SUSANNAH	200	
CALHOUN	WOH YE SAH	201	
CALLAHAN	MARTHA E.	1914	
CAN DIH		629	
CAN NAUGHT	GEORGE	386	464
CAN NAUGHT	JOHN	406	1516
CAN NAUGHT	THOMAS	390	465
CARNS	ANAH TERDONIA	2395	
CARNS	ANDREW JACKSON	2406	
CARNS	DIANA	2391	1769
CARNS	ELIZABETH	2392	1770
CARNS	GEORGE BARTOW	2404	
CARNS	GEORGE W.	2402	
CARNS	HENRY LEE	2403	
CARNS	IDA THEORA	2405	
CARNS	JEFFERSON DAVIS	2408	
CARNS	JOHN WESLY	2393	
CARNS	JOSEPH E. JOHNSON	2407	
CARNS	SARAH ASSILEE R.	2394	
CAROLINE		1105	
CARR	BENJAMIN	2588	
CARR	JAMES C.	2591	
CARR	MARGARET E.	2585	
CARR	POLLIE A.	2590	
CARR	ROBERT E.	2589	
CARR	SALLIE L.	2587	
CARR	THOMAS J.	2586	
CARROLL	CATHERINE V.	1405	
CARROLL	ELDORADO	1404	
CARROLL	HARRIET C.	1401	
CARROLL	LILLY AMERICA	1400	
CARROLL	LORENZO K.	1403	
CARROLL	LUTECIA	1399	
CARROLL	POSEY N.	1402	
CARROLL	SUSAN	1398	1382
CARTER	ADELINE	2934	
CASE	BRENNA VISTA	1485	
CAT	JANE	928	
CAT EH		394	
CAW CHIH CHIH		1108	
CAW HI NEH IH		203	
CAW NZ HE TA		664	

LAST NAME	FIRST NAME	HESTER R	CHAP#
CE LIH		266	
CE WAS TAH		1123	
CEARLEY	JOHN GORDON	1892	
CEARLEY	SARAH LUTETIA	1890	
CEARLEY	SIOU ALVIN	1891	
CENIP	DUCK MISSOURI	2385	
CENIP	MARTIN	2387	
CENIP	ORA	2386	
CHAH LIH		445	
CHAH STAH WAH		653	
CHARLTON	EMILY	2342	
CHARLTON	GEORGIA	2340	
CHARLTON	HERMAN	2338	
CHARLTON	JULIA	2336	
CHARLTON	NELLIE	2341	
CHARLTON	SARAH	2337	
CHARLTON	SARAH M.	2333	2123
CHARLTON	TATNALL	2339	
CHARLTON	THOMAS J. SR.	2334	2124
CHARLTON	THOMAS JR.	2335	
CHASTINE	JAMES W.	2904	
CHASTINE	MARY E.	2902	
CHASTINE	MARY ELIZA	2899	1694
CHASTINE	RICHARD	2903	
CHASTINE	SOPRONIA	2905	
CHASTINE	THEODORE J.	2900	
CHASTINE	WILLIAM	2901	
CHAW CAW HIH		1054	
CHAW CAW HIH		1314	1375
CHAW STAW NIH		319	
CHE CO NA LAH		1115	
CHE KE LE LEE		1205	907
CHE LA TOS KIH		852	134
CHE LA TOS KIH		853	148
CHE LAH TAW SKIH		458	
CHE LOW SIH		603	292
CHE NE LUH HIH		280	
CHE NI YIH		180	196
CHE SQUAH YOH		697	
CHE WAH NIH		107	36
CHE WAH NUH		1111	922
CHEH YAH LAH TAH		542	581
CHE YE UNO LAH TIH			141
CHE YEH LE CH	MARTHA	29	
CHE YOU HIH	JAMES	142	952
CHE YOU STAH		569	
CHE YU KAH		1020	1066
CHEE SQUAH		310	368
CHEE SQUAH NAH IH			313
CHEES QUAH		334	
CHEES QUAH KAH LU KAH			132
CHEES QUAH NU TAH		1283	1502
CHEES QUAH SAH LO LA NE TAH		154	607
CHEH SIH TIH		626	
CHELTOSKIE	ANGLINE	789	
CHIC KE LE LEH		878	
CHIC KUH WAH		802	
CHIH CHEH		277	
CHIH KE EH		765	
CHIH NE LIH		778	
CHOO QUI CO KUH		901	
CHRISTIAN	MARY CARLETON	2357	
CHRISTIAN	WILLIAMINA	2356	
CHU AH LUCAH		931	
CHU KEE OS KIH		1203	1083
CHU LOW IH		872	
CHU WA LU KAH		604	293
CLAH NOO SIH		818	500
CLAHN TAH CHICH		463	1456
CLANTON	ALFRED	R27	
CLANTON	ELIZA	R27	
CLANTON	EMMA	R27	
CLANTON	FANNIE	R27	
CLANTON	HATTIE	R27	
CLANTON	JEANIE	R27	
CLANTON	JOE	R27	
CLANTON	JULIA	R27	
CLANTON	THOMAS	R27	

Hester Roll - 1883

LAST NAME	FIRST NAME	HESTER R	CHAP#	LAST NAME	FIRST NAME	HESTER R	CHAP#
CLANTON	JOE	R27		CORDLE	LILLY	2920	
CLANTON	JULIA	R27		CORDLE	LUCINDA	2916	
CLANTON	THOMAS	R27		CORN	ANNIE	2542	
CLANTON	TINIE	R27		CORN	ARCHIE	2544	
CLARK	EMMA LEE	2816		CORN	EARLIA	2545	
CLARK	MARY ELIZABETH	2817		CORN	OLA	2543	
CLELAND	EMMIT SHAW	2353		COU CE NIH		262	
CLELAND	GEORGE WATERS JR.			COU TE SKIH		284	699
		2352		COW HE NEH IH		732	
CLELAND	GEORGE WATERS SR.			COWART	ADELINE E.	1630	
		2351	2120	COWART	CONNIE LOUISA	1618	
CLELAND	JAMES BANCROFT	2355		COWART	EMMA DAY	2758	
CLELAND	SALLY CARLETON	2354		COWART	FANNIE E.	1616	
CLELAND	WILLIAMINA C.	2332	2118	COWART	JAMES LIHU	1636	
CLI NIH		242		COWART	LILLY A.	1631	
CLI NIH		212		COWART	MARGARET	1635	
CLINGAN	EDWARD ELIJAH	2822	1592	COWART	MARY EMMA	1633	
CLON TEES KIK		513	435	COWART	MELISSA CANDICE	1634	
CLOUD	LUCY	522		COWART	NETA LEE	2759	
CO LO NAH HES KIH		1146	960	COWART	SALLIE	1632	
COH NAH HE TAK		669		COWART	THOMAS	2757	1635
COH YE NIH		322		COWART	WILLIAM HUDSON	1617	
COL LO NOS SKIH		1052	893	CRAIGG	ADELIA J.	1183	
COL SOU WIH		253		CRAIGG	ARCHER	1182	
COL STAH YIH		701	611	CRAIGG	MARY JOSEPHINE	1181	
COL STOO HIH		635	483	CRAIGG	ROBERT LEE DOWRY	1180	
COLE	CAROLINA	1528		CRAIGG	SARAH	1179	2081
COLE	ELIZABETH	1532		CROFT	JOHN L.	2494	
COLE	ELLA	1535		CROFT	JOSEPH B.	2491	
COLE	ELMIRA	1531		CROFT	MARTHA E.	2495	
COLE	GEORGE WASHINGTON			CROFT	MARY E.	2493	
		1530		CROFT	SARAH EMMALINE	2490	1767
COLE	TENNESSEE EMMALINE			CROFT	WILLIAM A.	2492	
		1529		CROW	SEVIER	58	
COLE	THOMAS C.	1533		CROW	WESLEY	687	1150
COLE	WILLIAM	1536		CRUMMEL	CAMMEL	1483	
COLE	WILLIAM ALEX	1534		CRUMMEL	CORNELIA	1469	
COLEMAN	ADDIE	2805		CRUMMEL	MARGARET P.	1481	1237
COLEMAN	GEORGE WASHINGTON			CRUMMEL	MARY E.	1473	
		989		CRUMMEL	OSCAR A.	1472	
COLEMAN	HARRISON E.	987		CRUMMEL	ZEDDIE D.	1482	
COLEMAN	WILLIAM EDWARD	990		CRUMPTON	CLARK	2388	
COLLAKE	CRAWFORD	2673	1556	CRUMPTON	LAWRENCE	2389	
COLLAKE	JAMES C.	2678		CRUMPTON	MORGAN	2390	
COLLAKE	JOSEPH S.	2674		CU LAVE SKIH		953	
COLLAKE	MARTHA S.	2675		CUH HUH		157	753
COLLAKE	SALLY	2679	1553	CUH NAH CAH TSH GAH			866
COLLAKE	SARAH A.	2677		CUL CAH LAW SKIH		90	
COLLAKE	THOMAS G.	2676		CUL LA QUAH TA KIH		658	461
COLLINS	CHARLEY	2430		CULM TA KIH		210	
COLLINS	HAMPTON MCAFEE	2428		CUT TE YEH	WILLIAM	U9	
COLLINS	IRA JACKSON	2432		D0WNEY	ARCH	2797	
COLLINS	JOHN PARKER	2424	1812	DA WIH		619	
COLLINS	LORETTA	2431		DA WIH SIH		167	
COLLINS	MARCEDUS	2427		DAH LIH		246	596
COLLINS	MARY	2426		DAH LIH		1209	
COLLINS	MELISSA ESTER	2429		DAH NIH LIH		615	421
COLLINS	SAVANNAH	2425		DAH SE KIH YAH KIH		446	
COLVARD	ELIZA JANE	1069		DAN NO LIH		883	
COLVARD	GUDGER	1070		DAN TA HA LIH		1336	
COLVARD	MYRTLE	1071		DARNELL	ELIZA	2516	
CON NO LIH	JOHN	764		DARNELL	EVA	2517	
CONSTANT	JOSEPH B.	2749		DARNELL	MARY	2515	
CONSTANT	LIZZIE	2748		DARNELL	MARY	2518	
CONSTANT	MAGNOLIA	2750		DAUGHARTY	BENJAMIN	2489	
COO CHU WAH YEH		860	383	DAUGHARTY	BESSIE MAY	2442	
COO COO TE GEE SKIH			1200	DAUGHARTY	ELIZABETH	2487	2011
COO LARK SIH		827		DAUGHARTY	JOHN HENRY	2484	
COO LOW EH		1025		DAUGHARTY	MAUDIE	2443	
COO LOW IH		876		DAUGHARTY	SARAH M.	2483	2017
COO NAH NE TAH		814		DAUGHARTY	THOMAS	2488	
COO TAH YIH		172		DAUGHERTY	CHARLES EDWARD	2441	
COO WIH·SCOO WEH		583	357	DAUGHERTY	SUSAN	2446	2016
COO WO KE LAU SKIH			122	DAVE SIH		258	
COOPER	MACKEY	1470		DAVE SIH		338	
COR NE LIA		1135		DAVE SIH		1099	
COR NE LIH		624		DAVE SIH	WILL	1066	
CORDLE	COLUMBUS	2919		DAVIS	ADELINE	2540	

Hester Roll - 1883

LAST NAME	FIRST NAME	HESTER R	CHAP#	LAST NAME	FIRST NAME	HESTER R	CHAP#
DAVIS	AH YU WIH	46		DE LAH SKA SKIH		454	253
DAVIS	ALBERT	2728		DEAL	JAMES	2915	
DAVIS	ALICE	2729		DEAL	LOU EMMA	2913	
DAVIS	AMANDA	2547	2028	DEAL	LOVADA	2914	
DAVIS	BARILLA	2374		DEAL	MARY EMMALINE	2912	
DAVIS	BARILLA ELIZABETH	2534		DEAN	BARNEY	R4	
DAVIS	BENJAMIN	2527		DEAN	BURTON	R4	
DAVIS	BIDDIE	2541		DEAN	EMERY	R4	
DAVIS	COLEMAN	2548	2027	DEAN	GUNNETT	R4	
DAVIS	CYNTHIA	2839	1617	DEAN	JAMES	R3	
DAVIS	DANIEL BENJAMIN	2531		DEAN	JANE	R3	
DAVIS	DANIEL JR.	2375		DEAN	JOHN	R3	
DAVIS	DANIEL SR.	2522	2073	DEAN	MARY ANN	R1	
DAVIS	DAVID	361		DEAN	MILLIE H.	R1	
DAVIS	DELILAH SR.	2546	2026	DEAN	OLLIE M.V.	1455	
DAVIS	DELLIAH JR.	2525	2074	DEAN	RANSOM S.	R1	
DAVIS	DOCK	2532		DEAN	REBECCA	R1	
DAVIS	EARLE	2537		DEAN	RICHARD K.	R1	
DAVIS	ELIJAH	2727		DEAN	SOPHIA ANN	R1	
DAVIS	HENRY	1251		DEAN	WILLIAM JACKSON	R1	
DAVIS	JACK	2371		DEVENPORT	JENNIE ANN	1600	
DAVIS	JAME MADISON	1248		DEVENPORT	SALLY LEVADA	1599	
DAVIS	JAMES	2838		DI YA NIH	LA YO IH	309	694
DAVIS	JANE SOPRONIA	2372		DICK EH		730	555
DAVIS	JESSE	2730		DOH KEH		584	
DAVIS	JOHN	2731		DON NO LIH		867	
DAVIS	JOHN JR.	2379	2036	DOOLEY	CAROLINE	1967	1885
DAVIS	JOHN SR.	2370	1749	DOOLEY	GEORGE WEBSTER	1968	
DAVIS	JOHN YES SIH	44		DOOLEY	JULIA	1970	
DAVIS	JOHNSON	45		DOOLEY	LOUISIANNA	1969	
DAVIS	JOSEPH	2555	0000	DOUGLAS	GEORGIA	2939	
DAVIS	JOSEPH WARREN	2529	2075	DOW	LORENZO	1106	
DAVIS	JULIA	2380		DOWING	BENJAMIN	131	
DAVIS	LAFAYETE	2721	1619	DOWING	MARK	130	
DAVIS	LAURA	1250		DOWNING	JEANY	129	1328
DAVIS	LORENZO DOW	2539		DOWNING	JOHN	R6	
DAVIS	MARTIN BURRELL	2384		DUNCAN	JAMES	2568	
DAVIS	MARY	43		DUNLAP	MARY ANN	2577	
DAVIS	MARY	1249		DUNLAP	OLIVE	2578	
DAVIS	MARY	2383		DUNLAP	STELLA	2579	
DAVIS	MARY	2526		E AN TAH NAH HIH		1316	
DAVIS	MARY EVELINE	2530		E CHOO LE HAH		768	684
DAVIS	MARY JANE	2725		E COO WIH	JOHN	82	633
DAVIS	MILLER	2536		E KA LAH NIH		165	122
DAVIS	NANCY ANGELINE	1247		E LAH YAH		1170	
DAVIS	NELLIE D.	2723		E LAN TISH	JOHN	235	605
DAVIS	NEWTON LORENZO	2524		E LI EH		552	
DAVIS	ORA	2732		E LI ZIH		580	279
DAVIS	RACHEL	2382		E NAH TAH NAH IH		890	271
DAVIS	ROBERT LEE	2373		E NO LA OR BLACKFOX		442	398
DAVIS	SAMUEL	494		E NOS IH		304	
DAVIS	SAMUEL L.	2722		E QUE LIH		189	
DAVIS	SUSAN	2538		E SI AH		1310	
DAVIS	SUSAN	2528		E TA KAH KIH		816	
DAVIS	SUSAN	2533		E TAH GAH NA HIH		1362	1271
DAVIS	SUSAN ELECTREE	2381		E WIH		75	
DAVIS	TENNESSEE	2742		E WIH		247	525
DAVIS	TSAW CAU HIH	47		E WIH		925	85
DAVIS	TYLER JEFFERSON	2724		E WIH		1197	
DAVIS	WILL STE	42	221	E WIH NIH		682	
DAVIS	WILLIAM	2549		E YAH NIH		418	442
DAVIS	WILLIAM	2726	1620	EAS TAH		622	
DAVIS	WILLIAM EMORY SPEARE	2523		EDMONDS	AMANDA BELL	2776	
DAWIH	TA LAH	292		EDMONDS	JAMES THOMAS	2777	
DAWS	MARTHA	1908		EDMONDS	MARY CLEMENTINE	2775	
DAWS	TACK	1910		EDMONDS	ROBERT	2778	
DAWS	WILLIAM	1909		EH LA NIH		1008	
DAWSON		575		EH LAH NIH		337	
DAY	JOHN PARKS	2951		EL LA	ESCOE	1652	
DAY	MARTHA L.	2832		EL LA	HARRIET L.	1654	
DAY	MARY ANN	2830	1594	EL LA	IDA	1655	
DAY	MOTTIE	2952		EL LA	LILLY	1651	
DAY	SAMUEL WASHINGTON	2950	1595	EL LA	MONTGOMERY L.	1653	
DAY	SUE P.	2831		EL LA	SALINA	1650	
DAY	WILLIAM ALBERT	2833		EL LE SIH	WA HOO HOO	560	
DE LA SKA SKIH		557	492	ELLA	CA NE CA TIH	1656	
				EMMELINE		88	
				EMMELINE	JOSEPH	97	

LAST NAME	FIRST NAME	HESTER R	CHAP#	LAST NAME	FIRST NAME	HESTER R	CHAP#
ENOS SIH		910		GAUN	HENRY RUSSELL	2774	
EOU TON NEH IH		1361	1474	GAW HIH STEE SKIH		1193	
ES THER		650		GIBBS	CANZADY	R2	
ET DREDGE		692		GIBBS	CATHERINE	R2	
EZELE	ALICE MELISSA	R31		GIBBS	GEORGIA	R2	
EZELE	ELIZABETH	R31		GIBBS	HENRY L.	R2	
EZELE	ERNESTINE	R31		GIBBS	JANE	R2	
EZELE	GEORGE	R31		GIBBS	JOSHUA	261	
EZELE	JOHN THOMAS	R31		GIBBS	REBECA	R2	
EZELE	LAFAYETTE	R31		GIBBS	SIMON	R2	
EZELE	SINA ELDORA	R31		GILLIS	JOSEPHINE	2646	
EZELE	WILLIAM RILEY	R31		GILLIS	MARGARET	2644	
FALLEN	ANDREW	2085		GILLIS	MARY E.	2645	
FALLEN	EDWARD	2077		GOBLE	BENJAMIN	2096	
FALLEN	EMMANUEL	2087		GOBLE	GEORGE	2100	
FALLEN	FRANCIS	2079		GOBLE	JACK	2099	
FALLEN	GEORGE	114		GOBLE	LEONARD	2098	
FALLEN	HENRY WISE	2081		GOBLE	NANCY	2095	1913
FALLEN	JAMES	2086		GOBLE	SUCKIE	2097	
FALLEN	JANE	2070		GOING	DRUCILLA	2740	
FALLEN	JASPER ALLEN	2943		GOING	ELIZA	2738	1610
FALLEN	JULIA ANN	2078		GOING	ELLEN	2739	
FALLEN	LUCY ANN	2083		GOING	JAMES	1313	
FALLEN	MARION	2084		GOING	WILLIAM HENRY	2741	
FALLEN	WILLIAM	2080		GOO EAS TAH		538	
FALLEN	WILLIAM RILEY	2082		GOO QUAH	DAVID	331	820
FALLS	BECKY R.	R13		GRAHAM	EDWARD M.	R32	
FALLS	ISABELLA	R13		GRAHAM	JAMES	R32	
FALLS	MARIAH	R13		GRAHAM	SARAH	R32	
FALLS	SPENCER	R13		GRAHAM	STACY L.	R32	
FALLS	SUSAN	R13		GRAHAM	WILLIAM H.	R32	
FALLS	WILLIS	R13		GRAVITT	ALICE	1977	
FEATHER	AN SIH	485		GRAVITT	ATIE MISSIE	1962	
FIDELLA		U10		GRAVITT	AZELINE	1964	
FIELDS	ANNIE	2753		GRAVITT	EDDIE OLIN	1966	
FIELDS	GEORGE	2755		GRAVITT	FRANKLIN	1965	
FIELDS	JAMES	2756		GRAVITT	GEORGE WASHINGTON	1978	
FIELDS	JOHN	2746	1641	GRAVITT	HARRIS	1973	
FIELDS	RANIE	2754		GRAVITT	JAMES MONROE	1961	1882
FIELDS	WILLIAM	2747		GRAVITT	JANE	1959	1881
FORBUS	AGNES EVELINE	2476		GRAVITT	JEFFERSON	1963	
FORBUS	CORA	2486		GRAVITT	JOHN	1971	1886
FORBUS	EMILY	2485		GRAVITT	LESTER	1974	
FORBUS	LILLY	2480		GRAVITT	MARY	1960	1884
FORBUS	LOUISA	2479		GRAVITT	MINEROA JANE	1972	
FORBUS	NANCY	2475	2015	GRAVITT	THOMAS	1975	
FORBUS	ROBERT JEFFERSON	2477		GRAVITT	THOMAS	1976	1887
FORBUS	WM. MATTHEW	2478		GRAYBEARD	AGGIE	1441	1175
FOSTER	CATIE	2592	934	GRAYBEARD	CAH TAH YO IH	1439	1170
FOSTER	GEORGIA	2594		GRAYBEARD	CHARLIE	1443	
FOSTER	ROSIE	2593		GRAYBEARD	CHARLOTTE	679	
FOX	NANCY	486	57	GRAYBEARD	E ZE KIEL	1367	1171
GAH NA IH		891		GRAYBEARD	ELIZA	1442	
GAH SAH LAH ME	JOHN	367		GRAYBEARD	JOHN	678	
GAH TA YUH		291		GRAYBEARD	JOHNSON	1438	1169
GANN	WILLIAM THOMAS	2781		GRAYBEARD	PETER	U13	
GARLAND	ELIZABETH	1518	1299	GRAYBEARD	QUARKIH	1444	
GARLAND	ELIZABETH	1521		GRAYBEARD	ROP	680	
GARLAND	HARRIET C.	1523		GRAYBEARD	STACY	1440	1174
GARLAND	JESSE LAFAYETTE	1519		GREEN	CHARLIE	2793	
GARLAND	JOHN B.	1526		GREEN	CYNTHIA	2792	
GARLAND	JOSEPHINE	1525		GREEN	JAMES V.	2788	
GARLAND	ROSEANNA	1520		GREEN	JANE	U12	
GARLAND	SALLY	1911	1156	GREEN	JOHN T.	2789	
GARLAND	TE NOX YE NAH	1527		GREEN	MARTHA	2790	
GARLAND	TELLIUS B.	1524	1301	GREEN	MARY JANE	U11	
GARLAND	WILLIAM SHERMAN	1522		GREEN	PHILLIPS	1913	
GARRETT	DORA	1658		GREEN	SARAH JANE	2787	1405
GARRETT	NANCY	1659		GREEN	SARAH VANDORA	1912	
GARRETT	RUBY A.	1657		GREEN	WILLIE H.	2791	
GASTON	FLORENCE	2695		GRENNLEAF	ANNIE	1332	480
GASTON	GEORGE W.	2697		GRENNLEAF	MALIH	1333	
GASTON	ISSAC D.	2694		HAIL	ELIZABETH	U18	
GASTON	JAMES H.	2696		HAIL	GEORGE W.	U17	
GASTON	JOSEPH H.	2693		HALE	ELIZA L.	2852	
GASTON	MARY S.	2692		HALE	GENERAL M.	2853	
GASTON	NANCY ELIZABETH	2691	1543	HALE	GEORGE M.	2848	1664
GASTON	PAULINE	2698					

LAST NAME	FIRST NAME	HESTER R	CHAP#	LAST NAME	FIRST NAME	HESTER R	CHAP#
HANNAH	DAVE	2623		HILL	RACHEL	2376	2034
HANNAH	JACKSON	2625		HILL	ROBERT	2378	
HANNAH	MARY	2621	1537	HOFF	MRS. N.C.	R22	
HANNAH	NO NAME GIVEN	2629		HOLCOMB	ALTHA CORNELIA	1801	
HANNAH	ORA LEE	2628		HOLCOMB	CHARLES MCELROY	1797	
HANNAH	PETE	2622		HOLCOMB	DANIE G.	1825	
HANNAH	SUSIE	2624		HOLCOMB	EDWARD MELTON	1799	
HAYS	ELIZABETH M.	2307		HOLCOMB	JAMES HENRY	1802	
HAYS	HUGH MCELRATH	2308		HOLCOMB	JOHN L.	1796	
HAYS	JAMES EDGER	2309		HOLCOMB	LYCUSGUS FAIRCHILD	1803	
HELVINGSTON	LUCY ADELAIDE	2215		HOLCOMB	MILTON PIERCE	1804	
HELVINGSTON	MARY ELIZABETH	2216		HOLCOMB	MINNE MARY LIZZIE	1807	
HENRY	ALBERT GALLATIN	2861		HOLCOMB	ROBERT LEE	1800	
HENRY	ANNIE B.	2855		HOLCOMB	SAMUEL E.	1806	
HENRY	HUGH B.	2863		HOLCOMB	SARA E.	1795	
HENRY	JERRY C.	2854		HOLCOMB	WILLIAM ROBERT WILSON	1798	
HENRY	MARIE	2862		HOLCOMB	ZEBULON WELLINGTON	1805	
HENRY	MYRA	2859		HOLDER	CATHERINE GRAVITT	2005	1912
HENRY	PATRICK	2856	1702	HOLDER	IRA WILLIAM	2006	
HENRY	PATRICK DECATUR	2857		HOLLAWAY	ALICE	2955	
HENRY	PATRICK HUBERT	2864		HOLLAWAY	LAURA	2956	
HENRY	THOMAS BENTON	2858		HOLLAWAY	SARAH ANN	2954	1815
HENRY	WALLACE GIBBS	2860		HOOPER	JOHN SUSAN	924	1149
HENSLEY	ARSENNIUS TILDEN	1837		HORNBUCKLE	ALEXANDER	50	117
HENSLEY	BARNETT	2661		HORNBUCKLE	CAH LE NIH	448	
HENSLEY	BUHANNY	2663		HORNBUCKLE	CHARITY	431	
HENSLEY	CAROLINE	U16		HORNBUCKLE	DI YE NIH	545	
HENSLEY	CELLA LORENA	1839		HORNBUCKLE	GEORGE	53	
HENSLEY	ELIZABEH	2635		HORNBUCKLE	HENRY H.	518	
HENSLEY	ELVERD W.	1841		HORNBUCKLE	JAMES	429	236
HENSLEY	EMMA JANE	2121		HORNBUCKLE	JEFF DAVIS	437	
HENSLEY	HENRY W.	1765		HORNBUCKLE	LEWIS	447	
HENSLEY	HIRAM C.	2662		HORNBUCKLE	LORENZO	51	
HENSLEY	HIRAM H.	2670		HORNBUCKLE	MAGGOE	432	
HENSLEY	HIRAM NICHOLS	1836		HORNBUCKLE	QUAHTIH	430	588
HENSLEY	ISABELLA	1768		HORNBUCKLE	WILLIAM	52	
HENSLEY	JAMES	2599		HORNER	JOSEPHINE C.	2942	
HENSLEY	JANE T.	1767		HOVERNALE	ALACE	2930	
HENSLEY	JOHN JACKSON	1840		HOVERNALE	CATIE	2931	
HENSLEY	JOHN W.	1766		HOVERNALE	JAMES M.	2933	
HENSLEY	JOSEPH	2669		HOVERNALE	MARY ANN	2929	
HENSLEY	JOSEPH B.	2665		HOVERNALE	WALTER F.	2932	
HENSLEY	LUCINDA	2671		HOWARD	CHARLIE	2456	
HENSLEY	LUCINDA	U14		HOWARD	ELL COODLE	2454	
HENSLEY	LUCINDA T.	1764		HOWARD	HELEN	2457	
HENSLEY	LULA ELLA FAIR	2122		HOWARD	MARY E.	2453	
HENSLEY	LULIA	2672		HOWARD	RUSSELL	2455	
HENSLEY	MARY	2597		HOWELL	ARCHIBALD JR.	2323	
HENSLEY	NANCY	2664		HOWELL	BRYSON	2619	1968
HENSLEY	NANCY	U15		HOWELL	CATHERINE C.	2319	
HENSLEY	NANCY JANE	1838		HOWELL	CHARLES COLDING	2326	
HENSLEY	SENIE MALINDA	1842		HOWELL	ELLEN E.	2321	
HENSLEY	WILLIAM	2598		HOWELL	EMILY	2316	2119
HENSON	AGNES JANE	2784		HOWELL	ENEN CLARK	2331	
HENSON	HORACE MAYNARD	2783		HOWELL	ESTON EPPS	2328	
HENSON	MARGARET	2785		HOWELL	FRANK RANDOLPH	2330	
HENSON	MARY ANN	2782	1406	HOWELL	JAMES C.	2317	2107
HENSON	WINNIE	2786		HOWELL	JOSEPH BRYSON	2557	
HESTER	JOSEPH	1068		HOWELL	JULIA B.	2324	
HESTER	JOSEPH	915		HOWELL	LETITIA POOLER	2320	
HIGGINS	JAMES	2103		HOWELL	MARY ANN	2563	
HIGGINS	NOAH	2104		HOWELL	MARY DAVIS	2327	
HIGGINS	RACHEL	2101	1914	HOWELL	PINKNEY	2556	2066
HIGGINS	VINIE	2102		HOWELL	ROBERT E. LEE	2325	
HILDERBRAND	AMELIA EGLETINE	2700	1538	HOWELL	SAMANTHA	2561	
HILDERBRAND	ELIZA JANE	2701	1539	HOWELL	SAMUEL MARTIN	2559	2067
HILDERBRAND	GREEN	2705		HOWELL	SARAH ANN	2560	
HILDERBRAND	JOHN W. JR.	2703		HOWELL	STEPHEN E.	2318	
HILDERBRAND	JOHN W. SR.	2699	1536	HOWELL	THOMAS CHARLTON	2329	
HILDERBRAND	LAWRENCE W.	2702		HOWELL	UDALLA JANE	2562	
HILDERBRAND	MARTHA	U19		HOWELL	WILLIAM PRICE	2558	
HILDERBRAND	MARTHA	R19		HOWELL	WILLIE STEWART	2322	
HILDERBRAND	NANCY	2706		HUDSON	AMANDA M.	2292	
HILDERBRAND	VINCE	2704		HUDSON	BENJAMIN	2346	
HILL	ABRAHAM	837		HUDSON	BURRELL	2291	
HILL	DAVIS	2377		HUDSON	EDVEY E.	2288	
HILL	E YAH NIH	879		HUDSON	ELLEN ST. LEDGER	2347	
HILL	MARGARET	836		HUDSON	HARRISON A.	2286	

Hester Roll - 1883

LAST NAME	FIRST NAME	HESTER R	CHAP#	LAST NAME	FIRST NAME	HESTER R	CHAP#
HOWELL	ROBERT E. LEE	2325		JOHN		752	
HOWELL	SAMANTHA	2561		JOHN		998	
HOWELL	SAMUEL MARTIN	2559	2067	JOHN		1064	
HOWELL	SARAH ANN	2560		JOHN	WELCH	128	1376
HOWELL	STEPHEN E.	2318		JOHN SIN IH		791	
HOWELL	THOMAS CHARLTON	2329		JOHN WESLEY		239	
HOWELL	UDALLA JANE	2562		JOHNSON		479	
HOWELL	WILLIAM PRICE	2558		JOHNSON		1158	
HOWELL	WILLIE STEWART	2322		JOHNSON	AARON	R25	
HUDSON	AMANDA M.	2292		JOHNSON	CATAH GE SKIH	438	
HUDSON	BENJAMIN	2346		JOHNSON	JAMES	469	
HUDSON	BURRELL	2291		JOHNSON	LO SIH	478	117
HUDSON	EDVEY E.	2288		JOHNSON	MARGARET	R25	
HUDSON	ELLEN ST. LEDGER	2347		JOHNSON	NELLY	468	112
HUDSON	HARRISON A.	2286		JOHNSON	RICHARD	R25	
HUDSON	JULIETTE	2344		JOHNSON	WILLIAM	R25	
HUDSON	LEWIS B.	2285	1778	JONAH		1282	
HUDSON	MAGGIE L.	2290		JONES		241	
HUDSON	NELLIE	2345		JONES	AGNES E.	2299	
HUDSON	SAMUEL W.	2289		JONES	AMANDA D.	2298	2063
HUDSON	SARAH	2287		JONES	CHARLES A.	2301	
HUDSON	SARAH ELLEN	2343	2125	JONES	GEORGIA CAROLINE	2300	
HUGHES	ANNA	2437		JORDAN	AMANDA	1427	
HUGHES	DAVID	R12		JORDAN	ANDREW	1429	
HUGHES	DOCK	R12		JORDAN	BETSEY	1430	
HUGHES	ELIZA ANN	2435	1817	JORDAN	CAROLINE	1436	
HUGHES	FANNIE	R12		JORDAN	CATY	1423	
HUGHES	FLORENCE	R12		JORDAN	CLARK	1426	
HUGHES	MARTHA EMMA	2497		JORDAN	CLYDE	1433	
HUGHES	MARY	R12		JORDAN	DELLA MAY	1428	
HUGHES	NANNIE	R12		JORDAN	LAURA	1434	
HUGHES	PETER	R12		JORDAN	LEONA	1435	
HUGHES	ROBERT	2436		JORDAN	LILLY	1424	
HULSEY	ALONZO	2500		JORDAN	MARTIN	1431	
HULSEY	BENJAMIN E.	2501		JORDAN	ROBERT	1432	
HULSEY	CHARLES M.	2504		JORDAN	SISSIE	1425	
HULSEY	ELDORADO V.	2499		JORDAN	WILLIS HOMER	1437	
HULSEY	LOWRINDA	2503		JOSEPH		691	
HULSEY	MARTHA JOSEPHINE	2302		JOSEPH		1290	
HULSEY	MARTHA JR.	2502		JOSEPHINE	HESTER	461	
HULSEY	SARAH	2498	2008	JOSHUA		897	
HURST	CREED F.	1718		JOSIAH		1137	
HURST	DANIEL L.	1716		JOSIAH		1358	
HURST	HARRIET L.	1715		JU DA SEH		501	
HURST	MARTHA E.	1717		JU NE LUS KIN	JIM	393	919
HURST	MARY L.	1714		JUDAS		325	
I YEE KIH		1056		JUDAS		399	
I YU GUE		207	339	JULAN	EDWIN C.	2506	
IH YOO TAH		1134	1117	JULAN	ETTA P.	2510	
ISAAC		1039		JULAN	EVA M.	2509	
JA CO BIH		551		JULAN	ROBERT W.	2507	
JACKSON		153		JULAN	SUSAN JANE	2505	2006
JACKSON		184		JULAN	WILLIAM B	2508	
JACKSON	AH LIH	1042	1160	JULLA		243	
JACKSON	ELIZA	1046	1163	KA LI NIH		598	118
JACKSON	JOHN	638	1057	KA LI NIH	CAROLINE	607	
JACKSON NIH		1024		KEG	CA TIH	355	700
JAIL LIH		731	286	KEG	JAMES	354	323
JAMES		405		KEG	MATHEW	356	
JANE SIH		936		KEITH	CHARLES JOEL	R37	
JE SAH NIH		92	277	KEITH	FLORIDA ANN	R37	
JEFFERSON		1157		KEITH	JAMES GORDON	R37	
JEM SIH		599		KEITH	MATHEW	R37	
JEN NIH YEH		364		KEITH	REUBEN WM.		
JENIH		483			FREEMAN	R37	
JENNIH		330		KEITH	SISSIE	R37	
JENNIH		360	11	KELL	ALEXANDER		
JESSE		1101			FRANCIS	2604	
JESSE		1359		KELL	ANDREW	2600	
JIN E LIN KIH		769	233	KELL	GEORGE		
JIN NIH		905			WASHINGTON	U20	
JIN NIH		917		KELL	JAMES LAFAYETTE	2603	
JIN SIH		608		KELL	SADIE JURELL	2601	
JO NAH CH		644		KELL	SALLY	2605	
JO NAH EH		553		KELL	SARAH JANE	2606	
JOE ADAM		115		KELL	SUSANNAH	2602	
JOHN		95		KEYS	ALICE	2875	
JOHN		290		KEYS	DEBORAH	2891	

LAST NAME	FIRST NAME	HESTER R	CHAP#	LAST NAME	FIRST NAME	HESTER R	CHAP#
KEYS	DUDLEY	2881		LANGLEY	ALFRED ANDREW	1981	
KEYS	FELLA	2885		LANGLEY	ANDREW JACKSON	2007	
KEYS	JAMES M.	2880	1690	LANGLEY	BECCA JANE	1982	
KEYS	JANE	2874		LANGLEY	COLUMBUS FRANKLIN	1983	
KEYS	JENNEY	2883		LANGLEY	FRANCIS MINNIE LEA	1994	
KEYS	JOHN	2877		LANGLEY	GEORGE W.	U21	
KEYS	MARTHA	2886		LANGLEY	HULEMAN ARMINDA	2001	
KEYS	MARY ANN	2872	1681	LANGLEY	JOHN	1979	
KEYS	MIKE	2882		LANGLEY	JOHN ALBERT		
KEYS	OLLIE	2884			HORATIUS	2137	
KEYS	RICHARD	2871	1686	LANGLEY	JOHN C.	U23	
KEYS	RICHARD	2879		LANGLEY	JOHN WM. DUNCAN	1999	
KEYS	SARAH	2876		LANGLEY	LOCK	2002	
KEYS	THEODORE	2873		LANGLEY	LOCK (JACK)	1988	1907
KEYS	WILLIAM	2878	1687	LANGLEY	MANDY CATHERINE	1992	
KEYS	WILLIAM S.	2890	1691	LANGLEY	MARION JACKSON	2003	
KEYS	WILLIE MAUD	2892		LANGLEY	MARION WARREN		
KIDD	ALDRIDA	1383	1348		LYCUSGUS	2134	
KIDD	DAVID	1384		LANGLEY	MARTHA ELNOR	2004	
KIDD	ELIZABETH	1390		LANGLEY	MARY MALISSA	1997	
KIDD	FELIA	1388		LANGLEY	MILLY MALINDA	1996	
KIDD	GARFIELD	1392		LANGLEY	PEGGY	1980	
KIDD	JAMES	1387		LANGLEY	ROBERT	2135	
KIDD	JANE	1391		LANGLEY	ROBERT ROBIN	2000	
KIDD	MARY	1385		LANGLEY	SALLIE ANN	2136	
KIDD	NO NAME	1393		LANGLEY	SAMUEL BENJAMIN	1995	
KIDD	SALLY KATE	1389		LANGLEY	SARAH	U22	
KIDD	WILBURN	1386		LANGLEY	SIDNEY JACKSON	1989	
KIL LLUT TIH		300	204	LANGLEY	SINAI	2620	
KILLIAN	DOCIA VIRGINIE	1596		LANGLEY	SUSAN	1987	1903
KILLIAN	JAMES BURTON	1598		LANGLEY	SUSAN MARINDA	1990	
KILLIAN	MELLISSA			LANGLEY	THOMAS ZACHARIA	1991	
	HAZLETIME	1595		LANGLEY	WILLIAM	2133	
KILLIAN	ROSIA MARCILLA	1597		LANGLEY	WILLIAM FRANKLIN	1993	
KIRKLAND	LUCINDA	1939		LANGLEY	ZACHARIAH TAYLOR	1998	1909
KIRKLAND	MINNIE LEA	1940		LAURENCE	LETITIA K.	2349	
KNOX	SARAH	2149	1989	LAW YER		807	
LA CEY		110		LAW YER		1045	
LA HAH WIH		623		LAW YER	ALLEN	477	
LA LE SKIH		384		LAW YER	CHARLOTTE	474	116
LACY	HERSCHEL			LAWRENCE	CHARLES C.	2350	
	LAFAYETTE	2735		LE AN DER		1149	
LACY	MARY CHEROKEE	2734		LE SIH		318	
LACY	NELLIE CALOWAY	2733		LE SIH		362	
LAH SA LAH	JOHNSON	1139		LE SIH		392	
LAH SAH LOH		276		LE SIH		625	440
LAH SE LAH	SAMPSON	1140		LE SIH		755	
LAH SE LOH		875		LE SIH		1156	915
LAH SIH LAH		693		LE WIH		378	
LAH TSIH		335	720	LEACH	ELIZABETH JANE	1984	
LAH YE NIH		388		LEACH	LILLY	1986	
LAMAR	ELIZABETH	U24		LEACH	MARILDA	1985	
LAMAR	ELMIRA	U25		LEANDER		238	
LAMBERT	ALBERT	844		LEATHERWOOD	ALICE ALEVINE	1945	
LAMBERT	ANDREW J.	941	1414	LEATHERWOOD	JAMES LAFAYETTE	1943	
LAMBERT	ANDREW J. JR.	945		LEATHERWOOD	JOHN WILLIAM	1944	
LAMBERT	CAROLINE	939		LEATHERWOOD	MARCUS LLEWELLYN	1946	
LAMBERT	COLUMBUS	942		LEATHERWOOD	MARTHA E.	1942	1901
LAMBERT	ELLEN	940		LEDFORD	ALFRED	1575	
LAMBERT	GEORGE W.	950		LEDFORD	ELIJAH	1322	
LAMBERT	HUGH	848		LEDFORD	HANDY	1573	
LAMBERT	HUGH JR.	943		LEDFORD	JASPER ALONZO	1572	
LAMBERT	HUGH SR.	946	1416	LEDFORD	JULIUS	1574	
LAMBERT	IOWA	799		LEDFORD	NANCY T.	1571	
LAMBERT	JAMES	845		LEDFORD	NESSIE	1323	
LAMBERT	JOHN L.	797		LEE	ALONZO	840	
LAMBERT	LAURA ANN	798		LEE	CATHERINE	839	1415
LAMBERT	LLOYD	865		LEE	JULIA	841	
LAMBERT	MONROE	938		LEE	NANCY	842	
LAMBERT	NANCY	795	1413	LEE	NORA	843	
LAMBERT	NANCY JR.	944		LENOIR	ALBERT	2228	1826
LAMBERT	NANCY JR.	949		LENOIR	ANN CHAPPEL	2222	1822
LAMBERT	SAMUEL C.	796		LENOIR	ETHEL EVELINE	2226	
LAMBERT	THOMAS	847		LENOIR	INFANT	2227	
LAMBERT	THOMAS	948		LENOIR	MARY	2225	
LAMBERT	WILLIAM TILDEN	947		LENOIR	MARY OCTAVIA	2223	1824
LAMON		409		LENOIR	THOMAS R.	2224	1825
LANGLEY	ALBERT	2132	1918	LEWIS	HENRY W.	2618	

LAST NAME	FIRST NAME	HESTER R	CHAP#	LAST NAME	FIRST NAME	HESTER R	CHAP#
LEWIS	JOHN W.	2617		MA LIH		930	
LEWIS	NANCY A.	2616		MA NAH SIH		371	
LEWIS	THOMAS A.	2615		MAGGIH		333	
LI YE SAH		825		MAH TIH		642	
LI YE SAH		1312		MAH TIH		999	
LID DEH		790		MAL LIH		236	595
LIL LIH		908		MAN DAH		524	
LILIH		1075		MAN DAH		484	
LIN DIH		237		MANEY	ALBERT	1569	
LIN DIH		1073		MANEY	ALFRED B.	961	
LINDEH		918		MANEY	ALICE	969	
LINDIH		808		MANEY	ALPHEUS D.	1736	
LIT TIH		726		MANEY	ANN	1624	
LIT TIH	LYDIA	1281		MANEY	BARBARA	1565	
LITLEJOHN	JENNEY	400	186	MANEY	CATHERIN L.	1711	
LIZZIE		293		MANEY	CHARLES LEE		
LL LI NO IS		1031			MAC ANDERSON	2012	
LO SIH		888		MANEY	CLARETHIE L.	1720	
LO SIH		1285		MANEY	COLUMBUS	1881	
LOCUST	AI NIH	1345		MANEY	COO IH	1649	
LOCUST	JOHN	1343	1179	MANEY	COREGAN	1878	
LOCUST	LIN DIH	1346		MANEY	DANIEL E.	1708	
LOCUST	QUALLA ANN	1344		MANEY	DORA	1879	
LOCUST	SAH LIH	1347		MANEY	ELBERT CINAMAN	1735	
LOGAN	JAMES	2802		MANEY	ELLIE V.	1852	
LOH TIH		1118	49	MANEY	GARRETT B.	1854	
LOK KIN NIH		100	78	MANEY	GEORGE	1621	
LONG	JOE	490		MANEY	GEORGE W.	959	
LONG	JOHN	412	1475	MANEY	GEORGE W.	1844	
LONG	SE KIH LIH	563	1471	MANEY	GEORGIA ANN	967	
LONG	WA LIH	564		MANEY	HAZELTON	965	
LOO CIH NIH		217		MANEY	HENRY	1629	
LOO YEH ZAH	LOUISA	677		MANEY	HENRY	1641	
LOS SIH	JOHN HENRY	240		MANEY	HIRAM	1643	
LOSIH	CHU LAW KA LAH	521	380	MANEY	IDA BELL	1703	
LOUDERMILK	CYNTHIA A.	1516		MANEY	JAMES	1627	
LOUDERMILK	JOHN R.	1517		MANEY	JAMES H.	955	
LOVE	ROBERT	U26		MANEY	JAMES H.	1705	
LOW IN	JOHN JR.	512		MANEY	JAMES L.	1638	
LOW NIH		214		MANEY	JAMES M.	1619	
LOWE	CYNTHIA	2238	1844	MANEY	JAMES WEASLEY	1723	
LOWE	JOHN J.	2240	1846	MANEY	JASPER RICKMAN	970	
LOWE	JULIA	2239	1845	MANEY	JOHN	1628	
LOWEN	ISAAC F.	2649		MANEY	JOHN	1645	
LOWEN	SARAH E.	2648		MANEY	JOHN C.	1646	
LOWEN	SURENA	2647		MANEY	JOHN G.	1851	
LOWIN	DAVID S.	2651		MANEY	JOHN J.	1620	
LOWIN	ELBERT A.	2650		MANEY	JOHN J. JR.	1710	
LU CIH DAH		498	144	MANEY	JOHN J. SR.	1699	
LU CIN DA		1136		MANEY	JOHN ROGERS	962	
LU CY		155		MANEY	JOHN W.	1701	
LU KAH		588		MANEY	JOSIE H.	1853	
LU SE NIH		919		MANEY	JULIA	1848	
LU SEH		666		MANEY	KEZIAH	1642	
LU SIH		336		MANEY	LAURA JANE	963	
LU SIH		887	709	MANEY	LEANDER MARTIN	968	
LU SIH		1148		MANEY	LEANDER W.	956	
LU SIH		1309		MANEY	LILLIE	966	
LU SIH ME DIH		981		MANEY	LILLY	1847	
LU SIH NE DA		982		MANEY	LINSILLA V.	1722	
LU SIH NE DIH		923		MANEY	LOUDUSKA		
LUCINDIH		302			MONTAIVIA	1700	
LUCY ANN		1300		MANEY	LUCIUS D.	1706	
LUN SIH		471		MANEY	MADISON	1880	
LUSK	HULDAH	2887		MANEY	MALOY	1709	
LUSK	LORNZO	2888		MANEY	MARGARET	1846	
LUSK	SHILLER	2889		MANEY	MARGARET H.	971	
LYDIA		93		MANEY	MARGARET JANE	958	
MA LIH		26		MANEY	MARGARET TERESA	964	
MA LIH		281		MANEY	MARION	1647	
MA LIH		450		MANEY	MARTIN BURLISON	1849	
MA LIH		457		MANEY	MARTIN LUTHER	957	
MA LIH		596		MANEY	MARTIN R.	1566	
MA LIH		628		MANEY	MARTIN V.	1623	
MA LIH		690		MANEY	MARY	1843	
MA LIH		702		MANEY	MARY CAROLINE	U27	
MA LIH		877		MANEY	MILES C.	1644	
MA LIH		893		MANEY	MILES LORENZO	1639	

LAST NAME	FIRST NAME	HESTER R	CHAP#
MANEY	MILTON	1648	
MANEY	MINTER	1622	
MANEY	NELSON	1626	
MANEY	NELSON B	1719	
MANEY	OLERIA E.	1737	
MANEY	ROBERT D.	1721	
MANEY	ROBERT H.	1856	
MANEY	ROBERT HENRY	1845	
MANEY	ROBERT LEE	1738	
MANEY	ROBERT M.	1850	
MANEY	SALLIE	1640	
MANEY	SAMANTHA	1568	
MANEY	SILVESTER WASHINGTON	2013	
MANEY	SOPHIA	1625	
MANEY	SUE ELLEN	1707	
MANEY	SYLVESTER B.	1637	
MANEY	THOMAS L.	1704	
MANEY	VINNIE CANDICE	1567	
MANEY	WALTER L.	1855	
MANEY	WILLIAM A.	1570	
MANEY	WILLIAM A.	1702	
MANEY	WILLIAM B.	1660	
MANEY	WILLIAM RILEY	960	
MANEY LUS	WILLIAM ROMMULU	1877	
MANLEY	ELBERT B.	R20	
MANLEY	ELIZA J.	R20	
MANLEY	ELIZABETH	R19	
MANLEY	PARALEE	R20	
MARGARET		720	
MARGARET		934	
MARGARET		1355	
MARK		570	
MARONEY	BAILEY BARTON	1417	
MARONEY	ELIZABETH WELCH	1420	
MARONEY	FLORENCE	1415	
MARONEY	JOHN I.	1416	
MARONEY	LOUISA	1418	
MARONEY	MARTHA A.	1414	1284
MARONEY	WILLIAM HYDE	1419	
MARTIN	BARRETT L.	2667	
MARTIN	GEORGE	380	
MARTIN	GEORGIA ANN OLIVIA	2399	
MARTIN	IDA ANN	2397	
MARTIN	MARGARET ANN	2396	1771
MARTIN	MARGARET LENA	2401	
MARTIN	MARTHA	2666	
MARTIN	MARY GRAVES FRANKLIN	2398	
MARTIN	NELLIE	379	731
MARTIN	OCTAVIA	2400	
MARTIN	SU YEH TUH	382	732
MARTIN	WILLIAM C.	2668	
MATHEWS	GEORGIA ANN	2016	
MATHEWS	HENRY	2023	
MATHEWS	JAMES ALLEN	2042	
MATHEWS	JANE	2014	
MATHEWS	JOHN MARION	2015	
MATHIS	AMANDA JOSEPHINE	2026	
MATHIS	COLUMBUS	2024	
MATHIS	DELLA	2029	
MATHIS	JAMES THOMAS	2043	
MATHIS	MARTHA ELLEN	2028	
MATHIS	SUSAN JANE	2025	
MATHIS	THOMAS	2027	
MATOY	CAROLINE	U31	
MATOY	JAMES M.	U32	
MATOY	JOSEPH	U29	
MATOY	RACHEL	U33	
MATOY	STACEY	U30	
MCCLURE	BARBARA ADELINE	1612	
MCCLURE	ELIZABETH L.	1615	
MCCLURE	FANNIE	1614	
MCCLURE	FANNIE	2766	
MCCLURE	SAMANTHA	1613	
MCCLURE	SLATER	2767	
MCCOMB	ANNIE	R29	
MCCOMB	BILLY	U29	
MCCOMB	JOHNIE	R29	
MCCOMB	SARAH	R29	
MCCOMB	WILLIE	R29	
MCCORMICK	CHARLIE HAMILTON	2840	
MCCORMICK	EVELINE	2841	
MCCOY	DAVID	1688	
MCCOY	ELIZABETH	2413	
MCCOY	ELLEN	1690	
MCCOY	EVELINE	2896	1692
MCCOY	GEORGE W.	2411	
MCCOY	IDA	2417	
MCCOY	JAMES D.	2897	
MCCOY	JAMES MARTIN	1692	
MCCOY	JAMES W.	2412	
MCCOY	JOHN	1689	
MCCOY	JOHN W. JR.	2419	
MCCOY	JOHN W. SR.	2418	
MCCOY	JOSEPH FRANKLIN	1691	
MCCOY	JOSEPHINE A.	2420	
MCCOY	JULIA ANN	2410	
MCCOY	LOUISA	1686	
MCCOY	LUCINDA	2415	
MCCOY	MARY	1687	
MCCOY	MUZEL DORA	2898	1695
MCCOY	ROSSANNAH	2409	1766
MCCOY	SARAH	2416	
MCCOY	THOMAS	2414	
MCDANIEL	AH LEY	1374	
MCDANIEL	ANDREW	1375	
MCDANIEL	BEN	R28	
MCDANIEL	BETTIE	R28	
MCDANIEL	CATHERINE	1394	1344
MCDANIEL	DOLAN	R28	
MCDANIEL	HARRIET	1369	
MCDANIEL	JAMES	1372	
MCDANIEL	JOHN	1370	
MCDANIEL	JUBREY	R28	
MCDANIEL	LILLY	R28	
MCDANIEL	LUCY	R28	
MCDANIEL	MARY	1368	1347
MCDANIEL	MARY	R28	
MCDANIEL	NANCY	R28	
MCDANIEL	SUSAN	1373	
MCDANIEL	WESLEY	1371	
MCDONALD	CHARLEY C.	2846	
MCDONALD	CHEROKEE GABELLA	2847	
MCDONALD	EMILY MISSOURI	2365	
MCDONALD	GEORGE	2363	1950
MCDONALD	IRA BELL	2368	
MCDONALD	NARCENA MAY	2369	
MCDONALD	TEXAS ROSANNA	2366	
MCDONALD	THOMAS VIRGIL	2364	
MCDONALD	WILLIAM CALLIN	2367	
MCELRATH	ELIZABETH	2306	1565
MCELRATH	JOHN EDAGAR	2953	1566
MCFARLIN	MARGARET S.	1915	
MCKINNEY	NANCY L.	1876	
MCLEMORE	EASTER	1377	1358
MCLEMORE	JOHN L.	1378	
MCLEMORE	SAMUEL H.	1379	
MCLEMORE	WILLIAM	1376	1331
MCMILLAN	JOHN	R35	
MCMILLAN	JOSEPH	R35	
MCMILLAN	MILLIE	R35	
MCMILLAN	SINA	R35	
MEADOWS	DAVID THOMPSON	1885	
MEADOWS	ELIZABETH	1882	2086
MEADOWS	MARTHA ANN	1884	2088
MEADOWS	MARY JANE	1886	
MEADOWS	SARAH D.	1883	2087
MERRELL	ALBERT	2869	
MERRELL	EMMA CLARK	2870	
MERRELL	GEORGE	2868	
MERRELL	JOHN	2867	
MERRELL	LORENZO	2866	
MERRELL	PRESTON	2865	1723

LAST NAME	FIRST NAME	HESTER R	CHAP#	LAST NAME	FIRST NAME	HESTER R	CHAP#
METCALF	ABSALOM	1728		MOOR	SARAH ALICE	2241	1847
METCALF	ALBERT	2656		MOOR	SARAH L.	2267	1854
METCALF	AMANDA C.	1749		MOOR	WALTER THOMAS	2219	
METCALF	ANDREW H.	1775		MORRIS	CLYDE E.	2312	
METCALF	ARSENNIUS	1742		MORRIS	ELLEN F.	2310	1567
METCALF	ASPHENIA E.	1741		MORRIS	HUGH MCELRATH	2313	
METCALF	AVERY	1761		MORRIS	MARY TRIMBEL	2315	
METCALF	BURNETT L.	1782		MORRIS	SALLIE G.	2311	
METCALF	CATHERINE	1781		MORRIS	SUSIE MORGAN	2314	
METCALF	CORA L.	1734		MOSES		472	
METCALF	CORDELLA	1756		MOSS	ALEXANDER CLINGMAN	1592	
METCALF	CORNELIA	1757		MOSS	ALICE AUNIE	1593	
METCALF	CORNIE A.	1729		MOSS	ELIZABETH	1581	
METCALF	DORA E.	1750		MOSS	HAZLITINE	1578	
METCALF	ELIZA	1758		MOSS	HENRY JACKSON	1585	
METCALF	ENOS HENRY	1786		MOSS	JANE	1580	
METCALF	EPHRIAM	1763		MOSS	JEFFERSON HENRY	1587	
METCALF	GEORGE D.	1726		MOSS	JOHN	1583	
METCALF	GUS	1783		MOSS	JOHN BENJAMIN	1589	
METCALF	HARRIET LUDUSKA	1772		MOSS	KEZIAH	1579	
METCALF	HENRY	1759		MOSS	MALISSA VANDORA	1591	
METCALF	HENRY C.	1739		MOSS	MARGARET	1582	
METCALF	HIRAM	1724		MOSS	MARGARET E.	1576	
METCALF	HIRAM JR.	1780		MOSS	MARGARET JANE	1586	
METCALF	JAMES A	1773		MOSS	MARY	2521	2037
METCALF	JAMES H.	1744		MOSS	MILES OSCOE	1594	
METCALF	JAMES HARRISON	1778		MOSS	MILTON MONTGOMERY	1588	
METCALF	JETER	1753		MOSS	REBECCA	1584	
METCALF	JOHN	1725		MOSS	WILLIAM	1577	
METCALF	JOHN B.	1771		MOSS	WILLIAM HARRISON	1590	
METCALF	JOHN F.	1731		MUMBLEHEAD	LUCY	1329	
METCALF	JOHN R	1743		MUMBLEHEAD	LUCY	1330	
METCALF	JOHN W.	1770		MURPHY	ANGELINE	1242	
METCALF	LAFAYETTE	2657		MURPHY	DAVID	1240	1333
METCALF	LEROY	1752		MURPHY	DAVID B.	U34	
METCALF	LORENZO	1730		MURPHY	DAVID B.	U34	
METCALF	MARGARET J.	1769		MURPHY	GEORGE	2794	
METCALF	MARY J.	1745		MURPHY	HENRY	1257	
METCALF	MARY L.	1748		MURPHY	JAMES	1244	
METCALF	MATILDA	1754		MURPHY	JAMES	1564	1341
METCALF	MINNIE J.	1777		MURPHY	JAMES	2795	
METCALF	MORDICA	1774		MURPHY	JESSE	1231	
METCALF	NANCY JANE	1733		MURPHY	JOHN HENRY	1245	
METCALF	NATHAN DEMCY	1751		MURPHY	JOSEPH MANCHO	1232	
METCALF	REBECCA M.	1762		MURPHY	JOSEPH MARION	1256	
METCALF	SAIL E.	1727		MURPHY	KELLY	1252	
METCALF	SURENA	2655		MURPHY	LEANDER	1235	
METCALF	THOMAS CLINGMAN	1760		MURPHY	LILLIE ANN	1258	
METCALF	ULYSSES	2658		MURPHY	LIZZIE	1255	
METCALF	WAILSTELL GAITHER	1776		MURPHY	LORENA	1241	
METCALF	WESLEY	1755		MURPHY	LOUISA	1237	
METCALF	WILEY E.	1740		MURPHY	LUCY	1263	
METCALF	WILLARD E.	1732		MURPHY	MACK	1264	
METCALF	WILLIAM BROWNLOW	1787		MURPHY	MAGDALINE	1265	
METCALF	WILLIAM C.D.	1779		MURPHY	MARGARET	1254	
METCALF	WILLLIAM	1746		MURPHY	MARTHA	1266	1337
METCALF	ZEB VANCE	1747		MURPHY	MARTIN	1230	1335
MI YEH KA TAW KAH		683	885	MURPHY	MARY	1261	
MI YEH KIH		727		MURPHY	MARY	1243	1332
MILLIGAN	ANNIE	2686		MURPHY	MARY	1253	1339
MILLIGAN	CALEB	2688		MURPHY	MARY	1260	1342
MILLIGAN	GRACE VIRGINIA	2690		MURPHY	MARY CANDY	1246	
MILLIGAN	MANIE	2689		MURPHY	MARY JANE	1234	
MILLIGAN	SUSAN JANE	2685		MURPHY	NO NAME	1259	
MILLIGAN	WILLIE	2687		MURPHY	RACHEL	U28	
MIMS	WILLIAM	2438		MURPHY	SAMUEL ABRAHAM	1233	
MOETJOY	MISSOURI J.	2924		MURPHY	SOLOMON D.	1236	
MOL LIH		363		MURPHY	WILLIAM	2796	
MONTJOY	ALICE	2925		MURPHY	WILLIAM JR.	1262	
MONTJOY	JARRET	2927		MURRAY	ADALINE	2638	
MONTJOY	MAGGIE	2926		MURRAY	FARRIS	2640	
MOON	ABNER L.	2737		MURRAY	ISAAC	2637	
MOON	THOEDOCIA	2736		MURRAY	LAFAYETTE	2641	
MOOR	CYNTHIA ALBINA	2242		MURRAY	LANDON C.H.	2642	
MOOR	ELIZABETH VELL	2269		MURRAY	NANCY LAURANCE	2636	
MOOR	EMILY LOVELY O.	2270		MURRAY	SARRAH	2639	
MOOR	FELLA	2268					
MOOR	MARY EMMA	2218					

LAST NAME	FIRST NAME	HESTER R	CHAP#	LAST NAME	FIRST NAME	HESTER R	CHAP#
MURRELL	AMANDA R.	2945		NICO JACK	SALLY	495	195
MURRELL	FANNIE E.	2947		NICODEMUS	JOHN	988	
MURRELL	LEWIS	2949		NO AH		1098	
MURRELL	ROSA	2948		NOAH	WILLIAM	1350	
MURRELL	ROSS	2946		NORTON	LUCINDA	2652	
MURRY	JOSEPH F.	2643		NORTON	SURENA	2653	
MURRY	SARAH JANE	718		O NIH		213	
NA CHE LIH		83	26	O SIH		700	
NA CHE LIH		260		OKIN NEAH	CATCH ME	440	
NA CHIN IH		119	197	OLIVER	JOHN FRANCIS	2283	
NA KIH		613	584	OLIVER	JOSHUA	2282	2114
NA KIH		1107	1034	OLIVER	LEWIS HOMER	2284	
NA LIH		921		ON SAH		278	
NA SIH		413	807	ONEAL	DEBORAH M.	2895	
NA TAIH LIH		403		ONEAL	ELIZA C.	2893	
NA TSIH LIH		415		ONEAL	MARY E.	2894	
NA TSIH LIH		595		OO CAH WE YOO		898	
NA TSIH LIH		751		OO CAH YOS TEH		1216	1131
NAH E SAH		1129		OO CHAH TAH		748	577
NAH NIH		268		OO CHAW STAW SIH		773	
NAH QUIH SIH		420		OO CLAH NAH TAW		519	481
NAH SIH	NANNY	984		OO CLAW NAH TAH		817	
NAH YE SAH		899		OO CO LA HOH	SALLY	233	334
NAH YE SAH		1010	1219	OO GOO COO	ARCHER	40	
NAI NIH		31		OO GOO COO	DAVID	39	
NAI NIH		882		OO GOO COO	DI YAH NIH	37	
NAN SEH		640		OO GOO COO	JONAH	41	
NAN SIH		439		OO GOO COO	LLOYD	38	
NAN SIH		161		OO GOO COO	SU YA TUH	36	216
NAN SIH		324		OO HAH LAH NIH		1112	
NAN SIH		328		OO HAH SIH		365	
NAN SIH		453	274	OO HE TAS KAH LAH TUH			121
NAN SIH		541		OO KEE TAH LA WHO YAH		1328	228
NAN SIH		881		OO KUM UMH	WILSON	539	
NAN SIH		523		OO LA STAH AH		434	387
NAN SIH (NANCY)		1110		OO LA WHAH TIH		556	
NANCY		722		OO LA YAH HA TIH		451	
NAU SIH		1202		OO LAU NAU STEH SKIH		118	756
NAU SIH		1289		OO LE HE NAH TUH		109	
NAW SIH		869		OO LE JE YAW TAH		815	495
NE CHAH GIH		1096		OO LE SCAH STIH		470	
NE SIH		1169		OO LE WHAH TIH		480	
NED DA		750		OO LIH SCIH STIH		169	
NED DA	EAH HOO HOO	559		OO NA WOO TEH	SILK	1102	1038
NED DIA		358	202	OO NE YAH TAH		735	
NEH LIH		332		OO SCOO NIH		487	
NEH SIH		832		OO SO KIL LIH	DAVID	179	
NEH TIH		540		OO SQUAH NIH		209	626
NEL LIH		1030		OO TAH TEH GEE SKIH		326	831
NEL SON EH		742		OO TAH YIH		424	586
NELLIH		1057	923	OO TAL KEH		1126	1045
NELSON		1029		OO TAL LU KIH		1152	
NEW SEY		269		OO WA NAH IH		1027	
NEWTON	BERDIE	2163		OO WA TIH		488	
NEWTON	JAMES	2162		OO YAH SKAH LAH TUH			574
NEWTON	MINERVA	2160	1410	OO YOS KAH LAW TE GE SKIH			576
NEWTON	VIANNA	2161		1265			
NI IH SAH		775		OO YOU SKIH		264	
NI IH SAH		780		OOL SCHA STIH		577	1470
NIC COH WIH		579	550	OOL SIH COW GE TAH		609	209
NIC O DEEM SIH		1117		OOL STU HIH		1280	690
NICHOLS	OCTAVIA A.	2221		OOL TEAU NE TUT IH		194	635
NICHOLS	TAYLOR O.	2220		OTTER	THOMAS	1286	478
NICHOLSON	CHARLOTTE	1238		OWEN	EUGENE	2814	
NICHOLSON	GEORGE LEWIS	1239		OWEN	LEONORA	2813	
NICK	AMANDA	715		OWEN	LILLY	2815	
NICK	CHIL TOS KIH	714		OWENSBY	ELIA	1665	
NICK	HATTIE	716		OWENSBY	IVY ANN	1663	
NICK	JAMES HENRY	707		OWENSBY	LUCINS	1662	
NICK	LORENSO	705		OWENSBY	MARTHA	1664	
NICK	LORENZO	704		OWENSBY	RANIE	1666	
NICK	SINNIE	713		OWENSBY	SARAH	1661	
NICK	TABITHA	712		OWL	ADAM	17	
NICK	THADDEUS	706		OWL	CANDACE	2922	
NICK EH		675	742	OWL	CAROLINE EUDORA	20	
NICK EH		937		OWL	DAVID	15	1168
NICK EHZAHH	LOUISA	676	93	OWL	DELIA CORINTH	19	
NICK IH		211		OWL	EVE SAMANTHA	16	

Hester Roll - 1883

LAST NAME	FIRST NAME	HESTER R	CHAP#	LAST NAME	FIRST NAME	HESTER R	CHAP#
OWL	IDA	2923		POWELL	JOHN ALVIN	1446	1208
OWL	JOHNSON	191		POWELL	JOHN CLAYTON	1907	
OWL	LEWIS	21	183	POWELL	LAURA	476	
OWL	NOAH	192		PRICE	HIRAM	1049	
OWL	SA LI NIH	190		PRICE	NELLY	2707	
OWL	SAMPSON	2921		PRICE	RUTH	2828	1600
OWL	SOLOMON DARIUS	18		QUA LE AN NA	POLLY ANN	303	663
OWL	WINNEY	1445	1167	QUAH SIH		1006	
PAIN	EMMA	1563		QUAH TE LIH		532	
PAIN	JAMES	1561		QUAH TE LIH		668	
PAIN	MARY	1559		QUAI KIH		1048	
PAIN	MARY ANN	1544	1351	QUAI TAH YIH		425	
PAIN	THEODOCIA	1562		QUAI TI YIH		871	285
PAIN	THOMAS	1558	1353	QUAI TIH		297	
PAIN	WILLIAM E.	1560		QUAI TIH		443	
PALMOUR	ALASKA	2462		QUAI TIH		884	
PALMOUR	ANNIE	2466		QUAIKEY	BECCA	1127	1046
PALMOUR	BENJAMIN	2464	2003	QUAIT SEH		1147	
PALMOUR	CHARLIE F.	2481		QUAIT SIH		550	
PALMOUR	DAVID SILAS	2470		QUAIT SIH		783	165
PALMOUR	ELIZABETH	2474		QUAKIH		158	372
PALMOUR	EMMA	2471		QUAL LA		758	527
PALMOUR	EVELINE	2465		QUAL LA		1284	
PALMOUR	HENRY	2467		QUAL LA		1357	
PALMOUR	JENNIE	2468		QUAL NIH	BEN	171	1050
PALMOUR	JOHN DAUHARTY	2459	2002	QUAL QUAH TA GEH		868	
PALMOUR	JOHN DOWING	2469		QUAL TIH		104	
PALMOUR	LILLY	2482		QUASH QUAH		1047	
PALMOUR	MARY OTIS	2461		QUE I TIH		102	
PALMOUR	MERCIE KEZIAH	2463		QUE TAH		902	
PALMOUR	ROXIE	2472		QUE TAH	PETER	656	
PALMOUR	SARAH ORLANDO	2460		QUE TAH ME YIH KA TAW KIH			698
PALMOUR	SOHRONIA BELL	2473		QUE TEH		1125	
PARKER	CALQUITT	2130		QUEEN	LEVI	499	
PARKER	CAROLINE	2123	1925	QUEEN	SAMPSON	500	
PARKER	EMMA JANE	2127		QUIL LE KIH		1167	
PARKER	JULIAN	2125		QUILLLAND	NORMA	2765	
PARKER	LORNA MAY	2131		QUIN SIH		341	
PARKER	MARTHA ELLEN	2128		QULAT SIH		724	
PARKER	NANCY EMMALINE	2124		RACKLEY	ANTONIH	56	
PARKER	RUFUS	2126		RACKLEY	ELIZABETH	57	144 1
PARKER	WILLIAM THOMAS	2129		RACKLEY	ETTA JANE	67	
PARKS	ISAAC D.	2829		RACKLEY	HENRY ALLEN	63	
PAYNE	DANIEL JACKSON	1225		RACKLEY	JAMES	65	1443
PAYNE	DAVID LEONARD	1226		RACKLEY	LAWYER	60	
PAYNE	FELIA	1223		RACKLEY	LUCY	64	448
PAYNE	GEORGE LISTON	1227		RACKLEY	MASON	54	1438
PAYNE	JONATHAN	1224		RACKLEY	POLLY	62	
PAYNE	MARTHA A.	1222	1349	RACKLEY	ROSA ELMIRA	66	
PAYNE	MARY JANE	1228		RACKLEY	TESTIMONIA	61	
PAYNE	WILLIAM ALFRED	1229		RACKLEY	WILLIAM	59	
PECKERWOOD	CORNELIA	1092		RACKLEY	WINNEH	55	
PECKERWOOD	JANE	1091		RAPER	ALEXANDER	1497	1435
PECKERWOOD	JOHN	348	1454	RAPER	ALEXANDER	2156	1408
PECKERWOOD	LUCY ANN	1090		RAPER	ALICE	1538	
PECKERWOOD	REBECCA	349	5	RAPER	AMANDA E.	1541	
PECKERWOOD	SALLIE	1093		RAPER	BERRY BOAZ	1696	
PECKERWOOD	WILLIAM	1089	1453	RAPER	CATHERINE	1543	1412
PECKERWOOD	YEH TSEH	350		RAPER	CHARLIE	1503	
PEOPLES	BELL	2769		RAPER	DORA PARILEE	1505	
PEOPLES	CHARLOTTE	2771		RAPER	DOVEY	2158	
PEOPLES	EDGERENA	2772		RAPER	ELIZA JANE	1515	
PEOPLES	JAMES LAMAR	2773		RAPER	ELLEN SUSANNA	1499	
PEOPLES	MARY E.	2768	1713	RAPER	GEORGIA ANN	2172	
PEOPLES	SARAH	2770		RAPER	HATTIE	2171	
PERRY	JULIA	2566		RAPER	HENRY C.	1539	
PERRY	MARY SARAH	2567		RAPER	IOWA	1697	
PFANNKUCHE	AGNES	2297	2061	RAPER	JACKSON	1540	
POOLER	LETITIA F.	2348	2121	RAPER	JACKSON	2170	1409
POPE	JAMES MONROE	1904		RAPER	JAMES	1537	1431
POPE	MARTHA MATILDA	1901		RAPER	JAMES BURTON	1513	
POPE	MARY HAZELTINE	1905		RAPER	JAMES THOMAS	1542	
POPE	THOMAS LEWIS	1903		RAPER	JAMES W.	1498	
POPE	WILLIAM LAFAYETTE	1902		RAPER	JESSE LAFAYETTE	1501	
POSEY	HENRY RUSSEL	2780		RAPER	JOHNIE	2173	
POSEY	SARAH LUCINDA	2779		RAPER	LUCY EMMALINE	1504	
POWELL	JAMES EVERETT	1906		RAPER	MARGARET	2159	
POWELL	JOHN	475		RAPER	MARXHALL	1502	

LAST NAME	FIRST NAME	HESTER R	CHAP#	LAST NAME	FIRST NAME	HESTER R	CHAP#
RAPER	NELSON	2157		ROGERS	MARTHA	1548	
RAPER	SIL LIH	1514		ROGERS	MARY ETHER	2272	
RAPER	WILLIAM	1512	1433	ROGERS	MARY KEUNNESAW	2191	
RAPER	WILLIAM THOMAS	1500		ROGERS	MARY LAUVENIA	2260	
RAPERL	RACHEL	1698		ROGERS	MINERVA	1550	
RATLER	LESIH	1163		ROGERS	RAMOND CLIFFORD	2263	
RATLER	LI SAH	1161		ROGERS	ROBERT N.	2259	1851
RATLER	LU SEH	1162		ROGERS	SARAH	1549	
RATLER	NAU CHIH	1160		ROGERS	SARAH	2175	1835
RATLER	WASHINGTON	1159	906	ROGERS	SARAH FRANCIS	2176	1838
REED	AH LE AH NIH	507		ROGERS	STONEWALL JACKSON	2195	
REED	AH TAH WIH	508		ROGERS	WILLIAM	1141	
REED	DU WEE SIH	509		ROGERS	WILLIAM EDWARD	2275	
REED	JAMES	196		ROGERS	WILLIAM HENRY	2194	
REED	JESSE	612	310	ROGERS	WILLIAM NOCHOLAS	2254	
REED	LOUISA	506		ROGERS	WILLIAM RIDGE	2177	
REED	NA TSIH LIH	530		ROLSTON	CAROLINE E.	2304	
REED	PETER	504	312	ROLSTON	ELIZABETH	2294	2057
REED	WE LIH	510		ROLSTON	FRANCIS	2293	2056
RING	CHARLIE HANCOCK	2634		ROLSTON	JAMES D.	2296	2065
RING	ELLA NANCY	2633		ROLSTON	JOHN	U35	
RING	GEORGE WASHINGTON	2632		ROLSTON	LELIA DARE	2305	
RING	SALLIE ELIZABETH	2631		ROLSTON	NANCY C.	2295	2058
RING	WMMA LOUISE	2630		ROLSTON	ROBERT D.	2303	
ROBERTS	ALEXANDER STEPHEN	2230		ROSS	DANIEL	2801	
ROBERTS	CYTHIA ANN	2233		ROSS	MARGARET	2800	
ROBERTS	EMMA	2236		RUSSELL	FANNIE	2451	
ROBERTS	FANNIE	2229		RUSSELL	JOHN BURT	2944	
ROBERTS	GORDON	2231		RUSSELL	MATTIE JUNE ROSS LEE	2449	
ROBERTS	LEONA EUGENIA	2235		RUSSELL	ROBERT LEE	2452	
ROBERTS	MARY EMMA	2237		RUSSELL	SUSAN	2448	2029
ROBERTS	ROSE ANNAH	2234		RUSSELL	WALTER RALEIGH	2450	
ROBERTS	ROSELLA	2232		RUSSELL	WM. HENRY	2458	2031
ROBERTSON	GILBERT A.	1813		SO LO LO WOH TIH		245	
ROBERTSON	HOWARD FLEETUS	1812		SA CAW NE KIH		1356	
ROBERTSON	JAMES LUCIOUS	1811		SA KIH		643	
ROBERTSON	JAMES WESLEY	1810		SA KIH		1055	919
ROBERTSON	LIZZIE LORENA	1816		SA LE NIH		329	
ROBERTSON	MARTHA CORNELIA	1814		SA LIH		126	
ROBERTSON	MARY LOUISA	1808		SA LIH		1326	
ROBERTSON	ROBERT WESLEY	1809		SA LIN	TA SKE GIH	1189	1256
ROBERTSON	SAMUEL C. LEA	1815		SA LIN IH		441	439
ROBINSON	EDWARD E.	1556		SAH GEE YAH		1043	
ROBINSON	ELEANOR	1551	1355	SAH KE LAH YEH		1074	
ROBINSON	LIZZIE	1553		SAH KE YAH		648	
ROBINSON	MARTHA R.	1552		SAH KEE LAH YAH		916	
ROBINSON	MARY E.	1555		SAH KEL LAH YEH		914	
ROBINSON	SARAH	1554		SAH KIN NIH		754	
ROBINSON	WILLIS OSCOE	1557		SAH LA NIH		177	
RODDY	ELBERT	2843		SAH LA NIH		694	
RODDY	JOHN L.	2842		SAH LAH NIH		467	
RODDY	OSCOE	2845		SAH LAH TAH		397	
RODDY	VILNA	2844		SAH LAH TAH		435	
RODGERS		94		SAH LE AH NIH		665	
ROGERS	AUGUSTA	2277		SAH LE AN NIH		833	
ROGERS	AUGUSTUS L.	2271	1856	SAH LE EH NIH	SALLY ANN	428	
ROGERS	CLAUDE	2253		SAH LE NIH		105	
ROGERS	CLEO ANTONETTE	2265		SAH LIH		1308	1514
ROGERS	CORA LEE	2255		SAH LIH		294	
ROGERS	DAVID MCNAIR VANN	2252	1860	SAH LIH		571	
ROGERS	ELIZABETH	1547	1354	SAH LIH		582	
ROGERS	ELIZABETH	2257		SAH LIH		611	
ROGERS	EUGENIA OVERBY	2193		SAH LIH		632	
ROGERS	FLORENCE	2362		SAH LIH		639	95
ROGERS	GEORGIA VANN	2266		SAH LIH		788	
ROGERS	HENRY C.	2190	1820	SAH LIH		1051	
ROGERS	JACKSON	2174	1834	SAH LIH		1130	
ROGERS	JACKSON THADDEUS	2276		SAH LIH		1187	
ROGERS	JOSEPH	2261		SAH LIH		1315	
ROGERS	JULIA ELLA MCNAIR	2262		SAH LIH AN NIH		534	
ROGERS	JUNIA E.	2273		SAH MIH		339	
ROGERS	LENA MAY	2258		SAH MIH	OO LA YOH EH	572	431
ROGERS	LILLIAN	2264		SAH NIH		647	
ROGERS	LOUISA	2192		SAH TAH NIH		909	579
ROGERS	LOVEY	2256		SAH TAH WAH GIG		649	493
ROGERS	MAGGIE MAY	2274		SAH TAH YEH		721	508

LAST NAME	FIRST NAME	HESTER R	CHAP#
SAH TAH YIH		74	
SAH TAH YIH		1363	1212
SAH TOO KIH		562	
SAH WAH CHIH		285	4
SAH WE NOO KIH	JOHN JR.	140	
SAH WE NOO KIH	JOHN SR.	980	
SAH WE NOO KIH	POSEY	151	
SAH WIH NOO KIH		373	
SAHL KIN NIH		520	482
SAL IH AH QUA TA KIE			
	SALLY	215	622
SAL KIN NEH		1037	1268
SAL LIH		983	
SAL LIH		793	
SALLY		473	
SAM MIH		812	
SAM MIH		985	
SAM MIH		1067	
SAMBERT	JESSE	846	
SAMUEL		753	
SANDERS	CUDGE ELLIS	271	
SANDERS	SUSAN ARMADILLO	270	
SAUNDERS		2799	884
SAUNDERS	ELIZA JANE	R23	
SAW WHAH		489	1469
SAWYER	WILL	1065	
SCAH CKE LOO KIH		781	
SCHA KEL LOS KIH		1320	
SE COH WIH		1095	423
SE KILLIH		301	
SE LIH		801	556
SE LIH		1063	
SE QUAH YEH		920	248
SE QUE YAH	SKIT TEH	125	215
SEH TAH NEH		407	695
SEITS	AMANDA ELIZABETH	2554	
SEITS	ELIZA MISSOURI	2552	
SEITS	JENNIE LIND	2550	
SEITS	MARY DELILAH	2551	
SEITS	PETER ALMA	2553	
SETZER	ANNAH	1452	
SETZER	ANNIE M.	1451	
SETZER	DAVID C.	1449	
SETZER	FRANCIS E.	1450	
SETZER	MARTHA	1448	1246
SEVEIR	AH MAH CHUM EH	106	40
SHADWICK	ABRAHAM	2146	
SHADWICK	ADELINE	2142	
SHADWICK	BENJAMIN	2145	
SHADWICK	HENRY	2141	
SHADWICK	JAMES	2139	
SHADWICK	JOHN	2140	
SHADWICK	MARION	2143	
SHADWICK	MARTHA	2138	
SHADWICK	SAMANTHA	2144	
SHE LO LA NO TO		537	
SHELL	JOHN	77	1146
SHELL	NAH AU GO TUH	81	
SHELL	STACEY	80	19
SHELL	UTEH	78	
SHELTON	NANCY	2659	
SHELTON	SARAH	2660	
SHEPHERD	ELIZA E.	1866	
SHEPHERD	GEORGE DALLAS	1871	
SHEPHERD	IDA LEE	1869	
SHEPHERD	MITTLE M.	1872	
SHEPHERD	SARAH BETTIE	1867	
SHEPHERD	SENORA B.	1870	
SHEPHERD	WILLIAM HAREE	1868	
SHERREL	JIM	951	
SHIELDS	KEZIAH	1218	
SI LIH NIH		578	
SI YE TIH		770	
SIH QIH YAH HIN		143	636
SIH TAH NIH		1119	
SIM DIH		851	
SIME	SARAH HANNAH M.	977	
SIMEON		411	
SIMES	JAMES VIRGIL	978	
SIMES	JULIA ANN	979	
SIMON		89	
SIN DEH		616	646
SINYARD	ANDREW	U36	
SKAH HKE LOW SKIH		416	
SKEE KEE		274	
SKIT TIJ HIH	THOMAS	295	785
SMITH	ADELIA JOSEPHINE	3	
SMITH	AL NIH KIH	186	187
SMITH	AMANDA	1675	
SMITH	AMANDA JANE	2072	
SMITH	ANDREW JACKSON	1294	
SMITH	ANNA	2074	
SMITH	BARNETT	1676	
SMITH	BETSEY JANE	187	
SMITH	CHARLES	1276	
SMITH	CHARLES W.	2806	
SMITH	CHARLOTTE	13	1364
SMITH	CHARLOTTE		
	CAROLINE	5	
SMITH	CICERO KINYARD	1952	
SMITH	CORDELLA	2	
SMITH	CYNTHIA	1302	
SMITH	DUFFY THEOPHIUS	1274	
SMITH	ELIZABETH G.	2804	2126
SMITH	EMILY ALICE	2075	
SMITH	FANNIE	1682	
SMITH	FRANK	2810	
SMITH	GEORGE L.	185	1370
SMITH	HENRY	12	1363
SMITH	HENRY JR.	1291	1373
SMITH	JAMES DAVID	1273	
SMITH	JAMES HENRY	2073	
SMITH	JESSIE	2809	
SMITH	JOHN	1681	
SMITH	JOHN	U38	
SMITH	JOHN HENRY A.	1003	
SMITH	JOHN M.	1951	
SMITH	JOHN Q.A.	188	
SMITH	JOHN SMITH	2807	
SMITH	JOSEPH	14	1372
SMITH	JOW EES	1680	
SMITH	LEWIS H.	1001	1371
SMITH	LILLY VIOLA	8	
SMITH	LLOYD ALVARDO	6	
SMITH	LORELLA	2808	
SMITH	LOUISA	1278	
SMITH	LYDIA MIRIAM	6	
SMITH	MARK TIGER	1270	
SMITH	MARY EMMA	1953	
SMITH	MARY MELVINS	1271	
SMITH	MEDIA OLIVIA	1272	
SMITH	MEIGGS	2812	
SMITH	MONROE	1678	
SMITH	NANCY	1002	1128
SMITH	NANCY	1292	
SMITH	NANCY	1677	
SMITH	NANCY J.	2071	
SMITH	NIMROD J.	1	1368
SMITH	NOAH	1275	
SMITH	REBO ETHALIND	10	
SMITH	RICHARD HENRY	4	
SMITH	ROSS B.	1301	1369
SMITH	SAH LE AN NIH	1293	
SMITH	SAMANTHA	1679	
SMITH	SARAH	U37	
SMITH	SYLVESTER		
	ALEXANDER	1955	
SMITH	THADDEUS SIBBALD	9	
SMITH	UNITY HESTER	11	
SMITH	WILLIAM FREELING	2076	
SMITH	WILLIE	2811	
SMITH	WILLIMA MARCIUS	1279	
SMITH	WM. ALEXANDER	1954	
SMITH	YANDEY	1296	
SMITH	ZACHARIAH T.	1295	
SNEAD	FLORENCE	1084	

LAST NAME	FIRST NAME	HESTER R	CHAP#	LAST NAME	FIRST NAME	HESTER R	CHAP#
SNEAD	GEORGIA ANN	1176		TA KIH		1154	
SNEAD	IOWA	1088		TA KIN NIH		178	
SNEAD	JAMES PHILLIPS	1173		TA LE SKIH		745	
SNEAD	JOHN	1082		TA NO LIH		96	
SNEAD	JOSEPH GRANT	1175		TA TAH LAH		810	
SNEAD	MARY ANN	1171	2079	TA WE SIH		645	494
SNEAD	OSCOE	1087		TAH GAH		1104	
SNEAD	PECO	1086		TAH HE COO		774	557
SNEAD	SAMUEL	1172		TAH HE HIH		906	
SNEAD	STACEY JANE	1083		TAH HOO KUH		493	210
SNEAD	VIOLA	1085		TAH KIH		517	824
SNEAD	WILLIAM SHERMAN	1174		TAH KIN IH		383	1478
SO LO LAH		1094	240	TAH MIH		249	
SOCK QUIN NEH		1151	1109	TAH NE LAH TSIH		464	419
SOL KIN NIH		1319	1520	TAH NIH		25	
SOL LO LA NE TAH		417	603	TAH NIH		561	
SOL LO LA WAH TIH		1062		TAH NIH		699	
SOLOMON		103		TAH NIH NO LIH		567	
SOUDDER	ADDIE ELIZABETH	2202		TAH NO LIH		163	
SOUDDER	ELIZABETH	2207	1785	TAH QUE TE HEH HEH			996
SOUDDER	GEORGIA HENRIETTA	2199			1124		
SOUDDER	GORDON HAMPTON	2205		TAH SE KE YAH KIH		1145	
SOUDDER	IDA JOSEPHINE	2201		TAH SKIH GIH TIH HIH			771
SOUDDER	JACOB MCCARTNEY	2197		TAH TAH YEH		452	
SOUDDER	LAURA KENNESAW	2203		TAH YA LOS TAH		1212	
SOUDDER	LEWIS BLACKBURN	2196	1788	TAH YA NIH		739	
SOUDDER	MARY EMMA	2204		TAH YAH OLE		913	
SOUDDER	NARCISSA JOSEPHINE	2198		TAH YEH NIH		159	
SOUDDER	NEWTON GARMONEY	2206		TAH YUH HAH		174	
SOUDDER	WM. HENRY			TALLENT	CATHERINE	1396	
	HARRISON	2200	1789	TALLENT	ELIZABETH	1395	
SOUTH	CHARLIE	2434		TAR KIH OR DORCAS			156
SOUTH	LAURA	2433		TAR NIH		986	
SPRIGGS	ALEXANDER	2819		TASH NOO	WALNIH	681	
SPRIGGS	LILLY	2821		TAW HAH NE TAH		1307	
SPRIGGS	MARY ADDIE	2820		TAW HEE SKIH		800	370
SPRIGGS	POLLY ANN	2818	1582	TAW YAH NE TAH		208	814
SQUEU SIH		725		TAW YAH NE TAH		772	
STA SIH		387		TAYLOR	ADDIE	1397	
STA SIH		460		TAYLOR	ANDREW J.	1454	
STA SIH		600		TAYLOR	CATHERINE	1545	1362
STACEY		152		TAYLOR	EDWARD	1453	
STAFFORD	MARTHA ELLEN	2094		TAYLOR	FRANCIS M.	1459	
STAFFORD	MARY JANE	2090		TAYLOR	JAMES	1460	1250
STAH SIH		1009		TAYLOR	JESSIH	316	
STANDING DEER	JOE	933		TAYLOR	JOHN	314	696
STANDINGDEER	ANDY	719		TAYLOR	JOHN	1461	
STAW NIH		1208		TAYLOR	JOHN D.	2928	
STE WIH		396		TAYLOR	MARY ANN	1447	1247
STE WIH		581		TAYLOR	REBECCA	317	
STE WIH	CHEES QUAH	880	1506	TAYLOR	SAL KIN NIH	315	239
STEENSIH		98		TAYLOR	SUSAN MADORA	1462	
STONE	ELIZABETH	320		TAYLOR	THOMAS	1546	
STRICKLAND	CATHERINE	2187		TAYLOR	WILLEY	1458	
STRICKLAND	CATIE CLAIRE	2188		TE CAH NOO TEH YOU HIH		1195	995
STRICKLAND	LOUISE E.	2189		TE CAH SEAN KIH		1318	829
STU WES TIH		631		TE COO GEE TAH		737	
SU SAH NIH		997	1125	TE CUM SEH		1191	
SU SAH NIH		1214		TE GEE GEE SKIH		528	
SU SE NAH		505		TE GEE SKIH	JESSE	1133	1493
SU SIH		145		TE GOO GE TAH		23	
SU SIH		1321		TE GOO YE SKIH		589	544
SU TA QUIH		929	815	TE HE LE TAW HEH	JIM	870	553
SUH KIH		782	825	TE KAH NOO TEH YOU HIH			148
SUSAH NAH		1144	1501	TE NIH		30	
SUSAN		263		TE SAH NE HIH		661	
SUSANNAH		684	1148	TE SAH TEH SKIH		1026	1096
SUSIH		168		TE SES KIH		149	337
SUSIH		173		TE SOO YAW GIH		492	757
SWEENEY	ARIZONA	709		TE SQUAH TA GIH		911	396
SWEENEY	JOHN	711		TE TAH KE YOS KIH		49	490
SWEENEY	LAURA	708		TE TAH KEE YAH SKIH			273
SWEENEY	LORENZO	710		TE TAH LE TAW KIH		436	1483
TA KA NIH		746		TE TAH NAH SKIH		1150	1108
TA KAH NOH TSA CLAH		1114	895	TE TAH NE SKIH		594	
TA KAH SHUM TAH NAH		568	1459	TE TUN NEE SKIH		48	541
TA KIH		76		TE YEH STE SKIH		655	
TA KIH		1040		TE YOLT LIH	TOM	1215	1132

LAST NAME	FIRST NAME	HESTER R	CHAP#
TEEL TA KIH		402	474
TEH KIN NIH		759	
TEH YE NIH		838	
TEH YE NIH		1142	983
TES QUAH NIH		1331	
TEX ZAN AH		198	
THOMAS	ALFRED	2608	
THOMAS	ALFRED W.	2613	
THOMAS	BETTIE	R17	
THOMAS	CALDONIA E.	1918	
THOMAS	ELIZABETH	R17	
THOMAS	ELLA J.	2612	
THOMAS	GEORGE ERASCUS	1920	
THOMAS	JAMES	2614	
THOMAS	JAMES	R17	
THOMAS	JAMES H.	2609	
THOMAS	JAMES MONROE	1917	
THOMAS	LUCIUS FRANKLIN	1921	
THOMAS	LUCY	R17	
THOMAS	MARDECAL AVELINE	1922	
THOMAS	MARY	R17	
THOMAS	NANCY	2607	
THOMAS	NANCY CATHERINE	1919	
THOMAS	NANCY E.	2610	
THOMAS	NANCY JANE	R17	
THOMAS	NINERVA THRESA	1916	1894
THOMAS	RUFUS	R17	
THOMAS	SARAH J.	2611	
THOMAS	THOMAS JR.	R17	
THOMAS	THOMAS SR.	R17	
THOMISON	MATTIE	2439	
THOMISON	MINNIE LEE	2440	
THOMPSON	HIRAM	1897	
THOMPSON	JARIE	1899	
THOMPSON	JOHN	1895	
THOMPSON	MATTIE	1898	
THOMPSON	MAXWELL	1900	
THOMPSON	REUBEN	1894	
THOMPSON	SUSANNAH	1896	
THOMPSON	WILLIAM DAVID	1893	2090
TIM SON EH		1050	
TIMPSON	DRUSCILLA	1381	
TIMPSON	HANNAH	1380	1384
TIMPSON	HUMPHREY	1382	
TIMSON	HARRIET	1408	
TIMSON	JAMES	1407	
TIMSON	JAMES	1409	
TINESON		204	337
TOO CAH		873	
TOO HE NIH		465	420
TOO KAH		206	790
TOO NAH NA CLAH		1131	1112
TOO NAH WIH		597	566
TOO NOO WAH		794	
TOO WA YAH LAW		170	
TOR KIH		1059	
TOS KE GE TA HIH		123	
TOTS TSA CHUH NAH		79	289
TRAMPER	JAKE	459	
TSA YE TE HIH		267	
TSAH CAW NIH		515	
TSAH LAH TE HIH		830	
TSAH LIH		776	
TSAH NE YEH SIH		660	
TSAH NIH		536	
TSAH NIH YEH SIH		614	
TSAH NOO	WAL NIH	279	
TSAH TAH GAH NE KAH			652
TSAH TSIH		1190	
TSAH TSIH	WAH SIH TO NIH	1186	
TSAW CAW HIH		696	
TSE MIH		531	
TSIH KIH EH		120	
TSIH MIH		892	
TSIH NIH		854	1032
TSINNIH		657	559
TSO CO HIH		220	
TSO NIH		785	282
TSO WAH		35	
TSO WAH		593	
TSO WHAH	OO GE DEL LAH	806	1200
TSOH CAW HIH		376	20
TSOH LAH CAUA KIH		1022	1500
TSOH WAH		761	
TSOH WAH		779	
TSU LE YAH HE TAH		630	
TSU NEEL KAH		932	670
TSU NOO LA HUS KIH			1188
TSU NU LAH HUS KIH			91
TSUH SAH HIH		1153	
TSUH TAH YAH LAH TAH			671
TSUH TSAH LAH TUH		111	
TU NAH YIH		602	291
TUCKER	ADOLPHUS LEWELLYN	1949	
TUCKER	AMAMDA ELIZABETH	1948	
TUCKER	HULDY	1928	
TUCKER	JAMES W.	1931	
TUCKER	JOHN JR.	1923	1895
TUCKER	JOHNIE WILBURN	1925	
TUCKER	JOSEPHINE LESTER	1930	
TUCKER	LAURA JANE	1926	
TUCKER	LILLIAN DELVIRA	1950	
TUCKER	LYDORA ANGELINE	1924	
TUCKER	MARCUS LAFAYETTE	1947	
TUCKER	MARINDA L.	1957	1897
TUCKER	MARTHA	U39	
TUCKER	MARY MAGNOLIA	1932	
TUCKER	MARY PERILEE	1927	
TUCKER	RUBY	1956	1889
TUCKER	WILLIAM POSEY	1929	
TURNER	CORDELLA	2596	
TURNER	ROSCOE	2595	
TWELTY	FALVER	R36	
TZU SAH NIH		265	452
UNC YE UH LIH		150	12
UNDERWOOD	JAMES HILMAN	2052	
UNDERWOOD	MARTHA	2051	
UNDERWOOD	SARAH SAVANNAH	2053	
UNDERWOOD	STEPHEN LUSTER	2054	
UNN HEAR KIH		670	
UTIH		166	
UTIH		663	
VOILS	JANE W.	2164	
VOILS	JOSIE	2166	
VOILS	LOUISA	2165	
VOILS	NORA LEE	2169	
VOILS	VINCENT	2167	
VOILS	WILLIAM	2168	
WA LA GIH		251	
WA TAH SAH LIH		828	260
WA TAH SAH TIH		176	
WAFFORD	ELLA	2185	
WAFFORD	LAURA	2186	
WAH CHA CHAH		449	
WAH CHE SAH		651	
WAH CHE SER	LUCY	1360	1473
WAH HE TAH YIH		1201	
WAH LA NA KAH		1164	1058
WAH LAH NE TAH		353	
WAH LAVE SKIH	NE LIH	1352	
WAH LE NIH		357	
WAH LE NIH		377	
WAH LE NIH		904	
WAH LE SAH	SU AGA	762	255
WAH LE YAH		1297	1503
WAH LIH		113	319
WAH LIH		193	630
WAH LIH		822	247
WAH LIH		1097	
WAH LIH		1327	
WAH TE NIH		385	
WAH TE YAH		71	863
WAH TIH		395	
WAH TIH YAH HIH		255	594
WAH WHA SEE TA	JOHN LOWIN	511	590
WAH YAH CLE		912	

Hester Roll - 1883

LAST NAME	FIRST NAME	HESTER R	CHAP#	LAST NAME	FIRST NAME	HESTER R	CHAP#
WAH YAH NE TAH	JOHN	1004	1492	WELCH	BLYTHE NEWMAN	1422	
WAH YIH		234	335	WELCH	DAVIS	895	
WAIL SIN NIH		1217		WELCH	ELIZABETH	1421	1280
WAKEFIELD	ALBERT ZED	1478		WELCH	HOE	894	82
WAKEFIELD	CHARLIE D.	1475		WELCH	ISAAC	849	
WAKEFIELD	EDWARD S.	1477		WELCH	LARCHE	792	
WAKEFIELD	LYCUSGUS B.	1479		WELCH	NANCY	72	866
WAKEFIELD	LYDIA E.	1471	1235	WELCH	SAMPSON	306	
WAKEFIELD	OLLIE VANDORA	1474		WELCH	WAL SAH	73	
WAKEFIELD	THOMAS M.	1476		WELCH	WELIH	606	
WAKEFIELD	VIRGINIA C.	1480		WES LEH	HORNBUCKLE	674	
WAL KIH		160		WES LIH		809	
WAL KIH		256	39	WES LIH		874	
WAL KIH		819		WESLEY		398	
WAL KIH NIH		673	92	WESLEY	STANDING DEER	86	
WAL KIK		1213	1127	WEST	CAH NIH KEH	218	
WAL KIN IH		99		WEST	MICHAEL	219	
WAL SAH		283	3	WEST	WILL	226	16
WAL SIN IH		195		WESTIH		221	
WALK	BIRD	994		WHITAKER	CAROLINE	1489	
WALK	JOHN	995		WHITAKER	DAVID L.	1465	1223
WALKER	EMILY S.	2803	1608	WHITAKER	ELIZABETH	1464	1232
WALKINGSTICK	ELIZA	1079		WHITAKER	JAMES	1467	1238
WALKINGSTICK	JASPER	1080		WHITAKER	JOSHUA	1484	1240
WALKINGSTICK	MARY	1078		WHITAKER	MARTHA ANN	1466	1236
WALKINGSTICK	MIKE	1076	1525	WHITAKER	OSTON	1487	
WALKINGSTICK	SUSIE	1081		WHITAKER	SARAH AMANDA	1468	1239
WAR LICK	DELLIAH	1412		WHITAKER	STEPHEN	1463	1231
WAR LICK	ELIZABETH	1410	1403	WHITAKER	STEPHEN D.	1486	
WAR LICK	IRENE RUDDLE	1406	1402	WHITAKER	VICTOR	1488	
WAR LICK	JOSEPH MCDOWELL	1413		WICKED	JOHN SAMUEL	U44	
WAR LICK	MARY JANE	1411		WICKED	THOMAS POLES	U43	
WARD	CHARLES JACKSON	1958		WICKED	WILLIAM	U45	
WARE	RACHEL	R14		WICKET	JOHN	2147	1985
WARE	SUSAN	R14		WICKET	JOSIE ROSA LEE	2148	
WARWICK	ELIZABETH	2211	1791	WIH LIH NIH		252	
WARWICK	FRANCES	2210	1790	WIL NO JTIH	NED	375	
WARWICK	JACOB MCCARTNEY	2214		WILEY	OLIVER L.	2361	
WARWICK	JACOB MCCARTY	2217		WILKERSON	LAURA	2683	
WARWICK	LENA LEOTI	2212		WILKERSON	LUCINDA	2681	
WARWICK	THOMAS ALLEN	2213		WILKERSON	SARAH ANN	2680	
WASHINGTON	OLD CHARLEY	423	585	WILKERSON	SILVANIA	2684	
WAT SON NIH		784		WILKERSON	WILLIAM	2682	
WAT TIH		248		WILL NO TIH	GE0RGE	286	120
WATERS	CHILD	2941		WILL WEST		741	
WATERS	FRANKLIN	2937		WILLIAMS	ALLIE	2762	
WATERS	MINNIE	2938		WILLIAMS	ANNIE	2761	
WATERS	THOMAS J.	2940		WILLIAMS	CLAUD	2764	
WATERS	THOMAS JEFFERSON	2935	1937	WILLIAMS	DAVID MONROE	2091	
				WILLIAMS	FRED	2763	
WATERS	WILLIAMINA C.	2936		WILLIAMS	JAMES EDMUNDS	2093	
WE LA NIH	WILLIAM	433		WILLIAMS	JANE	2760	1634
WE LEH		617		WILLIAMS	JOHN A.	R21	
WE LIH		34		WILLIAMS	JOHN H.	2089	
WE LIH		368		WILLIAMS	POLLY CAROLINE	U42	
WE LIH		586		WILLIAMS	SUSAN ANN	2088	
WE LIH		733		WILLIAMS	WILLIAM RILEY	2092	
WE LIH		787		WILLIS	ANDREW	2513	
WE LIH		954		WILLIS	BENJAMIN	2519	0000
WE LIH A LIH NIH		272		WILLIS	EDNA	2520	
WE LIH EH LEH NIH		1007		WILLIS	EMMALINE	2654	
WE LOO STE KIH		282	698	WILLIS	JOHN	2512	
WE LOO STIH		821		WILLIS	LORENZO DOW	2514	
WEBB	ELIZABETH PARKER	2278		WILLIS	PICKEUS E.	2511	
WEBB	EMILY CHEROKEE	2823	1540	WILLIS	PRIESTLY	2496	2005
WEBB	JAMES	2827		WILSON	CICERO	2037	
WEBB	JOHN	2826		WILSON	ELIZABETH	1887	
WEBB	LETCHER	2824		WILSON	ELIZABETH	U40	
WEBB	ROBERTA	2825		WILSON	JAMES	2038	
WEBB	WALTER ROY	2279		WILSON	JOHN	858	507
WEBSTER	GAYLOR BRIGHT	1508		WILSON	JOHN HENRY	2039	
WEBSTER	LULA	1511		WILSON	JOSEPH ALLEN	2040	
WEBSTER	MARTHA	1509		WILSON	LORENA	U41	
WEBSTER	MARY	1510		WILSON	LYDIA MATILDA	1889	
WEBSTER	RACHEL	1506	1430	WILSON	MARIA DULCENA	1835	
WEBSTER	WILLIAM LAWRENCE	1507		WILSON	MARTIN LUTHER	2752	
WELCH		927		WILSON	MARY	2751	
WELCH	AL NIH	896		WILSON	SAMUEL	2041	

Hester Roll - 1883

LAST NAME	FIRST NAME	HESTER R	CHAP#
WILSON	SARAH JANE	1888	
WILSON	SARAH JANE	2036	
WILSON	SARAH LOUISA	1857	
WIN NIH		299	
WINNIH		855	
WINNIH		1060	
WINNIH		2798	
WISHON	ERMA ELIZABETH	1935	
WISHON	GEORGE W.	1941	
WISHON	JOHN WESLEY	1933	
WISHON	NAOMA	1938	
WISHON	ROBERT COLUMBUS	1934	
WISHON	SARAH JANE	1937	
WISHON	WILLIAM THOMAS	1936	
WMITH	MELIA JANE	1277	
WO SIH		585	
WOLD	MARK KING	1014	
WOLF	ABEL	231	
WOLF	AIL SIH	134	935
WOLF	ANDREW NEWTON	1339	
WOLF	CATIE	137	
WOLF	DAVID	1012	
WOLF	FELIZ	227	
WOLF	GEORGE FLOYD	1015	
WOLF	ISAAC	136	
WOLF	JACOB	135	
WOLF	JAMES	2714	
WOLF	JANE	2709	1618
WOLF	JOHN	202	
WOLF	JOHN	2710	
WOLF	JOHN ALFRED	1013	
WOLF	JOHN LOSSIE	862	
WOLF	JOHN WESLEY	229	
WOLF	JOSEPH	863	573
WOLF	LAFAYETTE	2720	
WOLF	LEWIS HENRY	1338	
WOLF	LINDAH	232	
WOLF	LUTHERN	2716	
WOLF	MADISON	2717	
WOLF	MAGGIE	2712	
WOLF	MARUES	2719	
WOLF	MARY EMMALINE	1016	
WOLF	MERRIDA	2711	
WOLF	MOSES	133	1221
WOLF	NANCY	138	
WOLF	NICEY ISABELLA	1337	
WOLF	REBECCA	139	
WOLF	SAMUEL	2718	
WOLF	SOPHRINA CAROLINE	1340	
WOLF	SUSANNAH	228	416
WOLF	TSA WAH NEH	903	384
WOLF	WALTER	2715	
WOLF	WILLIAM BILL	2713	
WOLF	WILLIAM JACKSON	230	
WOLF	WILSON	756	522
WOODALL	ELIZA	U46	
WOODALL	MARTHA	U47	
WOODFIN	JOHN NICK	717	
WOODWARD	GREEN	2918	
WOODWARD	LORENZO	2917	
WRIGHT	ALLEN	993	
WRIGHT	LORENZO	992	
WRIGHT	NANCY ELVINY	991	
YAH LE KA QUAH		637	547
YARNELL	JANE T.	2708	1629
YAU NIH		646	
YAW SIH		859	456
YAWK SEY		1168	
YEH KIN IH		566	599
YEH KIN NIH		22	184
YEH KIN NIH		1210	1080
YEH KIN UIH		370	
YER SIH		257	42
YES SIH		620	
YES SIH		889	
YO NA NE TAH		527	
YO NA SJEE NUH		323	
YO NAH CO LA KIH		743	

LAST NAME	FIRST NAME	HESTER R	CHAP#
YOH HAW LAH GIH		1348	
YONCE	GEORGE		
	WASHINGTON	1695	
YONCE	NANCY S.	1693	
YONCE	SEYMOUR	1694	
YORK	ELLA	R7	
YORK	MAMIE	R7	
YORK	MARY	R6	

CHURCHILL ROLL
1908

By Inspector Frank C. Churchill to certify members of the
Eastern Band of Cherokee Indians. Like the Hester Roll,
includes a lot of information including degree of blood.
Rejectes also are included.

LAST NAME	FIRST NAME	CHURCHILL	HEST#
ABERNATHY	ROY	R2258	
ADAMS	MARTHA R.	2220	
ADAMS	MELVINIA J.LSON	2141	
ADAMS	OLLIE MORRISONN	2142	
AH NA WA KIH		913	565
AHNETONAH	NANCY	713	352
ALLEN	EVE	659	75
ALLEN	JOHN	658	274
ALLEN	JUNALUSKIE	657	
ALLEN	REBECCA	660	
ALLEN	SALLIE	656	273
ALLEN	WILL	655	272
ALLISON	ALBERT MONROE	1791	
ALLISON	NANNIE I	1360	
ALLISON	ROLLIE ROBERT	1790	
ANDERSON	ANNUAL	R1963	
ANDERSON	BESSE ROSETTA	1723	
ANDERSON	CALLIE	R1965	
ANDERSON	CORA ODELL	1724	
ANDERSON	FANNY	R1964	
ANDERSON	GEORGIA ANN MANEY	R1961	
ANDERSON	LOUISA JANE	1722	1515
ANDERSON	PEARL	R1962	
ARCH	CODESKIE	156	
ARCH	CORA	1344	
ARCH	DAVID	91	197
ARCH	ELLA	1343	
ARCH	IRENE	154	183
ARCH	JENNY	153	180
ARCH	JOHNSON	1342	
ARCH	LILLIAN	1233	
ARCH	MARTHA	92	
ARCH	NOAH	155	
ARCH	OLIVE ANN	93	
ARCH	ROSS	94	
ARCH	WINNIE	157	
ARMACHAIN	AMY	78	259
ARMACHAIN	ANN ELIZA	1136	935
ARMACHAIN	ANNIE	961	120
ARMACHAIN	CHE WO NIH	1296	107
ARMACHAIN	CONSEEN	1138	262
ARMACHAIN	DAVIE	960	258
ARMACHAIN	JESSE	962	
ARMACHAIN	JONAH	1137	
ARMACHAIN	KATY	79	
ARMACHAIN	LOUIS	963	
ARMACHAIN	OLLIE	80	
ARMACHAIN	RACHEL	964	
ARMACHAIN	SEVIER	965	
ARMACHAIN	SEVIER	1135	906
ARMACHAIN	SUSIE	1139	263
ARNEACH	JEFFERSON	400	1157
ARNEACH	MARGARET	402	
ARNEACH	SARAH	401	983
AXE	CAROLINE	476	
AXE	CINDY	859	
AXE	DAVID	1297	576
AXE	EVE	571	1197
AXE	JOHN D	570	1211
AXE	MAGGIE	477	
AXE	MANDY	861	
AXE	MARTHA	479	
AXE	PETER	860	
AXE	SARAH	478	
AXE	WILLIE	475	1036
BACKWATER	ANNIE	140	1345
BACKWATER	LACEY	139	110
BAKER	BEN	1868	
BAKER	CHARLES	1544	
BAKER	CRICKET	1867	
BAKER	DONA	1865	
BAKER	ELLA MCCOY	1542	1190
BAKER	ELMIRA COLE	1863	
BAKER	LUTHER	1864	
BAKER	MARTHA MARINDA	R2263	
BAKER	MARY	1545	
BAKER	STELLA	1543	
BAKER	WORLEY	1866	

LAST NAME	FIRST NAME	CHURCHILL	HEST#
BALDRIDGE	CHARLES	R1918	
BALDRIDGE	ESTA	R1919	
BALDRIDGE	JULIA	1917	1848
BARRETT	KITTIE SUE	R1985	
BATTLE	ADELAIDA ELIZABETH	R2298	
BATTLE	BRUCE WALTER	R2299	
BAUER	OWENA	35	
BEARMEAT	BETSEY	413	1269
BEARMEAT	MARY	705	1304
BECCA		530	1127
BECK	BERRY B.	R2300	
BECK	EMORY S.	R2286	
BECK	FLORA BELL	R2039	
BECK	GRACE LUCINDA	R2041	
BECK	HETTY ISOFINE	R2042	
BECK	JAMES	R2282	
BECK	JULIA LOIS	R2043	
BECK	LAURA ANN	R2038	
BECK	LILLIE	R2285	
BECK	MARY A.	R2283	
BECK	RUTH MAY	R2044	
BECK	SAMUEL	R2284	
BECK	SARAH	R2288	
BECK	SARAH ANN BURRELL	R2037	
BECK	WILLIAM JACKSON	R2040	
BEN	CHEICK	767	277
BEN	JAMES	769	
BEN	KINEY	680	322
BEN	NELLIE	682	
BEN	OLIVAN	770	
BEN	OLLIE	768	
BEN	WARDSUTTE	679	176
BEN	WATTIE	681	
BEN	WILSTE	771	
BIDDIX	JENNIE	1413	
BIDDIX	POLLY	1414	
BIDDIX	ROSA E	1412	66
BIGMEAT	ADAM	1289	
BIGMEAT	AI NEH RIH	1288	654
BIGMEAT	ISIAH	1290	655
BIGMEAT	NANNIE	798	172
BIGMEAT	NICODEMUS	797	1117
BIGMEAT	ROBERT	308	
BIGMEAT	SARAH	1291	329
BIGMEAT	YONA	931	527
BIRD	ANNIE	397	
BIRD	ANNIE	1194	99
BIRD	BESSIE	405	
BIRD	BETTIE	617	
BIRD	CELIA	1048	801
BIRD	CORINTHIA	85	
BIRD	DANIEL	615	883
BIRD	DAVID	403	
BIRD	ELI	1195	
BIRD	ELIZA	212	312
BIRD	GOING	1193	313
BIRD	LIZZIE	404	
BIRD	LOYD	395	
BIRD	LUCY ANN	619	
BIRD	LUCY HARRIS	1895	
BIRD	OLLIE	394	162
BIRD	OLLIE	616	
BIRD	REBECCA	1049	
BIRD	ROSE	614	888
BIRD	SOLOLANISTA	1	154
BIRD	SOLOMON	618	
BIRD	SQUAINSIAH	211	311
BIRD	STEPHEN	613	880
BIRD	TAHHEESKEE	1047	800
BIRD	TIMPSON	52	
BLACKFOX	CAH LAH TAH YIH	1009	834
BLACKFOX	CHARLEY	1008	445
BLACKFOX	CINDY	1007	444
BLACKFOX	DINAH CALHOUN	1191	739
BLACKFOX	JOSIAH	1190	224
BLACKFOX	LOYD	1010	
BLACKFOX	OLSIE	129	225
BLACKFOX	RACHEL	1011	

LAST NAME	FIRST NAME	CHURCHILL	HEST#	LAST NAME	FIRST NAME	CHURCHILL	HEST#
BLANKENSHIP	CHARLES G.	R2098		BURRELL	FRANK	R2053	
BLANKENSHIP	CLAUDE	R2103		BURRELL	JAMES C.	R2049	
BLANKENSHIP	CLYDE	R2101		BURRELL	LESTER	R2054	
BLANKENSHIP	DELLA	R2099		BURRELL	MARTHA M.P.	R2048	
BLANKENSHIP	ETHEL	R2102		BURRELL	MARTIN L.	R2047	
BLANKENSHIP	GEORGE M.	R2088		BURRELL	MARY LUCINDA MANEY	R2027	
BLANKENSHIP	IDA	R2100		BURRELL	OSCAR	R2052	
BLANKENSHIP	JAMES M.	R2091		BUSHYHEAD	BEN	708	
BLANKENSHIP	JOHN N.	R2092		BUSHYHEAD	NANCY	709	
BLANKENSHIP	LORENZO M.	R2096		CALHOUN	EVE	1161	
BLANKENSHIP	LORINA MATILDA	R2087		CALHOUN	HOLLEY	1163	
BLANKENSHIP	LYDIA ANNE	R2090		CALHOUN	KAZIAH	1192	
BLANKENSHIP	NATT	R2089		CALHOUN	LAWSON	1162	
BLANKENSHIP	ROBERT TAYLOR	R2093		CALHOUN	LAWYER	1284	199
BLANKENSHIP	ROY	R2104		CALHOUN	LEVI	1166	
BLANKENSHIP	WALTER R.	R2097		CALHOUN	LOYD	1160	
BLANKENSHIP	ZEB G.	R2095		CALHOUN	MORGAN	1157	740
BLYTHE	ADELIA	31	3	CALHOUN	OLLIE	1285	1317
BLYTHE	ARCH	28	40	CALHOUN	POLLY	1159	
BLYTHE	DAVID	325	344	CALHOUN	SALLIE ANN	1158	833
BLYTHE	ELIZABETH	186	543	CALHOUN	SUNDAY	1164	
BLYTHE	FRED BAUER	34		CALHOUN	YIH GIN NAH	1165	
BLYTHE	IDA	29	2923	CANNAUGHT	ABEL	593	389
BLYTHE	JAMES	188	346	CANNAUGHT	SUSIE	594	
BLYTHE	JARRETT	33		CANNAUT	COLUMBUS	763	
BLYTHE	NANCY	326	640	CANNAUT	MAGGIE	764	
BLYTHE	SAMPSON	30		CANNAUT	OLLIE	765	
BLYTHE	STELLA	32		CARTER	THOMAS	2246	
BLYTHE	WILLIAM H	187	345	CARVER	JESSE JAMES	R1950	
BRADLEY	AMOS	1206		CARVER	MARTHA	R1952	
BRADLEY	ANNIE	1436		CARVER	MAUD	R1951	
BRADLEY	DINAH	1437		CAT	BEN	572	131
BRADLEY	ELIZA J	1204	222	CAT	BETTY	843	
BRADLEY	GEORGE	1435	546	CAT	JANE	611	928
BRADLEY	HENRY	385		CAT	JESSE	845	
BRADLEY	HENRY	1207		CAT	JOHNSON	840	
BRADLEY	JAMES	382		CAT	MANDY	846	
BRADLEY	JOHNSON	1444	547	CAT	MARGARET	844	
BRADLEY	JOSEPH	1439	548	CAT	SALLIE	841	
BRADLEY	JUDSON	1208		CAT	SALLY	610	1319
BRADLEY	LIZZIE	1440		CAT	WILLIE	842	
BRADLEY	LYDIA	1209		CATOLSTER	BUCK	1547	
BRADLEY	MARGARET	1212		CATOLSTER	CARSON	57	253
BRADLEY	MINDY E	1213		CATOLSTER	CHARLIE	53	246
BRADLEY	MORGAN	1441		CATOLSTER	ELIZA	101	
BRADLEY	NANCY	383		CATOLSTER	EVE	54	247
BRADLEY	NANCY	1211	223	CATOLSTER	NANNIE	1908	
BRADLEY	NICK	1442		CATOLSTER	SALLY	100	
BRADLEY	RACHEL	1438		CATOLSTER	TAMAR	99	249
BRADLEY	RAYMOND E	1445		CATOLSTER	WILEY	55	251
BRADLEY	ROY	1214		CATOLSTER	WILLIAM	56	252
BRADLEY	SARAH	1443		CEARLEY	EMERY LORENZO	1606	
BRADLEY	SEABORN HYATT	1210		CEARLEY	LUCY EMMALINE	1604	1504
BRADLEY	WALTER	1205		CEARLEY	MYRTLE LEANN	1608	
BRADY	ROBERT A.	1887		CEARLEY	ROBERT ASTOR	1607	
BRIGMON	EFFIE	R1921		CEARLEY	WILLIAM LUTHER	1605	
BRIGMON	MARGARET L	R1920		CHE WAH NIH		523	1111
BRIGMON	MATILDA E.	R2094		CHEKELELEE	JACOB	537	
BRIGMON	ZETTA	R1922		CHEKELELEE	MARY	532	1128
BROWN	AGNES	575	1202	CHEKELELEE	ROSA	534	
BROWN	EVE	1553		CHEKELELEE	SIMON	533	
BROWN	JONAH	574	1282	CHEKELELEE	STONE	531	1208
BROWN	LYDIA	863	1281	CHEKELELEE	TOM	1555	1207
BROWN	PETER	864		CHICKALEELEE	ANDY	858	
BRUCE	AUTHUR	1870		CHILDERS	JULIA D	1795	
BRUCE	ELIZABETH COLE	1869	1532	CHILDERS	LULA	1367	
BRUCE	THOMAS	1871		CHILDERS	ROBERT MARION	1794	
BRYANT	ELIZABETH H. GARLAND	1708	1521	CHILTOSKIE	CHARLOTTE	133	397
BURGESS	BESSIE	668		CHILTOSKIE	JAMES	136	
BURGESS	FLOY	669		CHILTOSKIE	UTE	134	
BURGESS	GEORGE	671		CHILTOSKIE	WAHDIH	135	
BURGESS	GEORGIA ANN	666	1176	CHILTOSKIE	WILL	132	787
BURGESS	MARY	667		CLARKE	LOTTIE A	1496	5
BURGESS	WILLIE	670		CLAY	TIMPSON	107	81
BURRELL	ALFRED M.	R2045		CLIMBINGBEAR	ANCIE	1082	746
BURRELL	ELLEN	R2046		CLIMBINGBEAR	DELISKIE	1081	745
BURRELL	FLORA	R2050		CLIMBINGBEAR	KATIE	1083	
BURRELL	FLORENCE	R2051		CLIMBINGBEAR	MABEL	1091	

Churchill Roll - 1908

LAST NAME	FIRST NAME	CHURCHILL	HEST#	LAST NAME	FIRST NAME	CHURCHILL	HEST#
CLIMBINGBEAR	OLLIE	1080	744	CRAIG	FRANK	804	
CLOUD	SALLY	355	520	CRAIG	GEORGE DOULEY	800	
COCHRAN	CASEY	255	555	CRAIG	JOHN ROSS	803	
COLBERT	ADDIE	R2254		CRAIG	MARY JOSEPHINE	799	1181
COLE	ARLEY	1881		CRAIG	WILLIAM W	802	
COLE	GEORGE EMERY	1885		CREASMON	IDA	2171	
COLE	GEORGE WASHINGTON	1856	1530	CROW	ALBERT	307	
COLE	IDA	1857		CROW	ANNIE	312	1000
COLE	JEWEL	1860		CROW	ANNIE	949	
COLE	JOHN	1861		CROW	ARTHUR	1759	
COLE	LULA	1862		CROW	BOYD	314	
COLE	ORNEY	1858		CROW	CAROLINE	309	688
COLE	ROBERT T.	1884		CROW	DAVID	946	
COLE	WALTER	1859		CROW	DESDEMONIA	396	
COLE	WILLIAM S	1880	1536	CROW	DORA	1763	
COLEMAN	BIRDIE AIROLEE	1845		CROW	HENRIETTA J	1495	
COLEMAN	GEORGE WASHINGTON	1850	989	CROW	JOHN	304	536
COLEMAN	HARRISON E	1842	987	CROW	JOHN WESLEY	652	
COLEMAN	HENRY	1849		CROW	JOSEPH	311	691
COLEMAN	JESSE	1852		CROW	LIZZIE	2250	
COLEMAN	JOHN N	1847	988	CROW	LOSSIE	1760	
COLEMAN	JULIA	1848		CROW	LOUISA	1273	
COLEMAN	LILLIAN	1851		CROW	LUTHER	1758	
COLEMAN	LUCUIS CALVIN	1846		CROW	MARY	305	596
COLEMAN	LULA ARMADILLA	1844		CROW	MINNIE	313	
COLEMAN	NANCY MARY ELLEN	1843		CROW	OSSIE	1325	700
COLEMAN	RHODA REBECCA E	1855		CROW	RACHEL	950	
COLEMAN	SIMON PETER	1854		CROW	RILEY	1272	
COLEMAN	WILLIAM EDWARD	1853	990	CROW	ROBERT	1761	
CONLEY	JENNIE	1122	765	CROW	SALLIE	947	
CONLEY	JOHN	1121	764	CROW	SALLY	306	
CONLEY	JOHN	JR	1123	CROW	SAMUEL	948	
CONLEY	LINDIE	1125		CROW	SEVIER	1757	58
CONLEY	LUKE	1124		CROW	WESLEY R	310	693
CONNER	MARGARET J. MANEY	R2021		CUCUMBER	ARCH	261	
CONSEEN	BREAST	516	1108	CUCUMBER	ARCH	1549	
CONSEEN	BUCK	1322		CUCUMBER	DEKIE	263	
CONSEEN	DAHNEY	521		CUCUMBER	DORCAS	258	584
CONSEEN	HARRY	528		CUCUMBER	GENA	260	
CONSEEN	JACK	1323		CUCUMBER	JAMES	262	
CONSEEN	JAKE	524	1121	CUCUMBER	LILLIE	265	
CONSEEN	JAMES	518		CUCUMBER	MOSES	264	585
CONSEEN	JOEL	529		CUCUMBER	NOAH	1891	
CONSEEN	JOHN	519		CUCUMBER	WILLIAM	259	586
CONSEEN	KATE	543	1166	DAH NIH NO LIH		914	567
CONSEEN	LOYD	1321		DAVIS	ANNIE	730	
CONSEEN	MARTHA	544		DAVIS	ANNIE	1037	205
CONSEEN	May	520		DAVIS	ANNIE	1141	891
CONSEEN	NANCY	517	1110	DAVIS	CHARLIE	1036	776
CONSEEN	NANCY	525	1142	DAVIS	DAVID	1039	
CONSEEN	NANCY	527	1202	DAVIS	ELSIE	776	381
CONSEEN	PETER	526	1125	DAVIS	EMALINE	731	
CONSEEN	SALLIE	1320	1187	DAVIS	GEORGE	1041	
CONSEEN	SALLY	542	1165	DAVIS	ISAAC	1040	
CONSEEN	THOMPSON	1324		DAVIS	ISRAEL	1038	
CONSEEN	WILLIE	522		DAVIS	IVEY ANN	729	
COOPER	ARNOLD	1404		DAVIS	JOE	778	781
COOPER	CURTIS	1405		DAVIS	JOHN	1140	810
COOPER	FANNIE	1408		DAVIS	KATY	779	394
COOPER	FRANKIE	1406		DAVIS	LIZZIE	1142	
COOPER	FRED	1410		DAVIS	QUAITIH	1116	853
COOPER	KATHERINE LOUISE	2151		DAVIS	REBECCA	1737	
COOPER	LELIA	1407		DAVIS	WILSTE	775	42
COOPER	MACK	2150		DEAVER	SARAH L.	R2127	
COOPER	MYRTLE	1409		DELEGESKIH	ALKINNEY	358	503
COOPER	SELMA DORRIS	1411		DELEGESKIH	JOHN	356	497
COOPER	STACY JANE	1403	1083	DELEGESKIH	LEANDER	359	
CORNSILK	ANNIE	470	1034	DELEGESKIH	LUCINDA	357	498
CORNSILK	ARMSTRONG	469	1102	DEVERS	MARY E. ROBINSON	1657	1555
CORNSILK	EANN	906	879	DICKSON	SAVANNA G	1898	2572
CORNSILK	HETTY	473		DICKSON	STACY C	1899	2573
CORNSILK	HOWARD	474		DILLINGHAM	BETTIE WAKEFIELD	2214	1473
CORNSILK	JOHN	472		DOBSON	JOHN	378	635
CORNSILK	LORENZO DOW	602	1106	DOBSON	MARY	379	450
CORNSILK	MARTHA	471		DOCKERY	ELSIE A	1643	
CORNSILK	YORK	905	1104	DOCKERY	EMMA J. PAYNE	1642	1563
CRAIG	ELEANOR	R2010		DOCKERY	RALPH B	1644	
CRAIG	EVY A. MANEY	R2009		DOCKINS	TABITHA	1897	2571

LAST NAME	FIRST NAME	CHURCHILL	HEST#	LAST NAME	FIRST NAME	CHURCHILL	HEST#
DONLEY	ROBERT L	1487	1180	FRENCH	KATY	424	
DRIVER	ABRAHAM	1311	734	FRENCH	MAGGIE	421	
DRIVER	ADAM	1309		FRENCH	MARONEY	785	
DRIVER	AGNES	1057	826	FRENCH	MAUD	784	
DRIVER	AME KIH	1107	831	FRENCH	MORGAN	786	
DRIVER	BETTIE	1118	871	FRENCH	NED	420	
DRIVER	CHIC A LE LEE	1126		FRENCH	NELLIE	422	
DRIVER	DICKEY	1235	730	FRENCH	ROSS	716	
DRIVER	ELIZA	1106	825	FRENCH	SOGGIE	787	
DRIVER	ELIZA	1307	560	FRENCH	WALLIE	417	377
DRIVER	ELLEN	1130		GARLAND	ADDIE LOUIDA	1710	
DRIVER	ELSIE	1910		GARLAND	ELIZABETH	1704	
DRIVER	ETTA JANE	1236	67	GARLAND	ELIZABETH	1696	1518
DRIVER	GEORGE	1129		GARLAND	EMERY	1712	
DRIVER	JAMES B	1120	876	GARLAND	JESSE LAFAYETTE	1709	1519
DRIVER	JIMMY	1117	870	GARLAND	JESSIE MAY	1711	
DRIVER	JOHN	1058		GARLAND	JOHN BASCO	1702	1526
DRIVER	JUDAS	1105	872	GARLAND	LEONZO	1714	
DRIVER	LUCINDA	1059		GARLAND	RADIA	1713	
DRIVER	LUCY	1310		GARLAND	ROXANNA	1705	1520
DRIVER	MARION	1909		GARLAND	TELLIUS B	1697	1524
DRIVER	NANNIE	1237		GARLAND	WILLIAM SHERMAN	1706	
DRIVER	NED	1308		GARRETT	LILLIE A. MURPHY	1746	
DRIVER	OLLIE	1127		GEORGE	AGGIE	390	
DRIVER	ROSA	1128		GEORGE	ANNIE	342	
DRIVER	RUSSEL B	1119	875	GEORGE	ANNIE	685	
DRIVER	SALLIE	1060		GEORGE	BETTIE	387	104
DRIVER	WESLEY	1056	874	GEORGE	CELIE	742	
DRIVER	WILLIAM	1306	733	GEORGE	CORNELIA	392	
DUNCAN	LILY VIOLA	433	8	GEORGE	DAVIS	368	645
DUNCAN	SYBIL	434		GEORGE	DAWSON	340	575
DUNLAP	ALICE	1839		GEORGE	ELIJAH	386	451
DUNLAP	BERRY BECK	1840		GEORGE	ELIJAH	939	652
DUNLAP	ROBERT	1841		GEORGE	ELIZA	740	
ENDROSS	EDWIN C.	179		GEORGE	ELIZABETH	738	320
ENLOE	ALICE MARY MANEY	R1967		GEORGE	ELMO DON	707	
ENLOE	ANNIE	R1968		GEORGE	ELSIE	706	1306
ENLOE	BERTHA	R1972		GEORGE	ESTHER	938	650
ENLOE	BOYD	R1971		GEORGE	GREEN	391	
ENLOE	GRACE	R1970		GEORGE	JACKSON	743	
ENLOE	GROVER	R1969		GEORGE	JACOB	741	
EUBANKS	LILLIE JORDAN	1830		GEORGE	JOE STONE	737	319
FAIN	JOSEPHINE	R2253		GEORGE	JULIA N	1772	841
FEATHER	ANCIE	104		GEORGE	KANE	384	
FEATHER	ELSIE	131		GEORGE	LEWIS	388	
FEATHER	GAH TA YAH	105		GEORGE	LINDY	739	
FEATHER	HETTY	124		GEORGE	LOGAN	1277	
FEATHER	JONAH	106		GEORGE	LOTTIE B	1773	
FEATHER	LAWYER	102	807	GEORGE	MANLEY	343	
FEATHER	MARY	103	470	GEORGE	MARK	684	
FEATHERHEAD	NANCY	1293	327	GEORGE	MARTHA	344	
FEATHERHEAD	WILSON	1292	1217	GEORGE	MARTHA	389	
FINGER	LEONA	1485		GEORGE	MARY	341	690
FINGER	RAMONA	1483		GEORGE	OLLIE	345	
FINGER	SAMUEL	1484		GEORGE	SHELL	338	574
FINGER	SOPHRONIA C	1482	1340	GEORGE	SHON	369	647
FISHER	FORREST	2226		GEORGE	SUTAWAGA	937	649
FISHER	LALI	2225		GEORGE	WALLACE L	1774	
FODDER	JENNIE	51	1334	GEORGE	YONASKIN	683	323
FORTNER	SIS	1835	1425	GERRISH	MARTHA	2223	
FOSTER	ALICE	1725	1514	GIBSON	BAIL	R2272	
FOSTER	BURTON	1728		GIBSON	ETHEL	R2274	
FOSTER	ELSIE	1726		GIBSON	HARVEY WINSLOW	R2271	
FOSTER	LEROY	1729		GIBSON	JOSEPH HENRY	R2268	
FOSTER	ROB	1727		GIBSON	THEODORE	R2273	
FRANCIS	BERTHA	R2059		GIBSON	WALTER	R2269	
FRANCIS	CHARLES	R2058		GIBSON	ZEB	R2270	
FRANCIS	LULIE	R2057		GLADSON	THOMAS GRANT	R2264	
FRANCIS	MANDY BELLE	R2060		GOFORTH	MINNIE	1433	
FRANCIS	MAXEY	R2062		GOIN	BIRD CHOPPER	181	132
FRANCIS	SARAH ELIZABETH L.	R2056		GOIN	DAN	183	
FRANCIS	STELLA	R2061		GOIN	OLLIE	182	182
FRENCH	AWEE	783	1100	GOIN	SALLY	178	1315
FRENCH	CHARLOTTE	418		GOIN	SOGGIE	184	
FRENCH	ELNORA	419		GOING SNAKE		145	1361
FRENCH	GEORGE	788		GOING SNAKE	NANCY	146	72
FRENCH	JESSE	423		GOING SNAKE	STEVE	147	
FRENCH	JONAH	789		GOINS	JAMES	1546	1313

Churchill Roll - 1908

LAST NAME	FIRST NAME	CHURCHILL	HEST#	LAST NAME	FIRST NAME	CHURCHILL	HEST#
GRAYBEARD	JAMES	1765		HORNBUCKLE	DORA	1457	
GRAYBEARD	SALLIE	1766		HORNBUCKLE	ELLA MAY	1448	
GREEN	CORA ELIZABETH	1647		HORNBUCKLE	ELVIRA	1452	
GREEN	LURLIE BEATRICE	1648		HORNBUCKLE	FLORENCE	235	
GREYBEARD	AGGIE	621	1441	HORNBUCKLE	FRED	1456	
GREYBEARD	EZEKIEL	620	1367	HORNBUCKLE	GEORGE	1446	53
GREYBEARD	LILLIE	536		HORNBUCKLE	HARTMAN	1449	
GREYBEARD	STACEY	535		HORNBUCKLE	HENRY H	257	518
HARDIN	BELVA L.	2182		HORNBUCKLE	ISRAEL	233	
HARDIN	CAMPBELL	2190		HORNBUCKLE	JEFF DAVIS	1315	437
HARDIN	CHARLES H	2176		HORNBUCKLE	JEFF DAVIS	JR	1316
HARDIN	CLARA	2200		HORNBUCKLE	JOHN L	1314	
HARDIN	DILLARD	2196		HORNBUCKLE	JOHN OTTER	374	660
HARDIN	DOCK	2199		HORNBUCKLE	JOHN R	1451	
HARDIN	DOLPHUS	2204		HORNBUCKLE	JOHNSON	1318	
HARDIN	ELIZABETH	2175		HORNBUCKLE	LEWIS	1312	447
HARDIN	GLASTON	2207		HORNBUCKLE	LILLIE A. MANEY	R1960	
HARDIN	GOMER O.	2205		HORNBUCKLE	MAGGIE	232	432
HARDIN	GRANT	2192		HORNBUCKLE	MARGARET T. MANEY	R1953	
HARDIN	HERBERT	2198		HORNBUCKLE	MATTIE	375	248
HARDIN	INEZ E.	2206		HORNBUCKLE	MELISSA	1447	
HARDIN	JAMES	2177		HORNBUCKLE	OLIVANN	1450	
HARDIN	JAMES FRANK	2194		HORNBUCKLE	OLLIE	376	
HARDIN	LILLIAN	2180		HORNBUCKLE	OTTIE	R1954	
HARDIN	LONNIE	2185		HORNBUCKLE	REBECCA	231	430
HARDIN	LOTTIE	2184		HORNBUCKLE	WILLIAM	234	433
HARDIN	LOYD	2201		HORNBUCKLE	WILLIAM	1454	52
HARDIN	MARTY	2187		HORNBUCKLE	WILLIAM	1458	
HARDIN	ODEN	2197		HORNBUCKLE	WILLIAM ALLEN	1453	
HARDIN	PEARL	2195		HURST	CREED F	R1984	
HARDIN	PERLEY	2202		HURST	DAVID H	R1982	
HARDIN	RICHARD	2178		HURST	MACK D.	R1983	
HARDIN	ROMAS HENRY	2203		HUSKINS	E.B.	R2260	
HARDIN	ROSE	2189		HUSKINS	J.A.	R2262	
HARDIN	ROY	2188		HUSKINS	JAMES R.	R2259	
HARDIN	RUBY	2193		HYATT	BRUCE C.	R2073	
HARDIN	THOMAS	2179		HYATT	FLOYD P.	R2074	
HARDIN	VIRDIE	2181		HYATT	IRELIA V.	R2071	
HARDIN	VIRGEE	2186		HYATT	MAMIE R.	R2070	
HARDIN	WILLIAM	2183		HYATT	NORAH B.	R2068	
HARDIN	WILLIAML	2191		HYATT	RENA A.	R2072	
HARRIS	OLLIE WAKEFIELD	R2289		HYATT	ROY C.	R2069	
HAWKINS	CHARLES LEONARD	1610		HYDE	ARTHUR FREEMAN	2228	
HAWKINS	DORA PARILEE	1609	1505	HYDE	LAURA ANN DOUGLAS	2229	
HAWKINS	JEAN OLDEN	1611		HYDE	PERCY GLENN	2231	
HAWKINS	SPRAE PAUL	2245		HYDE	RAMSEY JETTER	2230	
HEAD	ADDIE V. ROBINSON	R2126		HYDE	WILLIAM PENN	2227	
HICKORYNUT	NELLY	296	489	JACK	NANCY	1319	496
HILL	ABRAHAM	900	837	JACKSON	BOB	496	1047
HILL	ANNIE	901	896	JACKSON	CAROLINE	497	388
HILL	BLAINE	889		JACKSON	DAKIE	492	1154
HILL	CALLIE	904		JACKSON	DAVID	499	
HILL	CAROLINE	892		JACKSON	EDWARD	500	
HILL	ETTA	887	250	JACKSON	ELIZA	495	1046
HILL	HENSLEY	903		JACKSON	ELLA	493	
HILL	JOHN	1077	737	JACKSON	FLORENCE	494	
HILL	LEVI	891		JACKSON	FOX SQUIRREL	514	1062
HILL	MALL	888	911	JACKSON	JACK	327	
HILL	NANCY	902		JACKSON	JACK	515	
HILL	NED	890		JACKSON	JOHN	189	638
HILL	SALLIE	1078	738	JACKSON	JONAS	192	644
HILL	SALLY	1911		JACKSON	LAWYER	491	1045
HILL	SOGGIE M	886	914	JACKSON	SARAH	191	643
HITCHCOCK	DERBY	2248		JACKSON	STACEY	190	1040
HOLECOMBE	CHARLES M	R1939		JACKSON	WESLEY	498	
HOLECOMBE	DOCK J	R1938		JESSAN		39	92
HOLECOMBE	JAMES HENRY	R1936		JESSAN	DAHNOLA	43	96
HOLECOMBE	LYCURGUS F.	R1937		JESSAN	JIM DEHART	757	
HOLECOMBE	NELLIE J	R1942		JESSAN	JOE	42	
HOLECOMBE	SALLIE E	R1940		JESSAN	JOHN	41	95
HOLECOMBE	WILLARD F	R1941		JESSAN	LYDIA	40	93
HOLLAND	GRACE	1234		JESSAN	MARY	44	
HOLLAND	JENNIE	1232		JOHNSON	ADDISON	238	
HORNBUCKLE	ADDIE	1455		JOHNSON	CAROLINE	237	59
HORNBUCKLE	ANDY	1317		JOHNSON	CIDER	758	77
HORNBUCKLE	CAROLINE	1313	448	JOHNSON	DONA	73	
HORNBUCKLE	DAH NEY	377		JOHNSON	ELLA	367	66
HORNBUCKLE	DAVID	1804		JOHNSON	FRANK J.	1274	

LAST NAME	FIRST NAME	CHURCHILL	HEST#	LAST NAME	FIRST NAME	CHURCHILL	HEST#
JOHNSON	ISAAC	1889		LAMBERT	JULIA	1351	
JOHNSON	JAMES	236	469	LAMBERT	LEONARD CARSON	1802	
JOHNSON	JENNIE	755	769	LAMBERT	LORA	1789	
JOHNSON	JENNIE	759		LAMBERT	LOYD	835	
JOHNSON	JIMPSIE	366	599	LAMBERT	MARY	1188	
JOHNSON	LILLIAN	1271		LAMBERT	MOSES O	1371	
JOHNSON	SIMON	239		LAMBERT	NANNIE	1346	
JOHNSON	STEPHEN	754	768	LAMBERT	NANNIE Y	1331	
JOHNSON	TASKIGEE	756	771	LAMBERT	NELLIE	839	
JOHNSON	TEMPE	1888		LAMBERT	OLLIE	838	
JOHNSON	WILLIAM	1270	480	LAMBERT	ONIE	1353	
JOHNSON	YOLINDA	688		LAMBERT	PEARL ELIZABETH	1786	
JOHNSON	YONA	72		LAMBERT	PEARSON	1803	
JORDAN	ALFRED	1833		LAMBERT	ROSA L	1327	
JORDAN	LINNIE L	1832		LAMBERT	SALLIE	836	294
JORDAN	OLLIE	1834		LAMBERT	SAMUEL C	1345	796
JORDAN	WILLIAM CLARK	1829	1426	LAMBERT	THEODORE R	1352	
JORDAN	WILLIAM S	1831		LAMBERT	THOMAS O	1357	847
JUMPER	BETSEY	1264	1147	LAMBERT	THOMAS R	1330	
JUMPER	EDWARD	1266		LAMBERT	VERDIE	1347	
JUMPER	HENRY	1269		LAMBERT	WALTER FRANK	1783	
JUMPER	JAMES WALKINGSTICK	1267		LARCH	DANIEL	274	615
JUMPER	STANCEL	1265		LARCH	DAVID	276	619
JUMPER	THOMAS	1268		LARCH	WILLIAM	275	617
JUMPER	UTE	1263	663	LEDFORD	ADKINS	1735	
JUNALUSKIE	JIM	780		LEDFORD	ALLEN	591	
KALONAHESKI	ESIAH	412	1310	LEDFORD	CAROLINE	855	
KALONAHESKIE		TOM	540	LEDFORD	CATHERINE M. ROGERS	1731	1550
KALONUHESKI	ABRAHAM	1280	1194	LEDFORD	CHARLES	589	
KALONUHESKI	CHARLEY	1281		LEDFORD	CHARLES ALVIN	1736	
KALONUHESKI	JOE	1286		LEDFORD	CORA	1734	
KALONUHESKI	JOSEPHINE	1226		LEDFORD	IOWA	1732	
KALONUHESKI	KATIE	1282		LEDFORD	JAKE	847	
KALONUHESKI	MARK	1225		LEDFORD	JOE	853	
KALONUHESKI	MARTHA	1224		LEDFORD	LUCY ANN	849	
KALONUHESKI	NANNIE	1283		LEDFORD	MARY	848	
KEG	JAMES	643	354	LEDFORD	MINNIE	1733	
KEG	KATY	644	355	LEDFORD	NANCY	590	1289
KEG	MATTHEW	645	356	LEDFORD	ONIH	850	1072
KIDD	DAVID	2144		LEDFORD	POLLY	852	
KIDD	DEE	2146		LEDFORD	RILEY	851	1075
KIDD	LUTHER	2149		LEDFORD	RINA	854	
KIDD	WALTER	2145		LEDFORD	SAMPSON	579	
KIDD	WESLEY	2148		LEE	ADOLPHUS ALONZO	1769	840
KIDD	WILLIAM H.	2147		LEE	ALICE M	1770	
KUNTEESKIH		689	284	LEE	DEBRADA	1364	
LAMBERT	ALBERT J	1354	844	LEE	EDITH	1365	
LAMBERT	ANDREW JACKSON	1787		LEE	LAURA ANN	1361	798
LAMBERT	BESSIE ANDIEE	1784		LEE	MYRTLE G.	1771	
LAMBERT	CATHERINE C. MANEY	R2007		LEE	OBERLANDER	1363	
LAMBERT	CHARLES	1373		LEE	SAMUEL	1362	
LAMBERT	CHARLEY	1187		LeFEVERS	TAMOXZENA	1689	1527
LAMBERT	CLAUDE	1348		LEFEVERS	TENOXYENAH GARLAND	1703	1527
LAMBERT	COLUMBUS F	1358	942	LITTLEJOHN	ANN ELIZA	218	427
LAMBERT	CORA LEE	1350		LITTLEJOHN	ANNIE	347	729
LAMBERT	CORA PALESTINE	1801		LITTLEJOHN	ANNIE	979	
LAMBERT	CORBETT	1349		LITTLEJOHN	DOBSON	170	
LAMBERT	EDWARD	1778		LITTLEJOHN	ELI	346	189
LAMBERT	EDWARD MONROE	1779		LITTLEJOHN	ETTA	223	
LAMBERT	FITZSIMMONS	1376		LITTLEJOHN	EWART	348	
LAMBERT	FLORA	1377		LITTLEJOHN	GAY	271	
LAMBERT	FLORENCE	1332		LITTLEJOHN	GOLIAH	1471	953
LAMBERT	FRED	1374		LITTLEJOHN	GUY	268	
LAMBERT	HENRY HERMAN	1781		LITTLEJOHN	HENSON	221	
LAMBERT	HUGH HARTMAN	1785		LITTLEJOHN	ISAAC	270	
LAMBERT	HUGH J	1359	943	LITTLEJOHN	ISAAC	981	
LAMBERT	HUGH NOLAN	1326	848	LITTLEJOHN	JEFFERSON	351	
LAMBERT	ISAAC	1788		LITTLEJOHN	JOE	982	
LAMBERT	J. MONROE	1368	938	LITTLEJOHN	JOHN H	222	
LAMBERT	JACKSON	1189		LITTLEJOHN	JOHN WESLEY	984	
LAMBERT	JAMES W	1356	845	LITTLEJOHN	KATY	269	
LAMBERT	JARRETTE	1328		LITTLEJOHN	MINDY	220	
LAMBERT	JESSE	1375		LITTLEJOHN	NED	983	
LAMBERT	JESSE B	1355	846	LITTLEJOHN	OWNE	1890	
LAMBERT	JOHN A	1782		LITTLEJOHN	ROPETWISTER	978	148
LAMBERT	JOHN N	414	797	LITTLEJOHN	SALLIE	980	
LAMBERT	JOSEPH G	1780		LITTLEJOHN	SALLY	267	582
LAMBERT	JOSEPH JACKSON	1488		LITTLEJOHN	SALLY	349	

LAST NAME	FIRST NAME	CHURCHILL	HEST#	LAST NAME	FIRST NAME	CHURCHILL	HEST#
LITTLEJOHN	SAUNOOKE	217	373	LOSSIE	JENNIE	1216	36
LITTLEJOHN	SIMON	350		LOSSIE	JOHN R	1221	
LITTLEJOHN	WIGGINS	219		LOSSIE	LEANDER	1217	
LITTLEJOHN	WILL	266	556	LOSSIE	LIZZIE	1548	
LITTLEJOHN	WINDY	169		LOSSIE	ROSE	114	
LOCUST	JOHN	137	1343	LOSSIE	SOLOMON	64	
LOCUST	LAURA B	1470		LOSSIE	THOMAS	1219	
LOCUST	LEWIS	1468		LOSSIH	JONES	653	24
LOCUST	NELLIE	142	1352	LOSSIH	NICEY	654	20
LOCUST	NOAH	1467	1350	LOUDERMILK	CORA	1701	
LOCUST	PETER	143		LOUDERMILK	CYNTHIA ANN	1715	151
LOCUST	POLLY ANN	138	1344	LOUDERMILK	ELMER	1700	
LOCUST	TINEY	144		LOUDERMILK	HOLLIE	1716	
LOCUST	TINEY	1469		LOUDERMILK	JOHN R	1718	151
LOCUST	WILLIAM	141	1351	LOUDERMILK	JOSEPHINE GARLAND	1698	152
LONG	ADAM	297	112	LOUDERMILK	JULIA	1721	
LONG	AGGIE	1463		LOUDERMILK	NORA	1699	
LONG	AGGINY	728		LOUDERMILK	REBECCA	1717	
LONG	ALICE	934		LOUDERMILK	THOMAS L	1719	
LONG	AMOS	292		LOUDERMILK	WILLIAM R	1720	
LONG	ANNIE	712		LOWEN	JOHN	725	
LONG	BETTIE	1464		LOWEN	JOHN	JR	12
LONG	CHARLEY	1276		LOWEN	JOHN B	930	5
LONG	CHARLEY	1459	510	LOWEN	SIS	1279	11
LONG	CHARLEY	JR	339	LUCY		2	1
LONG	CORINTHIA	295		MANEY	ALICE MAY	R2017	
LONG	DOBSON	459	1025	MANEY	ALICE MAY	R2012	
LONG	EDWARD	936		MANEY	ALLEN E.	R1976	
LONG	ELIZABETH	462		MANEY	ALLEN JACOB	1304	
LONG	ELSIE	286		MANEY	ALLEN SAMUEL	R1947	
LONG	EVA	294		MANEY	ANNIE	R1956	
LONG	EVE	735	682	MANEY	ARBERY B	R1927	
LONG	EZEKIEL	285	563	MANEY	BELLE	R1958	
LONG	ISAAC	1465		MANEY	BERTHA M	R1924	
LONG	JACKSON	1329	1024	MANEY	C. CORDELIA LAMBERT	1369	9
LONG	JOE	336	490	MANEY	CHARLES C.	R1974	
LONG	JOHN	734	414	MANEY	CLYDE B.	R1977	
LONG	JOHN L	541		MANEY	CULBERSON	1915	
LONG	JOHNSON	711	1158	MANEY	ELLA VERSILLA	R1926	
LONG	JOSEPH BIGWITCH	932	593	MANEY	EVE	1301	
LONG	JOSIAH	290	490	MANEY	FLORA BELLE	R2014	
LONG	LELIA	299		MANEY	FRANK	R1943	
LONG	LENA	1466		MANEY	FRANK M.	R2024	
LONG	LONG BEAR	1461		MANEY	FRED D.	R2023	
LONG	LUCY	935		MANEY	GARRET B.	R1973	
LONG	LUCY	1462		MANEY	GEORGE W	1912	18
LONG	MAGGIE	710	333	MANEY	GRACE MARGARET	R2019	
LONG	NANCY	293		MANEY	GRANT POSEY	R2018	
LONG	NANCY GEORGE	337	573	MANEY	JAMES ALFRED	R2006	
LONG	NELLIE	1275	590	MANEY	JAMES HARVEY	R1948	
LONG	NOLA	300		MANEY	JASPER R	R1999	
LONG	PETER	370	671	MANEY	JOHN	1303	
LONG	POLLY	298	564	MANEY	JOHN	1916	
LONG	RACHEL	371	672	MANEY	JOHN G	R1923	
LONG	RACHEL	736	415	MANEY	JOHN HAYES	R2013	
LONG	SALLIE	727	788	MANEY	JOHN JACKSON	R2020	
LONG	SALLIE	933	694	MANEY	JOHN LORENZO	R1946	
LONG	SALLIE	1460	718	MANEY	JOSEPHINE	2224	
LONG	SALLY	291	467	MANEY	JULIUS H.	R2026	
LONG	SALLY	460	1130	MANEY	LEANDER A.W.	R2011	
LONG	SCOTT	726	416	MANEY	LEANDER MARTIN	R1966	
LONG	WILL WEST	1079	741	MANEY	LILLY	1913	18
LONG	WILLIAM GAFNEY	461		MANEY	MARGARET MYRTLE	R2015	
LONG	WILSON	463		MANEY	MARTHA	R1944	
LOSSIAH	AGGIE	113	1138	MANEY	MARTIN LUTHER	R2022	
LOSSIAH	ANNIE	50	1335	MANEY	MARY	1302	
LOSSIAH	JESSE J	111		MANEY	MARY	R1945	
LOSSIAH	JOHN	45	235	MANEY	MINNIE ARMINTA	1775	
LOSSIAH	JOHN DEHART	108	239	MANEY	MINNIE M.	R2000	
LOSSIAH	JOHN HENRY	112	240	MANEY	OSSIE	R1980	
LOSSIAH	JOHN L	110		MANEY	PEARL	R1957	
LOSSIAH	LAURA	109	476	MANEY	ROBERT H	R1981	
LOSSIAH	LEANDER	49	238	MANEY	ROBERT HENRY	1914	1
LOSSIAH	LINDA	46	237	MANEY	RUTH	1776	
LOSSIE	CANDY	1220		MANEY	SUE EDITH	R1929	
LOSSIE	CHARLEY N	1215	830	MANEY	THEO M	R1928	
LOSSIE	DAVID D	1218		MANEY	THOMAS L	R1934	
LOSSIE	HAYES	1222		MANEY	VERNA I	R1925	

LAST NAME	FIRST NAME	CHURCHILL	HEST#
MANEY	VERTY V	R1975	
MANEY	WALTER L.	R1979	
MANEY	WILLIAM	R1959	
MANEY	WILLIAM O.	R2025	
MANEY	WILLIAM RILEY	R2016	
MANEY	ZORA E.	R1978	
MARTIN	ANGELINE	720	789
MARTIN	CHARLES	766	
MARTIN	DALISKIE	719	384
MARTIN	GEORGE	760	380
MARTIN	LUCY	761	217
MARTIN	MARY	722	
MARTIN	SUATE	717	382
MARTIN	THOMAS	718	
MARTIN	WESLEY	762	
MASHBURN	BERTHA	1521	
MASHBURN	BESSIE	1515	
MASHBURN	FRANK	1514	
MASHBURN	HARRIETT A	1513	1408
MASHBURN	JAMES A	1516	
MASHBURN	LEORA R	1518	
MASHBURN	MATTIE	1520	
MASHBURN	MINNIE	1519	
MASHBURN	SARAH A	1517	
MATTHEWS	ADDIE	2165	
MATTHEWS	EVE ADDIE	1792	
MATTHEWS	GADIE R	1793	
MATTHEWS	JESSIE J.	2169	
MATTHEWS	JOSEPH J.	2168	
MATTHEWS	LILLIAN I. LAMBERT	1370	940
MATTHEWS	MARYE	2166	
MATTHEWS	WILLIAM	2167	
MC COY	SUSIE	1533	
MC LEMORE	WILLIAM	1503	
MCALLISTER	HARRIETTE C. GARLAND	1707	1523
MCCLELLAN	ISAAC	2247	
MCCOY	DAVID	1528	1688
MCCOY	JAMES	1537	
MCCOY	JAMES	1539	1692
MCCOY	JAMES W	1532	
MCCOY	JOHN	1534	1689
MCCOY	JOHN	JR	1538
MCCOY	JOSEPH H	1541	
MCCOY	JULIA	1530	
MCCOY	LOUISA OR ELIZA	1527	1686
MCCOY	MARINDA	1529	
MCCOY	MARY	1536	
MCCOY	PEARSON	1535	
MCCOY	STELLA	1531	
MCCOY	THOMAS	1540	
MCDONALD	CATHERINE	2143	1394
MCKENNEY	MARY CORDELIA	R1997	
MCKENNEY	SUE CORNELIA	R1998	
MCLEMORE	CORA	1502	
MCLEMORE	JOHN L	1500	1378
MCLEMORE	MORRELL	1505	
MCLEMORE	NILA	1501	
MCLEMORE	SAMUEL H	1504	1379
MCLEMORE	SAMUEL R	1506	
MERONEY	BAILEY BARTON	M.D.	1570
MERONEY	BAILEY BARTON	2ND	1569
MERONEY	DELLA	1566	
MERONEY	ELIZABETH WELCH	1558	1420
MERONEY	FELIX P	1573	
MERONEY	FRED	1568	
MERONEY	GERTRUDE	1567	
MERONEY	JOHN STANLEY	1562	1416
MERONEY	LULA	1563	
MERONEY	MARGARET AXLEY	1571	
MERONEY	MARTHA ANN	1557	1414
MERONEY	MAYES	1565	
MERONEY	RICHARD B	1572	
MERONEY	SALLIE BELLE	1564	
MERONEY	WILLIAM H	1574	1419
METCALF	CARL	R2107	
METCALF	DONNIE L.	R2108	
METCALF	HUGH	R2106	
ETCALF	MARTHA CORNELIA	R1996	

LAST NAME	FIRST NAME	CHURCHILL	HEST#
METCALF	SALLIE L.	R2105	
MONROE	CHARLES A	1768	
MONROE	NORA A	1767	843
MOODY	CHARLES LEANDER	R1991	
MOODY	DONALD WILSON	R1992	
MOODY	GEORGE HENRY	R1988	
MOODY	IDA MAGNOLIA	R1987	
MOODY	JOHN WESLEY	R1989	
MOODY	MARTHA JANE	R1990	
MOODY	ROBERT LEROY	R1995	
MOODY	SARAH L.	R1986	
MOODY	WILLIAM SHAFTER	R1993	
MOODY	WILLILEE	R1994	
MULL	BE ANNA	2238	
MULL	EDGAR MULL	2240	
MULL	ELIZA	2233	
MULL	JAME H.	2237	
MULL	JAMES H.	2237	
MULL	LIZZIE	2235	
MULL	MANDY	2239	
MULL	MARY JANE MULL	2236	
MULL	VINEY	2234	
MUMBLEHEAD	CHARLEY	449	
MUMBLEHEAD	DAHNEY	444	25
MUMBLEHEAD	ELIZABETH	445	
MUMBLEHEAD	JAMES	447	
MUMBLEHEAD	JOHN	443	1330
MUMBLEHEAD	ROGERS	448	
MUMBLEHEAD	ROSABELLE	446	
MUMBLEHEAD	W. JAMES	945	1331
MURPHY	CYNTHIA MINERVA	1751	
MURPHY	DAVID	1305	1240
MURPHY	EDGAR	1753	
MURPHY	HENRY L	1752	1257
MURPHY	HOWARD	1744	
MURPHY	ISABELLA	1742	
MURPHY	JESSE	1430	1201
MURPHY	JOSEPH MARION	1745	1256
MURPHY	LOUISA	1740	
MURPHY	LOYD GARFIELD	1750	
MURPHY	MANCO	1743	
MURPHY	MARGARET	1741	
MURPHY	MARTIN	1738	1230
MURPHY	MARY J	1747	
MURPHY	MARY MCCOY	1431	1687
MURPHY	MAUD	1755	
MURPHY	RAYBURN	1754	
MURPHY	SOLOMAN D	1739	1236
MURPHY	WILLIAM	1432	
NED	EZEKIEL	772	301
NED	JULIA	774	
NED	SUSANN	773	2100
NEWTON	DORA HUSKINS	R2261	
NICELY	BETTIE	2249	
NICK	CHILTOSKIE	1673	714
NOTTY TOM	NANCY	88	
NOTTY TOM	PETER	87	102
OKWATAGA	LIZZIE	406	1156
OOCUMMA	ANNIE	245	
OOCUMMA	EASTER	241	538
OOCUMMA	ENOCH	244	
OOCUMMA	JAMES	240	537
OOCUMMA	JENNIE	243	
OOCUMMA	WILSON	242	539
OOKUMMAH	ALEX	732	543
OOKUMMAH	ANNIE	733	
OOOO SO WEE	REBECCA	959	
OOSOWEE	ANNIE	956	
OOSOWEE	GALATIA	958	
OOSOWEE	JOHN, JR	957	
OOSOWEE	OLSIE	955	
OOSOWEE	PAUL	969	
OOSOWEE	RACHEL	953	
OOSOWEE	SALLIE	952	74
OOSOWEE	SALLIE	970	
OOSOWEE	SAMUEL DAVIS	967	494
OOSOWEE	SHELL	951	121
OOSOWEE	SUSIE	968	168

Churchill Roll - 1908

LAST NAME	FIRST NAME	CHURCHILL	HEST#
OOSOWEE	TAHQUETTE	954	
OOSOWEE	WILLIE	966	
OOSOWIH	JOHN	152	118
OTTER	ALLEN	868	1288
OTTER	ANDREW	790	1153
OTTER	JACKSON	793	
OTTER	LINDY	792	
OTTER	MATILDA	794	
OTTER	OLIVER	796	
OTTER	OLLICK	795	
OTTER	OLLIE	871	1287
OTTER	SALLIE	870	
OTTER	SARAH	791	1326
OTTER	WINNIE	869	
OWL	ADAM	435	17
OWL	AGNES	82	
OWL	ALFRED BRYAN	1421	
OWL	ALLEN	820	
OWL	AMMONS	11	
OWL	ANNIE	26	
OWL	BETTIE	14	
OWL	BLUE	818	1356
OWL	CALLIE	1417	
OWL	CARNELIA	436	462
OWL	CORNELIUS	1423	
OWL	DAVID	4	15
OWL	DAVID	17	
OWL	DAVID	441	
OWL	DINAH	9	37
OWL	DORA	1418	
OWL	ENOCH	13	
OWL	ETHEL	1424	
OWL	FRELL	20	
OWL	GEORGE	18	
OWL	HENRY	19	
OWL	JAMES	819	
OWL	JOHN	23	23
OWL	JOHN	439	
OWL	JOHNSON	158	191
OWL	JONAH	10	41
OWL	LOUIS	27	
OWL	LOYD	15	38
OWL	LULA	16	
OWL	MABEL	22	
OWL	MANDY	24	
OWL	MARGARET	25	
OWL	MARK	1419	
OWL	MARTHA	121	
OWL	MARTHA	442	
OWL	MARTHA JUNE	1420	
OWL	MOSES	438	
OWL	OLLIE	193	24
OWL	QUINCY	6	
OWL	SAMPSON	81	2921
OWL	SAMUEL	440	
OWL	SOK-I-NEY	3	
OWL	SOLOMON D	1415	18
OWL	STACEY	159	1009
OWL	SUATE	8	36
OWL	TAHQUETTE	194	
OWL	THEODORE	1416	
OWL	THOMAS B	437	
OWL	WILLIAM	12	
OWL	WILLIAM	21	
OWL	WILLIAM J.	5	
OWLE	LOYD SOLOMON	1422	
OWLE	WILLIAM DAVID	1425	
PACE	ANDREW M.	R2275	
PACE	BESSIE	R2002	
PACE	CHARLES A.	2221	
PACE	DESSIE	R2003	
PACE	ETTA	R2004	
PACE	LAURA M.	R2005	
PACE	MARGARET H. MANEY	R2001	
PANTHER	ANNIE	1223	1113
PANTHER	BETTIE	916	2103
PANTHER	GOLIATH	381	
PANTHER	JOB	915	
PANTHER	JOHN	272	568
PANTHER	MARK	917	570
PANTHER	NANCY	273	569
PARKER	LOUISA L.	R2267	
PARKER	WILLIAM H.	R2266	
PARRIS	CATHERINE COLE	1882	
PARRIS	LAURA M	1883	
PARTRIDGE	BIRD	700	334
PARTRIDGE	J. MOSES	702	
PARTRIDGE	NELLIE	699	332
PARTRIDGE	SALLIE	703	
PARTRIDGE	SAVANNAH	704	
PARTRIDGE	WINNIE E	701	
PASSMORE	CHARLES ALONZO	1797	
PASSMORE	NANCY	1366	842
PASSMORE	OSCAR	1799	
PASSMORE	ROSE CORDELIA	1798	
PASSMORE	THOMAS MARION	1796	
PATTEE	CORA E	1497	
PATTEE	FRED	1498	
PATTEE	SOPHIA	1499	
PATTERSON	ALMER	1828	
PATTERSON	ALONZO	1873	
PATTERSON	ANVIL	1878	
PATTERSON	BEADIE	1879	
PATTERSON	CELIA	1876	
PATTERSON	ELIZABETH	1875	
PATTERSON	ELLA COLE	1872	1535
PATTERSON	ETHEL	1874	
PATTERSON	EUSTIEE J. MURPHY	1748	
PATTERSON	HOBART	1877	
PATTERSON	LULA WEBSTER	1826	151
PATTERSON	OLDEN	1827	
PAYNE	ALBERT F	1633	
PAYNE	ERMA	1635	
PAYNE	GRACE LEE	1634	
PAYNE	JAMES M	1631	156
PAYNE	LYDIA MARIA	1630	
PAYNE	OSCAR C	1619	
PAYNE	POLEY ELWOOD	1628	
PAYNE	ROLLIN T	1632	
PAYNE	THOMAS	1618	1558
PAYNE	WILLIAM ALFRED	1629	
PAYNE	WILLIAM E	1627	156
PEAK	AMANDA LOUISE (BALL)	2243	
PEAK	STEPHAN R.	2241	
PEAK	THOMAS JEFFERSON	2242	
PEAK	WILLIAM ARTHUR	2244	
PECKERWOOD	JACKSON	747	
PECKERWOOD	LUCY ANN	745	109
PECKERWOOD	MCKINLEY	748	
PECKERWOOD	THOMAS	746	
PECKERWOOD	WILLIAM	744	108
PENDLETON	CLANDUS	R2252	
PHEASANT		256	51
PHEASANT	DORA	1064	
PHEASANT	JOHN	1061	81
PHEASANT	MAGGIE	1062	81
PHEASANT	WILL	1063	82
PORTER	FLORENCE S	1559	141
PORTER	IRIS	1561	
PORTER	LEWITT	1560	
POWELL	DOOGAH	1065	87
POWELL	HOLMES	1069	
POWELL	JOHN ALVIN	623	144
POWELL	MOSES	1066	
POWELL	NOAH	1071	
POWELL	SARAH	1068	
POWELL	STANCEL	1067	
POWELL	WINNIE	1070	
PULLIUM	CAROLINE	R2301	
QUEEN	ABRAHAM	1245	
QUEEN	ALKINNEY	1248	
QUEEN	BESSIE	1255	
QUEEN	EDDIE	1246	
QUEEN	JASPER	1251	
QUEEN	JOHN	1256	
QUEEN	LEVI	1242	4

LAST NAME	FIRST NAME	CHURCHILL	HEST#	LAST NAME	FIRST NAME	CHURCHILL	HEST#
QUEEN	MALINDA	1247		REED	JESSE	213	612
QUEEN	MARY	1243	628	REED	JIMMIE	919	
QUEEN	MARY	1254		REED	JOHN L	929	
QUEEN	MINDY	1244		REED	JOHNSON	926	
QUEEN	NOLAN	1253		REED	LIZZIE	921	
QUEEN	OLLINEY	1252		REED	LOYD	920	
QUEEN	SALLIE	1250	665	REED	LUZENE	284	
QUEEN	SIMPSON	1249	500	REED	MAGGIE	214	613
RACKLEY	JAMES	1300	65	REED	MAGGIE GOLEECH	1001	
RACKLEY	LUCY	195	64	REED	MINDA	303	
RAPER	AGUSTUS	1585		REED	NANNIE	928	
RAPER	ALEXANDER	1575	1497	REED	PETER	918	504
RAPER	BONNIE BELLE	1598		REED	RACHEL	301	530
RAPER	CHARLIE BRECKENRIDGE	1599	1503	REED	RACHEL	925	
RAPER	CLARENCE ALVIN	1595		REED	WILLIAM	923	510
RAPER	CLAUDE EMERY	1589		RICHARDS	MAMIE PAYNE	1645	
RAPER	CLIFTON	1692		RICHARDS	RUBY KATE	1646	
RAPER	CLINTON	1596		ROBERSON	CLANSAL	R2085	
RAPER	CLY VICTOR	1588		ROBERSON	IOWA ISABELLE	1616	
RAPER	DAFFNEY	1584		ROBERSON	MOLLIE M.	R2084	
RAPER	DELIA	1615		ROBERSON	VISTA GLENN	R2086	
RAPER	DELTA CLIFFORD	1601		ROBERTS	FRED	1525	
RAPER	DENVER LEE	1600		ROBERTS	LOTTIE SMITH	1522	
RAPER	EDGAR	1582		ROBERTS	LULA	1526	
RAPER	EFFIE LEONA	1594		ROBERTS	WALTER	1524	
RAPER	EMERY LAWERENCE	1603		ROBINSON	ADDIE MAY	R2118	
RAPER	EVA	1597		ROBINSON	BONNIE L.	R2119	
RAPER	GANO	1695		ROBINSON	CHARLES	R2116	
RAPER	GURLEY	1586		ROBINSON	CHARLES HOBART	1659	
RAPER	GURLEY CLINTON	1590		ROBINSON	CHARLIE LEE	R2120	
RAPER	HENRY JOHN	1612		ROBINSON	EDITH	R2111	
RAPER	IVAN	1614		ROBINSON	EDWARD E.	1658	1556
RAPER	JESSE LAFAYETTE	1587	1501	ROBINSON	ELLEN RAPER	1576	1499
RAPER	JESSIE LEORA	1581		ROBINSON	EMERLINE	1578	
RAPER	JULIA	1691		ROBINSON	FANNIE	1577	
RAPER	LIZZIE	1690		ROBINSON	GILBERT O.	R2123	
RAPER	LON	1694		ROBINSON	GITA ISABELLA	1665	
RAPER	MARSHALL	1592	1502	ROBINSON	HADLEY	1579	
RAPER	MARTIN T	1688		ROBINSON	HARLEY THOMAS	1664	
RAPER	MARTY ALEXANDER	1593		ROBINSON	HOWARD F.	R2117	
RAPER	MINNIE CORRINNE	1591		ROBINSON	HOWARD GOLFREY	1660	
RAPER	PEARL LUEVA	1602		ROBINSON	JAMES R.	R2114	
RAPER	THOMAS MARTIN	1686		ROBINSON	JAMES W.	R2110	
RAPER	VERDY	1583		ROBINSON	JOHN L.	R2113	
RAPER	VIOLA	1613		ROBINSON	MADGE	R2122	
RAPER	WHOOLA B	1687		ROBINSON	MARTHA C.	R2124	
RAPER	WILLIAM B.	1693		ROBINSON	PANSY LEE	R2115	
RAPER	WILLIAM THOMAS	1580	1500	ROBINSON	ROBERT W.	R2109	
RATHBURN	ADA LEE	R2280		ROBINSON	SAMUEL C.	R2125	
RATHBURN	ARLEY B.	R2281		ROBINSON	THOMAS LEONIDAS	1662	
RATHBURN	MARTHA ANN	R2278		ROBINSON	WALTER E.WILSON	2140	
RATHBURN	NELLIE	R2279		ROBINSON	WILLARD	R2112	
RATLIFF	ELIZABETH	647	318	ROBINSON	WILLIAM ROBERT	1663	
RATLIFF	ELLA	649		ROBINSON	WILLIE DALE	R2121	
RATLIFF	EMMA	648		ROBINSON	WILLIS OSCOE	1661	1557
RATLIFF	JACOB	651		ROGERS	ASTON	1906	
RATLIFF	LAWYER	650		ROGERS	BONNEY	1902	
RATLIFF	WILLIAM	646	59	ROGERS	FLONNY	1901	
RATTER	EMALINE	604		ROGERS	FLOYD O.	1905	
RATTER	JOHN	603		ROGERS	INEZ	1907	
RATTER	JOHN WEST	605		ROGERS	JEANETTE E. PAYNE	1617	1547
RATTER	JONAH	607		ROGERS	MAGGIE	1764	
RATTER	NANCY	606	1160	ROGERS	MARTHA C	1730	1548
RATTER	ROBERT	608		ROGERS	OSCAR	1903	
RATTER	WALTER	609		ROGERS	VILLA	1904	
RATTLER	JESSE	2219		ROGERS	WESLEY CROW	1762	
REAGAN	EMMET	1800		ROGERS	WILLIAM	1900	1141
REAGAN	HESTER LAMBERT	1372		ROLAND	MARGARET	R2290	
REED	ADAM	924	508	ROPETWISTER		568	1195
REED	AGNES	1756		ROPETWISTER	ANNIE	539	1143
REED	CINDY	922		ROPETWISTER	JOHN	538	1212
REED	DAVID	592	361	ROPETWISTER	MANLEY	569	1198
REED	DEWEESE	927	509	ROPETWISTER	NANCY	573	1194
REED	ELIZABETH (LIZZIE) RAPER	1676		ROSE	BONNIE	596	
REED	FIDDELL	302	532	ROSE	CORA	601	
REED	JAMES	160	196	ROSE	FLORENCE	595	1084
REED	JAMES	1000	531	ROSE	GRACE	599	
REED	JENNIE	180	360	ROSE	JAKE	598	

LAST NAME	FIRST NAME	CHURCHILL	HEST#
ROSE	NORA	600	
ROSE	WILLIAM	597	
ROWLAND	ANDREW J.	R2276	
RUCKER	FRANK M.	R2277	
RUCKER	MAY DORA	2170	
RUNNINGWOLFE		1098	913
RUNNINGWOLFE	AMMONS	1101	
RUNNINGWOLFE	LOYD	1100	
RUNNINGWOLFE	MOLLIE	1099	893
RUNNINGWOLFE	SALLIE	1103	
RUNNINGWOLFE	THOMAS	1102	
SAHWAHCHI		690	285
SAKEY	NELLIE	501	1057
SAMPSON	AQUAISHEE	1004	
SAMPSON	JAMES	1002	528
SAMPSON	SALLIE	1003	529
SANDERS	CUDGE ELLIS	1476	271
SANDERS	JULIA	1478	
SANDERS	LYSTIE WAHOOHOO	1480	
SANDERS	MOSE	1479	
SANDERS	POLLY	1477	113
SAUNOOKE	ADAM	83	117
SAUNOOKE	ANDERSON	117	
SAUNOOKE	ANNIE	996	723
SAUNOOKE	CINDY	166	
SAUNOOKE	DINAH	999	
SAUNOOKE	EDWARD	116	
SAUNOOKE	EMENEETA	165	
SAUNOOKE	JACKSON	821	150
SAUNOOKE	JAMES	76	
SAUNOOKE	JENNIE	38	140
SAUNOOKE	JOHN	36	140
SAUNOOKE	JOHN	407	980
SAUNOOKE	JOSEPH	119	35
SAUNOOKE	JOSIE	77	
SAUNOOKE	KANE	86	
SAUNOOKE	LILLIAN	168	
SAUNOOKE	MALINDY	164	
SAUNOOKE	MARGARET	37	
SAUNOOKE	MARGARET	120	
SAUNOOKE	NAN	185	
SAUNOOKE	NANCY	75	
SAUNOOKE	NANCY	408	984
SAUNOOKE	NANNIE	163	268
SAUNOOKE	NANNIE	997	
SAUNOOKE	OSLER	118	
SAUNOOKE	POLK STILLWELL	995	267
SAUNOOKE	POLLY	998	
SAUNOOKE	RACHEL	410	
SAUNOOKE	SALLY	84	
SAUNOOKE	SAMUEL	409	985
SAUNOOKE	SAVANNAH	167	
SAUNOOKE	SOGGIE	89	
SAUNOOKE	STACEY	162	460
SAUNOOKE	STEVE	90	
SAUNOOKE	STILLWELL	161	265
SAUNOOKE	STILLWELL	411	
SAUNOOKE	WILLIAM	115	34
SAUNOOKE	WINCEY	1893	
SAUVE	MAGGIE MABEL	1675	
SAUVE	MINNIE E. NICK	1674	713
SAWYER	ALKINNEY	508	1061
SAWYER	ALLEN	1556	477
SAWYER	AWEE	510	
SAWYER	HUNTER	511	
SAWYER	KENEY	47	242
SAWYER	LIZZIE	512	
SAWYER	LUCY	513	
SAWYER	MOSES	509	
SAWYER	THOMAS	48	
SAWYER	WILL	507	1065
SCREAMER	CINDY	941	809
SCREAMER	DAVID	907	
SCREAMER	JAMES	940	369
SCREAMER	KANE	943	
SCREAMER	MANUS	942	371
SCREAMER	SOGGIE	944	
SEAY	FRED	R2032	
SEAY	GEORGE G.	R2034	
SEAY	JAMES A.	R2035	
SEAY	JESSE	R2031	
SEAY	JOHN	R2036	
SEAY	LILLIE	R2030	
SEAY	MARGARET BURRELL	R2028	
SEAY	TAYLOR W.	R2029	
SEAY	VINNIE	R2033	
SEQUOHYEH		1104	920
SEQUOHYEH	ALICE	879	
SEQUOHYEH	AMMONS	885	
SEQUOHYEH	LIZZIE	883	
SEQUOHYEH	LOUISA	876	
SEQUOHYEH	LUZENE	881	
SEQUOHYEH	MANDY	877	
SEQUOHYEH	NOAH	880	
SEQUOHYEH	RICHARD	884	
SEQUOHYEH	SUSANN	878	
SEQUOHYEH	TAHQUETTE	882	
SEQUOHYEH	ZACHARIAH	875	716
SHAKEEAR	FIDELLA	1131	668
SHAKEEAR	LIZZIE	1132	732
SHELL	BESSIE	128	
SHELL	JOE	127	
SHELL	JOHN	122	77
SHELL	MATTIE	126	
SHELL	SALLY	123	
SHELL	UTE	125	78
SHEPHERD	CARROLL	R2083	
SHEPHERD	CARTIA	R2082	
SHEPHERD	DELLA	R2078	
SHEPHERD	DONEY	R2077	
SHEPHERD	ELIZA E.	R2055	
SHEPHERD	GEORGE DALLAS	R2075	
SHEPHERD	GUY	R2066	
SHEPHERD	IDA L.	R2067	
SHEPHERD	LEE	R2079	
SHEPHERD	LESSIE E.	R2064	
SHEPHERD	MITTY L.	R2080	
SHEPHERD	POLLY	R2076	
SHEPHERD	ROBERT R.	R2081	
SHEPHERD	SARY C.	R2065	
SHEPHERD	WILLIAM H.	R2063	
SHERELL	WILLIAM	825	368
SHERRELL	JOHN	985	367
SHERRELL	JULIA	988	
SHERRELL	MOLLIE	986	457
SHERRELL	SOLEMN	987	
SHULER	GEORGIA CRAIG	801	1183
SILER	LILLIE	R2255	
SKITTY	SEVIER	7	125
SMITH	BELVA	1337	
SMITH	BESSIE	2307	
SMITH	CALLIE	1523	
SMITH	CHARITY	207	
SMITH	CORENA M	1341	1241
SMITH	CYNTHIA	625	1302
SMITH	DAVID MCK.	1339	
SMITH	DELILAH WARLICK	1652	1412
SMITH	DUFFY	205	1274
SMITH	EARL ELWOOD	210	
SMITH	ELIZABETH	1386	
SMITH	EMMA	1653	
SMITH	FRANCIS ELWOOD	206	
SMITH	GEORGE LEWIS	1486	1239
SMITH	GERALD	1381	
SMITH	GOLDMAN	1338	
SMITH	GRACE	1382	
SMITH	HARTMAN	1379	
SMITH	HENRY	1489	1291
SMITH	HETTIE	1494	
SMITH	JACOB	65	1295
SMITH	JAMES	R2265	

Churchill Roll - 1908

LAST NAME	FIRST NAME	CHURCHILL	HEST#	LAST NAME	FIRST NAME	CHURCHILL	HEST#
SMITH	JAMES DAVID	204	1273	SQUIRREL	NANCY	642	
SMITH	JAMES RILEY	2310		SQUIRREL	NANCY	673	161
SMITH	JESSE H	1340		SQUIRREL	NOLA	639	
SMITH	JIM	2304		SQUIRREL	NORA	675	
SMITH	JOHN D	1389		SQUIRREL	OLLIE	678	
SMITH	JOHN Q.A.	2303	188	SQUIRREL	REBECCA	636	317
SMITH	JOSEPH M	1336		SQUIRREL	SARAH	638	
SMITH	JOSIE	2305		SQUIRREL	SEQUEECHEE	640	
SMITH	LAURA JANE MANEY	R1949		SQUIRREL	SHEPHERD	2287	
SMITH	LAWRENCE	67		SQUIRREL	THOMAS	1896	
SMITH	LEWIS H	451	1001	ST. JERMAIN	NICEY ISABELL	1481	1337
SMITH	LIZZIE	1656		STALCUP	RACHEL	622	1698
SMITH	LLOYD	1384	1120	STAMPER	CAROLINE	974	
SMITH	MARK TIGER	202	1270	STAMPER	HETTY	973	
SMITH	MARSHALL	1655		STAMPER	LIZZIE	976	
SMITH	MARTHA ANN	428	1221	STAMPER	NED	971	559
SMITH	MARY	1380		STAMPER	SALLIE ANN	972	534
SMITH	MARY MELVINA	203	1271	STAMPER	SARAH	977	
SMITH	NANCY	452	1002	STAMPER	WILLIAM	975	
SMITH	NOAH	209	1275	STANDINGDEER	ANDY	288	719
SMITH	NOAH	1387		STANDINGDEER	CARL	199	90
SMITH	OLIVE	66		STANDINGDEER	CAROLINE	373	
SMITH	OLIVER	208		STANDINGDEER	CELIE	201	
SMITH	ROBERSON	1385		STANDINGDEER	JUNALUSKIE	198	91
SMITH	ROBERT	2308		STANDINGDEER	LOWEN	98	
SMITH	ROSIE	2306		STANDINGDEER	MARGARET	289	720
SMITH	ROSS B	624	1301	STANDINGDEER	MARGARET	372	934
SMITH	ROSS B.	2309		STANDINGDEER	MARY S	200	1293
SMITH	ROXIE	1490		STANDINGDEER	NANCY	97	144
SMITH	RUSSEL	1493		STANDINGDEER	NANCY	197	324
SMITH	SALINA	1654		STANDINGDEER	VIRGINIA	1892	
SMITH	SAMUEL A	1333	1233	STANDINGDEER	WESLEY	196	86
SMITH	STELLA	1383		STANDINGWATER			
SMITH	SUSIE	1334			ALEXANDER	1005	685
SMITH	THADDEUS SIBBALD	1378	9	STANDINGWATER			
SMITH	THOMAS	1491			ELSIE	1006	
SMITH	TINEY	1388		STILES	CLEM	1625	
SMITH	WILLIAM BLAINE	1335		STILES	CORA ALMA	1639	
SMOKE	BETTIE	1196		STILES	ELLA	1641	
SMOKER	AGGIE	486	1044	STILES	EMMA	1623	
SMOKER	BASCOM	586		STILES	GILBERT	1622	
SMOKER	CHARLES	1552		STILES	HAL	1626	
SMOKER	CINDY	487		STILES	LOYD	1640	
SMOKER	CORNELIA	588		STILES	MARY E PAYNE	1620	1599
SMOKER	JAMES	488		STILES	MINNIE	1621	
SMOKER	JOHN	485	1064	STILES	OLIVER	1624	
SMOKER	LOYD	872	1145	STILES	RUFUS VIRGIL	1638	
SMOKER	MARGARET	612		STILES	THEODOCIA E PAYNE	1636	1562
SMOKER	NANCY	873	1299	STILES	THOMAS LESTER	1637	
SMOKER	OLLIE	587		STROUD	FLORA BELL MURPHY	1749	
SMOKER	PETER	490		SUAGIH	ANNIE	1085	829
SMOKER	SAMUEL	584	1067	SUAGIH	WAIDSUTTE	1084	828
SMOKER	STACEY	585		SUDDETH	ELLEN	2251	
SMOKER	WILLIE	489		SUTAGA	ANNIE	721	
SNEED	ANNIE L	1392		SUTAGIH		353	929
SNEED	BLAKELY	1402		SUTAGIH	MARY	354	930
SNEED	CAMPBELL	1398		SWAYNEY	AMANDA	1683	
SNEED	JOHN H	1394	1082	SWAYNEY	ARIZONA	1681	709
SNEED	MANCO	1395		SWAYNEY	CALCINA	1679	
SNEED	MARY C	1391		SWAYNEY	FRANK B	1684	
SNEED	MAUD E	1393		SWAYNEY	JESSE W	1678	
SNEED	MINDY	1399		SWAYNEY	JOHN WESLEY	1777	711
SNEED	OSCO	1396	1089	SWAYNEY	LAURA J	1677	708
SNEED	PECO	1400	1086	SWAYNEY	LORENZO DOW	1682	710
SNEED	SAMUEL	1390	1172	SWAYNEY	LUZENE C	1680	
SNEED	SARAH	1401		SWAYNEY	THURMAN A	1685	
SNEED	THOMAS MCK.	1397		SWIMMER	ANNIE TARQUETTE	1075	1011
SNEED	WILLIAM SHERMAN	626	1174	SWIMMER	GRACE	319	
SOUTHER	DORA COLE	1886		SWIMMER	JOHN	316	488
SPRAY	GERTRUDE SMITH	1492		SWIMMER	LANNA	1043	
SQUIRREL	AWEE	637		SWIMMER	LUCY	317	
SQUIRREL	DANIEL	677		SWIMMER	MARY	315	487
SQUIRREL	DAVID	672	1099	SWIMMER	OBADIAH	318	
SQUIRREL	DINAH	676		SWIMMER	RUNAWAY	1042	766
SQUIRREL	FOX	130	245	SWIMMER	TAHHECO	1044	774
SQUIRREL	GEORGE	635	1096	SWIMMER	THOMAS	1074	773
SQUIRREL	KINSEY	674		TAHTAHYEH		380	452
SQUIRREL	MARY	641		TAIL	JIM	74	194

LAST NAME	FIRST NAME	CHURCHILL	HEST#
TAHQUETTE	ANNIE	1473	422
TAHQUETTE	EMILY	1474	
TAHQUETTE	FRANK GLENN	1475	
TAHQUETTE	JOHN	1551	996
TAHQUETTE	JOHN ALFRED	1472	1013
TAHQUETTE	MARTHA	450	999
TATHAM	MARY	1837	
TATHAM	OLIVE	1838	
TATHAM	STELLA	1836	2579
TAWHEESKIH	MARY	1055	
TAYLOR	AH LI KINNEY	365	
TAYLOR	ALICE	2155	
TAYLOR	BESSIE	832	
TAYLOR	BLAIN B.	2159	
TAYLOR	CAR NA SUTA GEE SKIH	833	
TAYLOR	DAVID	831	
TAYLOR	ELIZA	826	293
TAYLOR	FLORENCE J.	2162	
TAYLOR	JACK	827	
TAYLOR	JAMES L.	2153	
TAYLOR	JESSE	431	316
TAYLOR	JIM	360	
TAYLOR	JOHN	429	314
TAYLOR	JOHN	828	
TAYLOR	JOHN M. JR.	2158	1461
TAYLOR	JULIUS	361	501
TAYLOR	LUZENE	837	
TAYLOR	MAGGIE	364	
TAYLOR	MARGURITE	2156	
TAYLOR	MC CUTCHAN	2163	
TAYLOR	MURREL	2160	
TAYLOR	NELLIE B.	2154	
TAYLOR	OKLAHOMA	2164	
TAYLOR	OO LA I WAY	829	
TAYLOR	ROBER L.	2161	
TAYLOR	SALLY	430	315
TAYLOR	SHERMAN	363	502
TAYLOR	STACY	362	600
TAYLOR	STACY	432	387
TAYLOR	TIMPSON	830	
TAYLOR	WILLIAM	834	
TAYLOR	WILLIAM JAMES	2157	
TEESATESKEE	ELLA	866	
TEESATESKEE	JOSIE	1554	
TEESATESKEE	NOAH	865	
TEESATESKEE	WILL	867	
TEESATESKIE	ARCH	504	
TEESATESKIE	AWEE	505	
TEESATESKIE	EVA	582	
TEESATESKIE	ILLINOIS	581	1031
TEESATESKIE	JESSE	503	
TEESATESKIE	JOHN	465	1027
TEESATESKIE	JONAH	506	
TEESATESKIE	LOYD	468	
TEESATESKIE	MANDY	578	
TEESATESKIE	NESSIE	577	1323
TEESATESKIE	SALLIE	502	1051
TEESATESKIE	SAMPSON	466	
TEESATESKIE	STEVE	583	
TEESATESKIE	WELCH	467	
TEESATESKIE	WILL	576	1200
TEKINNEH	WATSON	1045	784
TELESKIE	JESSE	287	
TEOTALE	NANCY	580	1216
TETGEESKIH	IYOSLIH	823	1134
TETGEESKIH	JESSE	822	1133
TETGEESKIH	MCKINEY	824	
TEWATLEY	ADAM	1086	856
TEWATLEY	JIM	1019	854
TEWATLEY	KANE	1021	
TEWATLEY	MANDY	1087	
TEWATLEY	ROSE	1020	521
TEWATLEY	WILLIAM	1022	
THOMPSON	AHSINNIH	1149	
THOMPSON	AMMON	1151	
THOMPSON	ANNIE	1156	
THOMPSON	ATHA	1817	
THOMPSON	BRASKY	1816	

LAST NAME	FIRST NAME	CHURCHILL	HEST#
THOMPSON	DAVID	1152	
THOMPSON	ELBERT	1815	
THOMPSON	ENOS	1012	304
THOMPSON	GOLIAH	1017	
THOMPSON	GREELEY	1823	
THOMPSON	IOWA	1821	
THOMPSON	IRIS	1825	
THOMPSON	JACKSON	1155	
THOMPSON	JAMES W	1153	
THOMPSON	JEWEL	1818	
THOMPSON	JOHNSON	1147	438
THOMPSON	JONNANI	1154	
THOMPSON	LYDIA	1015	
THOMPSON	MANDY	1013	524
THOMPSON	MARTHA WEBSTER	1811	1509
THOMPSON	MARVIN	1819	
THOMPSON	MARY WEBSTER	1820	1510
THOMPSON	MATA	1813	
THOMPSON	MINNIE	1814	
THOMPSON	NANCY	1148	
THOMPSON	OLEN	1822	
THOMPSON	PETER	1014	
THOMPSON	VIRDES	1824	
THOMPSON	WESLEY	1018	
THOMPSON	WILLIAM EDWARD	1812	
THOMPSON	WILSON	1016	
THOMPSON	WILSON	1150	
TIMPSON	CALLIE M	1510	
TIMPSON	COLUMBUS H	1509	
TIMPSON	HUMPHREY POSEY	1512	1382
TIMPSON	JAMES	1507	1407
TIMPSON	JAMES A	1511	1409
TIMPSON	JOHN S	1508	
TOE	CAMPBELL	1046	
TOE	JOHNSON	993	191
TOE	NANCY	994	122
TOINEETA	ARNEACH	1241	
TOINEETA	BETTIE	1239	425
TOINEETA	CAROLINE	63	
TOINEETA	GEORGE	61	
TOINEETA	LONEY	58	214
TOINEETA	MARTHA	62	
TOINEETA	NICK	1238	211
TOINEETA	SALLY	59	220
TOINEETA	SUAGIH	1240	
TOINEETA	WEST	60	221
TONNI	NELLIE	335	
TOONI	ANDY	899	
TOONI	ANGELINE	896	898
TOONI	ANNIE	332	404
TOONI	ELIJAH	333	
TOONI	GARFIELD	1052	
TOONI	ISAAC	1054	
TOONI	JAKE	898	901
TOONI	JOSEPH	895	897
TOONI	LYDIA	329	726
TOONI	MIKE	331	727
TOONI	MOSES	330	
TOONI	NANCY	334	
TOONI	NANCY	1051	805
TOONI	NANNIE	1053	
TOONI	NICEY	897	899
TOONI	NICK	1050	937
TOONI	RACHEL	352	
TOONI	SQUIENCEY	328	725
TRAMPER	AMINEETA	991	
TRAMPER	CHILTOSKIE	990	458
TRAMPER	KINEY	989	
TRAMPER	LOTTIE	992	
TURN IT OVER		1287	658
UTE	ANDY	415	365
UTE	MARY	416	577
WACHACHA	CHARLES	551	
WACHACHA	JAKE G	552	
WACHACHA	JAMES	549	
WACHACHA	JARRETT	548	
WACHACHA	JESSE	557	
WACHACHA	JOHN W	556	

Churchill Roll - 1908

LAST NAME	FIRST NAME	CHURCHILL	HEST#	LAST NAME	FIRST NAME	CHURCHILL	HEST#
WACHACHA	NANCY	553		WASHINGTON	MINDY	567	
WACHACHA	NESSIH	547	1169	WASHINGTON	MORGAN	566	
WACHACHA	ONEY	559		WASHINGTON	NANCY	215	424
WACHACHA	PHILLIP	545	1167	WASHINGTON	OLLIE	280	507
WACHACHA	POSEY	554		WASHINGTON	POLLY	561	1209
WACHACHA	ROXIE	546	1168	WASHINGTON	RACHEL	281	
WACHACHA	SARAH	550		WASHINGTON	RACHEL	564	
WACHACHA	SUSIE	555		WASHINGTON	RAY	216	631
WACHACHA	WINNIE	558		WATTEY		1114	822
WAHYAHNETAH	ALLEN	811	1008	WATTEY	GOOLARCHE	1108	827
				WATTEY	JOHN	1199	
WAHYAHNETAH	AWEE	808	1004	WATTEY	KINSEY	1110	
				WATTEY	LIZZIE	1111	
WAHYAHNETAH	JOHN	807	1004	WATTEY	MARY	1198	
				WATTEY	NESSIE	1109	832
WAHYAHNETAH	KAMIE	814	2922	WATTEY	POLLY	1113	
				WATTEY	STEPHEN	1112	
WAHYAHNETAH	MAGGIE	815		WATTEY	UH NAH GIH	1115	823
				WATTEY	UTE	1197	824
WAHYAHNETAH	POSEY	810		WAYLEY	HESTER	R2256	
				WAYLEY	HETTY	R2257	
WAHYAHNETAH	ROY	817		WAYNE	CAROLINE	777	
				WAYNE	JENNIE	687	280
WAHYAHNETAH	SALLIE	812	592	WAYNE	JOHN	686	279
				WAYNE	SARAH	1299	
WAHYAHNETAH	SAMPSON	809		WAYNE	WILL JOHN	1298	954
				WEBSTER	CARRIE	1808	
WAHYAHNETAH	SAMUEL	816		WEBSTER	JETTER COLUMBUS	1807	
				WEBSTER	NORMA	1809	
WAHYAHNETAH	WILL	813	1007	WEBSTER	RACHEL A	1805	1506
WAIDSUTTE	BIRD	427		WEBSTER	WILLIAM LAWRENCE	1806	107
WAIDSUTTE	BIRD	856	170	WEBSTER	WILLIAM ROBERT	1810	
WAIDSUTTE	DAVIS	425	167	WELCH	ADAM	1072	
WAIDSUTTE	LEE	862		WELCH	ANNIE	1033	
WAIDSUTTE	MARY	857	1078	WELCH	ANNIE	1073	
WAIDSUTTE	NANCY	426	754	WELCH	CINDY	909	851
WAIDSUTTE	TOSEY	R2302		WELCH	CLARENCE	323	
WAKEFIELD	CHARELS D.	2215	1474	WELCH	CORNEITA	1186	814
WAKEFIELD	EPCO B.	2213	1472	WELCH	DAVID	1550	
WAKEFIELD	LYCURGUS	2218	1479	WELCH	DAVIS	1023	895
WAKEFIELD	LYDIA EMALINE	2212	1471	WELCH	EDWARD	455	
WAKEFIELD	THOMAS M.	2216	1476	WELCH	EDWARD	781	
WAKEFIELD	VIRGINA	2217	1480	WELCH	ELIJAH	1031	792
WALKINGSTICK	ANNIE	481	1041	WELCH	EPHESUS	696	
WALKINGSTICK	BASCOM	150		WELCH	EVE	1024	820
WALKINGSTICK	CAROLINE	149	1077	WELCH	FRANK CHURCHILL	1894	
WALKINGSTICK	CELIE	632		WELCH	JACKSON	453	1019
WALKINGSTICK	JAMES	151		WELCH	JAMES	1026	
WALKINGSTICK	JAMES	691	288	WELCH	JAMES B	464	1422
WALKINGSTICK	JASPER	480	1080	WELCH	JAMES ELIJAH	1032	
WALKINGSTICK	JOHN	627	290	WELCH	JESSE	1027	
WALKINGSTICK	LUCY	874	1300	WELCH	JIMMIE	176	
WALKINGSTICK	MAGGIE	483		WELCH	JOHN	171	128
WALKINGSTICK	MAGGIE	630		WELCH	JOHN	458	
WALKINGSTICK	MASON	482		WELCH	JOHN	1025	
WALKINGSTICK	MATILDA	692	289	WELCH	JOSEPH	1028	
WALKINGSTICK	MIKE	148	1076	WELCH	JUNO	698	
WALKINGSTICK	MIKE	633		WELCH	LIZZIE	694	
WALKINGSTICK	MOSES	631		WELCH	LIZZIE	1030	
WALKINGSTICK	OWEN	629		WELCH	LOTTIE	174	
WALKINGSTICK	THOMAS	634		WELCH	LOYD	321	
WALKINGSTICK	WALSAH	628	73	WELCH	LUCINDA	177	
WALKINGSTICK	WILLIE	484		WELCH	MAGGIE	661	
WALLACE	JAMES	1294	330	WELCH	MARK	173	130
WALLACE	OLLIE	1295	108	WELCH	MARK G.	1034	150
WARLICK	EDNA MAY	1651		WELCH	MARY	457	
WARLICK	IRENE RUDDLES	1649	1416	WELCH	MARY E	320	7
WARLICK	MARY JANE	1650	1411	WELCH	MOLIE	172	363
WASHINGTON	ANNIE	282		WELCH	MOSE	910	
WASHINGTON	ELIZABETH	277	625	WELCH	NANCY	908	850
WASHINGTON	ELSIE	562		WELCH	NANNIE	456	
WASHINGTON	GEORGE	283		WELCH	NANNIE	695	
WASHINGTON	GEORGE	560	1186	WELCH	NED	1029	
WASHINGTON	HENSON	565		WELCH	OLLIE	1035	
WASHINGTON	JESSE	279	626	WELCH	RICHARD ROBBIN	324	
WASHINGTON	JOSEPH C	278	629	WELCH	SALLY	454	1093
WASHINGTON	LUZENE	563		WELCH	SAMPSON	693	
				WELCH	SARAH	782	

Churchill Roll - 1908

LAST NAME	FIRST NAME	CHURCHILL	HEST#
WELCH	STACY	697	
WELCH	THEADORE R	322	
WELCH	WILLIE	175	
WESLEY	JENNIE	724	364
WESLEY	JUDAS	723	399
WEST	BUCK	71	
WEST	JAMES	69	
WEST	NELLIE	70	
WEST	WILL	68	226
WHIPPOORWILL			
	ALLEN	1133	926
WHIPPOORWILL			
	MANLEY	1134	927
WHITE	BETTIE ANN	2208	
WHITE	DEE	2210	
WHITE	DILLARD	2209	
WHITTAKER	ADA	2173	
WHITTAKER	JAMES MAXIDENT	2152	
WHITTAKER	RUTHA LIS	2172	
WHITTAKER	STEPHEN D.	2211	
WHITTAKER	ZUDI	2174	
WILDCAT		393	157
WILDCAT	DANIEL	398	163
WILDCAT	ELSIE	399	181
WILL	DAVID	753	
WILL	ELLA	752	
WILL	JAMES	751	
WILL	JOHN	749	353
WILL	Jun	750	1091
WILNOTY	AGGIE	1261	
WILNOTY	HAZELTINE MANEY	R1955	
WILNOTY	LOT	1257	1118
WILNOTY	MINK	1076	782
WILNOTY	MOSES	1258	
WILNOTY	NANCY	1262	
WILNOTY	NED	664	375
WILNOTY	NICEY	1259	
WILNOTY	SALLIE	665	1095
WILNOTY	SIMON	1260	
WILSON	BERTHA M.	R2131	
WILSON	CHARLES	R2133	
WILSON	DONEY MAY	R1933	
WILSON	ELLA	R2294	
WILSON	ELLA M.	R2134	
WILSON	FRED	R2296	
WILSON	FRED L.	R2130	
WILSON	GIPSEY	R1931	
WILSON	JOSEPHINE	R2291	
WILSON	JOSIE H	R1930	
WILSON	LILLIE A.	R2135	
WILSON	MARIA D.	R2128	
WILSON	MARY	R2292	
WILSON	MINNIE	2138	
WILSON	MITTA .	2137	
WILSON	NORMA	R2297	
WILSON	OSSIE M. WILSON	2139	
WILSON	PEARL L.	R2132	
WILSON	RANKIN	R2136	
WILSON	ROBERT J.	R2129	
WILSON	ROLLIE	R2295	
WILSON	SARAH LOUISA	R1935	
WILSON	SPA	R2293	
WILSON	TAPSEY	R1932	
WOLFE	ABEL	1173	
WOLFE	ADDISON	1095	
WOLFE	ALICE	1174	
WOLFE	AMANDA	1670	
WOLFE	CALLIE	663	275
WOLFE	CALLIE	1202	
WOLFE	CHARLEY	1231	
WOLFE	DAVID	1434	1012
WOLFE	DAWSON	1146	
WOLFE	DELIA ANN	1667	
WOLFE	EDWARD	96	
WOLFE	ELIZA	1671	
WOLFE	ELIZABETH	1227	755
WOLFE	ELKING	893	703
WOLFE	ENOS	1088	910

LAST NAME	FIRST NAME	CHURCHILL	HEST#
WOLFE	GEORGE LLOYD	1426	1015
WOLFE	ISABELLA	1669	
WOLFE	JACOB	1167	135
WOLFE	JAMES	1672	
WOLFE	JAMES T	1228	
WOLFE	JANE	1182	813
WOLFE	JENNIE	1201	905
WOLFE	JESSE	1172	
WOLFE	JOE	1094	
WOLFE	JOHN	662	866
WOLFE	JOHN	1175	152
WOLFE	JOHN LOSSIH	1143	862
WOLFE	JOHN R	1427	
WOLFE	JONAH	1184	
WOLFE	JOSEPH	1171	
WOLFE	JOSEPH H	1200	761
WOLFE	JOWAN	1089	903
WOLFE	JUNNALUSKI	1178	
WOLFE	KATY	95	
WOLFE	KINSEY	1185	
WOLFE	LAURA	1169	
WOLFE	LAWYER	1145	
WOLFE	LEWIS HENRY	1666	1338
WOLFE	LINDA	1176	918
WOLFE	LOUIS DAVID	1668	
WOLFE	MANDA	1230	
WOLFE	MARTHA	1093	
WOLFE	MARTHA	1183	
WOLFE	MOSES	1181	133
WOLFE	NANCY	1144	
WOLFE	NANCY JANE	894	
WOLFE	NELSON	1168	742
WOLFE	OWEN	1179	
WOLFE	PEARL	1229	
WOLFE	POLLY	1203	958
WOLFE	RACHEL	1170	
WOLFE	RICHARD C	1429	
WOLFE	SALLIE	1090	632
WOLFE	SUSANN	1096	
WOLFE	TAHQUETTE	1180	
WOLFE	WALKER	1177	
WOLFE	WARD	1097	
WOLFE	WILLIAM H	1428	
WOLFE	WILLIAM JOHNSON	1092	230
WOODPECKER	JOHN	714	348
WOODPECKER	REBECCA	715	349
WRIGHT	OLLIE	2222	
YONCE	DAISY	806	
YONCE	GEORGIA	R2008	
YONCE	NANCY S	805	1693
YOUNGBIRD	JAMES	230	
YOUNGBIRD	OLLIE	224	426
YOUNGBIRD	RUFUS	225	
YOUNGBIRD	SOGGIE	226	
YOUNGBIRD	WAE KIN NIH	229	
YOUNGBIRD	WESLEY	228	
YOUNGBIRD	YAHNIH	227	
YOUNGDEER	BETSEY	247	550
YOUNGDEER	ELI	248	552
YOUNGDEER	JACOB	911	551
YOUNGDEER	JESSE	250	
YOUNGDEER	JOHN	246	549
YOUNGDEER	JONAH	249	553
YOUNGDEER	LUNSIH	912	471
YOUNGDEER	MARTHA	253	
YOUNGDEER	MOODY	254	
YOUNGDEER	ONIE	252	
YOUNGDEER	STEPHEN	251	

GUION MILLER ROLL
1909

Compiled by Mr. Miller of all Eastern Cherokee, not Old Settlers, residing either east or west of the Mississippi. Ordered by the Court of Claims as a result of a law suit won by the Eastern Cherokee for violations of certain treaties. See Guion Miller Roll (west) for more details.

Guion Miller Roll - 1909

LAST NAME	FIRST NAME	MILLER R	LAST NAME	FIRST NAME	MILLER R	LAST NAME	FIRST NAME	MILLER R
ABERNATHY	CARRY	30257	ARMACHAIN	LACY	61	BAKER	WORLDLY	135
ABERNATHY	JEFRY	30259	ARMACHAIN	LEWEL	57	BALCKFOX	CHARLES	264
ABERNATHY	MANDY	30258	ARMACHAIN	OLLIE	53	BALCKFOX	CINDY	266
ABERNATHY	MATTERSON	30256	ARMACHAIN	RACHEL	58	BALCKFOX	DIAHNAH	268
ABERNATHY	MINNIE	30255	ARMACHAIN	SEVERE	63	BALCKFOX	JOE	269
ABERNATHY	OLLIE	30261	ARMACHAIN	SEVERE	60	BALCKFOX	JOSIAH	267
ABERNATHY	ROOSEVELT	30260	ARMACHAIN	SUSIE	52	BALCKFOX	LLOYD	265
ADAMS	ADELINE	1	ARNEACH	BESSIE	70	BARKSDALE	BELLE	137
ADAMS	CARRIE F.	30262	ARNEACH	BUCK	75	BARKSDALE	JEWRY	138
ADAMS	ETHEL E.	10	ARNEACH	DAVID BIRD	68	BARKSDALE	MABEL	139
ADAMS	FRANK	14	ARNEACH	JAMES K.	73	BARNS	BARNEY	141
ADAMS	FRED M.	30266	ARNEACH	JENNY	71	BARNS	GALLEY	142
ADAMS	GUDGER	2	ARNEACH	LIZZIE	69	BARNS	MARY	140
ADAMS	HARRY	13	ARNEACH	NELL	74	BARNWELL	CARLETON	144
ADAMS	INA	4	ARNEACH	SARAH	67	BARNWELL	ELIZABETH	143
ADAMS	JAMES H.	30265	ARNEACH	WILL W.	72	BARNWELL	MIDDLETON S.	145
ADAMS	JOHN V.	9	ARNOLD	ALLIE	78	BARNWELL	STEPHEN E.	146
ADAMS	LEO D.	30263	ARNOLD	ARTHUR	84	BARRETT	CLARA J.	148
ADAMS	LEWIE	3	ARNOLD	BECKIE	77	BARRETT	MARY ALICE	147
ADAMS	MONELL	7	ARNOLD	DO.	86	BATTLE	ADDIE E	150
ADAMS	NORA	6	ARNOLD	DOCK	81	BATTLE	ADELINE E.	149
ADAMS	ROLLING	5	ARNOLD	HENRY	87	BATTLE	BRUCE W.	152
ADAMS	RUTH B.	30267	ARNOLD	JESS	76	BATTLE	LAURA E.	153
ADAMS	VINIA	8	ARNOLD	JOHN	82	BATTLE	LOX V.	154
ADAMS	WALTER	11	ARNOLD	LULA	80	BATTLE	WILLIAM M.	155
ADAMS	WILLARD	12	ARNOLD	MARTHA	85	BATTLE	ZED P.	151
ADAMS	WILLIE H.	30264	ARNOLD	PRINCE	83	BAUER	FRED B.	156
AH-HIH-DAH		15	ARNOLD	RUBY	79	BAUER	OWENAH A.	157
ALLEN	EMMERLINE	18	ASAY	SARAH DIANNAH	88	BEAN	OLLIE	158
ALLEN	EVE	17	ASHMAN	LAURA	89	BEARMEAT	MARY	159
ALLEN	JOHN	16	ATKINS	BENNIE WEAVER	96	BEAVER	GAY	30277
ALLEN	JUNN-LUS-KIE	21	ATKINS	EMMET D.	90	BEAVER	GREELY	30278
ALLEN	REBECCA	22	ATKINS	JAMES M.	91	BEAVER	INAS	30274
ALLEN	SALLIE	20	ATKINS	JAMES WILLIAM	92	BEAVER	LEANDER	30275
ALLEN	WILL	19	ATKINS	LILLIAN J.	95	BEAVER	LILLIE	30276
ALLISON	ALBERT MONROE	25	ATKINS	MARY F.	93	BECK	BERRY B.	160
ALLISON	NANNIE	23	ATKINS	RUTH D.	94	BECK	COOPER	30279
ALLISON	ROY ROBERT	24	AUSTIN	ALICE	102	BECK	EDITH D.	168
ALTON	BURDUIR	26	AUSTIN	JACKSON	100	BECK	EMORY S.	161
ALTON	CLAUDE	33	AUSTIN	JAMES	98	BECK	EUGENE W.	170
ALTON	JAMES	28	AUSTIN	LELAH	101	BECK	FLETCHER	166
ALTON	JOHN	29	AUSTIN	MAGGIE	99	BECK	G. PERINOLE	30280
ALTON	KATE	30	AUSTIN	NANA	97	BECK	JAMES	162
ALTON	LINEY	31	AXE	AMOS	108	BECK	JEFF	30284
ALTON	McKINLEY	32	AXE	CARP;OME	112	BECK	JENETT	30281
ALTON	TEXAS	27	AXE	DAVID	103	BECK	JOHNIE	30286
ANDERSON	BERTHA	38	AXE	EIGHTY	110	BECK	LAURA	30289
ANDERSON	BESSIE R.	35	AXE	EVAL	106	BECK	LILA MAY	30288
ANDERSON	BEULAH	42	AXE	JENNIE	104	BECK	LILLIE F.	165
ANDERSON	CORA NEAL	40	AXE	JOHN D.	105	BECK	LUCILE	30282
ANDERSON	CORA O.	36	AXE	JOSIAH	107	BECK	MAJOR J.	175
ANDERSON	DULAH	43	AXE	LUCINDA	2937	BECK	MARTIN V.	30287
ANDERSON	EDDIE W.	41	AXE	MAGGIE	113	BECK	MARY A.	167
ANDERSON	JANE	34	AXE	MANDY	2939	BECK	MAY	174
ANDERSON	LILLIE MAY	39	AXE	NANCY	109	BECK	NAMON	30290
ANDERSON	RANNIE	37	AXE	PETER	2938	BECK	NANCY S.	163
ANDERSON	WILBER E.	44	AXE	SARAH	114	BECK	NOAH	164
ARCH	DAVID	45	AXE	WILLIE	111	BECK	NORA	30283
ARCH	JENNIE	49	BAGWELL	CARL	120	BECK	ROSE	172
ARCH	JOHNSON	50	BAGWELL	CARRIE	123	BECK	SAMUEL	169
ARCH	MARTHA	46	BAGWELL	FLORENCE	124	BECK	SAMUEL JR.	171
ARCH	OLLIVAN	47	BAGWELL	FRAMCOS E.	119	BECK	SARAH	176
ARCH	ROSS	48	BAGWELL	HOYDT	117	BECK	SAVANNAH G.	177
ARENDALE	BELLE	30269	BAGWELL	JOHN BERRY	125	BECK	THOMAS	173
ARENDALE	EROLENE	30271	BAGWELL	JOSEPH H.	115	BECK	WILLIE H.	30285
ARENDALE	KATE	30270	BAGWELL	KATE	116	BELL	ALBERT M.	178
ARENDALE	LEONA	30273	BAGWELL	PEARL	121	BELL	ANICE	180
ARENDALE	LOVIE	30268	BAGWELL	SUSIE	122	BELL	BASIL R.	194
ARENDALE	RUSSELL	30272	BAKER	ARTHUR	127	BELL	BENRY CHARLTON	187
ARMACHAIN	ANNA	62	BAKER	CHARLEY	130	BELL	EDWARD E.	184
ARMACHAIN	ANNA ELIZA	64	BAKER	CRICKET	136	BELL	ELEANOR B.	185
ARMACHAIN	ANNIE	55	BAKER	ELIZABETH	126	BELL	GEORGE A.	186
ARMACHAIN	COUSEEN	51	BAKER	ELLEN M.	128	BELL	HARLEY H.	181
ARMACHAIN	DAVIS	54	BAKER	ELMIRA	132	BELL	ISLA MAY	188
ARMACHAIN	JEFFERSON	66	BAKER	LUTHER	133	BELL	JOHN	179
ARMACHAIN	JESSE	56	BAKER	MARY	131	BELL	LUCILE	182
ARMACHAIN	JONIE	65	BAKER	MARY A. OR DONNA	134	BELL	MARY JANE	4772
ARMACHAIN	KAHIDA	59	BAKER	STELLA	129	BELL	MARY MCNAIR	189

Guion Miller Roll - 1909

LAST NAME	FIRST NAME	MILLER R	LAST NAME	FIRST NAME	MILLER R	LAST NAME	FIRST NAME	MILLER R
ELL	RAYMOND B.	190	BLACK	ROY R	262	BRADLEY	GEORGE	347
ELL	RUBEN E.	191	BLACK	WILLIAM E.	261	BRADLEY	HENRY	352
ELL	RUBEY	183	BLACKFOX	CAH LAH TAH YIH	30295	BRADLEY	HENRY T.D.	344
ELL	VIRGIL E.	192	BLANKENSHIP			BRADLEY	JAMES	30234
ELL	WALTER L.	193		REBECCA A	270	BRADLEY	JAMES W.	342
ELL	WILBER P.	195	BLYTHE	ADELIA	271	BRADLEY	JOHNSON	30297
ELL	WILLARD	196	BLYTHE	ARCH	273	BRADLEY	JOSEPH	351
ELL	WILLIAM A.	197	BLYTHE	DAVID	274	BRADLEY	JUDSON W.	345
EN	CHEECH	198	BLYTHE	ELIZABETH	277	BRADLEY	LIDDA	346
EN	OLLIE	200	BLYTHE	JACKSON	JACK	BRADLEY	LIZZIE	353
EN	STAND	199	BLYTHE	JAMES	278	BRADLEY	MAGGIE	350
ENGE	HOOLEY	201	BLYTHE	JARRETT	272	BRADLEY	MARGARET M.	359
ENGE	MAY	202	BLYTHE	LILLIE J	283	BRADLEY	MINDA	354
ENGE	MITCHELL	204	BLYTHE	LOUISIA C	282	BRADLEY	MINDY A.	361
ENGE	RICHARD	205	BLYTHE	NANNIE	275	BRADLEY	MORGAN	355
ENGE	SAMSON	203	BLYTHE	RILEY C	281	BRADLEY	NANCY	358
ENNETT	ADDIE L.	30292	BLYTHE	SAMPSON	30296	BRADLEY	NICK	356
ENNETT	ALICE	206	BLYTHE	STELLA	279	BRADLEY	ROY	360
ENNETT	GRACIE	30294	BLYTHE	WILL JOHNSON	280	BRADLEY	SARAH	357
ENNETT	JESSIE	30291	BLYTHE	WILLIAM H.	284	BRADLEY	WILLIAM AMOS	343
ENNETT	LILLIE MAY	30293	BOND	ELISHA	288	BRADY	ARTHUR	30301
ENSON	ALONZO M.	207	BOND	EMOGENE	289	BRADY	ELIZA	30299
ENSON	EZEKIEL	212	BOND	GEORGIA A	285	BRADY	ELIZABETH	30304
ENSON	HORNER H.	208	BOND	HOWELL LUTHER	286	BRADY	LUTHER	30303
ENSON	LESLIE	210	BOND	MARVIN	290	BRADY	MCKINLEY	30302
ENSON	MOYE	209	BOWMAN	ALVA R	292	BRADY	ROBERT A.	30298
ENSON	REBECCA M.	211	BOWMAN	ALVA R	291	BRADY	SARAH	30300
ETTIS	HARRIET ANNA	213	BRACKET	ADER	335	BRAY	JESSE	30306
ETTIS	JAMES H	217	BRACKET	ALVIE	334	BRAY	NELLIE	30305
ETTIS	NELLIE JIM	214	BRACKET	CLYDE	336	BROOKS	MOLLIE	362
ETTIS	RALPH K	216	BRACKET	DESSIE	337	BROWN	DANIEL	363
ETTIS	ROBERT KNOX	215	BRACKET	HENRY	340	BROWN	DANIEL A.	379
ETTIS	ROY HENRY	218	BRACKET	LILLIE D.	331	BROWN	ELMER	364
ETTIS	VIRGIL	219	BRACKET	NANIE L.	330	BROWN	EVA	370
ODIX	MARY JANE	221	BRACKET	ROY	338	BROWN	GEORGIA	374
ODIX	ROSA	220	BRACKET	THOMAS B.	329	BROWN	HARRY L.	382
GMEAT	ADAM	224	BRACKET	THOMAS C.	332	BROWN	HOWARD JÉROME	378
GMEAT	AUNEKA	223	BRACKET	WILLIAM B.	333	BROWN	JAMES V.	380
GMEAT	ISAIAH	225	BRACKET	WILLIE	339	BROWN	JENNIE	365
GMEAT	MINDA	230	BRACKETT	ARVIE	319	BROWN	JESSE M.	383
GMEAT	NANCY	228	BRACKETT	BEN	308	BROWN	JONAS	366
GMEAT	NICKADEMAS	227	BRACKETT	BEN	297	BROWN	KATIEL.	384
GMEAT	ROBERT	229	BRACKETT	BEULAH	314	BROWN	LUKE	373
GMEAT	SARAH	226	BRACKETT	BURAN	293	BROWN	LYDIA	367
GMEAT	YONA	231	BRACKETT	CARRIE	313	BROWN	MARK	372
GWITCH	ALICE	236	BRACKETT	CHARLIE	298	BROWN	MARY C.	369
GWITCH	CHARLIE	232	BRACKETT	EARL	302	BROWN	MARY ETHEL	376
GWITCH	JOSEPH	233	BRACKETT	EMILY J	294	BROWN	OLIVER	371
GWITCH	LUCY	235	BRACKETT	EVIE	324	BROWN	ORA L.	381
GWITCH	SALLIE LONG	234	BRACKETT	FANNIE	323	BROWN	PEARL	375
RD	ANNIE	253	BRACKETT	FLOYD	318	BROWN	PETER	368
RD	ANNIE	248	BRACKETT	HORACE	304	BROWN	ROGERS DIXON	377
RD	BETTIE	257	BRACKETT	HOWARD	317	BRUCE	ESSIE	393
RD	BETTIE	244	BRACKETT	JAMES	299	BRUCE	EVA	391
RD	BIRD C	237	BRACKETT	JAMES B.	295	BRUCE	FRANK	390
RD	COLINDA	240	BRACKETT	JAMES E.	312	BRUCE	HARVEY	392
RD	DAN	242	BRACKETT	JAMES K.P.	303	BRUCE	IDA	389
RD	DAN	241	BRACKETT	JENNIE	321	BRUCE	KISSIE E.	388
RD	ELI	258	BRACKETT	JESSE	309	BRUCE	THOMAS	394
RD	GOING	255	BRACKETT	JESSE M.	305	BRUNNETT	LELA	397
RD	LIZE	251	BRACKETT	JEWEL	325	BRUNNETT	SIDIE	395
RD	LLOYD	246	BRACKETT	JOHN	306	BRUNNETT	WILLIE	396
RD	NAN	239	BRACKETT	JOWH W.	310	BRYANT	ELIZABETH H.	385
RD	OLLIE	247	BRACKETT	JUNIE	327	BRYSON	EDNA	386
RD	OLLIE	238	BRACKETT	MARTHA M.	315	BRYSON	LENA	387
RD	POLLY	243	BRACKETT	MERICA	316	BUNCH	CARRIE L.	399
RD	QUATTIE	18984	BRACKETT	NETTIE L.	307	BUNCH	MATISON	400
RD	SILL	30245	BRACKETT	NOLA	311	BUNCH	MORRIS	402
RD	SOLOMON	245	BRACKETT	OLIE	301	BUNCH	MYRTLE	401
RD	SPENCER	250	BRACKETT	OSCAR J.	320	BUNCH	NANCY E.	398
RD	STEVE	252	BRACKETT	PATRICK	326	BURDETTE	BARILLA P.	30307
RD	TIMPSON	254	BRACKETT	RICHARD	300	BURGESS	ARTHUR	30313
RD	TSHISKIE	6668	BRACKETT	ROBERT LEE	322	BURGESS	BESSIE L.	405
RD	WALLIE	256	BRACKETT	SAVILLA	328	BURGESS	BOB FLOY	406
RD	WILDCAT LESTIE	249	BRACKETT	WILL	296	BURGESS	GEORGIA A.	408
ACK	ARTHUR C.	260	BRADLEY	ANNIE	348	BURGESS	GEORGIA SNEED	403
ACK	JOHN H	263	BRADLEY	DINAH	349	BURGESS	JAMES	30309
ACK	MARY E.	259	BRADLEY	ELIZA JANE	341	BURGESS	JOHN	30314

Guion Miller Roll - 1909

LAST NAME	FIRST NAME	MILLER R	LAST NAME	FIRST NAME	MILLER R	LAST NAME	FIRST NAME	MILLER R
BURGESS	MARTHA	30311		THOMAS	473	COLONAHESKI		
BURGESS	MARY	30312	CHATMAN	MARTHA R.	471		ABRAM	53
BURGESS	MARY M.	404	CHATMAN	OSCAR	474	COLONAHESKI		
BURGESS	OLIE	30308	CHATMAN	PENDLETON			ISIAH	53
BURGESS	VAN	30310		WALTER	472	COLONAHESKI		
BURGESS	WILL ROSE	407	CHE WO NA		475		KATIE	157
BURNETT	MARTHA E.	409	CHICKALALA	ANDY	476	COLONAHESKI		
BURNS	HENEWEE	30315	CHICKALEELAH				MARK	54
BURNS	JACK	30316		ANNIE	478	COLONAHESKI		
BURNS	MARIE	30317	CHICKALEELAH				MARTHA	54
BUSHYHEAD	BEN	410		JOHN	477	COLONAHESKI		
BUSHYHEAD	NANCY	411	CHICKILULA	JACOB	481		NANNY	158
BYRD	LEONA	30318	CHICKILULA	LOOSY	483	COLONAHESKI		
CALCHOUN	EVE	416	CHICKILULA	MARY	480		TOM	54
CALCHOUN	GODOQUOSKI	420	CHICKILULA	SOWANU	482	COMPTON	ANN S.	54
CALCHOUN	HENRY	419	CHICKILULA	STONE	479	COMPTON	ELLEN H.	54
CALCHOUN	JOE	423	CHIDASKI	CHARLOTTE	485	COMPTON	JULIETTE C.H.	3032
CALCHOUN	LAWRENCE	418	CHIDASKI	QUETA	487	COMPTON	JULIETTE H.	54
CALCHOUN	LAWYER	421	CHIDASKI	UTE	486	COMPTON	MARK K.	54
CALCHOUN	LLOYD	415	CHIDASKI	WADDIE	488	COMPTON	OMELIE B.	54
CALCHOUN	MORGAN	412	CHIDASKI	WILL	484	COMPTON	SHELBY S.	54
CALCHOUN	OLLIE	422	CHILDERS	LULA F.	489	CON TEES KEE		57
CALCHOUN	SALLIE	413	CHILDERS	ROBERT	491	CON TEES KEE		
CALCHOUN	WATTIE	414	CHILDERS	WALTER	490		CAROLINE	57
CALCHOUN	YENKENNEE	417	CHU LO AN WE			CONCENE	JAKE	54
CAMP	JAS.	424		FIDEL	492	CONCENE	MANUEL	55
CAMPBELL	LURITA	30319	CHU LO DA DE GI			CONCENE	ONA	55
CANOUT	LIZZIE	425		JIMMIE	493	CONCENE	ROPETWISTER	55
CANOUT	MAGGIE	426	CHURCH	MARY B.	494	CONLEY	DORAH	55
CARTER	MARGARET L.	428	CLAY	TIMPSON	495	CONLEY	JENNIE	55
CARTER	MARTHA A.	427	CLEMONT	BARNIE	498	CONLEY	JOHN	55
CARTER	WILLIAM H.	429	CLEMONT	CALLIE	497	CONLEY	JOHN JR.	55
CAT	BETTIE	433	CLEMONT	MARY M.	496	CONLEY	LUKE	55
CAT	JESSE	435	CLIFT	MARIE I.	500	CONSEEN	AUGANIAH	55
CAT	JOHNSON	430	CLIFT	NELLIE D.	499	CONSEEN	DAYUNNE	56
CAT	LUCY	437	CLIFT	ROBERT B.	501	CONSEEN	JACK	55
CAT	MANDY	436	CLIFT	WALTER D.	502	CONSEEN	KATE	56
CAT	MARGARET	434	CLIMBINGBEAR			CONSEEN	MARTHA	56
CAT	SALLY	431		ANCY	503	CONSEEN	NANCY	56
CAT	WILLIE	432	CLIMBINGBEAR			CONSEEN	NANCY	56
CATE	ELIZABETH	438		DALEESKEE	504	CONSEEN	PETER	56
CATOLST	CHARLEY	439	CLIMBINGBEAR			CONSEEN	SALLIE	56
CATOLST	ELEC	446		KATIE	505	CONSEEN	SALLY	56
CATOLST	ELIZA JANE	445	CLIMBINGBEAR			CONSEEN	THOMPSON	56
CATOLST	EVE	440		MABEL	506	CONSTANT	ELIZABETH	56
CATOLST	JIM	441	CLIMBINGBEAR			CONSTANT	JOHN B.	57
CATOLST	NANCY	442		OLLIE	507	CONSTANT	MAGNOLIA	57
CATOLST	SALLIE	444	CLINGAN	CHEROKEE L.	510	COOPER	ALLIE D.	3032
CATOLST	TAMAR	443	CLINGAN	EDWARD E.	508	COOPER	ARNOLD	57
CATOLST	WALLACE	447	CLINGAN	ELIJAH E.	509	COOPER	CATHERINE L.	57
CATOLST	WILLIAM	448	CLINGAN	WILLIAM K.	511	COOPER	CELIA BELL	57
CATT	SALLIE	449	CLOUD	SALLIE	512	COOPER	CURDOAS J.	57
CAYLOR	MATTIE E.	452	CO LO NA HAS KIE		665	COOPER	FANNIE G.	58
CAYLOR	NANCY E.	450	COCHRAN	ARCH	515	COOPER	FRANKEY N.	58
CAYLOR	SIGNEY C.	451	COCHRAN	CASEY	513	COOPER	FRED	58
CAYLOR	WILLIAM L.	453	COCHRAN	DEHKLE	517	COOPER	LAURA A.	57
CEARLEY	EMORY	456	COCHRAN	DORCUS	514	COOPER	MACK	57
CEARLEY	LUCIE	454	COCHRAN	JAMES	516	COOPER	MYRTLE	58
CEARLEY	LUTHER	455	COLDING	LETITIA F.	518	COOPER	RAYMOND F.	303
CEARLEY	ROBERT	457	COLE	ARLIE	529	COOPER	STACY JANE	57
CHADWICK	DELIA	30321	COLE	EMERY	527	COOPER	WILLIAM G.	3032
CHADWICK	MARGARET M.	30320	COLE	EVERT	522	CORN	ELISHA	58
CHADWICK	RUBY	30322	COLE	GEORGE W.	519	CORN	ELLA M.	58
CHADWICK	WILLIAM E.	30323	COLE	IDA	520	CORN	FRANK	58
CHAMBERS	ROSA M.	458	COLE	JEWEL	524	CORN	MARY M.	58
CHAMBERS	WILLIAM A. JR.	459	COLE	JOHN	525	CORNETT	ERNEST J.	59
CHARLTON	CATHERINE H.	466	COLE	OMA	521	CORNETT	LAURA J.	59
CHARLTON	EMILY W.	460	COLE	ROBERT	526	CORNETT	LORA A.	59
CHARLTON	GEORGIA A.	461	COLE	WALTER	523	CORNETT	LULER M.	59
CHARLTON	JOSIAH T.	462	COLE	WILLIAM	528	CORNETT	LUTHER S.	59
CHARLTON	JULIA W.	463	COLLAKE	ADA	537	CORNSILK	ANNIE	59
CHARLTON	SALLY WATERS	464	COLLAKE	BETTIE J.	532	CORNSILK	ARMSTRONG	5
CHARLTON	THOMAS J.	467	COLLAKE	CROFFORD V.	530	CORNSILK	DAVID	6
CHARLTON	WILHELMIA H.	465	COLLAKE	JAMES	531	CORNSILK	DOW	6
CHASTAIN	WILLIM B.	468	COLLAKE	ORA M.	535	CORNSILK	E YAH NI	6
CHASTAIN	WRENIE F.	469	COLLAKE	ROBERT E.	536	CORNSILK	EMELINE	5
CHATMAN	ARTIE	470	COLLAKE	THOMAS G.	534	CORNSILK	HATTIE	5
CHATMAN	CHATMANN		COLLAKE	WILLIAM C.	533	CORNSILK	HOWARD	5

Guion Miller Roll - 1909

LAST NAME	FIRST NAME	MILLER R	LAST NAME	FIRST NAME	MILLER R	LAST NAME	FIRST NAME	MILLER R
CORNSILK	JOHNNIE	597	DARNELL	ELIZA	668	DEDAHLEEDOGEE		
CORNSILK	MARTHA	601	DAVIS	ALSIE	738		DAVID	745
CORNSILK	YORK	602	DAVIS	AMANDA	694	DEDAHLEEDOGEE		
COWART	NITA SEE	605	DAVIS	ANNIE	706		DAVID	744
COWART	THOMAS	606	DAVIS	ANNIE	677	DEDAHLEEDOGEE		
CRAIG	ALICE	3153	DAVIS	ANSTELL N.	720		JACKSON	748
CRAIG	ARVEL	3157	DAVIS	ARTHUR	669	DEDAHLEEDOGEE		
CRAIG	FRANK	609	DAVIS	ARVALINE	30334		JIM W	746
CRAIG	GEORGIE	607	DAVIS	BEVILLA G.	715	DEDAHLEEDOGEE		
CRAIG	JOHN	608	DAVIS	CAROLINE	739		JOHNSON	741
CRAIG	MARY	610	DAVIS	CHARLEY	676	DEDAHLEEDOGEE		
CRAIG	NADIA	3155	DAVIS	CLARA	691		JONA NI	747
CRAIG	ROBERT D.	611	DAVIS	CLARENCE	674	DEDAHLEEDOGEE		
CRAIG	ROY	3154	DAVIS	CLINTON	692		SHERMAN	743
CRAIG	WILEY	3156	DAVIS	CYNTHIA	682	DEDAHLEEDOGEE		
CRAIG	WILLIAM	30328	DAVIS	DAHICK	683		WILSON	742
CRANE	MARIA	612	DAVIS	DAMOE; KR/	685	DEGE	CHARLES F.	750
CRANMORE	AMANDA B.	613	DAVIS	DAN C.	686	DICKAGTISKA		
CROFT	JOHN HENRY	616	DAVIS	DANIEL	684		SALLIE	751
CROFT	JOHN LESTER	614	DAVIS	DAVID	680	DICKEN	WATSON	752
CROFT	JOSEPH	619	DAVIS	DELILAH J.	689	DICKEY	ETTIE	753
CROFT	JOSEPH B.	615	DAVIS	DOCK	690	DICKEY	NESSIE	754
CROFT	MARTHA E.	620	DAVIS	EARL	695	DICKSON	JAMES R.	759
CROFT	MARY I.	621	DAVIS	EARL JR.	696	DICKSON	MAUDE	757
CROFT	MARY LILLIE	617	DAVIS	EARL T.	724	DICKSON	MYRTLE	758
CROFT	MINNIE	622	DAVIS	FRANK	717	DICKSON	SAVANNAH G.	755
CROFT	MINNIE	618	DAVIS	GEO. A.	702	DICKSON	STACY	756
CROFT	SARAJ E.	623	DAVIS	GEORGE	681	DILLINGHAM	BETTIE	760
CROFT	WILLIAM L.	624	DAVIS	HENLEY	735	DOBSON	JOHN	761
CROFT	WILLIE L. JR.	625	DAVIS	ISAAC	679	DOBSON	MARY	762
CROMWELL	MARGARET P.	626	DAVIS	ISRAEL	678	DOCKERY	ELIZA	764
CROW	ANNIE	632	DAVIS	JAMES G.	716	DOCKERY	EMMA	763
CROW	ARTHUR	642	DAVIS	JEFFERSON	731	DOCKINS	TOBITHA	765
CROW	BOYD	634	DAVIS	JESSE E.	703	DOUGHERTY	ALLIE	776
CROW	CALLIE	637	DAVIS	JETTA A.	719	DOUGHERTY	BEN	766
CROW	CAROLINE	627	DAVIS	JOE	704	DOUGHERTY	CHARLES E.	768
CROW	DAVID	628	DAVIS	JOHN	705	DOUGHERTY	HILLARD	770
CROW	DORG	640	DAVIS	JOHN H.	733	DOUGHERTY	HOMER	769
CROW	JOE	631	DAVIS	JULIA	700	DOUGHERTY	JOHN H.	773
CROW	JOHN	635	DAVIS	KATE L.	725	DOUGHERTY	LIZZIE	772
CROW	LOSSEL	643	DAVIS	KATY	708	DOUGHERTY	LORA	771
CROW	LUTHER	641	DAVIS	KINNEY	709	DOUGHERTY	POLOMAA	775
CROW	MARY L.	636	DAVIS	LAFAYETTE	710	DOUGHERTY	ROMANIA	774
CROW	MINNIE	633	DAVIS	LEE	701	DOUGHERTY	SEABORN	767
CROW	NOALE	2256	DAVIS	LEE	670	DOUGHERTY	SUSAN J.	777
CROW	OSSIE	638	DAVIS	LENA	713	DOWNING	SALLY	778
CROW	ROBERT	639	DAVIS	LENA L.	712	DRIVER	ABRAHAM	779
CROW	SALLIE	629	DAVIS	LILA MARY	688	DRIVER	ACGEENEE	798
CROW	SAM	630	DAVIS	LILLIAN	711	DRIVER	ADAM	789
CROW	WESLEY	644	DAVIS	LIZZIE	707	DRIVER	ALLIE	781
CROW	WESLEY R.	645	DAVIS	LORENZO D. JR.	714	DRIVER	CHICKALEE B.	780
CROW	WESLEY S.	1548	DAVIS	LORENZO N.	718	DRIVER	DICK	785
CROWDER	FLORENCE W.	647	DAVIS	LUDA	734	DRIVER	ELIZA	795
CROWDER	KELSIO M.	649	DAVIS	MAMIE	671	DRIVER	ELIZA	787
CROWDER	LIZZIE	646	DAVIS	MARION	30335	DRIVER	GEORGE	783
CROWDER	SEDDER B.	648	DAVIS	MARY L.	722	DRIVER	GOLIATH	791
CUCUMBER	AR GUM TOO GA	650	DAVIS	MATTIE	693	DRIVER	JAMES	792
CUCUMBER	ARCH	651	DAVIS	MATTIE	672	DRIVER	JOHN	799
CUCUMBER	GENA	653	DAVIS	MILLER	721	DRIVER	JUDAS B.	794
CUCUMBER	GUH TO GY	652	DAVIS	MILLER	697	DRIVER	LOSSLL	796
CUCUMBER	KATTY	654	DAVIS	NELLIE	673	DRIVER	LUCINDA	800
CUCUMBER	LILLY	657	DAVIS	QUATTIE	726	DRIVER	LUCY	790
CUCUMBER	MOSE	656	DAVIS	REBECCA	727	DRIVER	MARION	19606
CUCUMBER	SAUNOOKE OLLIE	655	DAVIS	RUFE	687	DRIVER	NANNIE	786
CUCUMBER	WILLIE	658	DAVIS	SALLIE S.	723	DRIVER	NED	788
CUNSEENE	DONNIE	662	DAVIS	SAMUEL L.	728	DRIVER	QUATTIE	793
CUNSEENE	JIM	659	DAVIS	STEWART	699	DRIVER	ROSA	782
CUNSEENE	JOHN	660	DAVIS	SUSAN	698	DRIVER	SAMUEL	784
CUNSEENE	MARY	661	DAVIS	THOS. J.	729	DRIVER	WESLEY	797
CUNSEENE	WILLIE	663	DAVIS	WILLIAM	730	DRIVER	WILL	801
CUPP	PEARL	3168	DAVIS	WILLIAM E.	732	DUNCAN	LILLIAN V.	802
CUPP	WILLIE C.	3169	DAVIS	WILLIAM J.	736	DUNCAN	POTTER	TOMMY
DAH LE YE SKEE		664	DAVIS	WILLIE	675	DUNCAN	SYBAL	804
DALE	JOHN THOMAS	666	DAVIS	WILSTE	737	DUNLAP	ALICE	805
DALE	WILLIE	667	DAY	MATTIE A.	740	DUNLAP	BERRY	806
DARLAN	BESSIE	30332	DEARL	EARL	1587	DUNLAP	MARY A.	30336
DARLAN	HARRIET	30329	DEDAHLEEDOGEE			DUNLAP	ROBERT	807
DARLAN	WILL MC.	30333		ANNA	749	EDMONDS	ELLIOTT	811

Guion Miller Roll - 1909

LAST NAME	FIRST NAME	MILLER R
EDMONDS	EUMILLE	809
EDMONDS	GRACIE	812
EDMONDS	JOHN	814
EDMONDS	MINNIE	813
EDMONDS	ROBERT	808
EDMONDS	THOMAS	810
ENOLA	DON	815
ERVIN	CLAUD	818
ERVIN	MAGGIE	816
ERVIN	WILLARD	817
ETTER	SARAH V.	819
EUBANKS	MARTHA L.	222
EUBANKS	ROGERS ROY	820
EVANS	BONNIE	825
EVANS	ELMER	824
EVANS	HORNER	823
EVANS	MARY ANN	821
EVANS	TATE	824
FAUCETT	IRENE	827
FAUCETT	NANCY	826
FEATHER	ANNIE	831
FEATHER	GE LAW MI JE	830
FEATHER	JONAH	833
FEATHER	LAWYER	828
FEATHER	MARY	829
FEATHER	NANCY	832
FEATHER	WA HOO ELSIE	834
FEATHERHEAD	NANCY	836
FEATHERHEAD	WILSON	835
FIELDS	JOHN	837
FINGER	LEONA A.	841
FINGER	RAMONA I.	839
FINGER	SAMUEL A.	840
FINGER	SOPHRIA C.	838
FRENCH	AWEE S.	842
FRENCH	CHARLOTTE	849
FRENCH	ELLA NONA	850
FRENCH	GEORGE B.	847
FRENCH	JESSE	854
FRENCH	MAGGIE	852
FRENCH	MARONIE	844
FRENCH	MAUD	843
FRENCH	MORGAN	845
FRENCH	NED	851
FRENCH	NELLIE MARIA	853
FRENCH	ROSS	2612
FRENCH	SOGGIE	846
FRENCH	WALLIE	848
GANN	ALLEN	855
GANN	ELLIOT STELLA PEARL	859
GANN	GERTIE	861
GANN	HENRY	857
GANN	JAMES R.	862
GANN	MANING MAIMI ETHEL	860
GANN	ROBERT A.	864
GANN	ROBERT R.	858
GANN	RYMOND	856
GANN	WILLIAM T.	865
GANN	WILLIAM T.	863
GARLAND	ADDIE T.	868
GARLAND	ELIZABETH	866
GARLAND	EMERY	870
GARLAND	JESSE T.	867
GARLAND	JESSIE M.	869
GARLAND	JOHN B.	872
GARLAND	LONZA	873
GARLAND	RODIE	871
GARLAND	ROXANNA	874
GARLAND	TULLIE B.	875
GARLAND	WILLIAM S.	876
GARMONY	JANE S.	877
GARRARD	ELISA	881
GARRARD	JAMES W.	880
GARRARD	JOHN E.	879
GARRARD	MARY E.	878
GARRETT	CALVIN	887
GARRETT	DOVEY	886
GARRETT	LOU	882
GARRETT	MARY	883
GARRETT	OLA	884
GARRETT	VAN	885
GASPARETTI	CATHARINE	891
GASPARETTI	JOHNNY	889
GASPARETTI	MARY ANN	888
GASPARETTI	RAPHAEL	893
GASPARETTI	THOMAS	890
GASPARETTI	VICTOR	892
GASTON	ALLIE	896
GASTON	CHARLES	894
GASTON	MARTHA	895
GEARING	ELIZA	897
GEORGE	AGNES	910
GEORGE	AISLE BEARMEAT	898
GEORGE	ANNIE	931
GEORGE	ANNIE	899
GEORGE	CAIN	908
GEORGE	CELIE	917
GEORGE	CHARLOTE B.	923
GEORGE	DAVIS	900
GEORGE	DAWSON	901
GEORGE	ELIJAH	912
GEORGE	ELIJAH	906
GEORGE	ELMORE	920
GEORGE	ESTER	935
GEORGE	GREEN	911
GEORGE	JACKSON	918
GEORGE	JACOB	916
GEORGE	JOE STONE	913
GEORGE	JOHNSON SIMON	926
GEORGE	JUDAS	919
GEORGE	JULIA V.	922
GEORGE	LEWIS	909
GEORGE	LINDY	924
GEORGE	LIZER	915
GEORGE	LIZZIE	914
GEORGE	LOGAN	925
GEORGE	MANLY	903
GEORGE	MARK	930
GEORGE	MARTHA	904
GEORGE	MARY	902
GEORGE	NANCY	929
GEORGE	NANCY	927
GEORGE	OLLIE	905
GEORGE	QUATIE	907
GEORGE	SALLIE ANN	921
GEORGE	SHELL	932
GEORGE	SHON	933
GEORGE	SUTTAWAGA	934
GEORGE	YONASKIN	928
GIBBONS	CORDELIA	936
GIBBONS	DELIA H.	940
GIBBONS	FRELAND MARTHA C.	
GIBBONS	IDA L.	939
GIBBONS	LANE CLARK	
GIBBONS	WILLIAM H.	938
GILL	CALSINE	942
GILL	CHARLIE	30340
GILL	LUDIE	30338
GILL	NOAH	30337
GILL	ROBBIE	30339
GILL	SHELLY	30341
GILLESPIE	GRACE	945
GILLESPIE	JAMES R.	947
GILLESPIE	JOHN W.	948
GILLESPIE	MARCUS E.	944
GILLESPIE	TENNESSEE	943
GILLESPIE	WILLIAM R.	946
GOBLE	ARVEL	955
GOBLE	BENJAMIN M.L.	949
GOBLE	BERT	952
GOBLE	COLQUITT	95
GOBLE	DUNCAN	96
GOBLE	EARL	97
GOBLE	EMMA	96
GOBLE	GEORGE W.	95
GOBLE	GOFORTH	97
GOBLE	HARLEY	95
GOBLE	HARVEY	97
GOBLE	HENRY	96
GOBLE	HERSHAL	97
GOBLE	JAMES L.	96
GOBLE	JOHN	97
GOBLE	JOHN W.	96
GOBLE	JOSEPH	96
GOBLE	JULY	96
GOBLE	LEE	95
GOBLE	LEONARD	96
GOBLE	LIZA	97
GOBLE	LOUIS	95
GOBLE	LOUVINA	95
GOBLE	MADLPHIA	96
GOBLE	MAY	97
GOBLE	MOLLIE	97
GOBLE	NANCY	97
GOBLE	NANCY	95
GOINS	BEN	97
GOINS	HENRY	97
GOINS	JAMES	98
GOINSNAKE	NANCY	98
GOINSNAKE	STEPHEN	98
GOLECH	MAGGIE	98
GOSS	AMY	98
GOSS	BENNIE K.	98
GOSS	BONNIE LYNN	98
GOSS	CLARICE E.	98
GOSS	ERNEST	99
GOSS	ETHEL A.	98
GOSS	LELLA M.	98
GOSSETT	ALBERT	99
GOSSETT	ARDEALY	99
GOSSETT	EARNEST	99
GOSSETT	HARRY	99
GOSSETT	LENA	99
GOSSETT	MARY	99
GOSSETT	VIOLA	99
GOSSETT	WILLIAM	99
GRAMBLING	OLA	3034
GRAVITT	BRITE	100
GRAVITT	CARRIE	100
GRAVITT	CORA	101
GRAVITT	EMMA	99
GRAVITT	GEORGE W.	100
GRAVITT	HALLIE	101
GRAVITT	JAMES	100
GRAVITT	JOHN	100
GRAVITT	LESTER	101
GRAVITT	LOLIE	100
GRAVITT	NORRIS	100
GRAVITT	OCONEL	101
GRAVITT	PEARL	100
GRAVITT	POLLIE	101
GRAVITT	SUSIE	100
GRAVITT	THOMAS	101
GRAVITT	THOMAS	100
GRAVITT	WILLIE	101
GRAYBEARD	EZEKIAL	101
GRAYBEARD	JAMES	102
GRAYBEARD	LILLIE	101
GRAYBEARD	SALLIE	101
GRAYBEARD	STACY	102
GREEN	ANDREW	102
GREEN	CORA ELIZABETH	102
GREEN	HENRY	102
GREEN	MINNIE B.	102
GREEN	THOMAS	102
GREYBEARD	AGGIE	102
GRIFFITH	ADDIE	102
HAGGARD	MARY F.	3034

Guion Miller Roll - 1909

LAST NAME	FIRST NAME	MILLER R
HAGGARD	MYRTLE G.	30345
HAGGARD	NELLIE M.	30346
HAGGARD	SANDLE T.	30343
HALL	DAVID W.	1029
HALL	ETHEL EVELINE	1033
HALL	JOHN F.	1030
HALL	KITTLE	1031
HALL	NINNIE	1032
HAMILTON	LIZZIE	1034
HAMILTON	MARTHA	1036
HAMILTON	MYRTLE	1035
HANCOCK	DONALD C.	1037
HANCOCK	GLENNIS R.	1040
HANCOCK	RALPH J.	1039
HANCOCK	SALLIE	1038
HANCOCK	SARAH J.	1041
HANKINS	DAISEYS	1095
HANNAH	ALVA RETER	1044
HANNAH	BEULAH H.	1048
HANNAH	DAVE R.	1042
HANNAH	JACK W.	1056
HANNAH	JACK W.	1047
HANNAH	JAMES E.	1053
HANNAH	JAMES M.	1051
HANNAH	JESSIE LEE	1045
HANNAH	JOSEPH COLUMBUS	1046
HANNAH	MARVIN M.	1052
HANNAH	MARY CECIL	1050
HANNAH	MARY WHITE	1043
HANNAH	PAULINE M	1054
HANNAH	SOPHIA LEE	1049
HANNAH	WALLACE P.	1055
HARALSON	SUSAN D.	1057
HARDIN	ARNIE E.	1073
HARDIN	BELVIA A.L.	1068
HARDIN	CAIN	1059
HARDIN	CELIA	1058
HARDIN	CHARLES H.	1062
HARDIN	DILLARD	1077
HARDIN	DOCK	1070
HARDIN	DOLPHUS	1071
HARDIN	ELIZABETH	1074
HARDIN	FRANK J.	1075
HARDIN	GRANT	1061
HARDIN	HUBBARD	1079
HARDIN	JAMES O.	1072
HARDIN	JAMES W.	1063
HARDIN	LILLIAN M.	1067
HARDIN	LOYD	1080
HARDIN	MATTIE	1083
HARDIN	ODEN	1078
HARDIN	PEARLEY	1081
HARDIN	RICHARD S.	1065
HARDIN	RICHARD S.	1064
HARDIN	ROMELUS	1082
HARDIN	THOMAS J.	1066
HARDIN	VERDIA E.	1069
HARDIN	WILLIAM H.	1060
HARDIN	WILLIE P.	1076
HARDLY	HARDIE	1088
HARDLY	LOUSINE	1086
HARDLY	ROY	1089
HARDLY	SATTIE	1085
HARDLY	VIRGIE	1087
HARDLY	WILLIAM J.	1084
HARMAN	ELLEN C.	1090
HARMAN	GEORGE L. JR	1092
HARMAN	JULIE C.	1091
HARRIS	BENJAMIN H	1093
HARRIS	BERTHA	1708
HARRIS	GEORGE W.	30349
HARRIS	JOHN A.	30347
HARRIS	JOHN E.	30348
HARRIS	MARY L.	30350
HARRIS	MINDO BLACK	1705
HARRIS	OLLIE	1094
HARRIS	RAYMOND	1707
HARRIS	ROMEO	1706
HARTNESS	JULIA	30351
HAWKINS	DORA	1096
HAWKINS	DORA	1097
HAYGOOD	CARRIE	30352
HENRY	HUBERT P.	1098
HENRY	HUGH B.	1099
HENRY	JOSEPH J	1100
HENRY	ROBERT G	1101
HENSLEY	ARTHUR	1102
HENSLEY	ARTHUR J.	1107
HENSLEY	ELLEN LENA	1105
HENSLEY	EMMA	1114
HENSLEY	EMMA JANE	1103
HENSLEY	ESTELA MAY	1109
HENSLEY	GRACE P.	1108
HENSLEY	IDA M.	1106
HENSLEY	JAMES ROBERT	1104
HENSLEY	JOHN LUTHER	1110
HENSLEY	JV	1111
HENSLEY	MARY J	1112
HENSLEY	NORA	1113
HENSON	MARY A	1115
HIGGINS	BERNEY B.	1121
HIGGINS	GEORGIA V.M.	1119
HIGGINS	GRACIE	3145
HIGGINS	LAVINA	1116
HIGGINS	LEE	1120
HIGGINS	MYLUS	3146
HIGGINS	NELLIE P.	1122
HIGGINS	NOAH	1117
HIGGINS	OLLIE	3148
HIGGINS	STARLING V.	1118
HIGGINS	ZOLLIE	3147
HILDEBRAND	AMELIA E.	1123
HILDEBRAND	ELIZA JANE	1124
HILDEBRAND	JOHN W.	1125
HILDEBRAND	LAWRENCE 3RD	1128
HILDEBRAND	LAWRENCE W.	1126
HILDEBRAND	LAWRENCE W. JR.	1127
HILL	ABRAHAM	1129
HILL	ANN	1131
HILL	ANNNIE	1130
HILL	BLAINE	1135
HILL	CAROLINE	1144
HILL	GUDGER G.	1145
HILL	HAUSLEY	1133
HILL	HENRIETTA C	1137
HILL	HIX	SARAH
HILL	JOHN	1138
HILL	KELLEY	1134
HILL	LEVI	1143
HILL	LEVIE	1142
HILL	MAUL	1140
HILL	NANCY	1132
HILL	NED	1141
HILL	SALLIE	1139
HILL	SOGGY M	1136
HOLLAND	JENNIE S.	1147
HOLLINGSWORTH	ILEY A.	1148
HOPKINS	MARY M.	1149
HORNBUCKLE	ADDIE	1175
HORNBUCKLE	ALICE MAY	1156
HORNBUCKLE	ANDY	1168
HORNBUCKLE	ARTIE	30353
HORNBUCKLE	BEN	1169
HORNBUCKLE	CAROLINE	1171
HORNBUCKLE	DAVIS	1150
HORNBUCKLE	DONNY	1165
HORNBUCKLE	DPRA	1177
HORNBUCKLE	ELVIRA	1152
HORNBUCKLE	FRED	1176
HORNBUCKLE	GEORGE	1154
HORNBUCKLE	HARTMAN	1157
HORNBUCKLE	HENRY	1160
HORNBUCKLE	ISRAEL	1161
HORNBUCKLE	JEFFERSON	1151
HORNBUCKLE	JOHN	1162
HORNBUCKLE	JOHN LEWIS	1166
HORNBUCKLE	JOHN RUSSELL	1159
HORNBUCKLE	JOHNSON	1167
HORNBUCKLE	JULES	1153
HORNBUCKLE	LEWIS	1170
HORNBUCKLE	MAGGIE	1179
HORNBUCKLE	MAGGIE	1172
HORNBUCKLE	MALISSA	1155
HORNBUCKLE	MARTHA	1163
HORNBUCKLE	OLIVE ANN	1158
HORNBUCKLE	OLLIE	1164
HORNBUCKLE	REBECCA	1173
HORNBUCKLE	WILLIAM	1180
HORNBUCKLE	WILLIAM	1174
HORNBUCKLE	WILSON	1178
HOUK	BENSON	1182
HOUK	CARL	1184
HOUK	CORMITHA	1183
HOUK	DORSEY	1185
HOUK	LILLIE	1186
HOUK	MANERVA	1181
HOWELL	BESSY	1211
HOWELL	BOND	WILLIE
HOWELL	CALLIE M.	1201
HOWELL	CHARLES HENRY	1187
HOWELL	EIMILY COLLIER	1213
HOWELL	ELLEN E.	1190
HOWELL	EMILY C.	1191
HOWELL	EMILY K.	1189
HOWELL	EMILY KATE	1192
HOWELL	ERNEST G.	1199
HOWELL	ESTON E.	1193
HOWELL	EVAN C.	1194
HOWELL	FRANK R.	1195
HOWELL	HERBERT T.	1200
HOWELL	JAMES CLELAND	1196
HOWELL	JOSEPH B.	1197
HOWELL	JULIA B.	1202
HOWELL	LEE	1210

Guion Miller Roll - 1909

LAST NAME	FIRST NAME	MILLER R	LAST NAME	FIRST NAME	MILLER R	LAST NAME	FIRST NAME	MILLER R
HOWELL	LETITA POOLER	1203	JOHNSON	CHINA	1272	KIRKSEY	MATTIE	30369
HOWELL	LORANZIE	1208	JOHNSON	CIDER	1274	KIRKSEY	REUBEN L.	30371
HOWELL	LUCYNZIE	1209	JOHNSON	DORA	1284	KIRKSEY	WILLIAM W.	30370
HOWELL	MARY DAVIS	1204	JOHNSON	GO LIN DIE	1275	KNOUGHT	SONSEY	1334
HOWELL	MARY ELIZABETH	1188	JOHNSON	ISAAC	30359	LAMBERT	ALBERT	1369
HOWELL	RALPH	1198	JOHNSON	JAMES	1276	LAMBERT	ALBERT J.	1335
HOWELL	ROBERT E. L.	1205	JOHNSON	JAMES N.	2986	LAMBERT	ALICE R. L.	1347
HOWELL	SAMUEL M.	1206	JOHNSON	JENNIE	1280	LAMBERT	ANDREW	1372
HOWELL	SAMUEL W.	1214	JOHNSON	JESSAN		LAMBERT	BESSIE A	1359
HOWELL	STEPHEN	1212		SIM DE HART		LAMBERT	CAPTER MOSES	1352
HOWELL	THOMAS C.	1215	JOHNSON	JIMPSIE	1277	LAMBERT	CHARLES	
HOWELL	WILLIAM	1207	JOHNSON	JONA	1283		JACKSON	1354
HOWELL	WILLIAM D.P.	1216	JOHNSON	LUNCHI	1278	LAMBERT	CHARLEY	1336
HTDEB	EMMA L..	1243	JOHNSON	RICHARD C.	2987	LAMBERT	CHEROKEE	NC
HUDSON	ELLEN S.L.	30354	JOHNSON	SKEEG	1281	LAMBERT	CLAUDA	1375
HUDSON	THOMAS		JOHNSON	STEPHEN	1279	LAMBERT	CORA LEE	1379
	CHARLTON	30355	JOHNSON	TEMPA	30360	LAMBERT	CORBETT	1378
HUGGINS	JOHN H.	1219	JOHNSON	THOMAS C.	2985	LAMBERT	EDWARD	1339
HUGGINS	JULIA A.	1218	JONES	ANNIE C.	1287	LAMBERT	FINLEY	1373
HUGGINS	LIZZIE	1221	JONES	ANNIE C.	1286	LAMBERT	FRITZ SIMMES	1357
HUGGINS	MARTHA A.	1217	JONES	JAMES H.	1288	LAMBERT	GEORGE FRED	1355
HUGGINS	SARAH N.	1220	JOREE	JESSAN	1289	LAMBERT	GEORGIA	1370
HUGHES	ALEXANDER	1224	JOREE	JOE	1291	LAMBERT	HERMAN	1384
HUGHES	CLARENCE W.	1227	JOREE	LYDIA	1290	LAMBERT	HUGH	1344
HUGHES	COURTNEY C.	1230	JUMPER	BETSY	1294	LAMBERT	HUGH	1340
HUGHES	ELIZA A.	1222	JUMPER	EDWARD	1296	LAMBERT	HUGH H.	1360
HUGHES	FANNY M.	1223	JUMPER	ELLA	1292	LAMBERT	HUGH N.	1346
HUGHES	GLADYS M.	1229	JUMPER	JAMES	1297	LAMBERT	ISAAC	1343
HUGHES	HORACE C.	1228	JUMPER	STANCIE	1295	LAMBERT	JACK	1342
HUGHES	JEANIE M.	1225	JUMPER	THOMAS	1298	LAMBERT	JACKSON	1349
HUGHES	LAURA L.	1231	JUMPER	UTE	1293	LAMBERT	JACKSON	1338
HUGHES	ROBERT A.	1226	JUNULUSKIE		1299	LAMBERT	JAMES M.	1351
HULSEY	ALVIN ALONZO	1232	KANOUGHT	ABEL	1300	LAMBERT	JAMES W.	1358
HULSEY	ANDREW CARL	1233	KANOUGHT	COLUMBUS	1301	LAMBERT	JESSE JAMES	1356
HULSEY	ANNIE MAUD	1234	KEG	JAMES	1302	LAMBERT	JESSIE	1361
HULSEY	CHARLEY M.	1239	KEG	KATIE	1303	LAMBERT	JOHN	1385
HULSEY	CONRAD L	1241	KEG	MODISH	1304	LAMBERT	JOHN N.	1362
HULSEY	HENRY ALLEN	1235	KELL	ALEXANDER	1305	LAMBERT	JOSEPH	1383
HULSEY	JOHN PRIESTLY	1236	KELL	ANDY	1306	LAMBERT	JULIA F.	1380
HULSEY	LENA	1238	KELL	ARTHUR B.	1313	LAMBERT	LEE F.	1345
HULSEY	SARAH	1240	KELL	BRYSON	1312	LAMBERT	LOYD	1363
HULSEY	SARAH ISABEL	1237	KELL	EFFA	1309	LAMBERT	LULA	1350
HULSEY	WILLIAM R.	1242	KELL	FLORIDA	1308	LAMBERT	LUZENA	1365
IKE	SAM	1244	KELL	IDA	1314	LAMBERT	MARY	1337
ISBILL	ISABELL	1248	KELL	LUCINDA	1310	LAMBERT	MINNIE HESTER	1353
ISBILL	LILLIE M.	1246	KELL	ORAN	1311	LAMBERT	NANNIE G.	1376
ISBILL	MARY I.	1247	KELL	RICHARD	1307	LAMBERT	OLLIANNA	1366
ISBILL	SARAH A..	1245	KELL	SUSANNA	1315	LAMBERT	PEARL	1341
IVEN R.	IRENE R.	1479	KEY	LANCY C.	1317	LAMBERT	PLERSON	1367
JACK	NANCY	1249	KEY	SAMANTHA N.	1316	LAMBERT	ROSCOE	1368
JACKSON	CAROLINE	1261	KEYS	REED M.	1319	LAMBERT	SALLIE	1364
JACKSON	DAKIE OR TAKIE	1256	KEYS	STONER WILLIE E	1321	LAMBERT	THEODORA R.	1381
JACKSON	DAVID	1263	KEYS	TEXAS C.	1323	LAMBERT	THOMAS	1382
JACKSON	EDWARD	1264	KEYS	THELMA T.	1322	LAMBERT	THOMAS R.	1386
JACKSON	ELLA	1257	KEYS	WILLIAM C	1318	LAMBERT	TILDEN	1387
JACKSON	FLORENCE	1258	KEYS	WILLIAM S.	1320	LAMBERT	VERDIE	1377
JACKSON	FOX SQUIRREL	1250	KEYS	WILLIE MAUD	3167	LAMBERT	WILLIAM	1371
JACKSON	JACOB	1251	KIDD	DAVID C.	1324	LAMBERT	WILLIAM H.	1348
JACKSON	JOHN	1252	KIDD	DE	1326	LANCE	JOHN M.	1389
JACKSON	JONAS	1254	KIDD	LUTHER	1329	LANCE	JOSEPH M.	1390
JACKSON	LAWYER	1255	KIDD	WALTER	1325	LANCE	MARY V.	1388
JACKSON	OLLIE	1259	KIDD	WESLEY	1328	LANCE	THOMAS J.	1391
JACKSON	ROBERT	1260	KIDD	WILLIAM	1327	LANE	IRA D	1393
JACKSON	SARAH	1265	KILGORE	EULA	30362	LANE	MARY E.	1392
JACKSON	STACY	1253	KILGORE	EULALIE	30361	LANGLEY	ALFRED A.	1394
JACKSON	WESLEY	1262	KILGORE	LENA	30363	LANGLEY	AMANDA	1421
JAMES	ALLEN	30357	KIRBY	MARGARET	1330	LANGLEY	ANN	1398
JAMES	ASA	30356	KIRBY	WILLIAM	1331	LANGLEY	AUGUSTUS	1410
JENKINS	MARCODA	1266	KIRKLAND	GEORGIA E.	1333	LANGLEY	CHARLES	1397
JESSON	JOHN	30358	KIRKLAND	MARTHA L.	1332	LANGLEY	CHESLEY	1420
JO LA OO GO OOTH			KIRKSEY	ALVIN M.	30374	LANGLEY	COLUMBUS C.	1401
	AMY	1285	KIRKSEY	EUGENE	30364	LANGLEY	DELLA	1419
JOEREE	DAHONALA J.	1267	KIRKSEY	FANNY	30365	LANGLEY	ELMA	1424
JOEREE	MARY	1268	KIRKSEY	FLORENCEM.	30366	LANGLEY	ESSIE	1403
JOHNSON	ADDISON	1270	KIRKSEY	GEORGE B.M.	30373	LANGLEY	EULENA J.	1411
JOHNSON	ANNA R.	2988	KIRKSEY	ISABELLA	30367	LANGLEY	FRANK C.	30375
JOHNSON	CAROLINE	1271	KIRKSEY	JEWELL M.	30372	LANGLEY	GEORGE	1396
JOHNSON	CHARLIE M.	1273	KIRKSEY	MARY	30368	LANGLEY	LILLEY MAY	1413

-128-

Guion Miller Roll - 1909

LAST NAME	FIRST NAME	MILLER R	LAST NAME	FIRST NAME	MILLER R	LAST NAME	FIRST NAME	MILLER R
LANGLEY	LIZZIE	1423	LENOIR	EDGAR	1474	LONG	RACHEL	30382
LANGLEY	MARY M.	1412	LENOIR	HENRY CLIFTON	1468	LONG	SALLIE	1551
LANGLEY	MATTIE	1404	LENOIR	JOHN ALBERT	1469	LONG	SALLIE	1527
LANGLEY	MAUDA LEE	1414	LENOIR	LULA	1472	LONG	SCOTT	1550
LANGLEY	MAY	1405	LENOIR	MAMIE	1473	LONG	WILLIE W.	1556
LANGLEY	MINNIE LEE	30376	LENOIR	MAY	1475	LONG	WILSON	1536
LANGLEY	MISSA	1415	LENOIR	THOMAS R.	1476	LOSSEY	AGGIE	1558
LANGLEY	MOLLIE	1399	LEWIS	CHRISTINE	1485	LOSSEY	SOLOMON	1557
LANGLEY	NORA DELL	1400	LEWIS	ESTELLE	1484	LOSSIE	DOBSON	1562
LANGLEY	ROBERT	1406	LEWIS	FRED M.	1487	LOSSIE	JOHN	1560
LANGLEY	SARAH	1422	LEWIS	HENRY W.	1477	LOSSIE	LLOYD	1563
LANGLEY	VINIA	1418	LEWIS	JAMES W.	1481	LOSSIE	NANCY	1561
LANGLEY	WALTER	1409	LEWIS	JOHN E.	1486	LOSSIE	NICER	1564
LANGLEY	WARREN M.	1402	LEWIS	MABLE E.	1480	LOUDERMILK	BECKY	1567
LANGLEY	WHEELER	1395	LEWIS	MALEY	1483	LOUDERMILK	CORA	1574
LANGLEY	WILLIAM	1407	LEWIS	MYRTLE	1478	LOUDERMILK	CYNTHIA	1565
LANGLEY	WILLIAM A	1408	LEWIS	THOMAS A	1482	LOUDERMILK	ELMER	1573
LANGLEY	WILLIAM T.	1416	LITTLEJOHN	GOO LAH GEE	30381	LOUDERMILK	HOLIE	1566
LANGSTON	BESSIE F.	16707	LITTLEJOHN	SALLY ANNE	30378	LOUDERMILK	JOHN	1568
LANGSTON	DIXIE LEE	16710	LITTLEJOHN	SOW WAH NEE	30379	LOUDERMILK	JOSEPHINE	1571
LANGSTON	ESTHER L.	16708	LITTLEJOHN	ANNIE	1497	LOUDERMILK	LUTHER	1571
LANGSTON	OLLIE M.	16709	LITTLEJOHN	ANNIE E.	1490	LOUDERMILK	NORA	1572
LANGSTON	ROSA LEE	16704	LITTLEJOHN	ELOWIH	1488	LOUDERMILK	ROSEY	1572
LANGSTON	WALTER R.	16705	LITTLEJOHN	GARRETT	1504	LOW	JOHN J.	1575
LANGSTON	WILLIAM	16706	LITTLEJOHN	GION	1501	LOW	MARY ROGERS	30383
LARCHEE	DANIEL	1417	LITTLEJOHN	HENSON	1493	LOWEN	JOHN	1577
LASSY	ANNIE	30019	LITTLEJOHN	IKE	1499	LOWEN	JOHN	1576
LASSY	LEANDER	33018	LITTLEJOHN	ISAAC	1503	LOWEN	JOHN B.	1581
LAWRENCE	CHAS.	1425	LITTLEJOHN	JOHN	1494	LOWEN	SIS	1578
LAWSON	CHARLIE	1426	LITTLEJOHN	KATE	1502	LUNSFORD	CALLIE	1583
LAWSON	DAVE L.	1428	LITTLEJOHN	MARY	2603	LUNSFORD	DAISY	1582
LAWSON	HAYES	1432	LITTLEJOHN	MINDY	1492	MANEY	CORDELA	1642
LAWSON	JENNIE	1427	LITTLEJOHN	OWEN	1495	MANEY	EVE WILNOTY	30395
LAWSON	JOHNYASIE	1431	LITTLEJOHN	SALLIE	1498	MANEY	FLORA B.	1643
LAWSON	KANNADA	1430	LITTLEJOHN	SOUNOOKE	1489	MANEY	JOHN	30397
LAWSON	LEANDY	1438	LITTLEJOHN	TWISTER	1496	MANEY	MARY	30396
LAWSON	THOMPSON	1429	LITTLEJOHN	WIGGINS	1491	MANEY	MINNIE A.	1644
LEATHERWOOD	ADDIE	1439	LITTLEJOHN	WILL	1500	MARTIN	ANGELINE	1646
LEATHERWOOD	COREINE G.	1440	LOCUST	JOHN	1513	MARTIN	DALISKEE	1645
LEATHERWOOD	LELA	1442	LOCUST	JOHN	1511	MARTIN	DAVID LEE	1651
LEATHERWOOD	LUTHER	1441	LOCUST	LOMIE R.	1516	MARTIN	EDITH M.	30400
LEDFORD	ADKINS	1437	LOCUST	LOUIS M.K.	1515	MARTIN	ESTER JANIE	1649
LEDFORD	ALLENIE	1445	LOCUST	NELLIE	1519	MARTIN	FRANCES	1653
LEDFORD	ANNIE	1443	LOCUST	NOAH	1514	MARTIN	GEORGE	1658
LEDFORD	CATHERINE M.	1433	LOCUST	PETER	1520	MARTIN	GURLEY	1652
LEDFORD	CHARLEY	1444	LOCUST	POLLY ANN	1512	MARTIN	HUBERT M.	30398
LEDFORD	CORA	1436	LOCUST	TENNIE R.	1517	MARTIN	JAMES G.	1661
LEDFORD	EAVE	1454	LOCUST	TINEY	1521	MARTIN	KATE	1656
LEDFORD	IOWA	1434	LOCUST	WILL	1518	MARTIN	LENAR	1654
LEDFORD	JACKE	1446	LONG	ADAM	1522	MARTIN	LUCY	1659
LEDFORD	JOE	1452	LONG	AGGIE	1530	MARTIN	PAUL H.	30399
LEDFORD	JOHN	1449	LONG	BETTIE	1531	MARTIN	SMITH A.	1657
LEDFORD	KINEY	1453	LONG	CHARLEY	1526	MARTIN	THOMAS	1662
LEDFORD	LUCYAN	1450	LONG	DA GI NI	1555	MARTIN	THOMAS E.	1655
LEDFORD	MARY	1447	LONG	DOBSON	1533	MARTIN	VAN B.	1650
LEDFORD	MINNIE	1435	LONG	ELLA	1539	MARTIN	WESLEY L.	1660
LEDFORD	MOSES	1448	LONG	ELSIE	1537	MARTIN	WILLIAM W.	1663
LEDFORD	POLLY	30377	LONG	EMELINE	1554	MARTINYU	ESSIE	1648
LEDFORD	RILEY	1451	LONG	EVE	1543	MASHBURN	BERTHA	30402
LEDFORD	SAMPSON	1455	LONG	GAH WE LI	1541	MASHBURN	BERTHA	1672
LEE	ALICE M.	1457	LONG	GARLO NUSKIE	1553	MASHBURN	BESSIE	1666
LEE	ALONZO	1456	LONG	ISAAC	1532	MASHBURN	FLORENCE	30404
LEE	DEBRADER	1462	LONG	JACKSON	1538	MASHBURN	FRANK	1665
LEE	EDITH	1461	LONG	JOE	1540	MASHBURN	HARRIETT A.	1664
LEE	LAURA ANN	1458	LONG	JOHN	1542	MASHBURN	JAMES L.	1667
LEE	OBERLANDER	1460	LONG	JOHN W.	1534	MASHBURN	KATE	30403
LEE	SAMUEL	1459	LONG	JOHNSON	1544	MASHBURN	LEORA	1669
LEFEVERS	LINNIE	1464	LONG	LEE WIH	1524	MASHBURN	MATTIE	1671
LEFEVERS	NANNIE	1466	LONG	LIZZIE	1535	MASHBURN	MINNIE	1670
LEFEVERS	OLLIE	1467	LONG	LONG B.	1528	MASHBURN	NORMA	30405
LEFEVERS	TEMOXYENAH	1463	LONG	LUCY	1546	MASHBURN	SARAH A.	1668
LEFEVERS	WILLIAM E.	1465	LONG	LUCY	1529	MASHBURN	SUSAN	30401
LENOIR	ANNIE	1470	LONG	LUCY ANN	1552	MATHEWS	EVIE	1674
LENOIR	DAISY	1471	LONG	MAGGIE	1547	MATHEWS	LILLIE	1673
			LONG	MAGGIE	1545	MCALISTER	HARRIET C.	1584
			LONG	NOLS	1525	MCCLANAHAN	NELLIE	1586
			LONG	PETER	1549	MCCLANAHAN	ONA	1585
			LONG	POLLY	1523	MCCOY	BESSIE	1603

Guion Miller Roll - 1909

LAST NAME	FIRST NAME	MILLER R	LAST NAME	FIRST NAME	MILLER R	LAST NAME	FIRST NAME	MILLER R
MCCOY	DAVID	1588	MERONEY	FRED	1691	MURPHY	MANEVE	30426
MCCOY	ELIZA M.	1593	MERONEY	GERTRUDE	1688	MURPHY	MARGARET	30425
MCCOY	JAMES	1602	MERONEY	JOHN S. JR.	1684	MURPHY	MARTIN	30423
MCCOY	JAMES D.	1594	MERONEY	LULA	1685	MURPHY	MARY	1740
MCCOY	JAMES M.	1597	MERONEY	MARGARET A.	1680	MURPHY	SOLLIE	30424
MCCOY	JAMES W.	1590	MERONEY	MARTHA A.	1692	MURPHY	WALTER	30417
MCCOY	JOHN M.	1599	MERONEY	MAYS	1687	MURPHY	WILLARD	30428
MCCOY	JOHN T.	1596	MERONEY	RICHARD B.	1681	MURPHY	WILLIAM	1742
MCCOY	JULIA	1591	MERONEY	SALLIE B.	1686	NED	ANNIE	3150
MCCOY	MARINDA	1589	MERONEY	WILLIAM H	1693	NED	EZEKIEL	3149
MCCOY	MARY	1601	MERRELL	ALBERT H.	1694	NED	JULIE	3151
MCCOY	PEARSON	1600	MERRELL	JOHN	1695	NEGOOJAGE	ANN ELIZIE	1745
MCCOY	STELLA	1595	MERRELL	RAMSEY	1696	NEGOOJAGE	JAMES	1744
MCCOY	STELLA	1592	MICHAELS	ELIZA	1697	NEGOOJAGE	LIDGE W.	1743
MCCOY	WILLIAM T.	1598	MILLER	CARL	1698	NEGOOJAGE	MAGGIE	1746
MCDANIEL	LULIE E.	1604	MILLER	FLONNIE A.	30406	NEGOOJAGE	MARK	1747
MCDONALD	ANDY	30384	MIMS	CORA L.	1703	NEGOOJAGE	OLLIE	1748
MCDONALD	BELVA	30231	MIMS	DAVID ROSS	1700	NES SEE MINK		1709
MCDONALD	CATHERINE	1605	MIMS	ELLA M.	1702	NEWTON	BETTIE	1750
MCDONALD	ETHEL	1608	MIMS	MARGARET T.	1704	NEWTON	ELDRIGE	1755
MCDONALD	GRACE	1607	MIMS	ROBERT A.	1701	NEWTON	EVA M.	1749
MCDONALD	HARRISON	30230	MIMS	WILLIAM P.	1699	NEWTON	JAMES	1754
MCDONALD	HOBERT	30394	MODA BLACK HILL		1710	NEWTON	JOHN D.	1753
MCDONALD	JAMES	30386	MONDY	MAUD	1711	NEWTON	LESTER	1752
MCDONALD	JANE	30389	MONDY	VERA	1712	NEWTON	PEARL	1751
MCDONALD	JOHN JR.	30387	MONROE	NORA A.	1713	NICHOLS	OCTAVIA N.	1756
MCDONALD	LOYD	30393	MOON	AARON	1717	NICHOLS	PRYOR O.	1758
MCDONALD	MACK	30331	MOON	ABNER L.	1714	NICHOLS	TAYLOR O.	1757
MCDONALD	MAMIE S.	1606	MOON	BENJAMIN	1716	NICK	WESLEY C.	1759
MCDONALD	MARY	118	MOON	CALLIE	1718	NIGAJACK	LUCINDA	1760
MCDONALD	MAY	30388	MOON	NELLIE	1715	NIGAJACK	MOSES	1761
MCDONALD	MYRTLE	30392	MOON	THOMAS	1719	NIGAJACK	NANCY	1762
MCDONALD	ROBERT	30385	MOOR	CYNTHIA A.	1720	NOTTYTOM	NANCY	1764
MCDONALD	ROBERT	30330	MOOR	ELIZABETH B.	1721	NOTTYTOM	PETER	1763
MCDONALD	WALTER	30391	MOOR	JOHN FREDRICK	1722	OAKISON	HELEN DAY	1807
MCDONALD	WEST	30390	MOOR	LOTTIE	1724	OAKISON	JOHN JR.	1806
MCDOUGAL	ESTES	1611	MOOR	SARAH A.	1723	ODOM	ADDIE D.	1765
MCDOUGAL	HERSHEL	1610	MOOR	SARAH L.	1725	ODOM	BIDDIE D.	1768
MCDOUGAL	LORENE	1612	MOOR	WM. CLIFTON	1726	ODOM	CICERO	1766
MCDOUGAL	SMANTHA	1609	MOORE	CELIA	20586	ODOM	GARLAND	1767
MCELEMORE	CLAUD	1623	MOORE	MALVIN	24121	ODOMER	LOY FELTON	1769
MCELEMORE	FANNIE M.	1625	MORGAN	ORANGE	30407	OKWATAGA	ELIZABETH	3152
MCELEMORE	FRANKIE	1624	MORRISON	BEULA	1730	OLIVER	BEULAH	1774
MCELEMORE	JAMES W.	1622	MORRISON	BLANCHE	1731	OLIVER	ESTIE	1772
MCELREATH	ANDREW	1620	MORRISON	DELLA	30408	OLIVER	IDA	1771
MCELREATH	CHARLEY	1613	MORRISON	EDDIE	30412	OLIVER	LUCINDA	1770
MCELREATH	FLORA	1619	MORRISON	FRED	30409	OLIVER	MARY L.	1773
MCELREATH	FLOYD	1618	MORRISON	FRED	1728	ONEAL	BEULAH C.E.	1777
MCELREATH	FRED	1616	MORRISON	JESSIE	1729	ONEAL	CONRAD	1776
MCELREATH	INDIA MAY	1621	MORRISON	MYRTLE	30410	ONEAL	ELIZA C.E.	1775
MCELREATH	JENNIE MAY	1615	MORRISON	OLLIE	1727	ONEAL	LAURA	1779
MCELREATH	LEWIS W.	1617	MORRISON	PATTY EDGAR	30411	ONEAL	LAURA L.	1782
MCELREATH	MARY A.	1626	MUMBLEHEAD			ONEAL	MINNIE M.	1780
MCELREATH	MELLEY	1614		CHARLES C.	1735	ONEAL	WILBURN K.	1778
MCELREATH	SARAH C.	1627	MUMBLEHEAD			ONEAL	WILLIAM E.P.	1781
MCGEE	SARAH L.	1628		ELIZABETH	1737	OO CUMMA	ALECK	1783
MCLEMORE	ALBERT	1638	MUMBLEHEAD			OO CUMMA	ANNIE	1787
MCLEMORE	CORA MAY	1631		JAMES B.	1733	OO CUMMA	ENOCH	1786
MCLEMORE	DOROTHY	1637	MUMBLEHEAD			OO CUMMA	ESTHER	1785
MCLEMORE	EMER	1639		JOHN D.	1732	OO CUMMA	JAMES	1784
MCLEMORE	ESTHER ANN	1630	MUMBLEHEAD			OO CUMMA	JENNIE	1788
MCLEMORE	JOHN	1629		RODGERS L.	1734	OO CUMMA	WILSON	1789
MCLEMORE	MARY	1632	MUMBLEHEAD			OO DAH YIH		1790
MCLEMORE	MORELL M.	1634		ROSEY BELL	1736	OO SOWIE	ANNIE	1805
MCLEMORE	SAMUEL H.	1633	MUMBLEHEAD			OO SOWIE	JENNIE	1793
MCLEMORE	SAMUEL ROSS	1635		TAWNEY	30413	OO SOWIE	JOHN	1792
MCLEMORE	WILLIAM L.	1636	MURPHY	ARCH	1738	OO SOWIE	NICIE	1798
MCSPADDEN	FAITH H.	1641	MURPHY	DAVID	30414	OO SOWIE	OLISE	1797
MCSPADDEN	WALTER	1640	MURPHY	HOWARD	30427	OO SOWIE	OLSINNIH	1804
MEADOWS	DAVID T.	1675	MURPHY	ISABELLA	30415	OO SOWIE	PAUL	1799
MEADOWS	ELIZABETH	1676	MURPHY	JANE	30416	OO SOWIE	RACHEL	1802
MEADOWS	JOHN G.	1677	MURPHY	JESSE	1741	OO SOWIE	SALLIE	1801
MEADOWS	MARY J.	1678	MURPHY	JOE	30419	OO SOWIE	SAM	1795
MERONEY	BAILEY	1689	MURPHY	LEANDER	30418	OO SOWIE	SHELL	1800
MERONEY	BAILEY B.	1679	MURPHY	LILLIE ARCH	1739	OO SOWIE	SUSIE	1796
MERONEY	BESSIE	1683	MURPHY	LOUISA	30421	OO SOWIE	TAB QUETTE	1803
MERONEY	DELLA	1690	MURPHY	MANCO	30422	OO SOWIE	WILLIE	1794
MERONEY	FELIX P.	1682	MURPHY	MANDIE	30420	OO TAHL KEE	QUAKEE	1791

Guion Miller Roll - 1909

LAST NAME	FIRST NAME	MILLER R	LAST NAME	FIRST NAME	MILLER R	LAST NAME	FIRST NAME	MILLER R
OOKUMMA	ANNIE	30429	PARKER	AARON	1882	PINSON	BERTHA	1949
OTTER	ALLEN	30430	PARKER	CAROLINE	1881	PINSON	CLARA	1947
OTTER	ANDREW	1808	PARKER	COLQUIT	30443	PINSON	EULA	1946
OTTER	ELIZABETH	1814	PARKER	JOSIE	3158	PINSON	GUY	1948
OTTER	JACKSON	1811	PARKER	JULIAN	1883	POPE	ALEN	1961
OTTER	LINDIA	1810	PARKER	PAUL	1884	POPE	ALLIE T.	1956
OTTER	MATILDA	1812	PARKER	ROXEY	30434	POPE	AORA	1962
OTTER	NANCY	1815	PARKER	TAYLOR	30435	POPE	BLAINE	1957
OTTER	OLICK	1813	PARKER	WILLIAM	30436	POPE	ELISIA L.	1953
OTTER	OLLIE	1816	PARRIS	CATHARINE	1885	POPE	HARLEY	1959
OTTER	SALLIE	1819	PARRIS	LAURA MAY	1886	POPE	JAMES	1950
OTTER	SARAH	1809	PARTRIDGE	MOSE	1887	POPE	LIZZIE L.	1952
OTTER	WILSON	1817	PARTRIDGE	NELLY	1889	POPE	MARTHA	1951
OTTER	WINNIE	1818	PARTRIDGE	SALLIE	1888	POPE	MARY H.	1954
OWL	ADAM	1820	PARTRIDGE	WINNIE E.	1890	POPE	MAYBELL	1958
OWL	AGNES	1847	PASCHAL	GEORGE WALTER	3159	POPE	THOMAS L.	1955
OWL	ALLEN	1829	PASCHAL	WALTER	3162	POPE	WILLIAM F.L.	1960
OWL	AMONS	1860	PASSMORE	A.L.	1893	PORTER	FLORENCE S.	1963
OWL	ANNIE	1835	PASSMORE	CARDIE	1894	PORTER	IRIS	1965
OWL	BETSY	1863	PASSMORE	NANCY J.	1891	PORTER	JAMES D.	1964
OWL	BLUE	1830	PASSMORE	THOMAS	1892	POWELL	DOOGAH	1966
OWL	BRYAN	1854	PATTERSON	ARVIS	1901	POWELL	FRANK E.	1973
OWL	CALLIE	1850	PATTERSON	CELIE	1899	POWELL	GOBER	1978
OWL	CORNELIA T.	1821	PATTERSON	ELIZABETH	1898	POWELL	HOLMES	1970
OWL	CORNELLOUS	1856	PATTERSON	ELLA	1895	POWELL	JAMES E.	1972
OWL	DAVID	1831	PATTERSON	ELMER	1904	POWELL	JOHN A.	1976
OWL	DAVIS	1825	PATTERSON	ETHEL	1897	POWELL	JOHN C.	1977
OWL	DINAH	1859	PATTERSON	HOBERT	1900	POWELL	MOSE	1967
OWL	DORA	1851	PATTERSON	IOWA	30437	POWELL	SADIE	1975
OWL	ENOCH	1862	PATTERSON	JOSIE	30438	POWELL	SARAH	1969
OWL	ETHA	1857	PATTERSON	LORA	30439	POWELL	STANSELL	1968
OWL	FREAL MC.	1844	PATTERSON	LULA	1902	POWELL	VERNON	1974
OWL	GEORGE A.	1842	PATTERSON	OLDEN	1903	POWELL	WILLIAM	1984
OWL	HENRY P.	1843	PATTERSON	ONZO	1896	POWELL	WINNIE	1971
OWL	JAMES	1832	PAYNE	ADA	1907	PUCKETT	ELLA	30443
OWL	JANE	1853	PAYNE	ALBERT F.	1921	PUCKETT	GEORGE	30446
OWL	JOHN	1833	PAYNE	BETTY	1913	PUCKETT	LULA MAY	30444
OWL	JOHN	1824	PAYNE	DAVID L.	1905	PUCKETT	ROY	30445
OWL	JOHNSON	1836	PAYNE	DUKE	1906	PULLIUM	CAROLINE	1985
OWL	JONAH	1838	PAYNE	ELISHA	1908	PULLIUM	DECATUR	1988
OWL	LLOYD	1855	PAYNE	ELLEN	1918	PULLIUM	ELIZABETH	1987
OWL	LLOYD	1839	PAYNE	EMMA O.L.	1909	PULLIUM	GALUSHA	1986
OWL	LULA	1840	PAYNE	EPHRAIM	1917	PURYEAR	FRANK M.	1989
OWL	MANDY	30431	PAYNE	FELIX	1911	PURYEAR	HAMP Y.	1990
OWL	MARGARET	1834	PAYNE	GRACE L.	1922	PURYEAR	MARY A.	1991
OWL	MARK	1852	PAYNE	HAZEL	1914	QUAIN	WALTER	1993
OWL	MARTHA	1827	PAYNE	JAMES M.	1919	QUAIN	WODESUTTA	1992
OWL	MOSE	1823	PAYNE	JIM	1923	QUARLES	BEARL G.	2003
OWL	QUINCY	1828	PAYNE	JOHN	1924	QUARLES	CHARLEY	1995
OWL	SAMPSON	1846	PAYNE	LOUISE	1910	QUARLES	HENRY B.	1994
OWL	SAMUEL	1826	PAYNE	LUCY	1916	QUARLES	HENRY G.	2000
OWL	SO KIN NI	1848	PAYNE	LYDIA M.	1931	QUARLES	JAMES D.	1997
OWL	SOLOMON	1849	PAYNE	MACK	1915	QUARLES	LUTHER	1996
OWL	STACY	1837	PAYNE	MARY JANE	1925	QUARLES	MARY A.	2001
OWL	SUSIE	1858	PAYNE	OLIVER	1927	QUARLES	MARY B.	1998
OWL	TAHQUETTE	30432	PAYNE	POLLY E.	1929	QUARLES	ROSY B.	1999
OWL	THEODORE	1864	PAYNE	ROLLEN T.	1920	QUARLES	ROXIE	2002
OWL	THOMAS	1822	PAYNE	SALLY	1912	QUEEN	ABRAHAM	2008
OWL	THOMAS W.S.	1845	PAYNE	THOMAS	1926	QUEEN	BESSIE	2018
OWL	W. DAVID	1841	PAYNE	WILLIAM A.	1930	QUEEN	ETTA	2009
OWL	WILLIAM	1865	PAYNE	WILLIAM E.	1928	QUEEN	JASPER	2004
OWL	WILLIAM	1861	PERKINS	BURT	1933	QUEEN	LEVI	2005
PADGETT	ADA C.	1868	PERKINS	GEORGIA	1932	QUEEN	LUCINDY	2011
PADGETT	ARTIE W.	1869	PERKINS	GORDON	1934	QUEEN	MALINDA	2010
PADGETT	ISABELLA J.	1866	PERRY	GEORGE M.	1935	QUEEN	MARY	2017
PADGETT	MARY M.	1867	PERRY	JULIA B.	1939	QUEEN	MARY	2006
PADGETT	NELLIE	1870	PERRY	JULIA D.	1936	QUEEN	MINDY	2007
PALMOUR	MYRTLE K.	1871	PERRY	MAMIE	1938	QUEEN	NOLIE	2016
PANKEY	DESSIE MAY	1873	PERRY	WATSON	1937	QUEEN	OLLIE	2015
PANKEY	ELANORA	1872	PERRY	WILLIAM C.	1940	QUEEN	SALLIE	2014
PANKEY	MARVIN	1874	PHEASANT		1941	QUEEN	SIMPSON	2013
PANTHER	BESSIE	1875	PHEASANT	DORA	1944	QUEEN	TAYLOR	
PANTHER	GOLIATH	30233	PHEASANT	JOHN	1942		JIMMY	
PANTHER	JOB	1876	PHEASANT	WAGGIE	1943	RAINEY	ANNIE	
PANTHER	JOHN	1877	PHEASANT	WILLIAM	1945		CATHERINE	2021
PANTHER	MARK	1879	PHILYAW	DEWEY	30441	RAINEY	HOMER	2020
PANTHER	NANCY	1880	PHILYAW	ENNER	30442	RAINEY	JANIE	2019
PANTHER	NANCY	1878	PHILYAW	JENNIE	30440	RANDOLPH	LETTIA M. L.	2022

LAST NAME	FIRST NAME	MILLER R	LAST NAME	FIRST NAME	MILLER R	LAST NAME	FIRST NAME	MILLER R
RAPER	ALEXANDER	2023	RATCLIFF	LIZZIE	2103	ROBERTSON	THOMAS	2180
RAPER	ALVEN	2075	RATCLIFF	LOYD	2101	ROBERTSON	WILLIAM	2181
RAPER	ALVIN	2051	RATCLIFF	WILLIAM	2102	ROBINSON	BIRGIE	2182
RAPER	CHARLES B.	2025	RATLEY	JIM	2099	ROBINSON	CHARLES	2183
RAPER	CLAUD H.	2035	RATLEY	LUCY	2100	ROBINSON	WILLIE	2184
RAPER	CLAUDE	2063	RATTLER	ABLE	2107	RODDY	ELBERT D.	2185
RAPER	CLI	2062	RATTLER	GEORGE	2106	RODDY	JESSIE	2186
RAPER	CLIFTON	2088	RATTLER	HENSON	2110	RODDY	LETA M.	2187
RAPER	CLINTON	2076	RATTLER	JASON	2116	RODDY	RALPH	2188
RAPER	DATHUEY	2096	RATTLER	JESSE	2113	RODGERS	CORDELIA	2189
RAPER	DELIA	2054	RATTLER	JOHN	2114	RODGERS	GEORGE E.	2191
RAPER	DELTIA C.	2027	RATTLER	LUCY	2108	RODGERS	MARTHA C.	2190
RAPER	DENVER LEE	2026	RATTLER	MINDA	2112	ROGERS	ASTER	2215
RAPER	DESSIE	2057	RATTLER	MORGAN	2111	ROGERS	AUGUSTUS L.	2192
RAPER	DOVIE	2056	RATTLER	NANCY	2115	ROGERS	BONEY	2211
RAPER	EDGER	2094	RATTLER	POLLY	2117	ROGERS	CLIO A.	2196
RAPER	EFFIE	2074	RATTLER	RACHEL	2109	ROGERS	ELIZABETH	2208
RAPER	ELISHA	2049	RAY	ALEX W.	2131	ROGERS	ERNEST H.	2197
RAPER	ELZIE	2030	RAY	ALEXANDER W.	2123	ROGERS	ERNEST P.	2207
RAPER	EMORY	2029	RAY	CHARLES	2240	ROGERS	FLOID	2214
RAPER	EVER	2077	RAY	CHARLES R.	2130	ROGERS	FLORENCE S.	2198
RAPER	GANO	2031	RAY	FRED J.	2129	ROGERS	HOWARD W.	2206
RAPER	GEORGE W.	2046	RAY	GRACE		ROGERS	JAMES C.	2194
RAPER	GEORGIA ANN	2050		GERTRUDE	2124	ROGERS	JEANETTE	2199
RAPER	GIRLEY	2098	RAY	JOHN F.	2128	ROGERS	JOHN W.	2200
RAPER	GRACIE	2044	RAY	JOHN N.	2126	ROGERS	JULIA E.M.	2201
RAPER	GUSS	2097	RAY	LULA ELLA	2239	ROGERS	LOUISE E.	2202
RAPER	H. CLAV	2047	RAY	R.D.	2127	ROGERS	MAMIE E.	30447
RAPER	HARLEY T.	2060	RAY	ROBERT B.	2132	ROGERS	OAKER	2212
RAPER	HARVEY L.	2059	RAY	VERNON DEAN	2125	ROGERS	PEARLIE ANN	2203
RAPER	HENRY C.	2032	RAY	WILLIAM	2241	ROGERS	RAYMOND C.	2204
RAPER	HOMER	2038	RAY	WILLIAM	2133	ROGERS	ROBERT C.	2205
RAPER	IOWA	2024	REDFEARN	JESSE DEWITT	2136	ROGERS	ROBERT C.	2193
RAPER	IVEN	2069	REDFEARN	JOHN EARL	2135	ROGERS	ROBERT N.	2209
RAPER	IVY ANN	2053	REDFEARN	MARTHA	2134	ROGERS	RUTH A.	2193
RAPER	JACKSON	2041	REED	DAVE	2137	ROGERS	VILLER	2213
RAPER	JACKSON	2037	REED	FIDILLE	2138	ROGERS	WILLIAM	2210
RAPER	JAMES	2084	REED	JESSE	2139	ROLLINGS	DOVIE	
RAPER	JAMES	2042	REED	LIZZIE	2879	ROPETWISTER		
RAPER	JAMES B.	2048	REED	LUCY ANN	2141		ANNIE	2214
RAPER	JAMES C.	2033	REED	MAGGIE	2140	ROPETWISTER		
RAPER	JAMES JR.	2045	REED	RACHEL	2142		JOHN	2217
RAPER	JAMES T.	2058	REED	SUSAN J.	2143	ROSE	ADAM	223
RAPER	JERLEY	2064	REID	ADAM	2144	ROSE	ANNIE	222
RAPER	JESSE	2061	REID	CINDY	2153	ROSE	BONNIE	222
RAPER	JESSIE	2093	REID	DUWESSE	2147	ROSE	BUFFALO BILL	222
RAPER	JOHN H.	2065	REID	IRENE	2155	ROSE	CARLIE	222
RAPER	JOHN HENRY	2067	REID	JAMES	2149	ROSE	FLORENCE	221
RAPER	JULIA	2087	REID	JIMMIE	2151	ROSE	FREEMAN	223
RAPER	LILLIE MAY	2066	REID	JOHNSON	2146	ROSE	GRACIE	222
RAPER	LIZZIE	2086	REID	LLOYD	2152	ROSE	IDA	222
RAPER	LON	2052	REID	NANNIE	2148	ROSE	JAKE	222
RAPER	LOU	2070	REID	NOAH	2156	ROSE	JENNINGS	222
RAPER	MAMIE	2081	REID	PETER	2150	ROSE	LESLIE	223
RAPER	MANDA	2040	REID	RACHEL	2145	ROSE	MANDY	223
RAPER	MARGARET G.	2071	REID	SPADE	2157	ROSE	MYRTLE	222
RAPER	MARSHAL	2072	REID	WILLIE	2154	ROSE	NORA	222
RAPER	MARTIN	2085	REID	WINNIE	2158	ROSE	RACHEL	223
RAPER	MARTY	2073	RICE	FANNIE	2159	ROSS	CAIN	223
RAPER	MARY	2055	RICHARD	MAMIE	2160	ROSS	JAMES	223
RAPER	MARY	2039	RING	CHARLES H.	2161	ROSS	MCKINLEY	155
RAPER	MAUDY LU	2036	RING	ELLA N.	2162	ROSS	ROSA	223
RAPER	MIRAN G.	2034	RING	GEORGE W.	2163	ROSS	WILLIAM	223
RAPER	NAOMIE	2082	ROBERSON	CHARLEY H.	2165	RUDDLES	IRENA	224
RAPER	NATHAN	2078	ROBERSON	EDWARD C.	2164	SAKE	CHE WAH NEE	224
RAPER	PEARL	2028	ROBERSON	ELEANOR	2166	SAKE	NELLIE	224
RAPER	SAM	2079	ROBERSON	ELLEN	2169	SALOLANEETA		
RAPER	THOMAS W.	2083	ROBERSON	EMALINE	2171		AGGIE	224
RAPER	VERDY	2095	ROBERSON	FANNIE	2170	SALOLANEETA		
RAPER	VIOLA	2068	ROBERSON	GINTY	2168		BIRD	224
RAPER	WHOOTE	2089	ROBERSON	GITA	2173	SALOLANEETA		
RAPER	WILLIAM	2090	ROBERSON	HADDLEY	2172		HENRY	22
RAPER	WILLIAM B.	2091	ROBERSON	MARY	2174	SALOLANEETA		
RAPER	WILLIAM N.	2043	ROBERSON	SARAH	2167		JESSIE J.	22
RAPER	WILLIAM T.	2092	ROBERSON	WILLIW O.	2175	SALOLANEETA		
RAPER	WILLIE	2080	ROBERTS	CHARLOTTE	2176		JOHN	22
RATCLIFF	EMMA	2104	ROBERTS	FRED	2178	SALOLANEETA		
RATCLIFF	JACOB	2105	ROBERTS	WALTER	2177		JOHN	22

Guion Miller Roll - 1909

LAST NAME	FIRST NAME	MILLER R	LAST NAME	FIRST NAME	MILLER R	LAST NAME	FIRST NAME	MILLER R
SALOLANEETA			SELTZ	JENNY LINN	2319	SMITH	CHARITY	2444
	JOHN JR.	2250	SELTZ	JOHN C.	2322	SMITH	CHARLEY	2390
SALOLANEETA			SEQUOYAH		2323	SMITH	CHARLIE	2412
	JONAS	2257	SEQUOYAH	ALICE	2330	SMITH	CICERO K.	2393
SALOLANEETA			SEQUOYAH	AMANDA	2328	SMITH	CLEA N. J.	2432
	LAURA	2251	SEQUOYAH	JACKALIA	2324	SMITH	CYNTHIA	2453
SALOLANEETA			SEQUOYAH	LIZZIE	2331	SMITH	DALIAH	2396
	LINDY	2258	SEQUOYAH	LOUISA	2325	SMITH	DAVE	30462
SALOLANEETA			SEQUOYAH	LUZENA	2332	SMITH	DELL	2388
	LIZZIE	2252	SEQUOYAH	NOAH	2333	SMITH	DUFFIE	2401
SALOLANEETA			SEQUOYAH	RICHARD	2327	SMITH	EARL	2463
	LUCY	2246	SEQUOYAH	RUNNING WOLF	2334	SMITH	EDGAR	2460
SAMPSON	JAMES	2259	SEQUOYAH	SUSANNAH	2329	SMITH	ELIZABETH	2435
SAMPSON	SALLIE	2260	SEQUOYAH	TABQUITTE	2326	SMITH	ELLICK	2411
SANDERS	JULIE	2263	SHADWICK	ALICE	2340	SMITH	EMMA	2397
SANDERS	LISTY	2262	SHADWICK	CLAIR	2343	SMITH	EMMA C.	2391
SANDERS	MOSE	2264	SHADWICK	EDDIE LONZO	2346	SMITH	ERSKINE IRENE	2402
SANDERS	POLLY	2261	SHADWICK	ENSOLA	2345	SMITH	ETTA	2438
SANFORD	ANDREW H.	2268	SHADWICK	ERVEN	2344	SMITH	EULA	2395
SANFORD	EMILY M.	2267	SHADWICK	MANUEL	2341	SMITH	EVELYN	2389
SANFORD	GEORGE H.	2269	SHADWICK	MARY L.	2342	SMITH	FANZY	2414
SANFORD	JAMES H.	2271	SHASTEEN	ELIZA E.	2349	SMITH	FRANCES E.	2403
SANFORD	JOHN H.	2270	SHASTEEN	JAMES W.	2347	SMITH	GARFIELD	30453
SANFORD	SARAH M.	2265	SHASTEEN	LYMAN LEE	2356	SMITH	GEORGE	2387
SANFORD	WILLIAM D.	2266	SHASTEEN	MARY	2348	SMITH	GEORGE L.	2404
SATTERFIELD			SHASTEEN	NANNIE R.	2350	SMITH	GERALD	2469
	AMANDA	2272	SHASTEEN	RICHMOND	2351	SMITH	GOLDMAN	30461
SATTERFIELD			SHASTEEN	ROY H.	2354	SMITH	GRACIE	2470
	BRILLA D.	2274	SHASTEEN	SOFRONA E.	2352	SMITH	HARTMAN	2467
SATTERFIELD			SHASTEEN	THOMAS F.	2353	SMITH	HENRY	2405
	HENRY T.	2273	SHASTEEN	VIRGINIA E.	2357	SMITH	HENRY H.	2392
SAUNOOKA	MARGARET	2255	SHASTEEN	WILLIAM B.	2355	SMITH	JACOB	2407
SAUNOOKE	ANNIE	30448	SHED	HARLEY R.	2359	SMITH	JAMES	2422
SAWNOOKA	ADAM	2275	SHED	JAMES G.	2360	SMITH	JAMES D.	2409
SAWNOOKA	AMINEETA	2301	SHED	MARTHA J.R.	2358	SMITH	JAMES HARRIS	2449
SAWNOOKA	CINDY	2302	SHELL	ALICE	2368	SMITH	JESSE	30463
SAWNOOKA	JACKSON	2276	SHELL	BESSIE	2367	SMITH	JOE	30459
SAWNOOKA	JAMES	2277	SHELL	HETTY FEATHER	2363	SMITH	JOHN	2410
SAWNOOKA	JENNY	2281	SHELL	JOE	2366	SMITH	JOHN C.	2464
SAWNOOKA	JOHN	2278	SHELL	JOHN	2361	SMITH	JOHN HENRY	2419
SAWNOOKA	JOHN JR.	2279	SHELL	MATTIE	2365	SMITH	JOHN Q.	2421
SAWNOOKA	JOSEPH	2283	SHELL	SALLY	2362	SMITH	JOSEPHINE	2423
SAWNOOKA	JOSEPH A.	2308	SHELL	UTE	2364	SMITH	LESTER	30450
SAWNOOKA	JOSEPHINE	2284	SHERRILL	JOHN UTE	2369	SMITH	LEWIS H.	2427
SAWNOOKA	MALINDA	2285	SHERRILL	JULIA	2373	SMITH	LIZZIE	2400
SAWNOOKA	MARGARET	2280	SHERRILL	KINNY	2371	SMITH	LLOYD	2433
SAWNOOKA	NANCY	2287	SHERRILL	MOLLIE	2370	SMITH	LORELLA	2429
SAWNOOKA	NANCY	2286	SHERRILL	SOLOMON	2372	SMITH	LOURAINE	30454
SAWNOOKA	NANNIE	2288	SILVER	EDGAR	2377	SMITH	MABEL	2456
SAWNOOKA	NANNY	2290	SILVER	EMMA	2375	SMITH	MAMIE	2394
SAWNOOKA	OSLEY B.	2307	SILVER	EMMA	2374	SMITH	MARK T.	2443
SAWNOOKA	POLK	2289	SILVER	GRADY	2376	SMITH	MARSHALL	2399
SAWNOOKA	RACHEL	2292	SILVER	VICTOR	2378	SMITH	MARTHA	2446
SAWNOOKA	SALLIE	2296	SITTON	EMMA	2379	SMITH	MARY	2468
SAWNOOKA	SALLIE	2293	SIVLEY	CAROLINE	1508	SMITH	MARY MELVINIE	30455
SAWNOOKA	SAMUEL	2294	SIVLEY	CLAUDIE E.	1506	SMITH	MAY	30451
SAWNOOKA	SAVANNAH	2303	SIVLEY	CROCIA ANN	1505	SMITH	MINNIE	2415
SAWNOOKA	SOGGY	2295	SIVLEY	JAS. C.ANN	2380	SMITH	MISSOURI	2447
SAWNOOKA	STACY	2298	SIVLEY	JOSEPH	1507	SMITH	MYRTLE	2461
SAWNOOKA	STEPHEN E.	2306	SIVLEY	MAY	1509	SMITH	NANCY	2428
SAWNOOKA	STILWELL	2304	SIVLEY	ROY	1510	SMITH	NELLIE	2462
SAWNOOKA	STILWELL	2297	SIXKILLER	JESSES MARTIN	2381	SMITH	NOAH	2451
SAWNOOKA	THOMPSON	2300	SKELLEY	CHARLES	2383	SMITH	NOAH	2436
SAWNOOKA	WAL LIN NY	2291	SKELLEY	CORA BELLE	2382	SMITH	OLIVE LARCH	2408
SAWNOOKA	WILLIAM	2305	SKELLEY	JOSEPH	2384	SMITH	OLIVER	2445
SAWNOOKA	WINDY	2299	SKITTY	SEVERE	2385	SMITH	ROBERT	2426
SAWYER	KIYINI	2309	SMITH	ADDIE LEIA	2430	SMITH	ROBERT E.	2457
SAWYER	THOMAS	2310	SMITH	ALICE	30449	SMITH	ROBSON	2434
SCOTT	CAMBLE	2311	SMITH	ARIZONA	2413	SMITH	ROSS B.	2452
SCREAMER	CAIN	2315	SMITH	ARTHUR	30452	SMITH	ROSY	2424
SCREAMER	CINDA	2314	SMITH	BELVA	30460	SMITH	ROXIE	2454
SCREAMER	ENOS	2312	SMITH	BESSIE	2425	SMITH	S. RUSSELL	2406
SCREAMER	JAMES	2313	SMITH	BESSIE	2418	SMITH	SALLIE A.	2455
SCREAMER	MANUS	2317	SMITH	BEULAH	2417	SMITH	SAM	30456
SCREAMER	SOGGY	2316	SMITH	BLAINE	30458	SMITH	SAMUEL E.	2459
SELTZ	GEORGIA A.	2318	SMITH	CALLIE	2179	SMITH	STELA	2420
SELTZ	HENRY G.	2320	SMITH	CALVIN	2450	SMITH	SUSIE	30457
SELTZ	JENNY L.	2321	SMITH	CARRIE	2386	SMITH	SYLENA	2398

LAST NAME	FIRST NAME	MILLER R	LAST NAME	FIRST NAME	MILLER R	LAST NAME	FIRST NAME	MILLER R
SMITH	SYLVESTER A.	2465	STANDINGDEER			SWIFT	FRANK B.	3171
SMITH	TENEY	2437		ELSINNAH	2544	SWIFT	MABEL	3172
SMITH	THADDEUS S.	2466	STANDINGDEER			SWIMMER	ANNIE	2602
SMITH	THOMAS	2471		JUNALUSKA	2537	SWIMMER	JOHN	30468
SMITH	VIOLA	2416	STANDINGDEER			SWIMMER	LUCIANIN W.	2600
SMITH	WALLACE J.	2431		LOWIN	2538	SWIMMER	MARY	30469
SMITH	WILLIE CLARK	2472	STANDINGDEER			SWIMMER	RUNAWAY	2601
SMITH	WILLIE MAY B.	2448		MARGARET	2533	SWIMMER	TOM	2604
SMITH	WINNIE	2458	STANDINGDEER			TA LA LA	JACKSON	2616
SMOKER	AHYOSTER	2481		MARGRETTE	2539	TA LA LA	JOHN	2610
SMOKER	AWIE	2485	STANDINGDEER			TA LA LA	LUCY	2614
SMOKER	AXE SAM	2488		MARY S.	2535	TA LA LA	MCKINLEY	2617
SMOKER	BASCOM	2490	STANDINGDEER			TA LA LA	REBECCA	2611
SMOKER	CHARLEY	2479		NANA	2542	TA LA LA	THOMAS	2615
SMOKER	CINDY	2475	STANDINGDEER			TA LA LA	WILL	2613
SMOKER	GAMELECK	2486		NANCY	2540	TAH QUIT	MARTHA	2608
SMOKER	JIM	2476	STANDINGDEER			TAHQUETTE	ANNIE E.	2606
SMOKER	JOHN	2473		WESLEY	2541	TAHQUETTE	EMILY	2607
SMOKER	KWOUS	2484	STANTON	FLORENCE	2545	TAHQUETTE	JOHN A.	2605
SMOKER	LIZZIE	2487	STEWART	ARTHUR T.	2547	TAHQUETTE	JOHN A.	26005
SMOKER	LLOYD	2480	STEWART	CORDELIA W.	2546	TAIL	JIM	2609
SMOKER	MAGGIE	2474	STEWART	DORA	2549	TATHAM	OLIVE	2619
SMOKER	OLIVE	2491	STEWART	LEVI	2548	TATHAM	STELLA	2618
SMOKER	OS KIN NEE	2483	STEWART	LUCINDA	2550	TAYLOR	BESSIE	2622
SMOKER	PETER	2478	STILES	ALMA	2561	TAYLOR	DAVID	2625
SMOKER	STACY	2489	STILES	CLEM	2556	TAYLOR	JACK	2620
SMOKER	WILL	2482	STILES	EMY	2554	TAYLOR	JESSE	2626
SMOKER	WILL	2477	STILES	FLOYD	2562	TAYLOR	JOHN	2630
SNEED	ANNIE	2498	STILES	GILBERT	2553	TAYLOR	JOHN	2628
SNEED	CAMPBELL	2493	STILES	HAL	2557	TAYLOR	JOHN	2621
SNEED	JOHN HARRIS	2492	STILES	MARY	2551	TAYLOR	JULLIUS	2631
SNEED	MANCO	2494	STILES	MARY J.	30464	TAYLOR	LIZA	2633
SNEED	MARY	2497	STILES	MINNIE	2552	TAYLOR	MAGGIE	2636
SNEED	MAUD	2499	STILES	NINA	30467	TAYLOR	OLKINNEY	2634
SNEED	OSCO	2495	STILES	OLIVER	2555	TAYLOR	OLKINNY	2637
SNEED	S.B.	2502	STILES	OMIU	30465	TAYLOR	OO LA I WAY	2623
SNEED	SAMUEL	2496	STILES	THEODOSIA E.	2558	TAYLOR	RACHEL	2638
SNEED	SARAH	2501	STILES	THOMAS	30466	TAYLOR	SALLIE	2629
SNEED	VECO	2500	STILES	THOMAS LESTER	2559	TAYLOR	SHERMAN	2635
SNEED	WILLIAM S.	2503	STILES	VIRGIL	2560	TAYLOR	STACY	2632
SNYDER	SUSANNAH	2504	STRICKLAND	CLIFFORD A.	2567	TAYLOR	STACY	2627
SOL EE OL EE SEE			STRICKLAND	ELLESE	2565	TAYLOR	TEMSEY	2624
	WEDDIE	2805	STRICKLAND	JOHN ROBERT	2566	TAYLOR	THOMAS E.	2639
SOWTHER	DORA	2505	STRICKLAND	MARY L.	2563	TE KE KE SKI	CELIE	2647
SPARKS	BELLE	2507	STRICKLAND	ROY	2564	TE KE KE SKI	JESSE	2646
SPARKS	CARL	2508	STULL	MISSOURI	2568	TEE CEE TES KEE		
SPARKS	HARLIE	2509	SU DA YU	SALLIE ANN	1647		ARACH	2643
SPARKS	LEROY	2510	SUATE	MARTIN	30232	TEE CEE TES KEE		
SPARKS	SARAH A.	2506	SULLINS	PAUL A	2570		AROWEE	2644
SQUIRREL	AWEE	2521	SUMMEROUR	ETHEL	2576	TEE CEE TES KEE		
SQUIRREL	DANIEL	2516	SUMMEROUR	FLORENCE	2572		JESSIE	2642
SQUIRREL	DAVID	2511	SUMMEROUR	JUNIA E.	2571	TEE CEE TES KEE		
SQUIRREL	DINAH	2515	SUMMEROUR	KATHERINE	2573		JONAH	2645
SQUIRREL	FOX	2518	SUMMEROUR	MILTON	2574	TEE CEE TES KEE		
SQUIRREL	GEORGE	2519	SUMMEROUR	SAM	2575		SALLIE	2641
SQUIRREL	KIMSEY	2513	SUTEGI		2577	TEETESKEE	AGGIE	2648
SQUIRREL	MARY	2525	SUTEGI	MARY	2578	TEETESKEE	ELLA	2649
SQUIRREL	NANCY	2526	SUTER	CHARLES W.	2580	TESATEESKA	EVE	2659
SQUIRREL	NANCY	2512	SUTER	DILLER	2587	TESATEESKA	JOHN	2650
SQUIRREL	NORA	2523	SUTER	GEORGE	2585	TESATEESKA	LLOYD	2653
SQUIRREL	NORAH	2514	SUTER	JOHN RILEY	2581	TESATEESKA	MANDY	2657
SQUIRREL	OLLIE	2517	SUTER	LOUVENIA W.	2579	TESATEESKA	NANCY	2655
SQUIRREL	QUATTIE	2520	SUTER	LUELLER	2586	TESATEESKA	NOAH	2658
SQUIRREL	SARAH	2522	SUTER	MAGGIE	2583	TESATEESKA	NOAH	2656
SQUIRREL	SEQUTTEH	2524	SUTER	MARTHA	2582	TESATEESKA	SAMPSON	2651
STALLCUP	NANCY	2527	SUTER	MARY	2584	TESATEESKA	WELCH	2652
STAMEY	ARCH	2531	SUTTON	NANCY	2588	TESATEESKA	WILL	2654
STAMEY	JAMES	2530	SUWAGGIE	WADSUTTA	2589	THOMAS	ALFRED	2660
STAMEY	PEARLEY	2529	SWAYNEY	AMANDA	2598	THOMAS	ALLEN R.	2665
STAMEY	WINNIE A.	2528	SWAYNEY	ARIZONA	2591	THOMAS	ALLIE A.	2663
STANDINGDEER			SWAYNEY	CALLE	2595	THOMAS	ANNIE J.	2673
	ALECK	2543	SWAYNEY	FRANK	2599	THOMAS	BEARL L.	2666
STANDINGDEER			SWAYNEY	JESSE	2594	THOMAS	DONOR	30470
	ANDY	2532	SWAYNEY	JOHN W.	2592	THOMAS	ELLA JANE	2662
STANDINGDEER			SWAYNEY	LAURA	2593	THOMAS	HARLIN E.	2676
	CARL W.	2534	SWAYNEY	LORENZO D.	2597	THOMAS	HERBERT H.	2672
STANDINGDEER			SWAYNEY	LUZENA	2596	THOMAS	HIRAM L.	2667
	CAROLINE	2536	SWIFT	BENJAMIN W.	3170	THOMAS	JACK S.	2669

LAST NAME	FIRST NAME	MILLER R	LAST NAME	FIRST NAME	MILLER R	LAST NAME	FIRST NAME	MILLER R
THOMAS	JAMES A.	2664	TOONIGH	JUKIUS	2737	VOILES	JENNIE	2799
THOMAS	JAMES H.	2670	TOONIGH	LIGE	2740	VOILES	JESSIE	2798
THOMAS	JOSEPH H.	2661	TOONIGH	LYDIA	2744	VOILES	VINCENT	2801
THOMAS	LESSIE I.	2679	TOONIGH	MIKE	2738	WADASUTTA	ANNA	2590
THOMAS	MANDY	2677	TOONIGH	MOSE	2745	WADDIE	UN NIGH	2804
THOMAS	PAULINE	30472	TOONIGH	NANCY	2741	WADE	BIRD	2811
THOMAS	SALLIE	2668	TOONIGH	NICEY	2742	WADE	BIRD	2806
THOMAS	SNOW BELLE	30471	TOONIGH	SQUENCY	2743	WADE	DAVIS	2809
THOMAS	STELLA	2674	TOWEY	JOHNSON	2746	WADE	HAROLD CLAY	2812
THOMAS	THOMAS A.	2675	TOWEY	NANCY	2747	WADE	LEE	2807
THOMAS	W.B.	2678	TRAMPER	AMMONS	30477	WADE	NANCY	2810
THOMAS	WILLIAM H.	2671	TRAMPER	CHILTOSKI	30478	WADE	STEWART	2808
THOMPSON	ALLISON GARNETT	2683	TRAMPER	LOTTIE	30479	WAGA	ANNIE	2813
THOMPSON	ARSENE	18979	TREECE	DANIEL R.	2752	WAH CHECH A	CHARLEY	2818
THOMPSON	ATHA	2692	TREECE	ETHEL M.	2753	WAH CHECH A	JACK	2819
THOMPSON	E.	2689	TREECE	HENRY R.	2749	WAH CHECH A	JARRETT	2814
THOMPSON	ENIS	2680	TREECE	JESSIA	2748	WAH CHECH A	JESS	2825
THOMPSON	ERNEST	2682	TREECE	MARY E.	2751	WAH CHECH A	JIM	30480
THOMPSON	ERNEST TRICE	2684	TREECE	WILLIAM D.	2750	WAH CHECH A	JOHN W.	2823
THOMPSON	GOLIATH	30475	TREW	BIGIE R.	2756	WAH CHECH A	NANCY	2820
THOMPSON	GREELY	2698	TREW	CALSINA	2755	WAH CHECH A	ONEE	2826
THOMPSON	HOWARD	2687	TREW	NORA E.	2754	WAH CHECH A	POSEY	2821
THOMPSON	HUGH CHAS.	2685	TROTT	JOHNNIE	2762	WAH CHECH A	QUELICK	2815
THOMPSON	IOWA	2696	TROTTING WOLF	JENNIE.	2760	WAH CHECH A	ROXIE	2816
THOMPSON	IRIS	2700	TROTTING WOLF	MARTHA	2761	WAH CHECH A	SARAH	2817
THOMPSON	JEWELL	2693	TROTTINGWOLF	ANNIE	2757	WAH CHECH A	SUSIE	2822
THOMPSON	LYDIA	30473	TROTTINGWOLF	JENNIE	2760	WAH CHECH A	WINNIE	2824
THOMPSON	MANDY	2681	TROTTINGWOLF	KATIE	2758	WAHHANEETA	ALLEN	2827
THOMPSON	MARION	2694	TROTTINGWOLF	MARTHA	2761	WAHHANEETA	CAROLINE	2831
THOMPSON	MARTHA	2686	TROTTINGWOLF	MOSES	2759	WAI II IANCCTA	JOHN	2830
THOMPSON	MARY	2695	TROTTINGWOLF	NED	2282	WAHHANEETA	MAGGIE	2834
THOMPSON	MATTIE	2688	TUATLAY	NANCY	2640	WAHHANEETA	POSIE	2829
THOMPSON	MINNIE	2691	TUCKER	DEWEY S.	2768	WAHHANEETA	SALLIE	2828
THOMPSON	NEBRASKEY	2690	TUCKER	JAMES H.	2765	WAHHANEETA	SAMSON	2832
THOMPSON	OLEN	2697	TUCKER	JAMES L.	2770	WAHHANEETA	SAMUEL	2835
THOMPSON	PETER	30476	TUCKER	JOHN M.	2763	WAHHANEETA	WILLIAM	2833
THOMPSON	VRITIS	2699	TUCKER	JOHN W.	2766	WAIHOO	SALLY A.	30481
THOMPSON	WILSON	30474	TUCKER	JOHN W.	2764	WAKEFIELD	ALBER ME.	2847
THRASHER	CLAUD	2708	TUCKER	MARY E.	2767	WAKEFIELD	ALBERT Z.	2841
THRASHER	ELLA V	2701	TUCKER	MARY P.	2769	WAKEFIELD	CHARLEY	2842
THRASHER	ETHEL	2702	TUCKER	WILLIAM P.	2771	WAKEFIELD	EDMON S	2843
THRASHER	ETTA	2703	TURNER	BERTHA P.	2777	WAKEFIELD	ESCO B.	2844
THRASHER	FLORA	2709	TURNER	CLIFFORD F.	2776	WAKEFIELD	KLAY	2849
THRASHER	LEE	2704	TURNER	EMMA BELL	2772	WAKEFIELD	LUCY MAY	2845
THRASHER	MYRTLE	2705	TURNER	JAMES L.	2774	WAKEFIELD	LYDIA E.	2850
THRASHER	PAUL	2707	TURNER	JOHN W.	2775	WAKEFIELD	LYDIA E.M.	2846
THRASHER	THOMAS	2706	TURNER	LIDORA	2773	WAKEFIELD	THOMAS M.	2851
TI GOO GIDER	KA LU QUA TA KE	2710	UTE	ANDY	2778	WAKEFIELD	THOS. ALVIN	2848
TILLEY	OMA	2711	UTE	MARY	2779	WAKEFIELD	VIRGINIA	2852
TIMPSON	CALLIE MAY	2714	VAN	KAIIE	2780	WALHOO	CAROLINE	2838
TIMPSON	COLUMBUS H.	2713	VEAL	CHARLEY	2785	WALHOO	HATTIE	2837
TIMPSON	JAMES	2712	VEAL	HARLEY	2782	WALHOO	LIZZIE	2840
TIMPSON	JAMES A.	2715	VEAL	JOHN	2786	WALHOO	NED	2836
TIMPSON	JOHN S.	2716	VEAL	JOSEPH	2784	WALHOO	WILLIAM	2839
TIMPSON	UMPHREY P.	2717	VEAL	PRATT	2783	WALKER	EUDALIA J.	3163
TOINEETA	ARNEACH	2726	VEAL	SARAH L.	2781			
TOINEETA	CAROLINE	2722	VEAL	WILLIAM	2787			
TOINEETA	GEORGE	2718	VICK	ANDY M.	2789			
TOINEETA	LONEY	2719	VICK	BESSIE	2792			
TOINEETA	MARTHA	2721	VICK	DESSIE	2793			
TOINEETA	NICK	2723	VICK	DORA	2788			
TOINEETA	QUATIE	2724	VICK	LESTER	2790			
TOINEETA	SALLY	2720	VICK	LOCKIE	2795			
TOINEETA	SU WEG IE	2725	VICK	MARY	2791			
TOINEETA	WEST	2727	VICK	SALLIE	2794			
TOOMIE	ANDY	2730	VOILES	ANNIE M.	2803			
TOOMIE	ENGELINE	2729	VOILES	ANNIE M.	2802			
TOOMIE	ISAAC	2736	VOILES	BRIDY	2800			
TOOMIE	JOSEPH	2728	VOILES	CORA	2796			
TOOMIE	MARY	2734	VOILES	JANE	2797			
TOOMIE	NANCY	2733						
TOOMIE	NANNIE	2735						
TOOMIE	NICK	2732						
TOOMIE	SUSANNAH	2731						
TOONIE	LEGILLY	30380						
TOONIGH	ANNA	2739						

LAST NAME	FIRST NAME	MILLER R
WALKER	JOHN	3165
WALKER	MAMIE	3164
WALKER	WILLIAM	3166
WALKINGSTICK		
	ANNIE	2857
WALKINGSTICK		
	BASCUM	2870
WALKINGSTICK		
	CAROLINE	2869
WALKINGSTICK		
	CELIE	2865
WALKINGSTICK		
	JAMES	2855
WALKINGSTICK		
	JAMES	2853
WALKINGSTICK		
	JASPER	2856
WALKINGSTICK		
	JOHN	2860
WALKINGSTICK		
	MAGGIE	2863
WALKINGSTICK		
	MAGGIE	2859
WALKINGSTICK		
	MATILDA	2854
WALKINGSTICK		
	MIKE	2868
WALKINGSTICK		
	MIKE	2866
WALKINGSTICK		
	MOSE	2864
WALKINGSTICK		
	NATION	2858
WALKINGSTICK		
	OWEN	2862
WALKINGSTICK		
	THOMAS	2867
WALKINGSTICK		
	WALSIE	2861
WALLACE	OLLY	2871
WARD	CHARLES J.	2872
WARD	CLARA A.	2874
WARD	JENNIE MAY	2873
WARLICK	EDNA MAY	2876
WARLICK	MARY JANE	2875
WASHINGTON		
	EMMA	2882
WASHINGTON		
	JESSE	2877
WASHINGTON		
	JOSEPH	2883
WASHINGTON		
	KEY	2884
WASHINGTON		
	LIZZIE	2885
WASHINGTON		
	LUZENE	2880
WASHINGTON		
	OLLIE ANN	2878
WASHINGTON		
	RACHEL	2881
WATTY	JOHN	2886
WATTY	LIDGE	2887
WATTY	LIZZIE	2891
WATTY	MARY	2894
WATTY	MITE	2893
WATTY	NANCY	2888
WATTY	ROYERNIH	2890
WATTY	STEVE	2889
WATTY	WALLIE	2892
WAYNE	SARAH (JOHN)	1269
WAYNE	WILLIAM J.	2895
WEBB	ANNIE E.	2896
WEBB	ELEANOR L.	30482
WEBB	EMILY	
	CHEROKEE	2897
WEBB	ETHEL	30483
WEBB	FLORENCE A.	30484

LAST NAME	FIRST NAME	MILLER R
WEBB	JAMES C.	2898
WEBB	JOHN H.	2899
WEBB	LETCHER P.	2900
WEBB	ROBERT A.	2901
WEBSTER	CARRIE	2905
WEBSTER	JETTER	2904
WEBSTER	NORMA	2906
WEBSTER	RACHEL	2902
WEBSTER	WILLIAM L.	2903
WEBSTER	WILLIAM R.	2907
WEINMAN	JENNIE E.L.	2908
WELCH	ADAM	2909
WELCH	ANNA E.	2910
WELCH	ARLICKE	2947
WELCH	CHARLOTTE	2911
WELCH	CLARENCE	2944
WELCH	CORNETA	2915
WELCH	DAVIS W.	2916
WELCH	EDDIE	2924
WELCH	EDDIE R.	2930
WELCH	EPPS	2926
WELCH	EVE	2917
WELCH	JACKSON	2928
WELCH	JAMES	2919
WELCH	JAMES	2913
WELCH	JANE	2948
WELCH	JESSE	2920
WELCH	JOHN	2932
WELCH	JOHN	2918
WELCH	JOHN G.	2934
WELCH	JOSEPH	2921
WELCH	LEE	2940
WELCH	LIZZIE	2923
WELCH	LLOYD R.	2942
WELCH	LUCINDA	2914
WELCH	MADELILNE G.	2935
WELCH	MARK G.	30485
WELCH	MARY	2936
WELCH	MARY	2933
WELCH	MARY E.	2941
WELCH	NANIE	2949
WELCH	NANNIE	2931
WELCH	NED	2922
WELCH	ROBIN RICHARD	2945
WELCH	SALLIE	2929
WELCH	SAMPSON	2946
WELCH	SARAH J.	2925
WELCH	STACY	2927
WELCH	THEODORE A.	2943
WELCH	WILLIAM H.	2912
WENN	JOHN	2950
WENN	NANCY	2951
WESLEY	JINIE	2953
WESLEY	JUDAS	2952
WEST	FAUSTINA E.	2954
WEST	MICHAEL	2955
WESTFIELD	EIHU	2959
WESTFIELD	FANNIE	2956
WESTFIELD	MOLLIE	2957
WESTFIELD	RALPH	2958
WESTFIELD	REESE	2960
WHIPPERWILL		
	ALLEN	2961
WHIPPERWILL		
	CREOLA	2967
WHIPPERWILL		
	DEWEY	2966
WHIPPERWILL		
	EMMA	2963
WHIPPERWILL		
	LOLA	2968
WHIPPERWILL		
	MANLY W.	2962
WHIPPERWILL		
	PRESLEY	2964
WHIPPERWILL		
	VESTER	2965
WHIPPERWILL		

LAST NAME	FIRST NAME	MILLER R
	VINNIE	2969
WHITAKER	ADA	2974
WHITAKER	ANDA J.	2978
WHITAKER	BESSIE E.	2980
WHITAKER	DAVID L.	2970
WHITAKER	JAMES M.	2971
WHITAKER	JUD	2975
WHITAKER	MARTHA A.	2972
WHITAKER	RUTHA	2973
WHITAKER	SARAH A.	2976
WHITAKER	STEPHEN D.	2977
WHITAKER	WALTER A.	2979
WHITE	BETTIE	2981
WHITE	DEE	2983
WHITE	DILLARD	2982
WHITFIELD	EMMA C.	2984
WHITT	CALLIE	2989
WHITT	GURNEY	2990
WIGGINS	ESTELLA R.	2991
WIGGINS	MILDRED	2992
WILD CAT		2993
WILD CAT	ALSIE	2996
WILD CAT	REBECCA	2994
WILD CAT	TINOLA	2995
WILKINSON	JEFFERSON	2997
WILKINSON	SILVESTER	2999
WILKINSON	WAYMAN	3000
WILKINSON	WILLIAM	2998
WILL	ALICE	3005
WILL	JAMES	3004
WILL	JANE	3002
WILL	JOHN	3001
WILL	MOONEY	3003
WILLIAMS	ARVEY	3018
WILLIAMS	CHARLEY	3017
WILLIAMS	CLAUD	3006
WILLIAMS	CLIFFORD	3019
WILLIAMS	DANIEL M.	3008
WILLIAMS	FRED M.	3007
WILLIAMS	JAMES D.M.	3012
WILLIAMS	JAMES FRED	3015
WILLIAMS	JESSIE	3009
WILLIAMS	JOHN H.F.	3016
WILLIAMS	MAY	3010
WILLIAMS	MOLLIE O.	3020
WILLIAMS	ROBERT	3014
WILLIAMS	ROBERT	3011
WILLIAMS	WM. M.	3013
WILLIS	ANDREW E.	3021
WILLIS	BENNY	3023
WILLIS	EARLY	3024
WILLIS	MARY	3022
WILLIS	PICKENS E.	3025
WILNOTY	HAGGIE	3035
WILNOTY	JOE	3026
WILNOTY	LANTY	3032
WILNOTY	MINK	3027
WILNOTY	MOSES	3028
WILNOTY	NED	3030
WILNOTY	NED	3029
WILNOTY	NICE	3033
WILNOTY	SALLIE	3031
WILNOTY	SAMMON	3034
WILSON	ANCIL	3038
WILSON	ARTHUR	3048
WILSON	EDNA M.	3039
WILSON	JEFFERSON	3042
WILSON	LUTHER	3043
WILSON	MARGARET N.	3036
WILSON	MARY	3045
WILSON	MARY	3040
WILSON	MINNIE	3046
WILSON	MONNIE	3044
WILSON	ROSALEE	3041
WILSON	ROSCOE	3037
WILSON	SELMA	3047
WISHON	BERTHA G.	3051
WISHON	CHARITY M.	3058

LAST NAME	FIRST NAME	MILLER R	LAST NAME	FIRST NAME	MILLER R
WISHON	CHARLEY M.	3063	WRIGHT	TJP	AS
WISHON	GAILY O.	3052	WRIGHT	YONE	3122
WISHON	GEORGE	3049	WYLY	ROBERT M.	3125
WISHON	GEORGE W.	3060	YANAGUSKI	LIZZIE	3126
WISHON	JOHN W.	3050	YONCE	GEORGIA	30486
WISHON	JOHN W. JR.	3059	YOUNCE	DASIE M.	3129
WISHON	MARTHA E.	3062	YOUNCE	NANCY E.	3128
WISHON	MCKINLEY E.	3061	YOUNCE	NANCY S.	3127
WISHON	PELMINUA M.	3057	YOUNG	DORA M.	30490
WISHON	ROBERT C.	3053	YOUNG	JOHN J.	30489
WISHON	THOMAS J.	3054	YOUNG	KIRBY	30488
WISHON	WILLIAM T.	3055	YOUNG	MOLLIE	30487
WISHON	WILLIS D.	3056	YOUNGBIRD	DINAH	3131
WOLF	ABEL	3082	YOUNGBIRD	JAMES	3136
WOLF	JACOB	3075	YOUNGBIRD	JOHN	3130
WOLF	JAMES	3079	YOUNGBIRD	RUFUS	3132
WOLF	JESSE	3081	YOUNGBIRD	SOGGY	3133
WOLF	JOSEPH	3080	YOUNGBIRD	WAL GIN NIH	3137
WOLF	LAURA	3077	YOUNGBIRD	WESLEY	3135
WOLF	NELCENA	3076	YOUNGBIRD	YAH NIH	3134
WOLF	RACHEL	3078	YOUNGDEER		
WOLFE	AMANDA W.	3064		BETSY	3140
WOLFE	CALLIE	3089	YOUNGDEER		
WOLFE	CHARLES HICKS	3065		ELI	30493
WOLFE	DAVID	3066	YOUNGDEER		
WOLFE	DELIA ANN	3101		JACOB	30491
WOLFE	EDISON	3093	YOUNGDEER		
WOLFE	ELIZA PAULINE	3105		JESSE	3138
WOLFE	ELKINY	3067	YOUNGDEER		
WOLFE	EMMANEATTE	2337		JOHN	3139
WOLFE	ESTELLA	3070	YOUNGDEER		
WOLFE	FRANCIS M.	3068		JONAH	30492
WOLFE	GEORGE L.	3071	YOUNGDEER		
WOLFE	JAMES L.	3083		MATTIE	3143
WOLFE	JAMES T.	3084	YOUNGDEER		
WOLFE	JAMES WILLIAM	3106		MOODY	3144
WOLFE	JENNIE	3095	YOUNGDEER		
WOLFE	JINSEY	2339		ONNIE	3142
WOLFE	JOB	3092	YOUNGDEER		
WOLFE	JOHN	3088		STEVE	3141
WOLFE	JOHN	3085			
WOLFE	JOHN ALVERT	3069			
WOLFE	JOHN R.	3072			
WOLFE	JOHNSON	3090			
WOLFE	JOSEPH	3094			
WOLFE	JOWEN	3097			
WOLFE	KELLY	3096			
WOLFE	KINSEY	3099			
WOLFE	LINDA	3086			
WOLFE	LLOYD	2336			
WOLFE	LOUIS DAVID	3102			
WOLFE	LOUIS HENRY	3100			
WOLFE	MANDA JANE	3104			
WOLFE	MARGARET P.	3107			
WOLFE	MARY	3108			
WOLFE	MARY E.	3110			
WOLFE	MATTIE	3109			
WOLFE	MATTIE	3091			
WOLFE	MOLLIE	2335			
WOLFE	OWEN	3111			
WOLFE	POLLY	3112			
WOLFE	RICHARD C.	3074			
WOLFE	SALLIE	3113			
WOLFE	SALLIE	3098			
WOLFE	SOPHRONIA ISABEL	3103			
WOLFE	SUSAN	3114			
WOLFE	THOMAS	2338			
WOLFE	WALKER	3087			
WOLFE	WARD	3115			
WOLFE	WILLIAM H.	3073			
WOOD	HESTER O.	3116			
WOOD	RACHEL	3117			
WRIGHT	GEORGE W.	3118			
WRIGHT	JAMES	3119			
WRIGHT	MANDO	3120			
WRIGHT	NELLIE	3121			
WRIGHT	SALLY	3123			

BAKER ROLL
1924

This was suppossed to be the final roll of the Eastern Band of Cherokee Indians. The land was to be alloted and all were to become regular citizens of the United States. Fortunately, the Eastern Band of Cherokee avoided the termination procedures, unlike their brothers of the Nation to the west. The Baker Roll "Revised" is the current membership roll of the Eastern Band of Cherokee Indians of North Carolina.

LAST NAME	FIRST NAME	BAKER	CHUR#	HEST#
ABERNATHY	FANNIE BELL	4		
ABERNATHY	MILES HENRY	2		
ABERNATHY	SALLIE BELLE	1	1564	
ABERNATHY	TABITHA DELL	3		
ADAMS	ADELINE	5		
ADAMS	EMMA LEE	8A		
ADAMS	EVER (EVA)	8		
ADAMS	FRANK	22		
ADAMS	GUDGER	9		
ADAMS	JESSE	27		
ADAMS	JOHN V.	10		
ADAMS	JUANTA	13		
ADAMS	LEWIE	14		
ADAMS	LIONEL	6		
ADAMS	MARION	24		
ADAMS	MARY	20		
ADAMS	MARY	26		
ADAMS	MONELL	15		
ADAMS	PARRIC OR HARRY DALLIE	16		
ADAMS	POSEY	25		
ADAMS	QUINCY	18		
ADAMS	ROLLINS JR.	19		
ADAMS	ROLLINS ELWOOD	17		
ADAMS	RUTH	28		
ADAMS	STANLEY	12		
ADAMS	STEPHEN	7		
ADAMS	TRILBA	11		
ADAMS	WALTER	21		1457"
ADAMS	WILLARD	29		
ADKINS	MARY LUCILE	31		
ADKINS	MARY SNEED	30	1391	
AKIN	JACK BARTON	33		
AKIN	MARGARET A. MERONEY	32	1571	
ALLEN	EVA	35	659	75"
ALLEN	GUION	37		
ALLEN	JOHN (TUSHEEGEE)	34	658	274"
ALLEN	LILLIE B. MURPHY	36		
ALLEN	SALLIE	39	656	273"
ALLEN	WILL	38	655	272"
ALLISON	ALBERT MONROE	44	1791	
ALLISON	BESSIE MATHEWS	40	1784	
ALLISON	BOYCE JACKSON	47		
ALLISON	FELIX WILBUR	46		
ALLISON	IDA MAY	45		
ALLISON	MAGGIE PALESTINE	41		
ALLISON	NANNIE L.	42	1360	
ALLISON	NORA MAGNOLIA	48		
ALLISON	ROY ROBERT	43	1790	
ANDERSON	ADDIE L. G.	49	1710	
ANDERSON	DONA	54		
ANDERSON	EARNEST	60		
ANDERSON	ELBERT	51		
ANDERSON	ELLA MARY ADALAIDE	55		
ANDERSON	EMORY	53		
ANDERSON	ERMA ZA PAYNE	57	1635	
ANDERSON	EVELYN	61		
ANDERSON	GERTIE	50		
ANDERSON	JAMES OLEN	58		
ANDERSON	LLOYD	59		
ANDERSON	MARIE	52		
ANDERSON	PEARL RAPER	62	1602	
ANDERSON	WILLIAM BURL	56		
ARCH	ANNA	65		
ARCH	BESSIE	71		
ARCH	CINDA SAUNOOKE	80	166	
ARCH	CODASKIE	63	156	
ARCH	CORA	68	1344	
ARCH	ELIZABETH bELLE	81		
ARCH	ELLA	67	1343	
ARCH	ELMA CLEONA	70		
ARCH	ELSIE JENNIE	82		
ARCH	ETHLYN	72		
ARCH	EVA S.	77		
ARCH	HORACE	69		
ARCH	JESSE	75		
ARCH	JIMMIE	76		
ARCH	JOHNSON	66	1342	
ARCH	JOHNSON JR.	73		
ARCH	JOSEPH L.	78		
ARCH	LULU EDITH	83		
ARCH	MARTHA	74		
ARCH	NELLIE	86		
ARCH	NOAH	79	155	
ARCH	OLIVAN OR OLIVE ANN	84	93	
ARCH	PAULINE BROOMS	85		
ARCH	WINNIE	64	157	
ARMACHAIN	AMY	87	78	259"
ARMACHAIN	ANNA OR ANNIE	99	140	1345"
ARMACHAIN	CHEWINIH	88	1296	107"
ARMACHAIN	DAVIS	89	960	258"
ARMACHAIN	DEHART	97		
ARMACHAIN	DORA	102	1457	
ARMACHAIN	EMMA	103		
ARMACHAIN	JAMES	100		
ARMACHAIN	JESSE	91	962	
ARMACHAIN	JIM	96		
ARMACHAIN	JONAH	94	1137	
ARMACHAIN	KINEY WATTY	95	1110	
ARMACHAIN	LACY	98	139	110"
ARMACHAIN	LOUIE	101	963	
ARMACHAIN	LUCY LONG	92	1462	
ARMACHAIN	SEVIER	90	965	
ARMACHAIN	STELLA	93		
ARMACHAIN	WILLIAM DAVIS	104		
ARNEACH	FRANCES NEWMAN	111		
ARNEACH	JEFFERSON	105	400	1157"
ARNEACH	JOHN E.H.	108		
ARNEACH	SAMUEL	107		
ARNEACH	SARAH	106	401	983"
ARNEACH	STELLA P.	109		
ARNEACH	SYLVESTER	110		
ASHE	BESSIE IOCUST	112		
ASHE	MARTHA LOCUST	113		
AUSTIN	HOWARD	126A		
AUSTIN	JACK	126A		
AUSTIN	JAMES	126A		
AUSTIN	LELIA	126A		
AUSTIN	VIANEY	114		2161"
AXE	DORA	120		
AXE	ELLA	119	294	
AXE	EVA	116	571	1197"
AXE	JOHN D.	115	570	1211"
AXE	JONIAH LONG	117	290	490"
AXE	LUCINDY	123		
AXE	MAGGIE	121		
AXE	POSEY	122		
AXE	SARAH	118	291	467"
AXE	WILLIE	124	475	1036"
BAKER	ADA	133		
BAKER	ALICE	130		
BAKER	BONNIE FAIR	125		
BAKER	CORA	129		
BAKER	ELIZABETH COLE BRUCE	126	1869	1532"
BAKER	ELLA MCCOY	127	1542	
BAKER	ELMIRA COLE	132	1863	1531"
BAKER	HOMER	134		
BAKER	HOWARD	136		
BAKER	LLOYD	137		
BAKER	LUTHER	135	1864	
BAKER	MARY R	128	1545	
BAKER	THOMAS JR	131		
BARNES	GRACE LEE PAYNE	138	1634	
BARNETT	CLINTON	3136		
BARNETT	IRENE	3137		
BARNETT	KATE	3135		
BARNETT	RUBY	3139		
BARNETT	WILBURN	3138		
BATES	DESSIE	139		
BATSON	HENRIETTA C.	140	1495	
BATTLE	ADDIE LEE	144		
BATTLE	ADELINE	141		1494"
BATTLE	BRUCE W.	142		1494"
BATTLE	BRUCE W. JR.	145		
BATTLE	DAISY L.	143		
BATTLE	JOAN	146		

Baker Roll - 1924

LAST NAME	FIRST NAME	BAKER	CHUR#	HEST#
BATTLE	WILLIAM M.	147		1496"
BAUER	FRED	148	34	
BEARMEAT	MARY ARENEACH	149	705	1304"
BEAVERS	CLIFFIE	151		
BEAVERS	FANNIE ROBINSON	150	1577	
BEAVERS	LEXIE	152		
BECK	EUGENE	153		
BECK	GADY MATTHEWS	154	1793	
BECK	JOHN QUENTIN	158		
BECK	SAMUEL	155		
BECK	SAMUEL FOCH	157		
BECK	SARAH SNEED	156	1401	
BECK	WILMA LEE	159		
BEN	CALLIE	164		
BEN	CANDY	163		
BEN	CHEICK	160	767	277"
BEN	LOUISA	166		
BEN	LUCY	167		
BEN	NANNIE	165		
BEN	OLLIE	161	768	
BEN	STAN	162	769	
BIGGERS	DAISY	168		
BIGMEAT	CHARLOTTE L.C.	176	174	
BIGMEAT	ELIZABETH	179		
BIGMEAT	ETHEL C.	178		
BIGMEAT	ISAIAH	169	1290	655"
BIGMEAT	JOHN	171		
BIGMEAT	MARK WELCH	180		
BIGMEAT	NANNIE	174	798	172"
BIGMEAT	NICODEMUS	173	797	1117"
BIGMEAT	RICHARD	172		
BIGMEAT	ROBERT	175	308	
BIGMEAT	SARAH	170	1280	329"
BIGMEAT	TINIE C.	177		
BIGMEAT	YONA	181	931	527"
BIRCHFIELD	ODIS	183		
BIRCHFIELD	WANDAE BELL	185		
BIRCHFIELD	WILLIE BELL	184		
BIRCHFIELD	WILLIE PEARL	182		
BIRD		195	567	
BIRD	ALKINNEY TAYLOR	198	365	
BIRD	AMANDA SWAYNEY	189	1683	
BIRD	ANNIE	187	1436	
BIRD	ANNIE	199		
BIRD	ANNIE OR WALKINIH	193	1194	99"
BIRD	BERNARDIAN L.	191		
BIRD	DAVID	186	403	
BIRD	ELI	188	1195	
BIRD	GOING	192	1193	313"
BIRD	JEROME JACKSON	190		
BIRD	LUCINDA	200		
BIRD	SOLOMON	194	618	
BIRD	STEPHEN	196	613	880"
BIRD	TIMPSON	197	52	
BIRD	WILLIAM	201		
BISHOP	HATTIE BELL	201A		
BISHOP	LILLIE	201A		
BLACKFOX	CHARLEY	202	1008	445"
BLACKFOX	DINAH C.	208	1191	739"
BLACKFOX	JOE	207		
BLACKFOX	LLOYD	204	1010	
BLACKFOX	NANCY	203	1009	834"
BLACKFOX	NANCY	205		
BLACKFOX	ROSS	206		
BLANKENSHIP	ARIZONA	209	1681	709"
BLANKENSHIP	FRED TURNER	211		
BLANKENSHIP	HELEN KATHALENE	212		
BLANKENSHIP	LEROY EDWARD	213		
BLANKENSHIP	LILLIAN JOSEPHINE	210		
BLYTHE	ANDY JOHNSON	226		
BLYTHE	ARCH	214	28	40"
BLYTHE	BIRDIE BELLE	216		
BLYTHE	DAVID	221	325	344"

LAST NAME	FIRST NAME	BAKER	CHUR#	HEST#
BLYTHE	EMMA KATHERINE	228		
BLYTHE	FRANCIS MARION	217		
BLYTHE	FREDDIE	219		
BLYTHE	JARRET	223	33	
BLYTHE	LLOYD JOHNSON	225		
BLYTHE	MARY B.	224	667	
BLYTHE	NANCY	222	326	640"
BLYTHE	PAULINE THELMA	220		
BLYTHE	RACHEL	227		
BLYTHE	SAMPSON	215	30	
BLYTHE	SUSANNAH	218		
BLYTHE	WILLIAM HENRY	229	187	345"
BOTTS	DENNIS	324		
BOTTS	EDNA	325		
BOTTS	LILLIAN	326		
BOTTS	THELMA	323		
BOWMAN	CALDONIA	230		
BOWMAN	CATHERINE	233		
BOWMAN	FLORENCE	234		
BOWMAN	GRACE ROSE	231	599	
BOWMAN	NORA ROSE	235	600	
BOWMAN	PAUL HAROLD	232		
BRACKET	IOWA THOMPSON	236	1831	
BRADLEY	ALBERT FREEMAN	297		
BRADLEY	ALICE CROWE	291	934	
BRADLEY	ANTOINE RUSSELL	259		260"
BRADLEY	ARDIE ELINOR	261		
BRADLEY	ARIZONA	287	1786	
BRADLEY	ARNESSA	246	383	
BRADLEY	BERTHA ANN	240		
BRADLEY	BETTY	267		
BRADLEY	CHARLES COOLIDGE	276		
BRADLEY	DUEESE	247		
BRADLEY	ELIZA JANE	237	1204	222"
BRADLEY	ELLENE	250		
BRADLEY	ETHEL	258		
BRADLEY	ETTA LEOLA	282		
BRADLEY	EVA CALHOUN	255	1161	
BRADLEY	FLORENCE LAMBERT	242	1332	
BRADLEY	FRED	252		
BRADLEY	FREEMAN	269		
BRADLEY	GEORGE	249		
BRADLEY	GERTRUDE OLENE	273		
BRADLEY	HELEN	256		
BRADLEY	HENRY	243	385	
BRADLEY	IRENE	278		
BRADLEY	JAMES	245	382	
BRADLEY	JAMES WALTER	254	1205	
BRADLEY	JEROME	283		
BRADLEY	JOHN WINFORD	275		
BRADLEY	JOHNSON	257	1444	547"
BRADLEY	JOHNSON	264		
BRADLEY	JOSEPH	263	1439	548"
BRADLEY	JUDSON	270	1208	
BRADLEY	JULIA MCCOY	271	1530	
BRADLEY	LEWIS	266		
BRADLEY	LUCINDA	265		
BRADLEY	LUVINIA	284		
BRADLEY	LYDIA	238	1209	
BRADLEY	MARGARET LOU	260		
BRADLEY	MARTHA ISOPHENE	241		
BRADLEY	MARY MCCOY	274		
BRADLEY	MINDA	280	1213	
BRADLEY	MORGAN	277	1441	
BRADLEY	NANCY	279	1211	
BRADLEY	NANCY TAHTAHYEH	244	380	452"
BRADLEY	NANNIE CLARINIA	288		
BRADLEY	NICK	285	1442	
BRADLEY	RACHEL	289	1438	
BRADLEY	RAYMOND	268		
BRADLEY	REVA	251		
BRADLEY	RICHARD	296		
BRADLEY	ROBERT FRANKLIN	262		
BRADLEY	ROWENA	253		
BRADLEY	ROY	290	1214	
BRADLEY	SARAH	292	1443	
BRADLEY	SARAH POWELL	295	1068	
BRADLEY	SEABORNE	239	1210	

LAST NAME	FIRST NAME	BAKER	CHUR#	HEST#
BRADLEY	SHON	248		
BRADLEY	THOMAS	293		
BRADLEY	VERA	281		
BRADLEY	WILLIAM AMOS	294	1206	
BRADLEY	WILLIAM LEE	272		
BRADY	ARTHUR	304		
BRADY	FLOYD	303		
BRADY	JAMES	299		
BRADY	MARY TABITHA	302		
BRADY	SAMUEL	300		
BRADY	SUSIE SMITH	298	1334	
BRADY	WILLIAM	301		
BRECKENRIDGE				
	CORA O.	305	1724	
BREWSTER	LINNIE	305A		
BROCK	MINNIE MASHBURN	306	1519	
BROCK	RUBY LEE	307		
BROWN	JONAH	308	574	1282"
BROWN	LIXXIE	311		
BROWN	LYDIA	313	863	1281"
BROWN	MARK	310		
BROWN	MOLLIE	309	575	1202"
BROWN	NORA	316		
BROWN	PETER	314	864	
BROWN	RACHEL RATTLER	315	564	
BROWN	SAM	312		
BRUCE	ALICE	319		
BRUCE	ARTHUR	317	1870	
BRUCE	CORRIE	318		
BRUCE	ELIZA RAPER	320		
BRYANT	ELIZABETH H.G.	321	1708	1521"
BRYANT	ETHEL	322	1874	
BRYSON	CLIFFORD	330S		
BRYSON	FRED	328		
BRYSON	MARTHA EDNA	327		
BRYSON	ROBERT	331S		
BRYSON	THELMA	329		
BURGESS	ADA	348		
BURGESS	ARTHUR	344		
BURGESS	FREDERIO HOMER	335		
BURGESS	GEORGE ALGER	333		
BURGESS	GEORGIA ANN	332	661	1176"
BURGESS	JAMES	336		
BURGESS	JOHN	343		
BURGESS	MARTHA	337		
BURGESS	MYRTLE	338		
BURGESS	NELLIE	334		
BURGESS	OLLIE	342		1374"
BURGESS	RABURN	347		
BURGESS	ROSE	346		
BURGESS	SUE	339		
BURGESS	TROY JACKSON	341		
BURGESS	TRUMAN	340		
BURGESS	WINSLOW	345		
BURRELL	EMMA STILES	349	1623	
BURRELL	ERNEST	351		
BURRELL	HUGH	350		
BUSHEYHEAD	BEN	352	700	
BUSHEYHEAD	JOEL	354		
BUSHEYHEAD	NANCY	353	709	
BUSHEYHEAD	ROBERT	355		
BUTLER	CLARA	356		
CALHOUN	DINAH	365		
CALHOUN	HENRY	357		
CALHOUN	HENRY	363	1163	
CALHOUN	HEWITT	368		
CALHOUN	KATIE	367		
CALHOUN	LAWSON	362	1162	
CALHOUN	LAWYER	358	1284	199"
CALHOUN	LAWYER	364	1164	
CALHOUN	MORGAN	360	1157	740"
CALHOUN	OLLIE	359	1285	1317"
CALHOUN	SALLIE ANN	361	1158	833"
CALHOUN	SMATHERS	366		
CAMP	BETTIE	370		
CAMP	ISABELLA MURPHY	369	1742	
CAMPBELL	CALLIE	371		
CANNAUT	ABEL	372	593	389"
CANNAUT	ADDISON	375		
CANNAUT	COLUMBUS	373	763	
CANNAUT	ELIZA DRIVER	376	1307	560"
CANNAUT	MAGGIE	374	764	
CANTRELL	STELLA	377		
CANTRELL	WILLIAM	378		
CARDEN	MARY L.	1492		
CARROLL	NEWTON	379		1402"
CARTER	BELVIA A.L.H.	380		
CARTER	MABEL	381		
CARTER	WALLACE	382		
CARVER	ADA	383		
CARVER	BERNETTE	384		
CARVER	HATTIE RAPER	387		
CARVER	JAMES	385		
CARVER	WAYNE	386		
CATOLSTER	ALEXANDER (ALEC)	402		
CATOLSTER	BENJAMIN	394		
CATOLSTER	BESSIE	406		
CATOLSTER	BOYD	399		
CATOLSTER	CARSON J.	388	56	253"
CATOLSTER	CODASKEY	407		
CATOLSTER	DAVID	391		
CATOLSTER	ELIZA F.	398		
CATOLSTER	ELSIE FEATHER	397	131	
CATOLSTER	EMMA	395		
CATOLSTER	GUYON	404		
CATOLSTER	JOHNSON	390		
CATOLSTER	JOSIE S.	389	77	
CATOLSTER	LUCY	405		
CATOLSTER	MARGARET	392		
CATOLSTER	NANNIE	403	1908	
CATOLSTER	REBECCA	393		
CATOLSTER	SALLY	401	100	
CATOLSTER	WALLACE	396	55	
CATOLSTER	WILLIAM	400	55	252"
CATT	BENJAMIN	408	572	131"
CATT	BOYD	418		
CATT	CORINTHA	414	85	
CATT	DAVID	415		
CATT	ELLA	420		
CATT	JESSE	411	845	
CATT	JOHNSON	409	840	
CATT	MARY ELLEN	412		
CATT	PAUL JONES	417		
CATT	ROBERT	416		
CATT	SALLY	410	841	
CATT	SARAH	419		
CATT	WILLIE	413		
CEARLEY	CHARLIE ESPER	427		
CEARLEY	EMERY L.	421	1605	
CEARLEY	HENRY THRMAN	425		
CEARLEY	JETTER COLUMBUS	426		
CEARLEY	JOHN PATRICK	424		
CEARLEY	LUCY EMMALINE	422	1604	1504"
CEARLEY	NEBRASKA THOMPSON	428	1816	
CEARLEY	ROBERT ASTOR	423	1607	
CEARLEY	WILLIAM L.	429	1605	
CHATMON	MARTHA	430		
CHAVLAS	MINDA REED	431	303	
CHEKELELEE	ANDY	432	858	
CHEKELELEE	BERTHA	435		
CHEKELELEE	BESSIE	434		
CHEKELELEE	BETTY CATT	433	843	
CHEKELELEE	EMMA MAY	437		
CHEKELELEE	LILLY	436		
CHEKELELEE	ROSA	440	534	
CHEKELELEE	SIMON (DEWITT)	439	533	
CHEKELELEE	STONE	438	531	1208"
CHEKELELEE	TOM	441	1555	1207"
CHILDERS	CLIFFORD E.	446		
CHILDERS	JULIUS W.	448		
CHILDERS	LULA FRANCES	442	1367	
CHILDERS	MAUD M.	445		
CHILDERS	ROBERT M.	443		
CHILDERS	RUSSELL DANIEL	447		
CHILDERS	STELLA LOVADA	444		
CHILTOSKIE	CHARLOTTE	452	133	397"

Baker Roll - 1924

LAST NAME	FIRST NAME	BAKER	CHUR#	HEST#
CHILTOSKIE	GOINGBACK	453	136	
CHILTOSKIE	TENNIE SMITH	450	1388	
CHILTOSKIE	WAHDIH	449	135	
CHILTOSKIE	WILLIAM	451	132	787"
CLARK	IVY ANN	454		
CLARK	LOTTIE A. SMITH	456	1496	5"
CLARK	PAUL	455		
CLAY	TIMPSON	457	107	81"
CLIMBINGBEAR	DELESKIE	458	1081	745"
CLIMBINGBEAR	HENDERSON	461		
CLIMBINGBEAR	NANCY TOONI	459	1051	805"
CLIMBINGBEAR	OLLIE	460		
CLIMBINGBEAR	OLLIE	462	1080	744"
COFFEY	BLANCHE	465		
COFFEY	CLYDE	467		
COFFEY	ETHEL	463		
COFFEY	JOHN LEE	466		
COFFEY	STELLA	464		
COLE	ALVAH	468		
COLE	ARLEY	481	1881	
COLE	ATTLA	484		
COLE	BEULAH	475		
COLE	CORA	474		
COLE	EDWARD	488		
COLE	GEORGE EMERY	469	1885	
COLE	GRACE	473		
COLE	HAZEL	479		
COLE	HOLLIE	482		
COLE	HOWARD	478		
COLE	IRENE	485		
COLE	JOHN	470	1861	
COLE	OLLIE	483		
COLE	REED	472		
COLE	REMUS	486		
COLE	ROBERT T.	471	1884	
COLE	RUBY	487		
COLE	WALTER	477	1859	
COLE	WILLIAM A.	480	1880	1536"
COLE	WILLIAM OLIS	476		
COLEMAN	BAILEY BARTON	491		
COLEMAN	IDA E.	490		
COLEMAN	MAE TIMPSON	489	1510	
CONLEY	JENNIE LOSSIE	493	1216	364"
CONLEY	JOHN SR.	492		1121"
CONLEY	JOHN JR.	494		1123"
CONLEY	LUKE	496	1124	
CONLEY	SALLIE SHERRILL	495	987	
CONSEEN	AMANDA	510		
CONSEEN	ANNA	511		
CONSEEN	ANNIE	497		
CONSEEN	BREST	498	516	1108"
CONSEEN	BUCK	499	1322	
CONSEEN	CAROLINE T.	502	63	
CONSEEN	DINAH QUEEN	500		
CONSEEN	HARRY	506	528	
CONSEEN	IDA	508		
CONSEEN	IRENE ARCH	513	154	183"
CONSEEN	JAMES	501	518	
CONSEEN	JOE (JOB)	507	529	
CONSEEN	LUCY ANN	503		
CONSEEN	NANCY	505	527	1202"
CONSEEN	NESSIE	509		
CONSEEN	PETER	504	526	1125"
CONSEEN	THOMPSON	512	1324	
CONSEEN	WILLIE	514	522	
COOK	ARVEL CALVIN	519		
COOK	INEZ GERTRUDE	517		
COOK	JESSIE LEORA	515	1581	
COOK	LEONA RUBY	520		
COOK	RANDALL EDGAR	518		
COOK	ROSIE MAY	521		
COOK	VERNIE LEE	516		
COOPER	ARNOLD E.	522	1404	
COOPER	CATHERINE LOUISE	527		
COOPER	CURTIS	525	1405	
COOPER	IDA LEE	524		
COOPER	JESSIE	523		
COOPER	MACK	526		1470"
COOPER	MARY JOE	529		
COOPER	STACY JANE	528	1403	1083"
CORNSILK	ANNIE	531	470	1034"
CORNSILK	ARMSTRONG	530	469	1102"
CORNSILK	EMMA	535		
CORNSILK	JACOB	536		
CORNSILK	LORENZO DOW	532	602	1106"
CORNSILK	NANCY	533	517	1110"
CORNSILK	WOODIE	534		
CRAIG	CHARLES ELLIOT	541		
CRAIG	ELVIRA	537	1452	
CRAIG	GARNALEE	544		
CRAIG	GEORGE DONLEY	545	800	
CRAIG	GEORGIA M.	542		
CRAIG	GLADYS	543		
CRAIG	LILLIE VIVIAN	547		
CRAIG	ROBERT LEE	538		
CRAIG	WILLIAM T.	540		
CRAIG	WILLIAM W.	546	802	
CRAIG	WINONA JUANITA	539		
CRAWFORD	FRED	549		
CRAWFORD	OMA	548		
CREASMEN	GOLMAN	914		
CROMWELL	MARGARET PL.	550		
CROOKS	BESSIE MERONEY	551	1558	1420"
CROWE	ALBERT	570	307	
CROWE	AQUISHOE	552	1004	
CROWE	ARTHUR	555	1759	
CROWE	BETTY	574		
CROWE	BOYD	556	314	
CROWE	CAROLINE	557	309	688"
CROWE	DAVID	558	946	
CROWE	DINAH	585		
CROWE	E. THELMA	580		
CROWE	ELNORA	563		
CROWE	ENOCH	554		
CROWE	FORREST SMITH	603		
CROWE	GUYON	589		
CROWE	IVA	572		
CROWE	JAMES DAVID	578		
CROWE	JOHN	567	304	536"
CROWE	JOHN A.	579		
CROWE	JOHN HENRY	566		
CROWE	JOHN WESLEY	575	652	
CROWE	JOSEPH	577		
CROWE	JOSEPH	582	311	691"
CROWE	JOSEPHINE LEE	592		
CROWE	JUANITA	604		
CROWE	KATIE	588		
CROWE	LEUNA	573		
CROWE	LUCY	571		
CROWE	LUTHER	583	1758	
CROWE	LUZENE	564		
CROWE	MANDY	599		
CROWE	MARTHA	585	62	
CROWE	MARY	568	305	596"
CROWE	MINNIE A.	602	1775	
CROWE	MOLLY WELCH ENDROS	576	172	363"
CROWE	NAMMIE	553	928	
CROWE	NANCY	561		
CROWE	NANCY STANDINGDEER	594	197	324"
CROWE	NELLIE	565		
CROWE	OSSIE	584	1325	700"
CROWE	RACHEL	560	950	
CROWE	ROBERT	590	1761	
CROWE	ROBERT HENRY	598		
CROWE	SALLIE	559	947	
CROWE	SALLIE	569	306	
CROWE	SALLIE SATAUGA	596	721	
CROWE	SAMUEL	591	948	
CROWE	SEVIER	562		
CROWE	SEVIER	593	1757	58"
CROWE	STACY	586		

Baker Roll - 1924

LAST NAME	FIRST NAME	BAKER	CHUR#	HEST#
CROWE	UTE	595	134	
CROWE	WARREN H.	581		
CROWE	WESLEY	600	310	693"
CROWE	WESLEY	601	1762	
CROWE	WILLIAM	597		
CUCUMBER	AMANDA	620		
CUCUMBER	ARCH	605	261	
CUCUMBER	ARCH (SAMPSON)	607	1549	
CUCUMBER	DAVID	621		
CUCUMBER	DELLISKE	615		
CUCUMBER	DOROUS	608	258	584"
CUCUMBER	GENA	610	260	
CUCUMBER	JACK	614		
CUCUMBER	JAMES	616	262	
CUCUMBER	JENNIE	618		
CUCUMBER	JOHN D.	622		
CUCUMBER	KATIE	611	79	
CUCUMBER	LIZZIE REED	617	921	
CUCUMBER	MASON	619		
CUCUMBER	NOAH	612	1891	
CUCUMBER	OLLIE V.	606	224	426"
CUCUMBER	SPENCER	613		
CUCUMBER	WILLIAM	609	259	586"
CULBERSON	SARAH J.	623		
CULWELL	BERTHA	624		
BAILEY	GUITA ISABELLE	625	1665	
BAILEY	LEONARD	628		
BAILEY	MATTIE JANE	626		
BAILEY	NOAH	627		
BAILEY	WILMA	629		
BARLON	MACK	630		
BARLON	MINNIE	633		
BARLON	NETTIE	634		
BARLON	PARLEE	632		
BARLON	SHERLEY	631		
DAVIS	ANITA	635	730	
DAVIS	CHARLEY	636	1036	776"
DAVIS	CORNELIUS	646		
DAVIS	DAVID	637	1039	
DAVIS	ELIZABETH	639		
DAVIS	GEORGE	638	1041	
DAVIS	ISRAEL	644	1038	
DAVIS	ISSAC	642	1040	
DAVIS	JOE	647	778	781"
DAVIS	KATIE	648	779	394"
DAVIS	LENA LONG	643	1466	
DAVIS	LYDIA K. PAYNE	649	1630	
DAVIS	MARGARET BRADLEY	645	1212	
DAVIS	MARTHA JANE	641		
DAVIS	MARY DELLE	640		
CLARENCE	DESSER LEE	1837		
CLARENCE	GEORGIA	1838		
CLARENCE	OVELIVA	1839		
CLARENCE	ROSA MAE	1836		
DEAN	HENRY LOUIS	651		
DEAN	SYBIL DUNCAN	650	434	
DEATON	CALCINA SWAYNEY	652	1679	
DEAVER	JOHN ROBERT	654		
DEAVER	MARY E.	653	1657	1555"
DELEGESKIE OR TAYLOR	JOHN	655	356	497"
DENTON	BESSIE SMITH	656	1893	
DILLARD	NORA	657		
DILLARD	WINDLE	658		
DILLINGHAM	BETTIE	659		1473"
DILLS	LOUISE	662		
DILLS	LYLE	664		
DILLS	RUBY	661		
DILLS	TURNER	663		
DILLS	VILLA ROGERS	660	1904	
DOCKERY	DMMA J.	665	1642	1563"
DOCKERY	DORA LEE	667		
DOCKERY	GRACE A.	670		
DOCKERY	JASEPHINE	669		
DOCKERY	RALPH BURTON	666	1644	
DOCKERY	ROSCOE A.	668		
DONLEY	ROBERT L.	671	1487	1180"
DRIVER	ADAM WEST	693		
DRIVER	AGNES	699	1057	826"
DRIVER	AMANDA	677		
DRIVER	ANNIE	672	1107	831"
DRIVER	ANNIE BIRD	683	397	
DRIVER	BETTY	673	1118	871"
DRIVER	CHECKELELEE	674	1129	
DRIVER	DICKEY	679	1235	730"
DRIVER	ELIZA	691	1106	825"
DRIVER	ETTA RATLIFF	680	1236	67"
DRIVER	GEORGE	682	1129	
DRIVER	JAMES	678		
DRIVER	JAMES GOLIATH	684	1120	876"
DRIVER	JOHN	681		
DRIVER	JOHN	685	1058	
DRIVER	JOHN WEN	689		
DRIVER	JUDAS	690	1105	872"
DRIVER	MACADOO	695		
DRIVER	MASON	676		
DRIVER	NANIE TOONI	686	1053	
DRIVER	NED	692	1308	
DRIVER	NICODEMUS	687		
DRIVER	OLLIE	675	1127	
DRIVER	QUINCY	688		
DRIVER	REBECCA BIRD	701	1049	
DRIVER	RICHARD T.	694		
DRIVER	RUSSEL B.	697	1119	875"
DRIVER	RUTH	696		
DRIVER	WESLEY	698	1056	874"
DRIVER	WILLIAM	700	1306	733"
DUNLAP	DAVID HUSTON	703		
DUNLAP	DELIA ANN	702	1664	
DUNLAP	JOHN ROBERT	708		
DUNLAP	MARY MATILDA	707		
DUNLAP	ODELL	710		
DUNLAP	ROBERT L.	709		
ELLER	JOSIE PATTERSON	711		
ELLIS	CELIA HARDIN	712		
ELLIS	MAGDALENE ELIZABETH	713		
ELLIS	OLIVE TATHAM	716		
ELLIS	THOMAS JEFFERSON	715		
ELLIS	WILLIAM SAMUEL	714		
ENDROS	EDWIN	717	179	
ENLOE	MAGGIE HORNBUCKLE	718		
EUBANK	LILLIE	718A		
EWART	TINEY LOCUST	719	1469	
FALLS	BERTIE BISHOP	719A		
FEATHER	GAHTAYAH	720	105	
FEATHER	HETTIE	722	124	
FEATHER	JONAH	725	106	
FEATHER	LAWYER	723	102	807"
FEATHER	MARY	724	103	470"
FEATHER	WILLIAM	721		
FEATHERHEAD	ELLA JOHNSON	727	367	662"
FEATHERHEAD	WILSON	726	1292	1217"
FINGER	CORA JUANITA	733		
FINGER	ELMER E.	731		
FINGER	LEONIA	730	1485	
FINGER	RUBY IRENE	732		
FINGER	SAMUEL A.	729	1484	
FINGER	SOPHRONIA	728	1482	1340"
FISHER	ELSIE McLEYMORE	734		
FISHER	FRANKIE COOPER	735	1406	
FISHER	STACEY ALICE	736		
FORTNER	DELIA	737		
FORTNER	JUNE	738		
FORTNER	SIS	738A		
FOSTER	ALICE	739	1725	1514"
FOSTER	BURTON	741	1728	
FOSTER	LEROY	742	1729	
FOSTER	ROBERT	740	1727	
FOSTER	WILLIAM EDGAR	743		
FRENCH	CALLIE RUNNINGWOLFE	748		
FRENCH	GEORGE	756	799	
FRENCH	GERRY	753		
FRENCH	JESSE	751	423	
FRENCH	JOHN KENNETH	747		

LAST NAME	FIRST NAME	BAKER	CHUR#	HEST#	LAST NAME	FIRST NAME	BAKER	CHUR#	HEST#
FRENCH	JONAH	757	789		GEORGE	SHERMAN	812		
FRENCH	JUDY	754			GEORGE	SHON	827	369	647
FRENCH	MERONEY	744	785		GEORGE	TOM	824		
FRENCH	MORGAN	749	786		GILBERT	EMMALINE ROBINSON	828	1578	
FRENCH	NED	750	420		GILBERT	PAUL ALEXANDER	829		
FRENCH	ROY DANIEL	746			GILREATH	ALBERT E.	831		
FRENCH	SALLIE RUNNIGWOLFE	745	1103		GILREATH	CECIL	834		
FRENCH	SAMUEL	752			GILREATH	GEORGIA	830		
FRENCH	SAUGHEE	755	787		GILREATH	RITTIE	835		
FRYE	OWENAH A.	758	35		GILREATH	ROXIE	833		
FUENTEZ	ALICE HUGHES	759			GILREATH	RUBIA	832		
GARLAND	AUD	767			GLOYNE	DANIEL DAVID	839		
GARLAND	CHARLIE	771			GLOYNE	JOHN HARRIS	838		
GARLAND	DORA	774			GLOYNE	LULA OWL	836	16	
GARLAND	EDGAR	766			GLOYNE	ROBERTA	837		
GARLAND	EDITH	772			GOFORTH	ARTHUR	840		
GARLAND	EMMA	775			GOIN	SALLIE	841	178	1315
GARLAND	EMORY	761	1712		GOING	BIRDCHOPPER	842	181	132
GARLAND	FRANK	764			GOING	EMMALINE	844		
GARLAND	FRED	765			GOING	GEORGE	845		
GARLAND	HOMER	769			GOING	OLLIE	843	182	182
GARLAND	JESSE L.	760	1709	1519"	GOINGSNAKE	NANCY	846	146	72
GARLAND	JOHN BASCO	763	1702	1526"	GRAVES	EVA	851		
GARLAND	LEONZO	768	1714		GRAVES	FRED	848		
GARLAND	NETTIE	773			GRAVES	HOYT	852		
GARLAND	RADIA ELMER	762	1713		GRAVES	INEZ	847		
GARLAND	ROXANNA	776	1705	1520"	GRAVES	MARY	850		
GARLAND	RUTH	770			GRAVES	MYRTLE	849		
GARLAND	WILLIAM S.	777	1706	1522"	GREEN	ALFRED HERMAN	858		
GARREN	ELMER	779			GREEN	BLANCHE	856		
GARREN	IDA COLE	778	1857		GREEN	BONNIE LEE	855		
GARREN	ROSA	780			GREEN	CORA E. PAYNE	853	1647	
GEORGE	AMMONS	811			GREEN	LENA BISHOP	859A		
GEORGE	ANNIE	788	342		GREEN	LURLIE B.	854	1648	
GEORGE	ANNIE	795			GREEN	MARGARET HELEN	859		
GEORGE	BEN	823			GREEN	MARTHA CAROLINA			
GEORGE	BESSIE	796				ROGERS	860	1730	1548
GEORGE	BESSIE BIRD	804	405		GREEN	WILLIE	857		
GEORGE	BESSIE TAYLOR	781	832		GREENE	SAMUEL P.	862		
GEORGE	CALLIE	815			GREENE	STELLA BAKER	861	1543	
GEORGE	CORNELLA	793	392		GREYBEARD	SALLIE	863	1766	
GEORGE	DAVIS	783	368	645"	GRIFFEN	FRANKIE ALMONDA	866		
GEORGE	DAWSON	786	340	575"	GRIFFEN	IMA	864		
GEORGE	DINAH	2748			GRIFFEN	IOWA	865		
GEORGE	ELIJAH	789	386	451"	GRIFFIN	JANE MURPHY	867		
GEORGE	ELIJAH	799	939	652"	GRIFFIN	MINNIE GOFORTH	868	1438	
GEORGE	ELIZABETH	800	730	320"	HAGOOD	MAYES MERONEYH	869	1565	
GEORGE	ELMO DON (ALLEN)	801	707		HAIGLER	CORA McLEYMORE	870	1502	
GEORGE	ESTHER	802	938	650"	HAIGLER	FRANK WALLACE	871		
GEORGE	FLORENCE	782			HAMBY	EDNA RAPER	872		
GEORGE	GOLIATH PANTHER	803	381		HAMILTON	LEONA JORDAN	872A		
GEORGE	GOOLARCHE	806	345		HARDIN	ADA	918		
GEORGE	GREEN	807	391		HARDIN	ARLECY	898		
GEORGE	GUY	798			HARDIN	ARLIE	880		
GEORGE	IDA	814			HARDIN	ARNOLD EDWARD	901		
GEORGE	JACKSON	808	743		HARDIN	BERTIE	905		
GEORGE	JACOB	809	741		HARDIN	BEULA	910		
GEORGE	JONAH	813			HARDIN	BOROTHY	874		
GEORGE	JOSEPH	797			HARDIN	CLURIA	876		
GEORGE	JOSIE	816			HARDIN	DILLARD	873		
GEORGE	JUDAS	1423			HARDIN	DOCK	875		
GEORGE	JULIA V.	817	1772	841"	HARDIN	DOLPHUS L.	881		
GEORGE	LEWIS	791	388		HARDIN	EDITH	908		
GEORGE	LOGAN	818	1277		HARDIN	EDWARD	899		
GEORGE	MAGGIE REED	819	1001		HARDIN	ELIZABETH	887		
GEORGE	MANLEY	820	343		HARDIN	ERNEST	906		
GEORGE	MARGARET	785			HARDIN	ESSIE	877		
GEORGE	MARTHA	792	389		HARDIN	FLORA	912		
GEORGE	MARTHA	822	344		HARDIN	FOTCH (FOCH)	926		
GEORGE	MARY	787	341	690"	HARDIN	FRANCES	920		
GEORGE	NICEY WILNOTY	790	1259		HARDIN	FRANK J.	888		
GEORGE	NOLA SQUIRREL	810	639		HARDIN	GARFIELD	884		
GEORGE	PAULINE	805			HARDIN	GAY	878		
GEORGE	ROSIE E. BIDDIX	784	1412	66"	HARDIN	GENEVA	892		
GEORGE	RUSSEL	794			HARDIN	GILES	885		
GEORGE	SAM	825			HARDIN	GLEASON	883		
GEORGE	SAVANNAH PARTRIDGE	821	704		HARDIN	GRANT	922		
GEORGE	SHELL	826	338	574"	HARDIN	GUION (GUINN)	911		

Baker Roll - 1924

LAST NAME	FIRST NAME	BAKER	CHUR#	HEST#
HARDIN	GURLEY	931		
HARDIN	GUY	925		
HARDIN	HARDIE	928		
HARDIN	HERBERT (HUBBARD)	889		
HARDIN	JAMES OAKLEY	882		
HARDIN	JAMES W.	894		
HARDIN	LONAINO (LONNIE)	900		
HARDIN	LOYD	902		
HARDIN	LUKE	896		
HARDIN	LURY	879		
HARDIN	MAE	890		
HARDIN	MARVIN	893		
HARDIN	MONIE (MAMIE)	897		
HARDIN	NELLIE AUDRY	907		
HARDIN	NOAH	924		
HARDIN	ODIS	895		
HARDIN	PAUL	930		
HARDIN	PAULINE RUBY	917		
HARDIN	PEARLY	903		
HARDIN	RAYMOND	886		
HARDIN	RICHARD	909		
HARDIN	ROMELUS (ROMAS)	904		
HARDIN	ROY	929		
HARDIN	RUBY	923		
HARDIN	THOMAS J.	915		
HARDIN	VERNON	891		
HARDIN	VINCENT	931		
HARDIN	VIRGIL	919		
HARDIN	WILLARD	913		
HARDIN	WILLIAM	921		
HARDIN	WILLIAM J.	927		
HARDIN	WYLEY	916		
HARDING	FLORENCE S.	935		
HARDING	HAROLD	934		
HARDING	LEWIS EMMETT	936		
HARDING	MARY J. CRAIG	933	799	1181"
HARRIS	JOSELPH EDWARD	940		
HARRIS	JUANITA	944		
HARRIS	MAGGIE E.	938		
HARRIS	MARY LOU	939		
HARRIS	OLLIE V.	937		
HARRIS	RACHEL LONG	942	371	672"
HARRIS	WILLIAM	943		
HARRIS	WINNIE MAE	941		
HARTNESS	GIRTY LANEY	948		
HARTNESS	HARVEY	945		
HARTNESS	ICEY	949		
HARTNESS	JACK	946		
HARTNESS	JULIA	947		
HAWKINS	CHARLES L.	951	1610	
HAWKINS	DELLA MAY	953		
HAWKINS	DORA PARILEE	950	1609	1505"
HAWKINS	HAMMOND LEE	954		
HAWKINS	JAMES	957		
HAWKINS	LUTHER	952		
HAWKINS	MAUD	956		
HAWKINS	RUTH	955		
HAYES	MATTIE MASHBURN	958	1520	
HAYES	NINA MASHBURN	959	1519	
HAYMON	BESSIE BURGESS	960	668	
HENRICY	LOUZENIA	961		705"
HENSLEY	GRACE SMITH	962	1382	
HENSLEY	LOUISA SMITH	963		1278"
HENSLEY	ONEY LAMBERT	964	1353	
HENSON	EVERETT	965		
HERRON	AMANDA JANE WOLF	966	663	
HIGGINS	CHARLES	976		
HIGGINS	CHARLES	976		
HIGGINS	EMMA	967		
HIGGINS	HENRY	972		
HIGGINS	LILLIE	969		
HIGGINS	ROSE	968		
HIGGINS	THELMA	971		
HIGGINS	WILLIE	973		
HILL	ABRAHAM	974	900	837"
HILL	ALICE	988		
HILL	ANNIE	975	901	896"
HILL	BIRDIE C.	979		
HILL	BLAINE	976	889	
HILL	BLAINE JR.	981		
HILL	ELIZABETH	980		
HILL	ETTA	992	887	250"
HILL	JOHN	983	1077	737"
HILL	LAURA J. WOLFE	985	1169	
HILL	LEVIE	984	891	
HILL	LLOYD	982		
HILL	LUZENE	977	881	
HILL	MAUL OR MALL	989	888	911"
HILL	NED	986		
HILL	NED	990	890	
HILL	RUFUS SCOTT	987		
HILL	SOGGIE	991	886	914"
HILL	VIOLA NELLIA	978		
HIPPS	BERNICE LEE	999		
HIPPS	EMMALINE	996		
HIPPS	JAMES D.	995		
HIPPS	JOSEPH FLOYD	1000		
HIPPS	JOSHUA S.	997		
HIPPS	NANNIE	993	1346	
HIPPS	NINA MARIE	994		
HIPPS	VERDIE LAMBERT	998	1347	
HIPPS	WILLARD	1065		
HODGES	OLLIE	1000A		
HODGES	OLLIE JANE	1000A		
HOGAN	EDITH LEE	1001	1365	
HOGAN	FAYE	1005		
HOGAN	FLOYD	1003		
HOGAN	NORMA	1004		
HOGAN	WAYNE	1002		
HOLLAND	DAVID	1006		
HOLLAND	JESSIE	1007		
HORNBUCKLE	ADDIE-QUEEN	1023	1246	
HORNBUCKLE	ALLEN	1013		
HORNBUCKLE	ANDY	1008	1317	
HORNBUCKLE	ANINIH BIGMEAT	1025	1288	654"
HORNBUCKLE	ANNIE OOCUMMA	1043	245	
HORNBUCKLE	BENJAMIN	1021		
HORNBUCKLE	CALLIE	1028		
HORNBUCKLE	CHARLES	1009		
HORNBUCKLE	CLIFFORD	1018		
HORNBUCKLE	CLYDA MAY	1020		
HORNBUCKLE	DANIEL	1011		
HORNBUCKLE	FRED	1014	1456	
HORNBUCKLE	GEORGE	1015	1446	53"
HORNBUCKLE	HARTMAN	1016	1449	
HORNBUCKLE	ISRAEL	1022	233	
HORNBUCKLE	JEFF D.	1024	1315	437"
HORNBUCKLE	JEFF D. JR.	1026	1315	
HORNBUCKLE	JENNIE	1040		
HORNBUCKLE	JOHN L.	1029	1314	
HORNBUCKLE	JOHN OTTER	1030	374	660"
HORNBUCKLE	JOHN RUSSEL	1032	1451	
HORNBUCKLE	JOHNSON	1034		
HORNBUCKLE	JULIUS	1035		
HORNBUCKLE	LOTTIE	1010		
HORNBUCKLE	MAGGIE	1036	232	432"
HORNBUCKLE	MARY MANEY	1039	1302	
HORNBUCKLE	MATTIE	1031	375	
HORNBUCKLE	MINNIE MAY	1041		
HORNBUCKLE	NANNIE	1012	1237	
HORNBUCKLE	POLLY BIDDIX	1045	1414	
HORNBUCKLE	REBECCA	1037	231	430"
HORNBUCKLE	SALLIE OTTER	1027	870	
HORNBUCKLE	STACY CROWE	1033		
HORNBUCKLE	STACY CROWE	1033		
HORNBUCKLE	THURMAN	1019		
HORNBUCKLE	WILLAIM ALLEN	1017	1453	
HORNBUCKLE	WILLIAM	1038	1454	52"
HORNBUCKLE	WILLIAM	1042	234	433"
HORNBUCKLE	WILSON	1044	1458	
HUNTER	AGNES	1047		
HUNTER	CELIA	1046	1876	
HYDE	CARRIE ROSE	1048	601	
JACKSON	CARL	1051		
JACKSON	CAROLINE	1067	497	
JACKSON	DEKIE	1062	492	1154"

Baker Roll - 1924

LAST NAME	FIRST NAME	BAKER	CHUR#	HEST#
JACKSON	DOVIE	1049		
JACKSON	EDDIE (EDWARD)	1052	500	
JACKSON	ELIJAH	1059		
JACKSON	FLORENCE	1063	494	
JACKSON	ISAAC	1068		
JACKSON	JACK	1054	327	
JACKSON	JACOB	1057	515	
JACKSON	JENNIE ARCH HOLLAND	1060	1232	
JACKSON	LAWYER	1061	491	1045"
JACKSON	MARGARET ARNEACH	1053	402	
JACKSON	MARGARET MURPHY	1064	1741	
JACKSON	MARY QUEEN	1055	1254	
JACKSON	OLIVAN BEN	1058	770	
JACKSON	ROBERT	1066	491	1047"
JACKSON	STACEY	1069	190	1040"
JACKSON	THELMA LEE	1050		
JACKSON	WALTER STERLING	1056		
JACKSON	WESLEY	1070	498	
JACOBS	HELEN ESTHER DRIVER	1071		
JAMES	ALLEN	1072		
JAMES	ANNIE	1074		
JAMES	ASA	1073		
JAMES	DOROTHY	1078		
JAMES	FRANK	1075		
JAMES	GENEVA	1076		
JAMES	ROSCOE	1079		
JAMES	SHERIDAN	1077		
JENKINS	MYRTLE COOPER	1080	1409	
JESSAN	AGNES LONG	1089	1463	
JESSAN	DAHNOLA	1081	43	
JESSAN	ELNORA	1083		
JESSAN	JOHN JACOB	1085		
JESSAN	LILLIAN	1084		
JESSAN	LYDIA	1087	40	93"
JESSAN	MARY HOLT	1086		
JESSAN	NELLIE	1082	70	
JESSAN	SIN DEHART	1088	757	
JOHNSON	ADDISON	1090	238	
JOHNSON	CHARLES	1097		
JOHNSON	DORA SAUNOOKE	1100	73	
JOHNSON	FRANK T. RUSSEL	1101		
JOHNSON	ISAAC	1091	1889	
JOHNSON	JONAH	1094		
JOHNSON	JOSEPH LAWRENCE	1103		
JOHNSON	LLOYD HENRY	1104		
JOHNSON	MARGARET GENEVA	1102		
JOHNSON	REBECCA LOUDERMILK	1092	1717	
JOHNSON	SALLY OOSOWEE	1096	952	74"
JOHNSON	SUSSIE	1098		
JOHNSON	TOM	1093		
JOHNSON	TUSKEGIE	1095	756	771"
JOHNSON	YONA	1099	72	
JONES	ALICE AUSTIN	126A		
JONES	LYLE	1106		
JONES	VIRDIE	1105		
JORDAN	CLYDE	1106A		
JORDAN	DELLA	1109A		
JORDAN	JAKE ARTHUR	1106A		
JORDAN	JOHN J.	1109A		
JORDAN	JOHN M	1109A		
JORDAN	JULA J.	1106		
JORDAN	JULIA LAMBERT	1107	1351	
JORDAN	LEONA	1109A		
JORDAN	MARK	1109A		
JORDAN	MARY EMMALINE	1109		
JORDAN	WILLIAM A.	1108A		
JORDAN	WILLIAM CARSON	1108		
JORDAN	ZORA	1109A		
JUMPER	BETSY	1116	1264	1147"
JUMPER	EDWARD	1110	1266	
JUMPER	ELLA	1120		
JUMPER	HENRY	1119	1269	
JUMPER	JAMES	1117	1267	
JUMPER	NANCY WILNOTY	1111	1262	
JUMPER	NOLA LONG	1114	300	
JUMPER	SARAH	1121		
JUMPER	STANCILL	1113	1265	
JUMPER	THOMAS	1118	1268	
JUMPER	UTE	1112		
JUMPER	UTE	1115	1263	663"
JUNALUSKIE	ARCH	1128		
JUNALUSKIE	EMMALINE BLYTHE	1123	661	
JUNALUSKIE	JAMES	1122	780	
JUNALUSKIE	MARK	1125		
JUNALUSKIE	MARTHA	1124		
JUNALUSKIE	SALLIE ANN	1127		
JUNALUSKIE	WINNIE	1126		
KALONUHESKIE	ABRAHAM	1129	1280	1194"
KALONUHESKIE	AWEE SAWYER	1139	510	
KALONUHESKIE	CHARLES	1130	1281	
KALONUHESKIE	EDITH	1133		
KALONUHESKIE	ESIAH	1134		412
1310"				
KALONUHESKIE	GWYNN	1141		
KALONUHESKIE	LEONE	1140		
KALONUHESKIE	MARTHA	1135	1224	
KALONUHESKIE	NANNIE	1136	1283	
KALONUHESKIE	PHILIP	1137		
KALONUHESKIE	SALLIE LONG	1131	1460	718"
KALONUHESKIE	SIMON	1142		
KALONUHESKIE	STYLES	1132		
KALONUHESKIE	TOM	1138	540	
KEG	KINEY BEN	1144	680	322"
KEG	MATTHEWS OR MODIAH	1143	645	356"
KEY	CLARENCE E.	705S		
KEY	NOLA MAY	706S		
KEY	WILLIAM HARRISON	704S		
KIDD	CRAWFORD	1151		
KIDD	DAVID	1146		1384"
KIDD	GOFFREY	1147		
KIDD	LUTHER	1148		
KIDD	MARCUS	1150		
KIDD	WALTER	1149		
KIDD	WILLIAM HOBART	1152		
KILLIAN	NINA	1491		
KILLIAN	VIOLA ELLEN RAPER	1153	1613	
KILLINGSWORTH	IRIS THOMPSON	1154	1825	
KILPATRICK	LYDIA	1155		
KING	FREDERICK (LEE OR TOMMY)	1156		
KUNTEESKIH	JOHN	1157	689	284"
KUNTEESKIH	SAHWAHCHI	1158	690	285"
KURRY	MANDY AXE	1159	861	
KYKER	BESSIE ANDERSON	1160	1723	
LADD	BONNIE ROGERS	1161	1902	
LADD	FAY	1163		
LADD	FERN	1164		
LADD	MAX	1162		
LADD	RAY	1165		
LAMBERT	ALBERT J.	1166	1354	844"
LAMBERT	ALBERT SMITH	1215		
LAMBERT	AMANDA GEORGE	1202		
LAMBERT	AMOS	1269		
LAMBERT	ANDREW JACKSON	1167	1787	
LAMBERT	ANOY FEATHER	1170	104	
LAMBERT	ARTHUR	1214		
LAMBERT	CARL GLENN	1231		
LAMBERT	CATO	1209		
LAMBERT	CHARLEY	1169	1187	
LAMBERT	CHARLIE	1177	1373	
LAMBERT	CLAUDE	1179	1348	
LAMBERT	CLEO	1227		

Baker Roll - 1924

LAST NAME	FIRST NAME	BAKER	CHUR#	HEST#	LAST NAME	FIRST NAME	BAKER	CHUR#	HEST#
LAMBERT	COLUMBUS	1184	1358	942"	LAMBERT	SALLIE	1239	836	294"
LAMBERT	CORA HAZEL	1262			LAMBERT	SAMUEL CARL	1193		
LAMBERT	CORA PALESTINE	1185	1801		LAMBERT	SAMUEL CARSON	1254	1345	796"
LAMBERT	CORBETT	1191	1349		LAMBERT	SAMUEL DOCK	1183		
LAMBERT	EDNA	1245			LAMBERT	SEYMOUR	1267		
LAMBERT	EDWARD	1194	1778		LAMBERT	STELLA McCOY	1259	1531	
LAMBERT	EDWARD MONROE	1195	1779		LAMBERT	THEODORE	1255	1352	
LAMBERT	ETHEL	1208			LAMBERT	THOMAS O.	1260	1357	847"
LAMBERT	FALLEN	1268			LAMBERT	THOMAS RAPER	1265	1330	
LAMBERT	FANNIE MARIE	1251			LAMBERT	VANIELA	1210		
LAMBERT	FELIX	1223			LAMBERT	VENOIA	1199		
LAMBERT	FITZSIMMONS	1196	1376		LAMBERT	VIRGINIA CAROLINA	1217		
LAMBERT	FLOY LILLY	1228			LAMBERT	WILLARD	1187		
LAMBERT	FRED GEORGE	1197	1374		LAMBERT	WILLARD	1271		
LAMBERT	FREEMAN	1244			LAMBERT	WILLIAM RUSSELL	1252		
LAMBERT	GAYLORD	1256			LAMBERT	WINFORD	1249		
LAMBERT	GEORGE	1207			LAMBERT	WYMER HOLT	1198		
LAMBERT	GEORGIA	1181			LARCH	DAVID	1272	276	619"
LAMBERT	GILLIAN	1188			LARCH	WILLIAM	1274	275	617"
LAMBERT	GRACIE N.	1263			LARCH	WINNIE OTTER	1273	869	
LAMBERT	GUY	1174			LEDFKORD	JAKE	1285	847	1074"
LAMBERT	HENRY HERMAN	1201	1781		LEDFKORD	MARY	1286	836	1333"
LAMBERT	HUGH HARTMAN	1203	1785		LEDFORD	ADKINS	1278	1735	
LAMBERT	HUGH J.	1204	1359	943"	LEDFORD	ALLEN	1275	591	
LAMBERT	HUGH NOLAND	1211	1326	848"	LEDFORD	AMY	1287	1897	
LAMBERT	HUGH NOLAND JR.	1218			LEDFORD	BONNIE MARIE	1280		
LAMBERT	IBEURIA	1180			LEDFORD	CAROLINE	1294	855	
LAMBERT	ISAAC	1205	1788		LEDFORD	CATHERINE M.R.	1276	1731	1550"
LAMBERT	J. MONROE	1220	1368	938"	LEDFORD	CHARLES ALVIN	1279	1736	
LAMBERT	JACK WILLIAM	1182			LEDFORD	CHARLEY	1283	589	
LAMBERT	JACKSON	1171	1189		LEDFORD	CORA	1277	1734	
LAMBERT	JAMES W.	1221	1356	845"	LEDFORD	CYRUS ATLAS	1281		
LAMBERT	JESSE	1225	1375		LEDFORD	DOROTHY	1282		
LAMBERT	JESSE	1242			LEDFORD	ELNORA	1298		
LAMBERT	JESSE B.	1229	1355	846"	LEDFORD	HELEN	1289		
LAMBERT	JESSE LLOYD	1219			LEDFORD	JAMES	1297		
LAMBERT	JESSIE EVELYN	1232			LEDFORD	JEWEL	1302		
LAMBERT	JOHN A.	1261	1782		LEDFORD	JODIE	1291		
LAMBERT	JOHN ADAM	1172			LEDFORD	LURA	1288		
LAMBERT	JOHN HARVEY JACKSON	1234			LEDFORD	MAE	1290		
					LEDFORD	MAGGIE WALKINGSTICK	1284	630	
LAMBERT	JOHN N.	1235	414	797"	LEDFORD	MARY	286	848	1333"
LAMBERT	JOSEPH G.	1236	1780		LEDFORD	MARY	1300		
LAMBERT	JOSEPHINE	1253			LEDFORD	MASON	1306		
LAMBERT	JOYCE	1200			LEDFORD	MOSES	1295		
LAMBERT	JULIA E.	1264			LEDFORD	NANCY	1296		
LAMBERT	LELIA LEONA	1226			LEDFORD	NANCY WACHACHA	1304	553	
LAMBERT	LEONA	1189			LEDFORD	NICEY	1305		
LAMBERT	LEONARD C.	1186	1789		LEDFORD	NOAH	1299		
LAMBERT	LILLIAN M.	1257			LEDFORD	POLLY	1293	852	
LAMBERT	LLOYD	1238	835		LEDFORD	RILEY	1292	851	1075"
LAMBERT	LORA	1206			LEDFORD	RUBY	1301		
LAMBERT	LOUISA GOFORTH	1237			LEDFORD	SAMPSON	1303	579	
LAMBERT	LUCINDA	1176			LEDFORD	WILSON	1307		
LAMBERT	LUCY	1247			LEE	ALONSO	1308	1769	840"
LAMBERT	LUVENIA	1173			LEE	JAMES FLOYD	1316		
LAMBERT	LUZENE	1240	837		LEE	NAOMI M.	1313		
LAMBERT	MAGGIE WAHYAHNEETAH	1178	815		LEE	PEARL A.	1311		
LAMBERT	MARCH ARCH	1246	1188		LEE	RAMONA FINGER	1309	1483	
LAMBERT	MARY	1270			LEE	RUBY I.	1310		
LAMBERT	MARY ANN	1216			LEE	RUTH C.	1312		
LAMBERT	MARY HELEN	1224			LEE	VIRGINIA	1314		
LAMBERT	MIANNA	1175			LEE	WILLIAM CLYDE	1315		
LAMBERT	MINNIE E. STILES	1230	1621		LeFEVERS	LINNIE	1318		
LAMBERT	MINTHA	1222			LeFEVERS	TAMOXZENA	1317	1703	1527"
LAMBERT	NANNIE YONCE	1266	1331		LeFEVERS	WILLIAM	1319		
LAMBERT	NELLIE	1241	839		LILLARD	DORA CROWE	1320	1763	
LAMBERT	NOLA GRIFFIN	1168			LITTLEJOHN	ADDIE	1352	223	
LAMBERT	OLLIE	1248	838		LITTLEJOHN	ALICE	1335		
LAMBERT	PAUL LEROY	1213			LITTLEJOHN	AMANDA	1337		
LAMBERT	PEARSON	1250			LITTLEJOHN	ANNA ELIZA	1351	218	427"
LAMBERT	PHILIP (LINCOLN T.)	1190			LITTLEJOHN	ANNIE	1323	347	729"
LAMBERT	RALPH PAYNE	1233			LITTLEJOHN	ANNIE	1345	347	
LAMBERT	ROBERT	1192			LITTLEJOHN	BESSIE	1349		
LAMBERT	ROSE LENA (ALICE)	1212	1327		LITTLEJOHN	BOYD	1336		
LAMBERT	RUSSELL	1258			LITTLEJOHN	EDISON	1321		
LAMBERT	RUTH	1243			LITTLEJOHN	ELIZA CATOLSTER	1340	101	
					LITTLEJOHN	ELOWIH OR ELI	1322	346	189"

LAST NAME	FIRST NAME	BAKER	CHUR#	HEST#
LITTLEJOHN	EMMALINE	1353		
LITTLEJOHN	EUGENE	1348		
LITTLEJOHN	GARRET GATE OR GAY	1332	271	
LITTLEJOHN	GEORGE	1328		
LITTLEJOHN	GUY	1331	268	
LITTLEJOHN	HENSON	1333	221	
LITTLEJOHN	ISAAC	1339	270	
LITTLEJOHN	ISAAC	1347	981	
LITTLEJOHN	JEFFERSON	1325	351	
LITTLEJOHN	JOHN	1342	222	
LITTLEJOHN	JOHNSON	1341		
LITTLEJOHN	LEWEE LONG	1334	299	
LITTLEJOHN	LIZZIE	1327		
LITTLEJOHN	NED	1329		
LITTLEJOHN	OWEN	1343	1890	
LITTLEJOHN	RICHARD	1330		
LITTLEJOHN	ROPETWISTER	1344	978	148"
LITTLEJOHN	SALLIE	1346	980	
LITTLEJOHN	SAUNOOKE	1350	217	373"
LITTLEJOHN	SHERMAN	1324	350	
LITTLEJOHN	THOMAS	1338		
LITTLEJOHN	WESLEY	1326		
LOCUST	HARDING	1357		
LOCUST	HOMER	1359		
LOCUST	JENNIE BIDDIX	1356	1413	
LOCUST	JOHN	1354	137	1343"
LOCUST	JOSEPHINE	1360		
LOCUST	LEWIS	1355	1468	
LOCUST	NOAH	1358	1467	1350"
LOCUST	NOAH ANDREW	1363		
LOCUST	WILLIAM ARTHUR	1361		
LOCUST	WILLIAM RUSSEL	1362		
LOMA	DINAH SQUIRREL	1364	676	
LONG	ADAM	1365	297	112"
LONG	ADAM	1412		
LONG	AGNES	1370		
LONG	ALLEN WILSON	1407		
LONG	ANNIE	1387	712	
LONG	ANONA CROW	1396	949	
LONG	CHARLES BIGWITCH	1367	1276	
LONG	CHARLEY	1382	339	
LONG	DAGGIN OR AGGINY	1371	728	
LONG	DOBSON	1372	459	1025"
LONG	EDNA MINNIE	1375		
LONG	EDWARD	1392	936	
LONG	ELIZABETH	1374	462	
LONG	ELLA	1410		
LONG	EVE	1384	735	682"
LONG	EZEKIEL	1376	285	563"
LONG	FRED	1369		
LONG	ISAAC	1377	1465	
LONG	JACKSON	1379	1329	1024"
LONG	JOE	1380	336	490"
LONG	JOHN	1383	734	414"
LONG	JOHN FRANKLIN	1394		
LONG	JOHNSON	1385	711	1158"
LONG	JOSEPH BIGWITCH	1389	932	593"
LONG	JOSEPH GIROUX	1397		
LONG	LAURA	1403		
LONG	LLOYD	1393		
LONG	LUCY	1391	935	
LONG	MAGGIE	1386	710	333"
LONG	MARTHA	1378		
LONG	MARTHA	1388		
LONG	MARY	1411		
LONG	MARY WATTY	1406	1198	802"
LONG	NANCY GEORGE	1381	337	573"
LONG	PETER	1395	370	671"
LONG	POLLY	1366	298	564"
LONG	RACHEL	1402		
LONG	RACHEL	1404	736	415"
LONG	ROSA DRIVER	1368	1128	
LONG	SALLIE	1373	460	1130"
LONG	SALLIE	1390	933	694"
LONG	STEPHEN G.	1399		
LONG	SUSIE WACHACHA	1409	555	
LONG	TEMOTZENA	1398		
LONG	WILBUR	1400		
LONG	WILL WEST	1405	1079	741"
LONG	WILLIAM	1401		
LONG	WILLIAM GAFNEY	1408	461	
LOSSIE	CANDY	1413	1220	
LOSSIE	DAVID	1416	1218	
LOSSIE	HAYES	1415	1222	
LOSSIE	JOHN R.	1414	1221	
LOSSIE	KATY LITTLEJOHN	1419	269	
LOSSIE	LEANDER	1418	1217	
LOSSIE	LYDIA WILNOTY	1417		
LOSSIE	SOLOMON	1420	64	
LOSSIH	ABEL	1428		
LOSSIH	ADAM ROSS	1430		
LOSSIH	AGGIE	1425	113	1138"
LOSSIH	BETTIE GEORGE	1422	1464	
LOSSIH	CALVIN SOLODIER	1427		
LOSSIH	DOM THOMAS	1421	1219	
LOSSIH	HENRY	1424	112	240"
LOSSIH	JESSE JAMES	1434	111	
LOSSIH	JOHN	JR.	1433	110"
LOSSIH	JOHN DeHART	1431	108	
LOSSIH	JONAS	1435	653	241"
LOSSIH	LAURA	1432	109	
LOSSIH	LEANDER	1437	48	238"
LOSSIH	MARY	1429		
LOSSIH	NICEY WALKINGSTICK	1436	654	201"
LOSSIH	ROSY (ROSA)	1426	114	
LOSSIH	SARAH	1438		
LOUDERMILK	CECIL S.	1450		
LOUDERMILK	CLINTON	1446		
LOUDERMILK	CYNTHIA ANN	1439	1715	1516"
LOUDERMILK	ELMER	1440	1700	
LOUDERMILK	JOHN R.	1441	1718	1517"
LOUDERMILK	JOSEPHINE G.	1445	1698	1525"
LOUDERMILK	LEROY	1443		
LOUDERMILK	LUTHER	1447		
LOUDERMILK	SANFORD DON	2681		
LOUDERMILK	THOMAS LUTHER	1449	1719	
LOUDERMILK	WILFORD THURSTON	1444		
LOUDERMILK	WILLARD L.	1448		
LOUDERMILK	WILLIAM R.	1442	1720	
LOVINGOOD	ELSIE ARLENA	1451	1643	
LOWEN	JOHN	1452	1278	661"
LOWEN	JOHN B.	1454	930	512"
LOWEN	SIS	1453	1279	1193"
LUDWIG	BESSIE NICK	1455	1676	
LUNSFORD	AUSLEE	1460		
LUNSFORD	DEE	1458		
LUNSFORD	INEZ ROGERS	1456	1907	
LUNSFORD	JANE	1461		
LUNSFORD	MAY	1462		
LUNSFORD	TED	1457		
LUNSFORD	VERNON	1463		
LUNSFORD	WOODROW	1459		
MADRANO	AGNES OWL	1522	82	
MANEY	ALICE	1529		
MANEY	BRUCE	1523		
MANEY	CAROLINE	1530		
MANEY	CECIL	1526		
MANEY	EVA AVIE	1524	1792	
MANEY	FRANK DILLARD	1537		
MANEY	JACOB	1528	1304	
MANEY	JAMES O. (TED)	1535		
MANEY	JESSE JAMES	1532		
MANEY	JOHN	1527	1303	
MANEY	LILLIAN RUTH	1525		
MANEY	RACHEL ARMACHAIN	1533	964	
MANEY	RICHARD D.	1534		
MANEY	SHUFFORD K.	1536		
MANEY	SIMON PETER	1531		
MARTIN	ANDY	1545		
MARTIN	CHARLES	1540	766	
MARTIN	EMMALINE DAVIS	1543	731	
MARTIN	GEORGE	1538	760	380
MARTIN	IDA LAMBERT	1541		
MARTIN	LOUISE MURPHY	1547	1740	
MARTIN	LUCY	1539	761	217
MARTIN	SARAH	1544		

LAST NAME	FIRST NAME	BAKER	CHUR#	HEST#
MARTIN	THOMAS	1542	718	
MARTIN	WESLEY	1546	762	
MASHBURN	ALMA STILES	1548	1639	
MASHBURN	ANNIE LAURA	1555S		
MASHBURN	BEEEIE	1562	1515	
MASHBURN	BERTHA	1570		
MASHBURN	CLAUDE	1560		
MASHBURN	CYNTHIA NETTIE	1568		
MASHBURN	DAVID T.	1550S		
MASHBURN	ED T.	1556S		
MASHBURN	FRANK	1558	1514	
MASHBURN	FRED	1559		
MASHBURN	FRED H.	1557S		
MASHBURN	HARRIETT A.	1561	1513	1408"
MASHBURN	JAMES L.	1563	1516	
MASHBURN	JESSE JR.	1552S		
MASHBURN	LEORA	1569	1518	
MASHBURN	LORRAINE	1566		
MASHBURN	LYDIA M.	1567		
MASHBURN	MARY W.	1551S		
MASHBURN	MILTON D.	1553S		
MASHBURN	MYRTLE	1571		
MASHBURN	NED T.	1554S		
MASHBURN	PEARL NAOMI	1549		
MASHBURN	SARAH A.	1564	1517	
MASHBURN	THOMAS R.	1565		
MATHESON	ODIN HARDIN	1572		
MATTHEWS	LILLIAN I. LAMBERT	1573	1370	
MATTHEWS	MARSHALL	1575		
MATTHEWS	MARY LUVINA	1574		
MATTHEWS	OLLIE	1577		
MATTHEWS	SEABORNE	1576		
McALLISTER	HARRIET A. G.	1464	1707	1523"
McCOY	BESSIE	1466		
McCOY	DAVID	1465	1528	1688"
McCOY	EDITH	1473		
McCOY	EDNA	1468		
McCOY	EUNICE MARIE	1479		
McCOY	EVA	1467		
McCOY	FRANK	1472		
McCOY	JAMES	1469	1539	1692"
McCOY	JAMES	1477	1537	
McCOY	JAMES WILLIAM RILEY	1478	1532	
McCOY	JESSE	1481		
McCOY	JOHN CALHOUN	1482	1534	1689"
McCOY	JOSEPH HENRY	1471	1541	
McCOY	LOLA ACORDIA	1475		
McCOY	MARGARET J.	1480		
McCOY	OLIVE	1474		
McCOY	PEARSON	1484	1535	
McCOY	RUSSELL DANIEL	1476		
McCOY	SALLIE M.	1485		
McCOY	WALTER	1483		
McCOY	WILLIAM THOMAS	1470	1540	
McDANIEL	ANDY	1486		1335"
McDANIEL	BEHADEN	1498		
McDANIEL	BELVA	1493		
McDANIEL	BOB	1487		
McDANIEL	BURGAN	1489		
McDANIEL	DEE	1496		
McDANIEL	FANNIE	1494		
McDANIEL	GLIN	1500		
McDANIEL	HOBART	1495		
McDANIEL	LOUISEL	1499		
McDANIEL	ONIE	1488		
McDANIEL	PEARL	1497		
McDONALD	ADDIE	1501		
McDONALD	BONNIE (DECKER)	1504		
McDONALD	BOYD	1514		
McDONALD	CHARLIE	1513		
McDONALD	EVA M.	1502		
McDONALD	HARRISON H.	1503		
McDONALD	IRENE	1507		
McDONALD	JAMES	1509		1178"
McDONALD	JOHN	1512		1371"
McDONALD	LAWTON	1506		
McDONALD	LEONARD	1515		
McDONALD	LILLIAN	1508		
McDONALD	MAY	1510		
McDONALD	TOMMIE	1511		
McDONALD	VESTA	1505		
McGILLIS	NELLIE	1516		
McLEYMORE	KERMIT CLINTON	1521		
McLEYMORE	MORRELL	1518	1505	
McLEYMORE	SAMUEL H.	1517	1504	1379"
McLEYMORE	SAMUEL ROSS	1519	1506	
McLEYMORE	WILLIAM GLEN	1520		
MERONEY	BAILEY B.	1579	1569	
MERONEY	BAILEY BARTON	1578	1570	
MERONEY	BARBARA WELCH	1583		
MERONEY	DAVID WELCH	1587		
MERONEY	DELLA	1580	1566	
MERONEY	FELIX P.	1581	1573	
MERONEY	LOUISE MAY	1589		
MERONEY	MARTHA DIXON	1586		
MERONEY	RAYMOND	1585		
MERONEY	RICHARD B.	1582	1572	
MERONEY	WILLIAM H.	1584	1570	1419"
MERONEY	WILLIAM HYDE	1588		
MILLER	ADELLE	1597		
MILLER	AGNES REED	1590S		
MILLER	ALANERD	1601		
MILLER	ARNOLD	1600		
MILLER	ATLAS	1599		
MILLER	BASKEY	1598		
MILLER	BEDENARD	1602		
MILLER	BESSIE	1594		
MILLER	CHARLES REED	1591S		
MILLER	FLONNIE ROGERS	1592	1901	
MILLER	IRIS PORTER	1603	1561	
MILLER	LISSIE	1593		
MILLER	VERNON	1596		
MILLER	VERTIE	1595		
MONROE	NORA A.	1604	1767	843"
MOODY	BONNIE LEE	1610		
MOODY	CALLIE OWL	1605	1417	
MOODY	GARLAND	1607		
MOODY	HARLIN	1606		
MOODY	RUSSEL P.	1608		
MOODY	RUTH PAULINE	1611		
MOODY	SOLOMON	1609		
MOORE	GEORGIA CRAIG S			
MOORE	HULER	1612	801	1183"
MOORE	LURETTA C.	1613		
MORGAN	CARROLL VIRGINIA	1618		
MORGAN	MARY AGNES	1614		
MORGAN	RENA CARMEN	1615		
MORGAN	STELLA G.	1617		
MORGAN	WILLIAM ALBERT	1616		
MORRISON	BEULAH	1622		
MORRISON	BLANCHE	1621		
MORRISON	BRUCE	1623A		
MORRISON	FRED	1619		
MORRISON	MARIE	1623		
MORRISON	OLLIE	1620		1455"
MORROW	DONA BAKER	1624	1865	
MORROW	HARTFORD	1625		
MULL	BERTHA MARIE	1627		
MULL	EFFIE RAPER	1626	1594	
MULL	JOHN ROBERT	1629		
MULL	RUTH ELIZABETH	1630		
MULL	WILLIAM ROY	1628		
MULLINS	MAGGIE AUSTIN	126A		
MUMBLEHEAD				
	JAMES W.	1631	945	1331"
MUMBLEHEAD				
	OHN D.	1632	443	1330"
MUMBLEHEAD				
	LORENA MURPHY	1633	1341	1241"
MURPHY	ALICE	1654		
MURPHY	CLARENCE	1660		
MURPHY	CORDELIA	1646		
MURPHY	DALE	1649		
MURPHY	DOLLIE	1644		
MURPHY	ELLA	1645		
MURPHY	ETHEL	1653		

Baker Roll - 1924

LAST NAME	FIRST NAME	BAKER	CHUR#	HEST#
MURPHY	FRED	1634		
MURPHY	GAY	1635		
MURPHY	GREELEY	1636		
MURPHY	HOLLIS	1648		
MURPHY	HOWARD	1637	1764	
MURPHY	JESSE	1638	1430	1231"
MURPHY	JOSEPH L.	1640		
MURPHY	JOSEPH MANCO	1642	1900	
MURPHY	LAWRENCE	1659		
MURPHY	LEANDER	1643	1899	
MURPHY	LEANDER JR.	1647		
MURPHY	LUTHER	1658		
MURPHY	MANCO JR.	1650	1743"	
MURPHY	MANCO LAFAYETTE	1656		
MURPHY	MARINDA McCOY	1652	1529	
MURPHY	MARY ETTA	1661		
MURPHY	MARY McCOY	1639	1431	1687"
MURPHY	ROBERT	1657		
MURPHY	SADIE	1641		
MURPHY	WALTER	1651		
MURPHY	WILLIAM	1655	1432	
NED	EZEKIEL	1662	772	301"
NED	SUSAN	1663	773	200"
NEWTON	JAMES D.	3146		2162"
NICHOLS	THELMA	2253		
NICK	CHILTOSKEY	1664	1673	714"
NOTTYTOM	NANCY	1666	88	
NOTTYTOM	PETER	1665	887	102"
OKWATAGA	ELIZABETH	1667	406	1156"
OoCUMMA	ALEX	1668	732	543"
OoCUMMA	ANDY	1673		
OoCUMMA	ANNIE	1669	733	
OOCUMMA	ANNIE LOSSIH	1674	50	
OoCUMMA	ENOCH	1675	244	
OoCUMMA	JOHN	1670		
OoCUMMA	JOSEPH	1672		
OoCUMMA	MALINDA QUEEEN	1676	1247	
OoCUMMA	RACHEL W. REED	1679	925	
OoCUMMA	SAMUEL	1671		
OoCUMMA	WILSON	1677		
OoCUMMA	WILSON	1678	242	539"
OoSOWEE	DAVID SAMUEL	1680	967	494"
OoSOWEE	NANCY SCREAMER	1683	590	1289"
OoSOWEE	SUSIE	1681	968	168"
OOSOWEE	TAHQUETTE	1682	954	
OTTER	ANDREW	1684	790	1153"
OTTER	JACKSON	1686	793	
OTTER	MARY SQUIRREL	1687	641	
OTTER	OLLIE	1690	871	1287"
OTTER	SALLIE TINIE	1688		
OTTER	SAMUEL WILLIAM	1689		
OTTER	SARAH	1685	791	1326"
OWENBY	KATE	1691		
OWENBY	RUTH	1692		
OWL	ADAM	1693	435	17"
OWL	ALFRED BRYAN	1755	1421	
OWL	ALICE CATHERINE	1703		
OWL	ALLEN	1696	820	
OWL	AMMONS	1699	11	
OWL	BELVA SMITH	1739	1337	
OWL	BLUE	1704	818	1356"
OWL	CALEDONIA	1710		
OWL	CALLIE SMITH	1750	1523	
OWL	CHARLES RICHARD	1725		
OWL	CHARLOTTE	1705		
OWL	CHARLOTTE FRENCH	1722	418	
OWL	CLIFFORD	1745		
OWL	CLIFTON	1744		
OWL	CORNELIA	1694	436	462"
OWL	CORNELIUS	1756	1423	
OWL	DAHNY	1706	444	25"
OWL	DAVID	1707	17	
OWL	DAVID	1708	441	
OWL	DeWITT	1759		
OWL	DINAH	1712	9	37"
OWL	EDNA	1746		
OWL	EDWARD	1760		
OWL	ELIZABETH SEQUOYEH	1700	882	

LAST NAME	FIRST NAME	BAKER	CHUR#	HEST#
OWL	ELIZABETH SMITH	1709	1386	
OWL	ELLIS	1732		
OWL	ENOCH	1714	13	
OWL	ETHEL	1757	1424	
OWL	ETHLYN RUTH	1752		
OWL	EUGENE	1743		
OWL	FRELL	1716	20	
OWL	GEORGE SR.	1717		18"
OWL	GEORGE JR.	1718		
OWL	GERTRUDE E.	1701		
OWL	HENRY	1720	19	
OWL	JAMES	1721	819	
OWL	JARRETT	1740		
OWL	JEFFERSON	1724		
OWL	JESSIE ETHEL	1735		
OWL	JOHN LOUIS	1753		
OWL	JOHNSON	1726	158	191"
OWL	JONAH	1729		
OWL	JOSEPH	1728		
OWL	LILLIAN ARCH	1734	1233	
OWL	LLOYD	1733	1422	
OWL	LLOYD	1723		
OWL	LLOYD JACKSON	1711		
OWL	LOUIS	1737	27	
OWL	MARK	1738	1419	
OWL	MARTHA	1697		
OWL	MOSES	1747	438	
OWL	NOAH	1698		
OWL	OLLIE QUEEN	1715	1252	
OWL	OSCAR	1741		
OWL	PHILIP	1731		
OWL	QUINCY	1695		
OWL	RALPH	1742		
OWL	RAYMOND	1702		
OWL	REBECCA	1719		
OWL	ROBERT EDGAR	1736		
OWL	SALLIE SAUNOOKE	1730	84	
OWL	SAMPSON	1748	81	2821"
OWL	SAMUEL	1749	440	
OWL	SAMUEL FOCH	1751		
OWL	SOLOMON	1754	1415	18"
OWL	STACEY	1727	159	1009"
OWL	THOMAS	1761	437	
OWL	W. THOMAS	1762	21	
OWL	WILLIAM	1713	12	
OWL	WILLIAM	1763	5	
OWL	WILLIAM DAVID	1758	1425	
PALMER	DORA OWL	1764	1418	
PALMER	HADDINGTON DAVIS	1766		
PALMER	HOLT	1768		
PALMER	IRENE	1770		
PALMER	LEDFORD	1765		
PALMER	MARTIN (LAWRENCE)	1771		
PALMER	NETTIE MARIE	1767		
PALMER	THEODORE	1769		
PANTHER	ALFRED	1776		
PANTHER	ANNIE	1772	1223	1113"
PANTHER	CLIVAN	1778		
PANTHER	JUANITA	1777		
PANTHER	MARK	1773	917	
PANTHER	SAMUEL	1775		
PANTHER	WINDY LITTLEJOHN	1774	169	
PARKER	CORA L. LAMBERT	1779	1350	
PARKER	FLORA LAMBERT	1781	1377	
PARKER	HELEN K.	1782		
PARKER	JOHN WILLIAM	1780		
PARKER	JOSIE	1784		
PARKER	MARY K.	1783		
PARRIS	LOLA (LULA)	1785		
PARTON	CRICKETT	1786	1867	
PARTON	THELMA	1787		
PARTRIDGE	BESSIE	1788		
PARTRIDGE	BIRD	1789	700	334"
PARTRIDGE	DAHNEY	1793		
PARTRIDGE	ELSIE GEORGE	1790	706	1306"
PARTRIDGE	JOHN	1792		
PARTRIDGE	MOLLIE	1796		
PARTRIDGE	NORA	1795		

LAST NAME	FIRST NAME	BAKER	CHUR#	HEST#	LAST NAME	FIRST NAME	BAKER	CHUR#	HEST#
PARTRIDGE	SALLIE	1794			PECKERWOOD				
PARTRIDGE	SARAH	1791				JOHN	1875	714	348"
PASSMORE	ALICE	1831			PECKERWOOD				
PASSMORE	BELVIA	1832				LUCY ANN	1877	745	1090"
PASSMORE	CHARLES A.	1824	1795		PECKERWOOD				
PASSMORE	DAVID	1827				McKINLEY	1878	748	
PASSMORE	MARY	1828			PECKERWOOD				
PASSMORE	NANCY JANE	1822	1366	842"		REBECCA	1876	715	349"
PASSMORE	OSCAR	1826	1799		PHEASANT	DRIVER	1882		
PASSMORE	PALACE	1830			PHEASANT	ELLIE	1883		
PASSMORE	ROSE CORDELIA	1825	1798		PHEASANT	RACHEL WOLFE	1880	1170	
PASSMORE	SARAH	1829			PHEASANT	WALLIE	1881		
PASSMORE	THOMAS N.	1823	1794		PHEASANT	WILLIAM	1879	1063	821"
PATTERSON	ALMER	1820	1828		PIKE	LLLIE A.	1884		1400"
PATTERSON	ALONZO	1797	1873		PITTMAN	ELLA BREWSTER	1884A		
PATTERSON	ALWAIN	1821			POPE	ELIZABETH	1885	1875	
PATTERSON	ALYNE	1800			PORTER	FLORENCE S.	1886	1519	1415"
PATTERSON	ARVIL	1804	1878		PORTER	JAMES DeWITT	1887	1560	
PATTERSON	BEADIE	1805			POTTER	THOMAS RICHARD	1888		
PATTERSON	CLIFTON	1808			POTTS	ROSANNA SMITH	1889	1892	
PATTERSON	CLYTA	1801			POWELL	DOOGAH	1890	1065	873"
PATTERSON	DELMER	1812			POWELL	ELNORA F. SCREAMER	1897	419	
PATTERSON	ELLA COLE	1803	1872	1535"	POWELL	EMMA	1899		
PATTERSON	EULA	1815			POWELL	HOLMES	1892	1069	
PATTERSON	EUNICE	1814			POWELL	JOHN ALVIN	1895	623	1446"
PATTERSON	HOBART	1811	1877		POWELL	MOSES	1896	1066	
PATTERSON	IOWA	1813			POWELL	NOAH	1894	1071	
PATTERSON	JOHN	1818			POWELL	STACY	1898		
PATTERSON	L.C.	1802			POWELL	STANCILL	1891	1067	
PATTERSON	L.J.	1810			POWELL	WINNIE	1893	1070	
PATTERSON	LEONARD GRADY	1798			PRICE	GRACE HOLLAND	1900	1234	
PATTERSON	LYLE	1817			PULLIUM	CAROLINE	1901		1489"
PATTERSON	MARY JOE	3132			PULLIUM	DECATUR	1903		
PATTERSON	MARY JOE	3132			PULLIUM	GALUSHA	1904		
PATTERSON	OLDHAM	1819	1827		PULLIUM	JOHN	1902		
PATTERSON	RAY	1816			QUEEN	ABRAHAM	1914	1245	
PATTERSON	REDIE	1807			QUEEN	AWEE	1909		
PATTERSON	RUBY	1809			QUEEN	BLAINE	1908		
PATTERSON	ZELL	1799			QUEEN	COWAN	1918		
PATTERSON	ZIDA	1806			QUEEN	GOLINDA AXE	1921	295	
PAYNE	ALBERT F.	1833	1633		QUEEN	JASPER	1905	1251	
PAYNE	ANNIE LEE	1874			QUEEN	JOHN	1924	1256	
PAYNE	BUSTER	1841			QUEEN	KINA	1907		
PAYNE	CALVIN	1856			QUEEN	LELIA COOPER	1910	1407	
PAYNE	CARRIE	1849			QUEEN	LEVI	1912	1242	499"
PAYNE	CLARENCE	1835			QUEEN	LILLIAN	1915		
PAYNE	CLAUDE HAROLD	1860			QUEEN	LOLA ROBERTS	1911		
PAYNE	CLIFFORD	1852			QUEEN	LUCY	1926		
PAYNE	CUBA	1843			QUEEN	LUZENE REED	1906	284	
PAYNE	CYNTHIA	1872			QUEEN	MARTHA	1916		
PAYNE	DAVID L.	1834			QUEEN	MARY	1913	1243	628"
PAYNE	EARL	1847			QUEEN	NELLIE	1919		
PAYNE	ELISHA	1840			QUEEN	NOLAN	1920	1253	
PAYNE	ESTIE TAYLOR	1845			QUEEN	RACHEL	1925		
PAYNE	GERTRUDE	1873			QUEEN	SALLIE	1923	1250	665"
PAYNE	HADLEY CLEM	1862			QUEEN	SIMPSON	1922	1249	500"
PAYNE	JAMES	1855			QUEEN	SOLOMON	1927		
PAYNE	JAMES M.	1848	1631	1561"	QUEEN	STACEY	1917		
PAYNE	JIM	1851			QUINCE	JENNIE	1145		
PAYNE	JUANITA	1853			QUINLAN	MARY CRANE	1927A		
PAYNE	LOIS EVELYN	1861			RAKESTRAW	LENA BRYSON	1928		
PAYNE	LOU BELLE	1842			RAMSEY	ROXEY WARLICK	1929		
PAYNE	LUCY	1867			RAPER	ALEXANDER	1930	1575	1497"
PAYNE	MABEL JEANETTE	1859			RAPER	ALONZO	1931		
PAYNE	MANDA	1844			RAPER	ALVIN	1936		
PAYNE	MARGIE EUNICE	1850			RAPER	AMOS LLOYD	3141		
PAYNE	NEIL	1866			RAPER	ASA	1941		
PAYNE	OHLEN ASTER	1864			RAPER	ATHA GENEVA	3142		
PAYNE	OLIVER CLEM	1858			RAPER	AUGUSTUS	1942	1585	
PAYNE	PAULINE	1857			RAPER	AUSTIN	1949		
PAYNE	POLEY E.	1865	1628		RAPER	BERRY B.B.	1944		
PAYNE	RALPH GAY	1863			RAPER	BERTHA MAY	2027		
PAYNE	ROLLIN T.	1868	1632		RAPER	BLANCHE	1932		
PAYNE	THELMA	1854			RAPER	BONETTA	1934		
PAYNE	THOMAS	1869	1618	1558"	RAPER	BONNIE BELLE	2000	1598	
PAYNE	WALTER	1846			RAPER	CARMAN	1938		
PAYNE	WILLIAM A.	1871	1629		RAPER	CARRIE WEBSTER	1962	1794	
PAYNE	WILLIAM E.	1870	1627	1560"	RAPER	CHARLES BRECKINRIDGE	1945	1599	1503"

LAST NAME	FIRST NAME	BAKER	CHUR#	HEST#	LAST NAME	FIRST NAME	BAKER	CHUR#	HEST#
RAPER	CHARLEY	2007			RAPER	WHOOLA B.	2018	1687	
RAPER	CLARENCE	1940			RAPER	WILLIAM	2020		
RAPER	CLARENCE ALVIN	1950	1595		RAPER	WILLIAM A.	2021		
RAPER	CLARENCE WILSON	2011			RAPER	WILLIAM ARTHUR	2026		
RAPER	CLAUDE	1956			RAPER	WILLIAM BRIGHT	2022	1693	
RAPER	CLAUDE EMORY	1982	1589		RAPER	WILLIAM CECIL	1985		
RAPER	CLEASTON	1948			RAPER	WILLIAM POTTER	2023		
RAPER	CLIFFORD	1957			RAPER	WILLIAM ROY	1963		
RAPER	CLIFTON	2016	1692		RAPER	WILLIAM TAFT	2001		
RAPER	CLIIFTON	1937			RAPER	WILLIAM THOMAS	2024	1580	1500"
RAPER	CLINTON	1999	1596		RAPER	WINDELL	1979		
RAPER	CLY VICTOR	1952	1588		RATLIFF	ELIZABETH	2052	647	
RAPER	CLYDE	1972			RATLIFF	ELLA MAE	2055	649	
RAPER	CURLEY CLINTON	1983	1590		RATLIFF	EMMA CARIE	2053	648	
RAPER	DELIE	1970	1615		RATLIFF	ISAAC WATSON	2058		
RAPER	DELTA CLIFFORD	1955	1601		RATLIFF	JACOB RALPH	2054	651	
RAPER	DENVER LEE	1958	1600		RATLIFF	JONAH ALLEN	2056		
RAPER	DEWEY	1960			RATLIFF	MYRTLE MAGDALENA	2057		
RAPER	DEWEY	1973			RATLIFF	WILLIAM B.	2051	646	59"
RAPER	DEWEY E.	1954			RATTLER	AMMONS	2031		
RAPER	EARNEST	2017			RATTLER	BETTIE SMOKER	2045		
RAPER	EDGAR	1961	1582		RATTLER	CHARLES	2049		
RAPER	EDNA DELMA	2010			RATTLER	EMMALINE	2035	604	
RAPER	EVERETT GLEN	2009			RATTLER	FANNY OOCUMMA	2033		
RAPER	FRED	1965			RATTLER	GEORGE W.	2030	560	1186"
RAPER	GENE	1966	1695		RATTLER	HENSON	2032	565	
RAPER	GLENN	2004			RATTLER	JOHN	2034	603	
RAPER	HARFORD	1974			RATTLER	JOHN WEST	2036	605	
RAPER	HARLEY	1967			RATTLER	JONAH	2047	607	
RAPER	HENRY JOHN	1968	1612		RATTLER	JOSEPH	2039		
RAPER	HERMAN EDWARD	1988			RATTLER	KATE	2043		
RAPER	HOMER W.	1946			RATTLER	LUCY	2037		
RAPER	HOWARD HANSEL	3143			RATTLER	MIKE	2041		
RAPER	IVA	1971			RATTLER	MORGAN	2044	566	
RAPER	IVAN	1969	1614		RATTLER	NANCY	2046	606	
RAPER	JAMES	1975	1689		RATTLER	ROXIE	2042		
RAPER	JAMES GURLEY	2025	1586		RATTLER	WALTER	2048	609	
RAPER	JAMES HORACE	3145			RATTLER	WILLIE	2038		
RAPER	JAMES VAUGHN	1953			RATTLER	WILSON	2040		
RAPER	JAMES W.	1980		1498"	RATTLIFF	LAWYER	2050	658	
RAPER	JEANETTE	1933			RAVE	MARTHA CORNSILK	2059	471	
RAPER	JEFFERSON DAVIS	2019			RAVE	MAURICE WASHINGTON	2060		
RAPER	JESSE LAFAYETTE	1981	1587	1501"	RAVE	WILMA ARNOLD	2061		
RAPER	JESSE WILLARD	1997			REAGAN	DANIEL	2070		
RAPER	JOHN H.	1986		2173"	REAGAN	EMMET	2063	1800	
RAPER	JUANITA	1951			REAGAN	HESTER LAMBERT	2062	1372	
RAPER	LELA	1947			REAGAN	HUBERT	2069		
RAPER	LICH (ELISHA)	1991			REAGAN	JOHN POOLE	2068		
RAPER	LILLIAN	1977			REAGAN	MARY ELMER	2066		
RAPER	LILLIE MAY	1987			REAGAN	PAULINA	2064		
RAPER	LOIS	2005			REAGAN	POLLARD	2065		
RAPER	LON	1992	1694		REAGAN	STELLA SALLY	2067		
RAPER	MARCUS	1976			REED	ADAM	2071	924	
RAPER	MARIE	1959			REED	ADDIE HORNBUCKLE LEE	2083	1455	
RAPER	MARSEILLA	1993			REED	ANNA MAGGIE	2088		
RAPER	MARSHALL	1998	1592	1502"	REED	CINDA	2085		
RAPER	MARTIN	2003	1688		REED	CORNELIA	2112		
RAPER	MARTY ALEXANDER	2008	1593		REED	DAVID	2076	592	361"
RAPER	MELBA LOIS	2028			REED	DAVID	2115		
RAPER	MERIDETH	1995			REED	DEWESSE	2077	927	509"
RAPER	MINNIE CORRINE	1984	1591		REED	DINAH HORNBUCKLE	2099	377	
RAPER	MYRTLE	1935			REED	ELIZABETH (LIZZIE) RAPER	2080	1690	
RAPER	NELLIE AGNES	1990			REED	ESTHER	2113		
RAPER	NORMA WEBSTER	1943	1795		REED	FIDELE	2082	302	532"
RAPER	OPAL	1934			REED	FRANCIS HOWARD	2081		
RAPER	OSCAR	2014			REED	GLADYS MAY	2074		
RAPER	PEARL	1939			REED	JACKSON	2111		
RAPER	RALPH JAMES	1989			REED	JAMES	2089	919	
RAPER	ROBERT	2013			REED	JAMES	2094	160	
RAPER	ROBERT LUTHER	1964			REED	JAMES W.	2095	1000	531"
RAPER	ROSA ELLA	2002			REED	JOHNSON	2098	926	
RAPER	ROSA MAY	2014			REED	KATIE KALONUHESKIE	2110	1282	
RAPER	RUBY LORRAINE	2029			REED	LLOYD	2100	920	
RAPER	THELMA	1996			REED	LULA	2086		
RAPER	THOMAS	1978			REED	MARGARET	2091		
RAPER	THOMAS MARTIN	2015	1686		REED	MARGARET CATT	2072	844	
RAPER	VERDIE HAZEL	3144							
RAPER	VIVIAN	1994							

Baker Roll - 1924

LAST NAME	FIRST NAME	BAKER	CHUR#	HEST#	LAST NAME	FIRST NAME	BAKER	CHUR#	HEST#
REED	MARK	2104			ROGERS	RUTH M.	2174		
REED	MARTHA	2092			ROGERS	SAMUEL RALPH	2167		
REED	MATILDA	2103			ROGERS	SHIRLEY	2173		
REED	MCKINLEY	2116			ROLLINS	DOVIE	2175		2158"
REED	MEEKERSON	2097S			ROSE	BENJAMIN TILLMAN	2177		
REED	MINDA LITTLEJOHN	2090	220		ROSE	FLORENCE SNEED	2176	595	1084"
REED	MINDA QUEEN	2078	1244		ROSE	HORACE JACKSON	2184		
REED	MOODY	2073			ROSE	JAKE	2180	598	
REED	NOAH	2114			ROSE	NORA LEE HAEL	2185		
REED	OLLIE	2093			ROSE	THELMA	2182		
REED	RACHEL	2084			ROSE	THURMAN	2178		
REED	RACHEL	2101	301		ROSE	VELMA	2181		
REED	ROBERT	2079			ROSE	WAYNE	2179		
REED	SALLIE SUSANNAH	2075			ROSE	WILLIAM	2183	597	
REED	SAMUEL	2102			ROSS	ADAM	2186	1086	856"
REED	SARAH	2105			ROSS	DESDEMONA CROWE	2187	396	
REED	SARAH JANE	2106			ROSS	ISAAC	2196		
REED	THEODORE EDSON				ROSS	JOSIE TEESATESKIE	2192	1554	
	JR	2108			ROSS	KANE TEWATLEY	2191	1021	
REED	THEODORE OWL	2107	1416		ROSS	KATIE	2188		
REED	WILLIAM	2109	913	510"	ROSS	LEROY	2190		
REED	WILLIAM ELMER	2096S			ROSS	MALINDA OTTER	2195	792	
REED	WILSON	2087			ROSS	MCKINLEY	2193	824	
REYNOLDS	ARTIE GILBERT	2118			ROSS	MINNIE	2197		
REYNOLDS	EVA RAPER	2117	1597		ROSS	OLIVE ESTER	2189		
REYNOLDS	GENEVA HILDRED	2119			ROSS	RUSSELL	2198		
RICHARDS	DOYLE	2123			ROSS	WILLIAM TEWATLEY	2194	1022	
RICHARDS	EDWARD	2125			RUNION	CHARLIE	2200		
RICHARDS	MAMIE PAYNE	2120	1645		RUNION	JULIA RAPER	2199	1691	
RICHARDS	ORNEY (OMA) COLE	2122	1858		RUNION	LAKE	2202		
RICHARDS	RUBY KATE	2121			RUNION	PAULINE	2200		
RICHARDS	ZELZIE	2124			SALERNO	LUCINDA WELCH	2203	909	851"
RIFFEY	ELIZA PAULINE	2126	1671		SAMPSON	JAMES	2204	1002	528"
RILEY	JAMES	2127	1896		SAMPSON	SALLIE	2205	1003	529"
ROBERSON	A.J.	2141			SANDERS	CUDGE	2206	1476	271"
ROBERSON	BIRGIE	2144			SANDERS	JENNIE MAY	2209		
ROBERSON	IOWA ISABELLA	2140	1616		SANDERS	MOSES	2208	1479	
ROBERSON	NONA DOLLY	2144			SANDERS	POLLY	2207	1477	113"
ROBERSON	WALTER ALVIN	2142			SANDERS	THEODORE	2211		
ROBERSON	WAYNE GLEDETH	2143			SANDERS	VERNON	2212		
ROBERTS	EMMA	2138			SANDERS	WILLIAM ADRON	2210		
ROBERTS	FRED	2135	1525		SATTERFIELD	JULIA LOUDERMILK	2213	1721	
ROBERTS	G.W.	2137			SATTERFIELD	LOTTIE	2214		
ROBERTS	GLENN	2132			SAUNOOKE	AMONEETA	2215	165	
ROBERTS	JOSEPHINE SMITH	2128	1891		SAUNOOKE	ANDERSON	2240	117	
ROBERTS	LEONA	2139			SAUNOOKE	CAIN	2217	86	
ROBERTS	LEROY	2130			SAUNOOKE	CALLIE DAVIS	2237		
ROBERTS	LOTTIE SMITH	2133	1522		SAUNOOKE	CHARLES LOGAN	2228		
ROBERTS	LULA	2136	1526		SAUNOOKE	CORA	2245		
ROBERTS	PAULINE	2129			SAUNOOKE	COWANAH	2242		
ROBERTS	WALTER	2134	1524		SAUNOOKE	EDISON J.	2230		
ROBERTS	WANE	2131			SAUNOOKE	EDWARD	2219	116	
ROBINSON	ALVIN W.	2148			SAUNOOKE	EMMA	2226		
ROBINSON	BESSIE IOWA	2150			SAUNOOKE	FREEMAN	2243		
ROBINSON	BIRGEE	2144A			SAUNOOKE	HARVEY SAMUEL	2235		
ROBINSON	CHARLES HOBART	2145	1659		SAUNOOKE	ISAAC	2218		
ROBINSON	CLARA NELL	2158			SAUNOOKE	JACKSON	2220	821	153"
ROBINSON	EDWARD	2159			SAUNOOKE	JAMES	2221	76	
ROBINSON	ELLEN RAPER	2151	1576	1499"	SAUNOOKE	JOSEPH	2224	119	35"
ROBINSON	FRED ASTOR	2163			SAUNOOKE	MALINDA	2233	164	
ROBINSON	HADLEY	2152	1579		SAUNOOKE	MARGARET	2225	120	
ROBINSON	HENRY H.	2147			SAUNOOKE	MATILDA	2246		
ROBINSON	HOWARD GEOFFREY	2146	1660		SAUNOOKE	NANCY TOONI	2216	334	
ROBINSON	LUTHER	2157			SAUNOOKE	NETTIE	2244		
ROBINSON	MALVIN OLIVER	2149			SAUNOOKE	NICODEMUS	2223		
ROBINSON	ROSE BELL	2161			SAUNOOKE	NICODEMUS BOYD	2227		
ROBINSON	SARA EDITH	2156			SAUNOOKE	OSLER	2241	118	
ROBINSON	SUSIE MAY	2160			SAUNOOKE	RACHEL TOONI	2222	352	
ROBINSON	THOMAS L.	2153	1664		SAUNOOKE	RICHARD ALLEN	2229		
ROBINSON	WILLIS OSCOE	2162	1661	1557"	SAUNOOKE	SAMUEL	2234	409	985"
ROGERS	ASTOR	2164	1906		SAUNOOKE	STEPHEN	2236	90	
ROGERS	CLARENCE	2171			SAUNOOKE	STILLWELL	2238	411	
ROGERS	ELSIE L.	2172			SAUNOOKE	THELMA MABLE	2232		
ROGERS	FLOYD	2165	1905		SAUNOOKE	WELCH LEE	2231		
ROGERS	IRWIN	2168			SAUNOOKE	WILLIAM	2239	115	34"
ROGERS	LULA	2169	1862		SAUNOOKE (STANDINGDEER)				
ROGERS	MAUD SNEED	2166	1393			WILLIAM	2247		
ROGERS	OSCAR	2170	1903		SAUVE	MINNIE E. NICK	2248	1674	

Baker Roll - 1924

LAST NAME	FIRST NAME	BAKER	CHUR#	HEST#
SAWYER	ALLEN	2249	1556	477"
SAWYER	INEZ E. HARDIN	2252		
SAWYER	KINEY	2250	46	242"
SAWYER	THOMAS	2251	48	
SCREAMER	CINDA	2258	941	809"
SCREAMER	CORNELIA KATE	2255		
SCREAMER	DAVID	2254	907	
SCREAMER	JAMES	2257	940	369"
SCREAMER	KANE	2260	943	
SCREAMER	MANUS	2262	942	371"
SCREAMER	MANUS	JR.	2265	
SCREAMER	MIANNA	2264		
SCREAMER	NANNIE	2263	163	268"
SCREAMER	NELLIE	2256		
SCREAMER	POLLY SAUNOOKE	2261	998	
SCREAMER	SOGGIE	2259	944	
SCRUGGS	REBECCA KEG	2266		
SEAVER	DOROTHY	1490		
SEQUOYAH		2267	1104	920"
SEQUOYAH	AMANDA	2281		
SEQUOYAH	AMMONS	2268	1101	
SEQUOYAH	AMMONS	2271	884	
SEQUOYAH	EDWARD	2275		
SEQUOYAH	KINA LEDFORD LOSSIE	2272	854	
SEQUOYAH	LIZZY WATTY	2274	1111	
SEQUOYAH	LLOYD	2273	1100	
SEQUOYAH	LOUISE H.	2284	876	
SEQUOYAH	LUCY	2277		
SEQUOYAH	MABLE	2270		
SEQUOYAH	MINDA EMMALINE	2280		
SEQUOYAH	MOLLIE	2279	1099	893"
SEQUOYAH	NELLIE	2276		
SEQUOYAH	OLLICK OTTER	2269	795	
SEQUOYAH	SEQUOIA RUNNINGWOLFE	2278	1098	913"
SEQUOYAH	STANDINGWOLF	2282		
SEQUOYAH	ZACHARAIH	2283	875	916"
SHAKE-EAR	FIDELLA	2285	1131	668"
SHAKE-EAR	LIZZIE	2286	1132	732"
SHELL	BOYD	2293		
SHELL	CELIA	2296		
SHELL	ELIZA GEORGE	2290	740	
SHELL	JOHN	2287	122	77"
SHELL	JOSEPH	2291	127	
SHELL	JOSHUA	2292		
SHELL	LILLY	2295		
SHELL	MATTIE	2298	126	
SHELL	NANCY	2294		
SHELL	ROXIE	2297		
SHELL	SALLIE	2288	123	
SHELL	UTE	2289	125	78"
SHERILL	RUTH MANEY	2306	1776	
SHERRILL	ALICE	2303		
SHERRILL	ANDY	2304		
SHERRILL	DINAH	2305		
SHERRILL	JOHN	2299	985	367"
SHERRILL	JULIA	2301	988	
SHERRILL	MOLLIE	2300	986	457"
SHERRILL	SAMUEL	2302		
SHONE	MARY	2305A		
SHOOK	BOYD	2313		
SHOOK	CLARENCE	2312		
SHOOK	CLIFFORD	2310		
SHOOK	ETHEL	2309		
SHOOK	FANNIE	2311		
SHOOK	IDA LEE MURPHY	2307		
SHOOK	OLLIE MAY	2308		
SIMPSON	MARTHA OWL	2314	121	
SKAGGS	NORA	2315		
SKITTY	SEVIER	2316	7	125"
SMITH	ALVIN E.	2331		
SMITH	ANNIE	2317		
SMITH	ARTHUR	2320		
SMITH	ARTHUR	2348		
SMITH	BERNICE	2349		
SMITH	BERTHA	2351		
SMITH	BESSIE	2339		
SMITH	BETTY WELCH	2327	413	1269"
SMITH	BUFORD RAY	2400		
SMITH	CARRIE ELLIOT	2396		
SMITH	CHARLES H.	2347		
SMITH	CHARLOTTE	2377		
SMITH	CLIFFORD	2330		
SMITH	CYNTHIA	2323	625	1302"
SMITH	DAVID McKINLEY	2324	1339	
SMITH	DOVI	2364		
SMITH	DUFFY	2325	205	1274"
SMITH	EARLIE	2368		
SMITH	EDGAR A.	2329		
SMITH	EDNA	2371		
SMITH	FRANCES	2333		
SMITH	FRANCIS ELWOOD	2326	206	
SMITH	FRANKLIN	2388		
SMITH	GEORGE LEWIS	2334	1486	1239"
SMITH	GERTRUDE	2403		
SMITH	GLADYS	2355		
SMITH	GOLDMAN	2383	1338	
SMITH	HARLEY (HARVEY)	3133		
SMITH	HARTMAN	2335	1379	
SMITH	HELEN	2395		
SMITH	HENRY	SR.	2336	1489"
SMITH	HENRY	2340		
SMITH	HENRY	2392		
SMITH	HENRY HARRISON	JR.	2342	
SMITH	HETTIE	2343	1494	
SMITH	HOSEA GILBERT	2402		
SMITH	HOWARD WARNER	2379		
SMITH	JACOB L.	2344	65	1295"
SMITH	JAMES	2389		
SMITH	JAMES DAVID	2350	204	
SMITH	JAMES EDWARD	2405		
SMITH	JAMES G.W.	2353	1890	
SMITH	JARRET JACKSON	2381		
SMITH	JESSE H.	2384	1340	
SMITH	JOHN D.	2363	1389	
SMITH	JOHN Q.A.	2356	1889	
SMITH	JOHN ROSS	2352		
SMITH	JUANETTA	2341		
SMITH	LAWRENCE	2346	67	
SMITH	LEUNA	2401		
SMITH	LIZZIE	2359	1656	
SMITH	LLOYD H.	2361	1384	1120"
SMITH	LOUIS H.	2365	451	1001"
SMITH	LOUISE	2322		
SMITH	MARGARET	2367		
SMITH	MARGARET	2385		
SMITH	MARSHALL	2369	1655	
SMITH	MARTIN	2386		
SMITH	MARY	2319		
SMITH	MARY	2370		
SMITH	MARY MALVINA	2372	203	1271"
SMITH	MILTON P.	2378		
SMITH	MINNIE	2373		
SMITH	MURIEL	2394		
SMITH	MYRTLE	2338		
SMITH	NAN SAUNOOKE	2376	185	
SMITH	NANCY	2366	452	1002"
SMITH	NOAH	2362	1387	
SMITH	NOAH ED.	2374	209	1275"
SMITH	OLIVER	2375	208	
SMITH	OLLIE	2345	66	
SMITH	OSCAR C.	2360		
SMITH	OVEDA	2321		
SMITH	PHOEBE ELEANOR	2398		
SMITH	RACHEL RUTH	2404		
SMITH	ROBERSON	2380	1385	
SMITH	ROBERT S.	2357	1894	
SMITH	ROSIE	2318		
SMITH	ROSS B.	2358	1895	
SMITH	RUBY MADGE	2397		
SMITH	RUSSEL	2337	1493	
SMITH	SALLIE	2387		
SMITH	SAMUEL A.	2382	1333	
SMITH	SHERIDAN	2332		
SMITH	THADDEUS SIBBALD	2393	1378	
SMITH	THOMAS	2399	1491	

LAST NAME	FIRST NAME	BAKER	CHUR#	HEST#	LAST NAME	FIRST NAME	BAKER	CHUR#	HEST#
SMITH	TINEY MAE	2391			SQUIRREL	SHEPHERD	2472	679	
SMITH	TODDIE	2390			ST. JERMAIN	NICIE	2534	1481	1337"
SMITH	VICTOR C.	2328			STALCUP	ATHA W. THOMPSON	2481	1817	
SMITH	ZELMA RENA	2354			STAMPER	LOTTIE QUEEN	2502	1250	
SMOKER	ALKINNEY	2413	508	1061"	STAMPER	MARGARET	2500		
SMOKER	AMANDA	2420			STAMPER	NED	2496	971	559"
SMOKER	BESSIE	2419			STAMPER	ROBERTSON	2499		
SMOKER	CHARLES	2406	1551		STAMPER	SALLIE ANN	2497	972	534"
SMOKER	DAVIDSON	2409			STAMPER	SARAH	2498	977	
SMOKER	DINAH	2408			STAMPER	WILLIAM	2501	975	
SMOKER	HATTIE CORNSILK	2407	473		STANDINGDEER				
SMOKER	JACK COBURN	2421				ANDY	2482	288	719"
SMOKER	LIZZIE	2415	512		STANDINGDEER				
SMOKER	LLOYD	2411	872	1145"		ANNA TOONI	2485	332	404"
SMOKER	LUCY	2416	513		STANDINGDEER				
SMOKER	MARTHA BERTHA	2417				CARL	2484	199	90"
SMOKER	MOSES (ROSS)	2414	509		STANDINGDEER				
SMOKER	OWEN	2410				CARL	JR.	2489	
SMOKER	UTE	2418			STANDINGDEER				
SMOKER	WILL SAWYER	2412	507	1065"		JUNALUSKA	2490	198	91"
SNEED	ANNIE L.	2422	1392		STANDINGDEER				
SNEED	BLAKELY	2452	1402			LOWEN	2491	98	
SNEED	CAMPBELL	2424	1398		STANDINGDEER				
SNEED	CARRIE	2426				MARGARET	2483	289	720"
SNEED	CHARLOTTE	2448			STANDINGDEER				
SNEED	CLAUDIA MAY	2430				MARY JANET	2488		
SNEED	DAKOTA	2440			STANDINGDEER				
SNEED	ELBA	2449				NANNIE SAUNOOKE	2492	997	
SNEED	ELLA	2443			STANDINGDEER				
SNEED	ERNEST	2427				ROXANNA	2487		
SNEED	GLADYS EVELYN	2423			STANDINGDEER				
SNEED	JAMES P.	2435				SALLIE ANN	2494		
SNEED	JOHN BUTLER	2457			STANDINGDEER				
SNEED	JOHN GRADY	2447				SIMON	2493		
SNEED	JOHN H.	2436	1394	1082"	STANDINGDEER				
SNEED	KENNETH OSCO	2450				VIRGINIA	2486	1892	
SNEED	LAWRENCE	2439			STANDINGWATER				
SNEED	LILLIAN K.	2453				ALEX	2495	1005	685"
SNEED	MANCO	2437	1395		STILES	ANNIE PAULINE	2504		
SNEED	MARIE	2431			STILES	BEULAH RUTH	2513		
SNEED	MARTHA	2442			STILES	BLANCHE LOUISE	2533		
SNEED	MARY	2441			STILES	CLEM O.	2520	1625	
SNEED	MILDRED RUTH	2455			STILES	ELLA	2528	1641	
SNEED	MINDA BRADLEY	2425	1399		STILES	ELSIE VIOLA	2512		
SNEED	OSCO	2444	1396	1087"	STILES	EVELYN ELIZABETH	2516		
SNEED	PATRICK	2429			STILES	FAY ELIZABETH	2532		
SNEED	PECO	2451	1400	1086"	STILES	FLOYD	2509		
SNEED	POCAHONTAS	2428			STILES	FLOYD (LLOYD)	3140	1640	
SNEED	ROSEBUD	2438			STILES	FORREST JUD	2505		
SNEED	SAMUEL	2458	1390	1172"	STILES	GILBERT	2503	1622	
SNEED	SAVANNAH	2456			STILES	HAL V.	2521	1626	
SNEED	STELLA	2459			STILES	HAZEL	2514		
SNEED	THOMAS MACK	2445	1383		STILES	HELEN CHRISTINE	2507		
SNEED	VERNON	2433			STILES	HERMAN	2524		
SNEED	VIRGINIA	2432			STILES	HOLLIE LOUDERMILK	2508	1716	
SNEED	WILBURN HARLEY	2446			STILES	HOMER	2526		
SNEED	WILLIAM SHERMAN	2460	626	1174"	STILES	JESSIE EVELYN	2506		
SNEED	WINIFRED	2434			STILES	KENNETH	2525		
SNEED	WOODROW	2454			STILES	LESTER THOMAS	2515	1637	
SOUTHER	DELPHA	2462			STILES	LULA RAPER	2518		
SOUTHER	DEVA	2465			STILES	MARY CATHERINE	2517		
SOUTHER	DORA COLE	2461	1886		STILES	MARY (MOLLIE PAYNE)	2519	1620	1559"
SOUTHER	HARTFORD	2463			STILES	MAUDE HOLLIE	2523		
SOUTHER	INA	2467			STILES	NOAH NEIL	2530		
SOUTHER	MYRTLE	2464			STILES	OLIVER	2522	1624	
SOUTHER	VAUGHN	2466			STILES	SADIE LEE	2510		
SPENCER	ROXIE SMITH	2468	1490		STILES	THEODOCIA E.P.	2527	1636	1562"
SPRAY	GERTRUDE SMITH	2469	1492		STILES	VIRGIL RUFUS	2531	1638	
SQUIRREL	ABEL	2473			STILES	WILFRED	2529		
SQUIRREL	DANIEL	2470	677		STILES	WILLIAM S.	2511		
SQUIRREL	DAVID	2474			SUTAGA		2535	353	929"
SQUIRREL	EMMA	2480			SUTAGA	MARY	2536	348	930"
SQUIRREL	GEORGE	2475	635	1096"	SWAFFORD	DEBRADER LEE	2537	1364	
SQUIRREL	KINSEY	2478	674		SWAFFORD	EDWIN LEE	2541		
SQUIRREL	LYDIA T. WELCH	2479	1015		SWAFFORD	JAMES ROBERT	2540		
SQUIRREL	OLLIE	2471	678		SWAFFORD	JOHN HARVEY	2543		
SQUIRREL	REBECCA	2476	636	317"	SWAFFORD	RACHEL LAURA	2542		
SQUIRREL	SEQUECHEE	2477	640		SWAFFORD	RUBY ELENORA	2539		

LAST NAME	FIRST NAME	BAKER	CHUR#	HEST#
SWAFFORD	VERDIE THOMPSON	2544	1824	
SWAFFORD	WILLIAM TRAY	2538		
SWANSON	CORA	2545	1701	
SWAYNEY	ALLEGRA LUZENNA	2557		
SWAYNEY	ALVIN WALKER	2552		
SWAYNEY	CHILTOSKEY W.	2563		
SWAYNEY	DORA E.	2562		
SWAYNEY	ETHEL LUVINA	2549		
SWAYNEY	FRANK D.	2560	1684	
SWAYNEY	GRACE	2561		
SWAYNEY	JAMES HENRY	2555		
SWAYNEY	JESSE LORENZO	2548		
SWAYNEY	JESSE W.	2546	1678	
SWAYNEY	JOHN WESLEY	2551	1777	711"
SWAYNEY	LAURA J.	2558	1677	708"
SWAYNEY	LAURA JOSEPHINE	2547		
SWAYNEY	LAURA JOSEPHINE	2553		
SWAYNEY	LEONARD THADDEUS	2550		
SWAYNEY	LORENZO DOW	2559	1682	710"
SWAYNEY	NATHANIEL R.	2564		
SWAYNEY	ROXANA ARIZONA	2556		
SWAYNEY	THURMAN	2565	1685	
SWAYNEY	WALTER D.	2566		
SWAYNEY	WINONA L.	2554		
SWIMMER	ANNA	2575	1043	
SWIMMER	ANNA	2577	1075	1011"
SWIMMER	GEORGE	2571		
SWIMMER	GRACE	2569	319	
SWIMMER	LUCY	2567	317	
SWIMMER	LUKE	2570		
SWIMMER	MARY R.	2573	315	487"
SWIMMER	OBEDIAH	2568	318	
SWIMMER	RUNAWAY	2574	1042	766"
SWIMMER	THOMAS	2572		
SWIMMER	THOMAS	2576	1074	773"
TAHLALA	HOMER WELCH	2578		
TAHQUETTE	ALFRED CLAYTON	2586		
TAHQUETTE	AMY ELIZABETH	2584		
TAHQUETTE	ANNA ELIZABETH	2581	1473	422"
TAHQUETTE	ERNEST DEWEY	2587		
TAHQUETTE	FRANK GLEN	2582	1475	
TAHQUETTE	HOWARD WAYNE	2583		
TAHQUETTE	JOHN	2579	1551	996"
TAHQUETTE	JOHN ALFRED	2580	1472	1013"
TAHQUETTE	MARION PEARL	2585		
TAHQUETTE	MARTHA	2588	450	999"
TAIL	JIM	2589	74	194"
TATHAM	LEUNIE	2591		
TATHAM	MARY	2590		
TAYLOR	ALVIN	2632		
TAYLOR	ANNIE	2600		
TAYLOR	BETTIE JANE MAGGIE	2598		
TAYLOR	CECELIA STANDINGDEER	2640	201	
TAYLOR	CELIA	2599		
TAYLOR	CINDA REED	2637	922	
TAYLOR	CINDY	2627		
TAYLOR	DAVID	2593	831	
TAYLOR	ELIZA	2592	826	293"
TAYLOR	ELMER	2635		
TAYLOR	EVA	2624		
TAYLOR	EVA KATIE	2619		
TAYLOR	FRED JR.	2615	1568"	
TAYLOR	GEORGE	2605		
TAYLOR	GERALD FRANKLIN	2595		
TAYLOR	GERTRUDE ADELLA	2617		
TAYLOR	HARRY	2606		
TAYLOR	HETTIE	2626		
TAYLOR	HOWARD	2633		
TAYLOR	INEZ CATHERINE	2594		
TAYLOR	JACK	2596	827	
TAYLOR	JAMES	2602	360	
TAYLOR	JAMES ALFRED	2616		
TAYLOR	JOHN	2603	828	
TAYLOR	JOHN	2613		
TAYLOR	JULIA NED	2610	774	
TAYLOR	JULIUS	2607	361	501"
TAYLOR	JULIUS	2609	829	
TAYLOR	JULIUS	2628		
TAYLOR	LARCH	2625		
TAYLOR	LEANDER	2612	359	
TAYLOR	LULA MERONEY	2614	1563	
TAYLOR	MAGGIE	2623	364	
TAYLOR	MOLT	2634		
TAYLOR	NANCY WELCH	2618	695	
TAYLOR	NORA SQUIRREL	2604	675	
TAYLOR	OLIVER	2631		
TAYLOR	PHILIP	2601		
TAYLOR	RACHEL	2611		
TAYLOR	REBECCA ALLEN	2597	660	
TAYLOR	RICHARD	2638		
TAYLOR	SALLY ANN	2621		
TAYLOR	SHERMAN	2622	363	502"
TAYLOR	SIMOON	2620		
TAYLOR	STACEY	2608	362	600"
TAYLOR	STACY	2629	432	387"
TAYLOR	THOMAS E.	2630		1546"
TAYLOR	TIMPSON	2636	830	
TAYLOR	WILLIAM	2639	834	
TEAGUE	MABLE	2641		
TEAGUE	WADE	2642		
TEESATESKIE	BETTY BIRD	2652	617	
TEESATESKIE	CHICOAH	2653		
TEESATESKIE	DINAH	2650		
TEESATESKIE	GEORGE	2659		
TEESATESKIE	IDA	2654		
TEESATESKIE	JESSE	2643	503	
TEESATESKIE	JOHN	2651	465	1027"
TEESATESKIE	JONAH	2656	506	
TEESATESKIE	JOSEPH	2646		
TEESATESKIE	LEE	2647		
TEESATESKIE	LILLIAN SAUNOOKE	2669	168	
TEESATESKIE	LILLY	2648		
TEESATESKIE	MARY	2660		
TEESATESKIE	MATTHEW	2661		
TEESATESKIE	NESSIE WACHACHA	2663	547	1169"
TEESATESKIE	NESSIH	2667	577	1323"
TEESATESKIE	NOAH	2657	865	
TEESATESKIE	POLLY BIRD	2644	616	
TEESATESKIE	ROGERS	2655		
TEESATESKIE	SAMPSON	2662	466	
TEESATESKIE	SARAH	2645		
TEESATESKIE	SUSIE	2649		
TEESATESKIE	TOMMIE	2665		
TEESATESKIE	WELCH	2664	467	
TEESATESKIE	WILL	2666	576	1200
TEESATESKIE	WILLIE	2668	867	
TEESATESKIE	WINNIE WACHACHA	2658	558	
TELESKIE	JESSE	2670	287	
TELESKIE	SALLIE LITTLEJOHN	2671	267	582
TEOTLAH OR TEOTALE	NANCY	2672	580	1216
THOMPSON	AHSINNAH	2673	1149	
THOMPSON	ALICE WOLF	2684	1174	
THOMPSON	ALLENE	2676		
THOMPSON	ANNIE	2679	1156	
THOMPSON	CHARLES HERBERT	2709		
THOMPSON	CLAUDE	2701		
THOMPSON	DAFFNEY RAPER LOUDERMILD	2680	1584	
THOMPSON	DAVID	2688	1152	
THOMPSON	ELBERT	2693	1815	
THOMPSON	GOLIATH	2704	1017	
THOMPSON	GREELEY	2682	1833	
THOMPSON	JACKSON	2683	1155	
THOMPSON	JEFFERSON D.	2675		
THOMPSON	JEWEL	2694	1828	
THOMPSON	JOHNSON	2685	1147	438
THOMPSON	JONAH OR JONNAIN	2689	1154	
THOMPSON	LAWRENCE	2698		
THOMPSON	MARTHA	2690	1811	1509
THOMPSON	MARTHA OWL	2711	442	
THOMPSON	MARVIN	2695	1829	
THOMPSON	MARY ELIZABETH WOLF	2674	1227	
THOMPSON	MARY WEBSTER	2697	1820	1510
THOMPSON	MINNIE	2692	1800	
THOMPSON	NANCY	2686	1137	439

LAST NAME	FIRST NAME	BAKER	CHUR#	HEST#
THOMPSON	NOLA BEATRICE	2708		
THOMPSON	OLIN	2702	1832	
THOMPSON	PAUL LOUIS	2707		
THOMPSON	PEARL CATHERINE	2677		
THOMPSON	PETER	2703	1014	
THOMPSON	REGINALD REEVES	2678		
THOMPSON	ROSA	2700		
THOMPSON	RUTH V.	2705		
THOMPSON	SIMON	2687	1151	
THOMPSON	SOPHRONIA ISABELLA WOLF	2706	1669	
THOMPSON	WALTER	2696		
THOMPSON	WILLARD	2699		
THOMPSON	WILLIAM	2691	1798	
THOMPSON	WILSON	2710	1016	
TIMPSON	BERTHA	3134		
TIMPSON	CECIL	2719		
TIMPSON	COY	2720		
TIMPSON	ELSIE	2723		
TIMPSON	FLORA	2718		
TIMPSON	GLENN	2717		
TIMPSON	HUMPHREY P.	2712	1512	1382"
TIMPSON	JAMES	2713	1509	1407"
TIMPSON	JAMES A.	2714	1511	
TIMPSON	JOHN S.	2721	1508	
TIMPSON	LAWRENCE ARTHUR	2715		
TIMPSON	LEXIE MAY	2716		
TIMPSON	VESTRAEX	2722		
TIMPSON	WILMA	2724		
TINCHER	LULA SNEED	2725		
TOE	CAMPBELL	2726	1046	
TOINEETA	ALICE	2731		
TOINEETA	ARNEACH	2727	1241	
TOINEETA	BETTY	2743	1239	425"
TOINEETA	EDWIN T.	2732		
TOINEETA	F. GENEVA	2735		
TOINEETA	GEORGE	2733	61	
TOINEETA	GEORGE HOWARD	2737		
TOINEETA	JEFFERSON	2729		
TOINEETA	JEREMIAH	2730		
TOINEETA	LONEY	2736		
TOINEETA	LONEY	2739	57	214"
TOINEETA	MARGARET NAOMI	2738		
TOINEETA	MARTHA YOUNGDEER	2728	253	
TOINEETA	NICK	2742	1238	211"
TOINEETA	PEARL WOLFE	2734	1229	
TOINEETA	SALLY	2740	58	220"
TOINEETA	SUAGIH	2744	1240	
TOINEETA	WEST	2741	60	
TOLLIE	LIZZIE BRADLEY	2745	1440	
TOONI	AGGIE GEORGE	2747	390	
TOONI	ANNA SUAGIH	2752	1085	829"
TOONI	ELIJAH	2746	333	
TOONI	GARFIELD	2749	1052	
TOONI	ISAAC	2750	1054	
TOONI	JOSEPH	2751	895	897"
TOONI	JUKIUS	2753	898	901"
TOONI	LIZZIE DAVIS	2754	1142	
TOONI	LYDIA	2760	329	726"
TOONI	MARY	2759		
TOONI	MICHAEL	2757		
TOONI	OLLIE ANN	2762		
TOONI	RACHEL	2755		
TOONI	REBECCA	2758		
TOONI	RUSSEL	2756		
TOONI	TOM	2761		
TRAMPER	AMINEETA	2763	991	
TRAMPER	CHILTOSKEY	2767	990	458"
TRAMPER	ELZINEY	2765		
TRAMPER	EMMA AXE	2768	292	
TRAMPER	KINA	2771	989	
TRAMPER	LILLIAN	2770		
TRAMPER	LUCINDA WELCH	2764	177	
TRAMPER	SALLIE	2766		
TRAMPER	WELCH	2769		
TRUETT	CLARA BELLE	2776		
TRUETT	EDWARD	2775		
TRUETT	MATTIE	2772		

LAST NAME	FIRST NAME	BAKER	CHUR#	HEST#
TRUETT	REUBAN	2773		
TRUETT	VINSON	2774		
TWIN	VIOLA	2777		
UTE OR SHERRILL				
	MARY	2778	416	577"
VOILES	JANE	2779		2164"
VOILES	VINSON	2780		2167"
VOILES	WILLIAM	2781		
WACHACHA	AMANDA TEESATESKIE	2792	578	
WACHACHA	CARRIE	2789		
WACHACHA	CHARLES	2782	551	
WACHACHA	CLAUDE	2786		
WACHACHA	CORNELIA SMOKER	2799	588	
WACHACHA	DINAH CONSEEN	2785	521	
WACHACHA	HENRY	2790		
WACHACHA	JACK	2784	552	
WACHACHA	JAMES	2787	549	
WACHACHA	JARRET	2791	548	
WACHACHA	JOHN WAYNE	2796	556	
WACHACHA	LINDA	2793		
WACHACHA	MARTHA WELCH	2797		
WACHACHA	MOLLIE	2795		
WACHACHA	MOSES	2783		
WACHACHA	ONEY	2802	559	
WACHACHA	POSEY	2798	554	
WACHACHA	RALEIGH	2794		
WACHACHA	ROXIE	2800	546	1168"
WACHACHA	SARAH	2801	550	
WACHACHA	SARAH AXE	2788	478	
WAHYAHNEETAH				
	ALLEN	2803	811	1008"
WAHYAHNEETAH				
	AWEE CAROLINE	2805	808	1005"
WAHYAHNEETAH				
	BETSEY OWL	2807	14	
WAHYAHNEETAH				
	ETHEL	2812		
WAHYAHNEETAH				
	JOHN WILSON	2814		
WAHYAHNEETAH				
	KAMIE	2809	814	2922"
WAHYAHNEETAH				
	LEROY	2811	817	
WAHYAHNEETAH				
	POSEY	2806	810	
WAHYAHNEETAH				
	ROBERT AUSTIN	2813		
WAHYAHNEETAH				
	SALLIE	2804	812	592"
WAHYAHNEETAH				
	SAMUEL	2810	816	
WAHYAHNEETAH				
	WILLIAM	2808	813	1007"
WAIDSUTTE	ADDISON	2821		
WAIDSUTTE	BIRD	2815	856	170"
WAIDSUTTE	BIRD	2820	427	
WAIDSUTTE	DAVIS	2818	425	167"
WAIDSUTTE	LEE	2817	862	
WAIDSUTTE	MARGARET	2822		
WAIDSUTTE	MARY	2816	857	1078"
WAIDSUTTE	NANCY	2819	426	754"
WAKEFIELD	ALBERT	2823		1478"
WAKEFIELD	ALBERT	2838		
WAKEFIELD	ANNIE	2828		
WAKEFIELD	CHARLES JR.	2827		
WAKEFIELD	CHARLIE	2824		1475"
WAKEFIELD	DAVID LEE	2831		
WAKEFIELD	EDMUND SAMUEL	2836		1477"
WAKEFIELD	ELIZABETH	2826		
WAKEFIELD	ESCO	2837		1472"
WAKEFIELD	KATHLEEN	2833		
WAKEFIELD	KENNETH	2835		
WAKEFIELD	LUCY	2841		
WAKEFIELD	LUTHER	2829		
WAKEFIELD	LYCURGUS M.	2842		1479"
WAKEFIELD	MARIE	2832		
WAKEFIELD	MAXINE	2834		
WAKEFIELD	RALPH	2830		

LAST NAME	FIRST NAME	BAKER	CHUR#	HEST#
WAKEFIELD	RUTH	2825		
WAKEFIELD	THOMAS ALVIN DEAN	2839		
WAKEFIELD	VIRGINIA C.	2843		1480"
WAKEFIELD	WILEY EDWARD	2840		
WALKER	AMANDA CATT	2844	846	
WALKER	D.O.	2848		
WALKER	EDITH	2847		
WALKER	GEORGE WILLIAM	2846		
WALKER	LUCILE	2845		
WALKINGSTICK	ALICE	2854	879	
WALKINGSTICK	ANCY	2871		
WALKINGSTICK	BASCOMB	2849		150
WALKINGSTICK	CAROLINE	2866	149	1077"
WALKINGSTICK	CYNTHIA	2875		
WALKINGSTICK	EDWARD	2878		
WALKINGSTICK	EMILY TAHQUETTE	2868	1474	
WALKINGSTICK	EMMALINE	2872		
WALKINGSTICK	ENOCH	2862		
WALKINGSTICK	HENRY	2852		
WALKINGSTICK	JAMES	2855	151	
WALKINGSTICK	JASPER	2857	480	1080"
WALKINGSTICK	JENNIE WELCH	2870	759	
WALKINGSTICK	JOHN	2859		
WALKINGSTICK	JOHN	2861	627	290"
WALKINGSTICK	LINDA GEORGE	2874	739	
WALKINGSTICK	LUCY BIRD	2864	1895	
WALKINGSTICK	LYDIA	2876		
WALKINGSTICK	MAGGIE AXE	2850	477	
WALKINGSTICK	MANDY TOWATLEY	2856	1087	
WALKINGSTICK	MASON	2863	482	
WALKINGSTICK	MIKE	2865	148	1076"
WALKINGSTICK	MIKE	2867	633	
WALKINGSTICK	MINDA	2877		
WALKINGSTICK	MOSES	2869	631	
WALKINGSTICK	OWEN	2873	629	
WALKINGSTICK	SAMUEL	2860		
WALKINGSTICK	TOM	2879	1896	
WALKINGSTICK	WAYNE	2853		
WALKINGSTICK	WILLIAM	2851		
WALKINGSTICK	WILLIE	2858	484	
WALLACE	DEKIE CUCUMBER	2883	263	
WALLACE	JAMES	2880	1294	
WALLACE	MARJORIE	2885		
WALLACE	SALLIE LONG	2881	727	788"
WALLACE	STACY	2884		
WALLACE	TAHQUETTE	2882	194	
WARRICK	SELMA COOPER	2886	1411	
WASHINGTON	ELIZABETH	2887	277	625"
WASHINGTON	EMMA	2890	282	
WASHINGTON	ERMA LILLIAN	2897		
WASHINGTON	GEORGE	2891	283	
WASHINGTON	JESSE	2888	279	626"
WASHINGTON	JONAS	2892		
WASHINGTON	JOSEPH	2893	278	629'
WASHINGTON	JOSEPHINE LUCILE	2896		
WASHINGTON	KEY	2898	216	631'
WASHINGTON	OLLIE	2889	280	507"
WASHINGTON	RICHARD B.	2895		
WASHINGTON	STELLA BLYTHE	2894	32	
WATSON	ELSIE BETTY LOU	2899	1726	
WATSON	JAMES HAROLD	2901		
WATSON	VIRGINIA RUTH	2900		
WATTY	GOOLARCHE	2902	1108	827"
WATTY	JESSAN	2906		
WATTY	NESSIH	2903	1109	832"
WATTY	OLLIE	2905		
WATTY	STEPHEN	2904	1112	
WAYNE	AGNES	2909		
WAYNE	JENNIE	2907	687	
WAYNE	WILL JOHN	2908	1298	954"
WEBB	CLARA WINIFRED	2911		
WEBB	FANNIE COOPER	2910	1408	
WEBSTER	GALER B.	2912		
WEBSTER	HARRY T.	2913		
WEBSTER	JETTER COLUMBUS	2917	1793	
WEBSTER	RACHEL A.	2914	1805	1506"
WEBSTER	RALPH W.	2915		
WEBSTER	THOMAS DAUGHN	2920		
WEBSTER	WILLIAM LAWRENCE	2916	1806	1507"
WEBSTER	WILLIAM LOUIS	2919		
WEBSTER	WILLIAM ROBERT	2918	1796	
WELCH	ADAM	2921	1072	
WELCH	AMY	2952		
WELCH	ANN ELIZA	2938	1136	935"
WELCH	ANNA POWELL	2922	1073	
WELCH	AWEE FRENCH	2933	783	1100"
WELCH	CHARLOTTE	2924		
WELCH	CINDY AXE	2965	859	
WELCH	CORNETTA	2928	1186	814
WELCH	DAVID	2930		
WELCH	DAVIS	2932	1023	895
WELCH	EDITH	2978		
WELCH	EDNA	2977		
WELCH	EDWARD R.	2936	455	
WELCH	ELIJAH	2926		
WELCH	ELIJAH	2937	1031	792
WELCH	ELIZABETH	2951		
WELCH	ELIZABETH FRENCH	2968		
WELCH	ELLIOTT	2976		
WELCH	EPHESUS	2939	696	
WELCH	FRANK CHURCHILL	2923	1894	
WELCH	IRVING	2953		
WELCH	ISAAC	2943		
WELCH	JACKSON	2948		
WELCH	JAMES B.	2934	1026	
WELCH	JAMES B.	2945	464	1422"
WELCH	JAMES ELIJAH	2946	1032	
WELCH	JAMES G.	2949	176	
WELCH	JANE	2935		
WELCH	JOHN	2956	458	
WELCH	JUNA	2941	698	
WELCH	LIZZIE	2971	694	
WELCH	LLOYD	2958	321	
WELCH	LOTTIE TRAMPER	2950	992	
WELCH	LUCINDA	2931		
WELCH	MAGGIE	2962		
WELCH	MARGARIND	2942		
WELCH	MARK	2959	1034	
WELCH	MARK G.	2963	173	150"
WELCH	MARY	2957	457	
WELCH	MAUDE FRENCH	2975	784	
WELCH	MIKE	2944		
WELCH	MOSES	2964	910	
WELCH	MYRTLE BETSY J.	2955		

LAST NAME	FIRST NAME	BAKER	CHUR#	HEST#
WELCH	NANCY	2966	908	850"
WELCH	NED	2967	1029	
WELCH	NICEY TOONI	2929	897	899"
WELCH	OSCAR	2954		
WELCH	POLLY CALHOUN	2960	1159	
WELCH	RICHARD R.	2969	324	
WELCH	SALLY	2961		
WELCH	SAMPSON	2970	693	
WELCH	SIMPSON	2927		
WELCH	STACY OWL	2940	697	
WELCH	TEMPE JOHNSON	2972	1888	
WELCH	THEODORE R.	2973	322	
WELCH	WILLIE	2974	175	
WELCH	WILSON	2925		
WELCH	YIHGINNEH CALHOUN	2947	1165	
WESLEY	JENNIE	2980	724	364"
WESLEY	JUDAS	2979	723	399"
WEST	ALFRED	2983		
WEST	BUCK	2981	71	
WEST	CECIL PAUL	2984		
WEST	JAMES	2985	69	
WEST	SUSAN SEQUOYAH	2982	878	
WHIP-POOR-WILL	MANLEY	2986	1134	927"
WHITAKER	HERMAN FLOYD	2990		
WHITAKER	JAMES MACK	2987		1467"
WHITAKER	JUD	2988		
WHITAKER	ROSS	2992		
WHITAKER	RUTHA	2991		
WHITAKER	SARAH AMANDA	2993		1468"
WHITAKER	STEPHEN D.	2994		1486"
WHITAKER	WILLARD	2989		
WHITE	BETTIE	2995		
WHITE	DD	3001		
WHITE	DILLARD	3002		
WHITE	INEZ	2999		
WHITE	JOHN	2998		
WHITE	MARY (MAY)	2996		
WHITE	PINK	3000		
WHITE	ROBERT	2997		
WHITE-TREE	ALVA E. JR.	3006		
WHITE-TREE	F. WEHONAH	3004		
WHITE-TREE	FLOY BURGESS	3003	669	
WHITE-TREE	JOHN B.	3005		
WILDCAT	ADDISON	3009		
WILDCAT	BOYMAN BOYD	3010		
WILDCAT	DAHNOLA (DANIEL)	3007	398	
WILDCAT	SALLY WELCH	3008	454	1093"
WILL	DAVID	3014	753	
WILL	JAMES	3013	751	
WILL	JANE	3012	750	1091"
WILL	JOHN	3011	749	353"
WILL	LUZENE	3015		
WILL	NELLIE	3016		
WILNOTY	ALICE MAY HORNBUCKLE	3021	1448	
WILNOTY	ELIZABETH	3023		
WILNOTY	JOSEPH	3017	982	
WILNOTY	JOSEPHINE KALONUHESKIE	3027	1226	
WILNOTY	JULIUS	3022		
WILNOTY	LOT	3019	1259	1118"
WILNOTY	MOSES	3020	1258	
WILNOTY	NED	3018	983	
WILNOTY	NED	3024	664	375"
WILNOTY	SALLIE	3025	665	1095"
WILNOTY	SIMON	3026	1260	
WINKLER	DENNIS C.	3030		
WINKLER	HARRELL	3033		
WINKLER	HAZEL J.	3031		
WINKLER	KATIE	3034		
WINKLER	LOIS	3032		
WINKLER	MAYBELLE	3029		
WINKLER	SALINA SMITH	3028	1654	
WOLFE	ABLE	3047	1173	
WOLFE	ADDISON	3102	1095	
WOLFE	AMBLE SPRINGER	3077		
WOLFE	BETTIE SMOKER	3051	1196	
WOLFE	BIRD	3081		
WOLFE	CALLIE	3035	663	275"
WOLFE	CAROLINE WAYNE	3096	777	
WOLFE	CHARLES OR CHARLEY HICKS	3036	1231	
WOLFE	CHARLES RAY	3068		
WOLFE	DANIEL	3099		
WOLFE	DAVID	3037	1434	1012"
WOLFE	DAWSON (DOBSON LOSSIAH)	3038	1146	
WOLFE	DESSIE CLEO	3087		
WOLFE	DINAH LOSSIAH	3040		
WOLFE	DONALD GRAHAM	3054		
WOLFE	EDWARD	3043	96	
WOLFE	EDWIN W.	3052		
WOLFE	ELI	3104		
WOLFE	ELNORA	3097		
WOLFE	FREDERICK	3086		
WOLFE	GEORGE LLOYD	3044	1426	1015"
WOLFE	INA	3042		
WOLFE	JACOB	3045	1167	135"
WOLFE	JACOB	3049		
WOLFE	JAMES	3041		
WOLFE	JAMES T.	3050	1228	
WOLFE	JAMES WILLIAM	3085		
WOLFE	JANE	3090	1182	2709"
WOLFE	JENNIE	3074	1201	905"
WOLFE	JESSE	3046	1172	
WOLFE	JESSIE MAY	3067		
WOLFE	JOE	3101	1094	
WOLFE	JOHN	3058	1168	752"
WOLFE	JOHN R.	3064	1427	
WOLFE	JOHN WESLEY	3082		
WOLFE	JONAH	3069	1180	
WOLFE	JOSEPH H.	3073	1200	761"
WOLFE	JOSEPH J.	3075	1171	
WOLFE	JOSEPHINE	3062		
WOLFE	JUNALUSKA	3079	1178	
WOLFE	KATHERINE	3072		
WOLFE	LEWIS DAVID	3083	1668	
WOLFE	LEWIS HENRY	3084	1666	1338"
WOLFE	LILLY	3103		
WOLFE	LINDA	3059	1176	918"
WOLFE	LIZZIE WELCH	3076	1030	
WOLFE	LLOYD LOSSIAH	3088	1145	
WOLFE	LUCINDA	3048		
WOLFE	LUCY A.D. SMITH	3093	729	
WOLFE	MARY IVA LEE	3057		
WOLFE	MARY TOONI	3080	1055	
WOLFE	MINDA HILL SEQUOYAH	3070	877	
WOLFE	MOSES	3089	1181	133"
WOLFE	NANCY ROXIE	3091	1144	
WOLFE	NED WESLEY	3071		
WOLFE	OWEN	3092	1179	
WOLFE	POLLY WATTY	3039	1113	
WOLFE	REBECCA	3063		
WOLFE	RICHARD	3078		
WOLFE	RICHARD C.	3066	1429	
WOLFE	ROBERT W.	3055		
WOLFE	SALKINNEY	3061		
WOLFE	SUSAN	3094	1096	
WOLFE	WADE HAMILTON	3056		
WOLFE	WALKER	3060	1177	
WOLFE	WARD	3095	1097	
WOLFE	WILLIAM	3098		
WOLFE	WILLIAM H.	3065	1428	
WOLFE	WILLIAM JOHNSON	3100	1092	230"
WOLFE	WILLIAM WALLACE	3052		
WRIGHT	LAURA MAY PARRIS	3105	1883	
YONCE	NANCY S.	3106	805	1693"
YOUNG	CATHERINE WOLF	3107	95	
YOUNG	WILLIE BURGESS	3108	670	
YOUNGBIRD	AMANDA WOLFE	3110	1230	
YOUNGBIRD	CAROL PEARL	3111		
YOUNGBIRD	EDMOND	3116		
YOUNGBIRD	LIZZIE STAMPER	3115	976	
YOUNGBIRD	MYRTLE ELIZA	3112		
YOUNGBIRD	RUFUS	3109	225	

LAST NAME	FIRST NAME	BAKER	CHUR#	HEST#	LAST NAME	FIRST NAME	BAKER	CHUR#	HEST#
YOUNGBIRD	RUTH	3113							
YOUNGBIRD	SAUGHEE	3114	226						
YOUNGBIRD	WAH-KIN-NIH	3119	229						
YOUNGBIRD	WESLEY	3118	228						
YOUNGBIRD	YOHNIH	3117	227						
YOUNGDEER	BETSY	3127	247	550"					
YOUNGDEER	ELI	3128	248	552"					
YOUNGDEER	JACOB	3120	911	551"					
YOUNGDEER	JESSE	3122	250						
YOUNGDEER	JESSE H. JR.	3124							
YOUNGDEER	JOHN	3126	246	549"					
YOUNGDEER	JONAH	3129	249	553"					
YOUNGDEER	LUHSIH	3121	912	471"					
YOUNGDEER	MARTHA JANE	3123	1420						
YOUNGDEER	MOODY	3130	254						
YOUNGDEER	ROBERT S.	3125							
ZIMMERMAN	NORMA	3131							

ENROLLMENT PROCEDURES

EASTERN BAND OF CHEROKEE INDIANS
CHEROKEE, NORTH CAROLINA

In 1934, Congress of the United States passed the Indian Reorganization Act, which authorized the Eastern Band of Cherokee Indians to reorganize and not go through the termination and allotment process as required by the 1924 termination act. This was a fortunate happening for the Eastern Band and several other Tribes. Very fortunate, indeed, as compared to many Tribes that did terminate and some, even today, are still fighting for their existence.

Since the Eastern Band of Cherokee Indians did not terminate and allot their lands, the rolls of the Eastern Band have remained fixed; with additions and deletions based upon birth and death since 1924.

Consequently, one not enrolled in 1924 or shortly after birth, will find it extremely difficult to become enrolled by the Eastern Band of Cherokee Indians. In fact, it will require an act of Tribal Council. There have been some enrollments by Tribal Council, but they are rare and of unusual circumstances.

Enrollment in the Eastern Band of Cherokee Indians is administered by the Eastern Band of Cherokee Indians, Tribal Enrollment Office, P.O. Box 455, Cherokee, N.C. 28719

CREDITS

National Archives, Washington, DC
Museum of the Cherokee Indian, Cherokee, NC

PUBLICATIONS:

"Cherokee Reservees" by David Keith Hampton
"Cherokee Emigration Rolls" by Jack D. Baker
"Those Who Cried" by James W. Tyner
"Exploring Your Ancestry" by Thomas G. Mooney

These publications are available by mail order from - or on premise sale at:
Gift Shop, Cherokee Nation Museum, Tahlequah, OK 74465.

For those interested in conducting their own research, "Exploring Your Ancestry" by Thomas G. Mooney is highly recommended.

Cover design and art by Revina Sneed, artist is a member of the Eastern Band of the Cherokees.

RESEARCH SERVICE

CHEROKEE NAMES AND FACTS, is a research service for those desiring more detailed information about their ancestry. An extensive library of microfilm and other publications along with modern computer technology has greatly improved research service for clients.

The fee for research is $30 per person regardless of how many rolls they are listed on. One will receive a great deal more information if the name is on one of the rolls after 1835.

For each name you wish researched please include the name of the person, the rolls that person is on, and any numbers associated with the name.

If the person to be researched is enrolled on either the Dawes or Guion Miller Roll, it is recommended that a copy of their application for these rolls be obtained prior to having a full research accomplished. These applications are very helpful in determining whether or not the person one is interested in having researched, is in fact of the same family line, and this process is a lot more economical than having a full research done from the beginning.

A great deal of information is included in these applications; covering the period (1898-1906) back to 1835. Items of information such as Mother, Father, Grandmother, Grandfather, Aunts, Uncles, Children, Date of Birth, and Date of Death are given.

There is generally at least four or five pages of information on each application. The time, material, and equipment required to retrieve these applications is extensive. In order to keep our fees as economical as possible, it is our policy to not include their cost in the basic full research service. Many full researchers are conducted on names that are not on the Dawes or Guion Miller, and we do not feel it fair that these people should bear the expense of reproducing material which they are not privy to.

On the other hand, if in the process of conducting a full ($30.00) research, we find that a family member has made application for the Dawes or Guion Miller Roll, one will so be informed and given the opportunity to purchase these applications at the going rate.

RECAP OF RESEARCH FEES CHARGED BY: CHEROKEE NAMES AND FACTS

Full Research (Hard copies of all rolls)	$30.00
Dawes Applications With Census Card	$15.00
Guion Miller Applications	$15.00

To:
CHEROKEE NAMES AND FACTS
P.O. BOX 525
CHEROKEE, NC 28719
Phone: (704) 497-9709

Personal Check   Master Card   Visa

CHEROKEE ROOTS ANNOUNCES TWO NEW PUBLICATIONS

Cherokee Roots, based on the Cherokee Indian Reservation in North Carolina, announces the availability of two new publications that are promised to be a treasured resource for those of Cherokee decent.

"1898 DAWES ROLL "PLUS" - The 1898 Dawes Roll plus Guion Miller Roll information for those that were on both rolls. One can look forward in time from 1898 to the 1906 Guion Miller Roll and see such things as a 1906 Surname change brought about by marriage, divorce, or adoption. Also ages, addresses, relationships, Miller Roll Number, Miller Application Number, etc. This, in addition to all information provided in the original 1898 Dawes Roll. All 36,714 Cherokee Nation Citizens of Cherokee Blood are included. It is 9" x 12" and is 224 pages long.

See adjoining page for a sample of a this never before published book. It contains a vast amount of information on those that were members of the Cherokee Nation upon its dissolution in 1898 and today serves as a basis o its membership rolls which are still open.

"1909 GUION MILLER ROLL "PLUS" - The 1909 Guion Miller Roll plus 1898 Dawes Roll information for those that were on both rolls. Includes al applicants for the Miller Roll, both accepted and not accepted for the Cour of Claims settlement. One can look backward in time from 1906 to the 1898 Dawes Roll and find such items of information as Dawes Roll Number Census Card Number, Degree of Cherokee Blood, and Surname in 1898 All in addition to the information provided in the original 1909 Guion Miller Roll.

This book includes 62,769 names and related information. It is 9" x 12" and is 280 pages long.

See adjoining page for sample of the unbelievable amount of information included in this book.

Prices are as follows:

1898 DAWES "PLUS"	ISBN 0-9633774-3-4	$25.00
1909 GUION MILLER "PLUS"	ISBN 0-9633774-4-2	$30.00

Note: In order to keep prices as low as possible, we are sorry that we ca not offer set discounts.

To:
CHEROKEE ROOTS
P.O. BOX 525
CHEROKEE, NC 28719

Phone: (704) 497-9709

Personal Check   Master Card   Visa

Sample Page of New Dawes Roll

Dawes Roll

LAST NAME	FIRST	DAWES	CENSUS	MILLER	MILLERA	AGE	SEX	BLOOD	MIL.SURN	ADDRESS
ABBOTT	ROXANA	10273	4266			23	F	A W		
ABBOTT	WILLIAM R.	10274	4266			4	M	A W		
ABBOTT	JAMES B.	10275	4266			3	M	A W		
ABBOTT	ROXIE R.	10276	4266			1	F	A W		
ABBOTT	EUGENE M.	11951	5001	3179	12591	25	M	1-16	ABBOTT	TAHLEQUAH, OK
ABBOTT	LOUISA J.	1396M	1394M	3176	12591	3	F	1-128	ABBOTT	PRYOR CREEK, OK
ABBOTT	LEONA M.	3979M	3384M	3177	12591		F	1-128	ABBOTT	PRYOR CREEK, OK
ABBOTT	CARRIE M.	14385	6028	30686	24841	21	F	1-64	LOWERY	WANN, OK
ABBOTT	FANNIE F.	14386	6028	17370	25818	17	F	1-64	LOWERY	TAHLEQUAH, OK
ABBOTT	BUTLER L.	14387	6028	3178	16435	13	M	1-64		KINNISON, OK
ABBOTT	WILLIAM G.	14388	6028			10	M	1-64		
ABBOTT	JANE E.	14389	6028			8	F	1-64		
ABBOTT	JOHN W.	14418	6043	3183	22758	23	M	1-32	ABBOTT	TAHLEQUAH, OK
ABBOTT	ANGELINE	390M	576M	3174	3301	1	F	1-32	ABBOTT	CHOTEAU, OK
ABBOTT	MARY ELLEN	4196M	3702M	3181	12635	2	F	5-32	ABBOTT	TAHLEQUAH, OK
ABELS	JENNIE	3373	1227	3194	16735	26	F	1-8	ABERCROM	COLLINSVILLE, OK
ABERCROMBIE	RUTH A.	11802	4936	3185	16735	1	F	1-32	ABERCROM	COLLINSVILLE, OK
ABERCROMBIE	SIDNEY G.	11803	4936	3186	16735	5	M	1-64	ABERCROM	COLLINSVILLE, OK
ABERCROMBIE	CORA I.	11804	4936	3187	16735	2	F	1-64	ABERCROM	COLLINSVILLE, OK
ABERCROMBIE	DAVID M.	11805	4936	3188	16735		M	1-64	ABERCROM	COLLINSVILLE, OK
ABERCROMBIE	JOHN R.	2443M	1355M	3189	30536	32	M	1-64	ABNEY	AFTON, OK
ABNEY	BIRDIE A.	9867	4087			5	F	1-64	ABNEY	
ABNEY	WILLIAM F.	9868	4087	3191	30536	5	M	1-64	ABNEY	AFTON, OK
ABNEY	JESSIE C.	9869	4087			18	F	1-64	ABNEY	
ABSTON	ELIZABETH E.	9564	3957	3192	32002	31	F	1-4	ABSTON	GROVE, OK
ACKLEY	MARY	17359	7299	3193	5026	34	F	1-4	ACKLEY	MUSKOGEE, OK
ACKLEY	OLIVER F.	17360	7299	3194	5026	15	M	1-8	ACKLEY	MUSKOGEE, OK
ACKLEY	MADGE E.	17361	7299	3195	5026	9	F	1-8	ACKLEY	MUSKOGEE, OK
ACKLEY	LEETA A.	17362	7299	3196	5026	6	F	1-8	ACKLEY	MUSKOGEE, OK
ACKLEY	EDNA E.	17363	7299	3197	5026	1	F	1-8	ACKLEY	MUSKOGEE, OK
ACORN	FRENCH	1920M	175M	3209	13639	9	M	FULL	ACORN	STILWELL, OK
ACORN	KATIE	1936	687	3198	4631	72	F	1-2	ACORN	STILWELL, OK
ACORN	JOHN	1944	689	3212	4591	14	M	1-4	ACORN	STILWELL, OK
ACORN	NANNIE	1945	689	3213	4629	29	F	FULL	ACORN	STILWELL, OK

Dawes Roll

LAST NAME	FIRST	MILLER	MILLERA	CENSUS	DAWES	AGE	SEX	BLOOD	MIL.SURN	ADDRESS
ADAIR	EDWARD H.	3235	22778	546	1579	32	F	1-8	ADAIR	STILWELL, OK
ADAIR	WILLIMA W	3236	22778	546	1580	7	M	1-16	ADAIR	STILWELL, OK
ADAIR	HUGH M	3237	22778	546	1581	6	M	1-16	ADAIR	STILWELL, OK
ADAIR	WALTER S.	3238	22778	546	1582	5	M	1-16	ADAIR	STILWELL, OK
ADAIR	MARY L.	3239	22778	546	1583	4	F	1-16	ADAIR	STILWELL, OK
ADAIR	MARY J. F.	9306	6932			41	F	1-4	ADAIR	ADAIR, OK
ADAIR	JOHN J. F.	16565	6945		1565	44	M	1-2	ADAIR	VINITA, OK
ADAIR	NAN L.	16566	6945		1566	44	F	1-2	ADAIR	VINITA, OK
ADAIR	JOHN WALTER	16567	6945		1567	19	M	1-2	ADAIR	VINITA, OK
ADAIR	JOSEPH F. R.	16568	6945		1568	17	M	1-2	ADAIR	VINITA, OK
ADAIR	McLEOD D.	16569	6945		1569	14	M	1-2	ADAIR	VINITA, OK
ADAIR	DAVID D.	16570	6945		1570	8	M	1-2	ADAIR	VINITA, OK
ADAIR	SAMUEL	16892	7084		1693	34	M	1-2	ADAIR	LENAPAH, OK
ADAIR	MARY	16893	7084		16993	26	F	1-8	ADAIR	LENAPAH, OK
ADAIR	JENNIE M.	16894	7084		16994	11	F	5-16	ADAIR	LENAPAH, OK
ADAIR	EDNA B.	16895	7084		16995	6	F	5-16	ADAIR	LENAPAH, OK
ADAIR	LUCY C.	16896	7084		16996	5	F	5-16	ADAIR	LENAPAH, OK
ADAIR	SUSAN E.	16897	7084		16997	2	F	5-16	ADAIR	LENAPAH, OK
ADAIR	HUGH M.	1713	582		1713	62	M	3-32	ADAIR	STILWELL, OK
ADAIR	PETER	1735	592		1735	50	M	FULL	ADAIR	STILWELL, OK
ADAIR	CHARLOTTE	1736	592		1736	48	F	FULL	ADAIR	STILWELL, OK
ADAIR	LEWIS	1737	592		1737	22	M	FULL	ADAIR	STILWELL, OK
ADAIR	NED	1738	592		1738	20	M	FULL	ADAIR	STILWELL, OK
ADAIR	NELLIE	1739	592		1739	18	F	FULL	ADAIR	STILWELL, OK
ADAIR	LEVI	1740	592		1740	16	M	FULL	ADAIR	STILWELL, OK
ADAIR	WILLIAM P.	1741	592		1741	14	M	FULL	ADAIR	STILWELL, OK
ADAIR	HUMMINGBIRD	1742	592		1742	12	F	FULL	ADAIR	STILWELL, OK
ADAIR	GEORGE S.	1744	594		1744	30	M	1-16	ADAIR	STILWELL, OK
ADAIR	YULA	1745	594		1745	8	F	1-32	ADAIR	STILWELL, OK
ADAIR	PEARL	1746	594		1746	6	F	1-32	ADAIR	STILWELL, OK
ADAIR	VERDIA M.	1747	594		1747	1	F	1-32	ADAIR	STILWELL, OK
ADAIR	AARON CLARENCE	5668	260M		1768	2	M	1-16	BRADY	CENTRALIA, OK
ADAIR	JAALAH	1768	32733	602	1768	14	M	1-4	BRADY	WAGONER, OK
ADAIR	NORA	3338	28974	602	1769	29	F	1-4	ADAIR	MUSKOGEE, OK

Sample Page of New Miller Roll

Miller Roll

LAST NAME	FIRST	MILLER #	MILLER APL #	DREN REF	CENSUS CARD	AGE IN 1906	RELATION	BLOOD DEG	DAWES SURNAME	ADDRESS
AARON	CLEO PATRICK	38349								TENNESSEE
AARON	FED	33424								GEORGIA
AARON	JAS. M.	33387								GEORGIA
AARON	SARAH C.	25571								GEORGIA
AARON	TENNIE B.	30721			390M	578M	1/3	D	1-4		TEXAS
AARONS	ALMA	42996			6700	2606	19			FISHER	FLORIDA
AARONS	CHARLES	33422			23424	2690	21			HARLESS	GEORGIA
AARONS	ELLA	33423			14387	6028	17			ABBOTT	GEORGIA
AARONS	ANNIE L.	33389								GEORGIA
AARONS	JACKSON	33427								GEORGIA
AARONS	GEO I.	33388								GEORGIA
AARONS	JOHN	33421			11951	5001	28	D		ABBOTT	GEORGIA
AARONS	MAMIE	33426				1/12					GEORGIA
AARONS	NEWTON D.	33425								GEORGIA
ABBERCROMBIE	ALBERT S.	33904								GEORGIA
ABBERCROMBIE	JOHN H.	33903								GEORGIA
ABBERCROMBIE	NEBRASKA	33902								GEORGIA
ABBOTT	ANGELINE	3301	3174		576M	1/2	D	1-4	ABBOTT	CHOTEAU, OKLA
ABBOTT	ANNA	12391	3173			19		1-32	ABBOTT	PRYOR CREEK, OKLA
ABBOTT	BUTLER	16435	3178			21		1-64	ABBOTT	KINNISON, OKLA
ABBOTT	CLORDIA	38319				17				TENNESSEE
ABBOTT	EUGEN M.	12591	3179		5001	28		1-16	ABBOTT	TAHLEQUAH, OKLA
ABBOTT	GERTRUDE	12635	3182			1/12	D	5-32	ABBOTT	TAHLEQUAH, OKLA
ABBOTT	JEFF F.	36895								NORTH CAROLINA
ABBOTT	JOHN W.	36836								GEORGIA
ABBOTT	JOHN W.	22758	3183		6043	26	D	1-32	ABBOTT	TAHLEQUAH, OKLA
ABBOTT	LEONA M.	1394M	3177		12591	1	D	1-128	ABBOTT	PRYOR CREEK, OKLA
ABBOTT	LOUISA J.	12391	3176		1394M	3	D	1-128	ABBOTT	PRYOR CREEK, OKLA
ABBOTT	MARY E.	12635	3181		3702M	3	D	5-32	ABBOTT	TAHLEQUAH, OKLA

Miller Roll

LAST NAME	FIRST	MILLER #	MILLER APL #	DREN REF	DAWES #	CENSUS CARD	AGE IN 1906	RELATION	BLOOD DEG	DAWES SURNAME	ADDRESS
ACKLEY	MADGE E.	3195	5026		17361	7299	17	D	1-8	ACKLEY	MUSKOGEE, OKLA
ACKLEY	MARY	3193	5026		17359	7299	38	S	1-4	ACKLEY	MUSKOGEE, OKLA
ACKLEY	OLIVER	3194	5026		17360	7299	19	S	1-8	ACKLEY	MUSKOGEE, OKLA
ACORN	ANNIE	3214	4629		1946	689	9		FULL	ACORN	STILWELL, OKLA
ACORN	CATY	3198	4631		1936	687	22	D	1-2	ACORN	STILWELL, OKLA
ACORN	CELIE	3208	13639		1987	709	50		FULL	ACORN	EVANSVILLE, ARK
ACORN	CHARLEY	3199	4629		27185	795	50		FULL	ACORN	STILWELL, OKLA
ACORN	DICK	3200	4633		27184	795	40		FULL	ACORN	STILWELL, OKLA
ACORN	EZEKIEL	3206	4625		1985	709	3		FULL	ACORN	EVANSVILLE, ARK
ACORN	FRENCH	3209	13639		1920M	175M	9	S	FULL	ACORN	STILWELL, OKLA
ACORN	HENRY	3204	13390		27188	795			FULL	ACORN	EVANSVILLE, ARK
ACORN	JOHANNA	3210	13639		27186	795	17		FULL	ACORN	STILWELL, OKLA
ACORN	JOHANNA	3212	4591		1944	689	32	D	FULL	ACORN	STILWELL, OKLA
ACORN	JOHN	3201	13390		29725	795	31	W	FULL	ACORN	EVANSVILLE, ARK
ACORN	KATIE	3205	13390		2177M	2051M	1		FULL	ACORN	EVANSVILLE, ARK
ACORN	LACY	3216	4630		27181	685	50		FULL	ACORN	STILWELL, OKLA
ACORN	LIZA	3215	4629		1947	689	36	D	FULL	ACORN	STILWELL, OKLA
ACORN	LIZZIE	3213	4629		1945	689	9	W	FULL	ACORN	STILWELL, OKLA
ACORN	NANIE	3203	13390		27187	795	12	S	FULL	ACORN	EVANSVILLE, ARK
ACORN	OTAY	3207	13639		1986	709	22	W	FULL	ACORN	STILWELL, OKLA
ACORN	SARAH					37502					MISSOURI
ACTON	GREEN B.										GEORGIA
ADAMOLT	PETR	3217	22942		19250	8250	22		1-16	ADAIR	STILWELL, OKLA
ADAIR	ALBERT	3313	2715		15388	6424	12	S	1-16	ADAIR	CENTRALIA, OKLA
ADAIR	ALTIEE L.					5585					OKLAHOMA
ADAIR	ANNA					6872	2690	82		FULL	ADAIR	TAHLEQUAH, OKLA
ADAIR	ANNA	3218	5385		1515			D	1-32	ADAIR	STILWELL, OKLA
ADAIR	ANNIE E.	3317	2715		1766M	260M	2	D	1-16	ADAIR	CENTRALIA, OKLA
ADAIR	ARTHUR A.	3219	22761		6804	2647	25		1-32	ADAIR	ADAIR, OKLA